U0819369

权威·前沿·原创

皮书系列为

“十二五”“十三五”国家重点图书出版规划项目

新媒体社会责任蓝皮书
BLUE BOOK OF
NEW MEDIA SOCIAL RESPONSIBILITY

中国新媒体社会责任研究报告（2018）

REPORT ON THE CHINA'S NEW MEDIA SOCIAL RESPONSIBILITY (2018)

主　编／钟　瑛
副主编／余　红　芦何秋　李亚玲　孙　亮

社会科学文献出版社
SOCIAL SCIENCES ACADEMIC PRESS (CHINA)

图书在版编目（CIP）数据

中国新媒体社会责任研究报告. 2018 / 钟瑛主编
. -- 北京：社会科学文献出版社，2018. 12
（新媒体社会责任蓝皮书）
ISBN 978 - 7 - 5201 - 3935 - 9

Ⅰ. ①中… Ⅱ. ①钟… Ⅲ. ①媒体（新闻）- 社会责任
- 研究报告 - 中国 - 2018 Ⅳ. ①G219. 2

中国版本图书馆 CIP 数据核字（2018）第 265040 号

新媒体社会责任蓝皮书
中国新媒体社会责任研究报告（2018）

主　　编 / 钟　瑛
副 主 编 / 余　红　芦何秋　李亚玲　孙　亮

出 版 人 / 谢寿光
项目统筹 / 陈　颖
责任编辑 / 薛铭洁　周爱民

出　　版 / 社会科学文献出版社 · 皮书出版分社（010）59367127
地址：北京市北三环中路甲 29 号院华龙大厦　邮编：100029
网址：www. ssap. com. cn
发　　行 / 市场营销中心（010）59367081　59367083
印　　装 / 三河市龙林印务有限公司

规　　格 / 开 本：787mm × 1092mm　1/16
印 张：27. 5　字 数：460 千字
版　　次 / 2018 年 12 月第 1 版　2018 年 12 月第 1 次印刷
书　　号 / ISBN 978 - 7 - 5201 - 3935 - 9
定　　价 / 128. 00 元

皮书序列号 / PSN B - 2014 - 423 - 1/1

新媒体社会责任蓝皮书

主要编撰者简介

钟　瑛　华中科技大学新闻与信息传播学院教授，华中科技大学新媒体实验室主任。华中师范大学汉语言学院本科、硕士，华中师范大学历史文化学院博士，复旦大学新闻学院博士后。1997 年英国北伦敦大学信息传播学院访问学者，2008 年美国密苏里大学新闻学院访问学者。涉猎的专业有中文、历史、信息管理、新闻传播，现在主要从事网络传播、媒体政策、传播史等领域的教学与研究工作。在权威及核心学术期刊上发表论文百余篇。独著、合著出版学术著作十余部。主持和主要负责不同类型的科研课题十余项，2007 年主持国家社会科学基金重大项目“互联网管理与中国特色网络文化建设研究”，结题成果《网络传播管理研究》入选 2013 年度国家哲学社会科学成果文库。

余　红　博士，教授，博士生导师。华中科技大学新闻与信息传播学院传播系主任，兼任全国传播学暨网络传播与新媒体专业本科教育联席会议理事、副秘书长，2012 年入选湖北青年学者名录。研究领域为政治传播和网络传播，在《社会学研究》、《新闻与传播研究》、SSCI 等权威学术期刊发表论文三十多篇，主持国家和省部级课题多项。

芦何秋　湖北武汉人，新闻学博士，华中科技大学新闻与信息传播学院博士后，湖北大学新闻传播学院副教授。主要研究领域为新媒体与社会、新媒体意见领袖。先后在《新闻与传播研究》《国际新闻界》《当代传播》《新闻与传播评论》等刊物上发表论文 14 篇。主持教育部人文社会科学研究青年基金项目、湖北省社科基金、中国博士后科学基金面上资助、中国博士后基金特别资助项目各 1 项。

李亚玲　传播学博士，副教授，硕士生导师。任教于中南民族大学文学与新闻传播学院，曾赴中国台湾世新大学、美国威斯康星州立大学普拉特维尔分校短期访问。研究领域为新媒体研究和民族文化传播，在《国际新闻界》《当代传播》等期刊上发表学术文章多篇，主持国家社会科学基金项目及参与国家社会科学基金重大项目、国家民委科研项目和湖北省社会科学基金项目多项。

孙　亮　北京恺华科技有限公司 CEO，从事智能化传播在新媒体领域的理论研究和实践转化。曾负责百度 TV 视频广告平台、天脉 TV + 融媒体互动平台、华彩指数新媒体监测平台的运营管理，目前致力于人工智能在法治传播领域的理论研究和产品服务。

摘　要

本报告是华中科技大学“新媒体社会责任”课题组 2018 年度分析报告，由华中科技大学新闻与信息传播学院同中国网络传播学会组织编撰。

本报告以“新媒体社会责任”为主题，对 2018 年新媒体发展中的前沿问题、典型现象进行了分析，通过新媒体社会责任指标体系对国内主要的新媒体平台进行了全面考察。本次报告的整体研究重点是视听新媒体，视听新媒体的快速发展是互联网近年来出现的重要趋势，本报告中共有 8 篇论文（占比 38%）涉及该热点领域，能够比较完整地呈现视听新媒体发展现状及其社会责任问题。

总报告首先对过去 4 年整个新媒体行业社会责任履行状况进行了动态比较分析；其次，基于近年来业界和学界发生的新趋势、新现象和新问题，对新媒体社会责任指标体系进行了调适与重建；最后，对 2018 年新媒体社会责任情况进行了整体考察。

评价篇运用新媒体社会责任评价指标体系对 8 类典型新媒体平台网站进行了社会责任评价，评价对象包括国家级新闻网站、省级主流新闻门户网站、商业门户网站、媒体微博、传媒类微信公号、综合类视频网站、移动视频直播平台和移动短视频应用，评价结果呈现了 2018 年国内典型新媒体平台社会责任履行情况，并针对评价过程中暴露的问题提出了解决方案。

专题篇对 2018 年新媒体行业中的典型现象、热点议题与重点人群进行了分析，研究重点包括：典型现象方面，如视听新媒体的传播生态、发展现状、存在问题与解决方案。视听新媒体近年来的快速发展吸引了研究者的关注，相关讨论主要从三个维度展开：在宏观上归纳视听新媒体的发展现状；在中观上研究某一传播场域中的视听问题与现象；在微观上对某具体媒体平台社会责任情况进行文本分析。热点议题方面，习近平同志在党的十九大报告中指出，“讲好中国故事，展现真实、立体、全面的中国，提高国家文化软实力”。如何讲好中国故事，怎样提升国际传播力，是专题篇中关注的热点议题。重点人群方面，本报告共选择了四类新媒体中的典型社群进行分析，主要为：移动社交媒体中的网红群体、微博平台中的知识型意见领袖群体、网络文学爱好者社群和广义的新媒体受众群体。

案例篇运用内容分析、话语分析、框架分析等方法，对江歌案、红黄蓝幼儿园虐童事件、公益广告媒体策略、电梯劝烟猝死案等案例进行分析，探讨了争议性事件中的情感卷入、控烟运动的媒体策略、广告情绪唤醒的传播效果等问题。

目录

Ⅰ 总报告

Ⅱ 评价篇

Ⅲ 专题篇

Ⅳ 案例篇

皮书数据库阅读**使用指南**

总 报 告

General Report

B.1

智能互联中的新媒体社会责任：现状回顾与框架调适（2015～2018）

钟瑛　芦何秋　刘利芳*

摘　要： 智能互联网崛起的背景下，新媒体正在经历观念革命、形态迭代、产业融合和市场升级，为准确把握新媒体发展趋向与未来前景，对新媒体社会责任进行全面、客观和系统的评价，本文对2015～2018年新媒体社会责任的履行现状进行整体梳理与比较分析，在此基础上对新媒体社会责任评价指标体系进行框架调适，以期增强其评价效力的适用性与科学性，进而为智能互联网情境下新媒体社会责任的提升提供对策。

* 钟瑛，华中科技大学新闻与信息传播学院教授，博士生导师，主要研究方向为网络传播；芦何秋，新闻学博士，华中科技大学新闻与信息传播学院博士后，湖北大学新闻传播学院副教授，主要研究方向为网络传播；刘利芳，华中科技大学新闻与信息传播学院博士生，长江大学新闻系教师，主要研究方向为新媒体与网络传播。

关键词： 智能互联网　新媒体社会责任　指标调适

2018 年，中国继续加快迈入智能互联新时代的步伐，媒介技术的疾速创新不断触发新媒体的观念革命、形态迭代、产业融合和市场升级。在此背景下，如何准确把握新媒体发展趋向与未来前景，对新媒体社会责任进行全面、客观和系统的评价，为新媒体行业健康快速发展提供建议参考，成为本报告的主要研究问题。本报告将对 2015 ~ 2018 年新媒体社会责任的履行现状进行整体梳理与比较分析，在此基础上对新媒体社会责任评价指标体系进行框架调适，以期增强其评价效力的适用性与科学性。

一　现状回顾：新媒体社会责任的整体状况（2015 ~2018）

本报告对 2015 ~ 2018 年新媒体社会责任蓝皮书评价篇涉及的主要研究对象社会责任履行状况进行了归类分析。2015 年，项目组对新媒体指标体系进行了第一次调整，由 5 个一级指标、10 个二级指标、28 个三级指标优化为 4 个一级指标、11 个二级指标、36 个三级指标，由此，新媒体社会责任指标体系由 1.0 过渡到 2.0，并沿用至今。

在 2015 ~ 2018 年，项目组共对 17 类新媒体平台进行了社会责任评价，包括商业门户网站、国家级新闻网站、科普网站、媒体微博、省级主流新闻网站、政务类微信公众号、传媒类微信公众号、募捐平台、搜索网站、视频网站、短视频网站、青少年网站、儿童门户网站、文学网站、移动直播平台、民族地方网站和游戏类网站。基于代表性、影响力与样本数量的考量，本报告主要对 17 类新媒体平台中的 15 类进行归类分析，详见表 1 和表 2。

表 1　2015 ~ 2018 年目标平台社会责任整体情况

	信息生产	社会监督	文化教育	协调关系	总分
整体均分	1.72568	0.42838	0.26772	0.24965	2.68788
整体得分率(%)	65.29	31.09	51.63	54.15	53.75
权重满分	2.643	1.3775	0.5185	0.461	5.0

表1显示，过去4年，国内新媒体行业社会责任履行的整体状况处于中等水平，社会责任评价的整体均分为2.68788，得分率为53.75%。4个一级指标中，得分率由高到低依次为信息生产（65.29%）、协调关系（54.15%）、文化教育（51.63%）和社会监督（31.09%）。新媒体平台普遍重视媒介的信息功能，同时，基于平台性质、功能定位、服务类别和受众市场等方面的差异，不同平台在新媒体社会责任履行状况上具有较高的差异度。

表2　2015～2018年目标平台社会责任得分对比

			信息生产	社会监督	文化教育	协调关系	总分
1	商业门户网站	平台均分	2.38359	0.98037	0.35120	0.43740	4.15230
		均分得分率(%)	90.19	71.17	67.73	94.88	83.05
2	国家级新闻网站	平台均分	2.35103	1.0372	0.4346	0.32857	4.1514
		均分得分率(%)	88.95	75.30	83.82	71.27	83.03
3	科普网站	平台均分	2.5362	0.8231	0.1717	0.4227	3.9537
		均分得分率(%)	95.96	59.75	33.11	91.70	79.07
4	媒体微博	平台均分	2.2230	0.7154	0.2455	0.3099	3.4977
		均分得分率(%)	84.11	51.93	47.36	67.22	69.95
5	省级主流新闻网站	平台均分	2.06790	0.59623	0.26941	0.22827	3.16181
		均分得分率(%)	78.24	43.28	51.96	49.52	63.24
6	政务类微信公众号	平台均分	2.1243	0.3052	0.3402	0.2365	3.0082
		均分得分率(%)	80.37	22.15	65.62	51.30	60.16
7	传媒类微信公众号	平台均分	2.05185	0.38082	0.18008	0.25334	2.96573
		均分得分率(%)	77.63	27.65	34.73	54.96	59.31
8	募捐平台	平台均分	2.08115	无	0.43585	0.32422	2.8412
		均分得分率(%)	78.74		84.06	70.33	56.82
9	搜索网站	平台均分	1.82925	0.40063	0.24919	0.21015	2.68923
		均分得分率(%)	69.21	29.08	48.06	45.59	53.78
10	视频网站	平台均分	1.95481	0.2610	0.14782	0.13477	2.66146
		均分得分率(%)	73.96	18.95	28.51	29.24	53.23
11	短视频网站	平台均分	1.7063	0.4565	0.2908	0.1452	2.5780
		均分得分率(%)	64.55	33.13	56.08	31.49	51.56
12	青少年网站	平台均分	1.00545	0.43241	0.22644	0.2141	1.8777
		均分得分率(%)	38.04	31.39	43.67	46.44	37.55
13	儿童门户网站	平台均分	0.84255	0.0369	0.30581	0.2168	1.40206
		均分得分率(%)	31.88	2.68	58.98	47.03	28.04

续表

			信息生产	社会监督	文化教育	协调关系	总分
14	文学网站	平台均分	0.37768	无	0.26968	0.2444	0.89174
		均分得分率(%)	14.29		52.01	53.02	17.83
15	移动直播平台	平台均分	0.35026	无	0.09758	0.03857	0.48608
		均分得分率(%)	13.25		18.82	8.37	9.72

表2显示，整体上社会责任履行较好的平台都属于资讯类平台。社会责任均分得分率最高的平台前三位分别为商业门户网站（83.05%）、国家级新闻网站（83.03%）和科普网站（79.07%）。社会责任均分得分率在60%以上的平台共6类，分别为商业门户网站（83.05%）、国家级新闻网站（83.03%）、科普网站（79.07%）、媒体微博（69.95%）、省级主流新闻网站（63.24%）和政务类微信公众号（60.16%），六类平台全部为资讯类平台。同时，这六类平台带有明显的媒体属性与官方背景。除了商业门户网站外，国家级新闻网站、省级主流新闻网站和媒体微博都是主流官方媒体的延伸，而政务类微信公众号则主要为政府官方各类政务平台。科普网站平台属于综合类平台，其中既包括科学松鼠会这样由商业公司主办的网站，也包括由中国科学报社主办的科学网。从整体而言，带有官方背景的新媒体平台在社会责任履行上具有明显的优势。

信息生产方面，新媒体平台在信息生产指标上的得分率为65.29%，是4个一级指标中得分及得分率最高的。15个目标平台中有11个平台的信息生产得分率超过60%，占总体比例73.33%，从门户商业网站到国家新闻网站，再到短视频网站和媒体微博，作为新媒体平台都比较重视信息生产的责任。新媒体对媒介信息功能的重视主要来源于两方面的原因，第一，在信息参差不齐的新媒体环境中，随着受众新媒体素养的不断提升，其在选择信息渠道的时候，必然考虑目标平台的公信力，而信息质量的高低及其持续性是新媒体公信力的关键构成。第二，相关管理部门在近5年中加大了对互联网环境的治理力度，特别是对网络谣言、网络暴力、网络侵权等负面现象的治理，各类新媒体平台基于规制风险的目的都加大了对信息的审核力度，客观上提升了信息质量。

社会监督方面，新媒体平台在信息生产指标上的得分率为31.09%，是4个一级指标中得分及得分率最低的。新媒体平台在社会监督责任的表现差异度较大，排名前两位的新媒体平台是国家级新闻网站和商业门户网站，得分率达到75.30%和71.17%，同时，募捐网站、文学网站和移动直播平台都不涉及这个领域，得分率为0。平台性质、功能定位和服务类别是影响新媒体平台履行社会监督责任的影响因素。如视频类网站，流媒体平台囿于其媒介性质，较难实现比较全面的社会监督。公共事件能否通过流媒体引发往往取决于当事人是否获得了现场的视（音）频材料及其质量的高低，同时，流媒体在舆论互动的深广度上也不具备媒介优势。数据显示，移动直播平台、短视频网站和视频网站，得分率都在35%以下。再如文学网站、搜索网站和募捐网站等新媒体平台，其功能定位比较具体而单一，一般情况下都较少涉及社会监督的内容。

文化教育方面，新媒体平台在文化教育指标上的得分率为51.63%，处于中等水平。募捐平台（84.06%）、国家级新闻网站（83.82%）和商业门户网站（67.73%）的得分率排名前三位。文化教育指标下共3个二级指标，分别为塑造共识、文化传承和提供娱乐，不同的新媒体平台会根据其服务类别和受众市场的差异而侧重不同的二级指标。如募捐平台和国家级新闻网站都侧重文化教育和塑造共识。募捐平台在网络慈善方面体现着主流价值观的具体要求，网民对于网络慈善的支持与慷慨相助则是社会风尚的最直接体现。在文化传承上，网络募捐平台对于传统文化、民俗文化、红色文化的传承各有千秋，无论是对于传统仁义礼智信的传递，还是对于民族民俗知识的传递，还是对于革命文化红色精神的传递，都体现在具体的内容与形式中。如对于大病儿童的救治、对于特殊人群（自闭症儿童）的关注、对于贫困地区儿童的免费午餐资助、对于抗战老兵的救助，等等，无不体现出中华文化的传承与发扬①。国家级新闻网站作为社会主流舆论场，以宣传主流价值观和弘扬社会风尚作为塑造共识的主要手段和实现途径，同时，国家级新闻网站多通过开设专题的形式对社会主义核心价值观进行宣扬。商业门户网站侧重文化传承与提供娱乐，共识塑造有待提高。商业门户网站在传递主流价值方面也履行了一定义务，在积极报道国家重大方针政策、主流意识形态方面均有所涉及，但其履责水平与理想

① 李青青、王鹏：《我国网络募捐平台社会责任调查及其评价》，载《中国新媒体社会责任研究报告（2017）》，社会科学文献出版社，2017。

状态之间还存在一定差距。

协调关系方面，新媒体平台在协调关系指标上的得分率为 54.15%，处于中等水平。商业门户网站（94.88%）、科普网站（91.70%）和国家级新闻网站（71.27%）的得分率排名前三位。协调关系指标主要通过线上沟通与线下活动 2 个二级指标来衡量，综合类网络平台的表现整体上优于垂直类平台。综合类平台在公共服务、用户体验和互动等方面的数据更好，并重视各类线下活动的开展。如新华网、央视网和中青在线等国家级新闻网站作为活动主办方参与举办了不少非商业性活动。商业门户网站则依托其强大的上市公司母体资源广泛参与商业活动。同时，各家网站在公益活动方面均体现出企业良好的社会责任感，不仅致力于公益传播，为社会公益提供了便捷的网上平台，更加将公益活动延伸到线下，形成了线上线下的良好互动。

二　框架调适：新媒体社会责任指标体系（3.0）

（一）新媒体社会责任指标框架适用性分析

新媒体社会责任指标体系 1.0 和 2.0 在过去 5 年的运行中，基本能够对主要的新媒体平台社会责任进行客观有效的测评。但随着近年来新媒体技术的蓬勃发展，新平台、新问题、新现象不断出现，极大改变了已有新媒体传播环境。基于此，本报告对新媒体社会责任指标体系 2.0 在 4 年期评价运行中的适用进行了分析，主要针对三级指标在不同新媒体平台中的得分率进行统计分析，基于指标得分率对其适用性进行评价，并结合专家访谈对新媒体社会责任指标体系 2.0 进行调适（见表 3）。

1. 指标框架适用性的数据分析

信息生产（A1）一级指标共包含 2 个二级指标和 10 个三级指标，17 类平台中共有 8 类平台在三级指标中存在 0 的情况，比例为 47.05%。具体三级指标中，权威 C2 和深度 C5 在 6 类平台中没有获得统计结果，真实 C1 在 5 类平台中没有获得统计结果。

表 3　新媒体社会责任指标体系平台适用性分析

			媒体微博	视频网站	直播类网站	商业门户网站	媒体类微信公众号	政务类微信公众号	国家级新闻网站	地方新闻网站	搜索网站	短视频网站	科普网站	募捐网站	青少年网站	儿童门户网站	民族地方网站	游戏网站	文学网站
一级指标	二级指标	三级指标	%	%	%	%	%	%	%	%	%	%	%	%	%	%	%	%	%
信息生产 0.5286	信息质量 0.8333	真实	100	100	0	100	100	100	100	100	100	100	0	100	100	100	0	0	0
		权威	100	100	0	100	87	93	100	100	100	0	100	0	30	100	0	0	0
		时效	100	100	0	100	100	100	100	100	100	0	100	50	30	100	100	0	0
		全面	100	100	0	100	87	93	100	100	100	0	100	30	30	100	100	0	0
		深度	100	100	0	100	100	100	100	100	0	0	100	0	40	100	100	0	0
		原创	100	100	0	100	27	20	100	100	0	100	100	50	50	100	0	0	100
		客观	100	100	0	100	87	93	100	100	100	0	100	50	50	100	100	0	0
	流程控制 0.1667	信息把关	100	100	100	100	100	100	100	100	100	100	100	70	80	100	100	100	100
		广告控制	100	0	100	100	100	100	100	100	100	100	100	60	80	100	00	100	100
		侵权控制	100	100	100	100	100	100	100	100	0	100	100	70	80	100	0	17	100
社会监督 0.2755	国家治理 0.4927	司法公正	100	60	0	100 *	100	100	100	100	100	0	67	0	40	83	100 *	0	0
		政府管理	100	80	0		100	100	100	100	100	0	100	0	50			0	0
		涉外关系	100	80	0		80	60	100	100	100	0	33	0	40			0	0
	社会风险 0.2959	生产事故	100	0	0		80	60	100	100	100	0	67	0	0			0	0
		环境污染	100	60	0		60	80	100	100	100	10	100	0	0			0	0
		食品安全	100	60	0		73	80	100	100	100	30	100	0	30			0	0
		校园事故	100	40	0		100	100	100	100	100	10	0	0	30		100	3	3
		交通事故	100	100	0		93	100	100	100	100	20	67	0	0			3	3

续表

			媒体微博	视频网站	直播类网站	商业门户网站	媒体类微信公众号	政务类微信公众号	国家级新闻网站	地方新闻网站	搜索网站	短视频网站	科普网站	募捐网站	青少年网站	儿童门户网站	民族地方网站	游戏网站	文学网站
社会监督 0.2755	社会风险 0.2959	城市拆迁	100	0	0		60	40	100	100	100	0	0	0	0			0	0
		警民冲突	100	40	0		33	13	100	100	100	0	0	0	0			0	0
	行为失范 0.1435	官员腐败	100	0	0		80	80	100	100	100	0	0	0	0			0	60
		学术腐败	100	0	0	100*	100	93	100	100	100	0	0	0	0	83*	100	0	0
		性与婚姻	100	40	0		60	33	100	100	100	0	67	0	0			0	100
	其他现象 0.0679	体育赛事	100	100	0		80	67	100	100	100	100	50	0	40			0	0
		自然灾害	100	0	0		100	93	100	100	100	0	83	0	20			0	0
文化教育 0.1037	塑造共识 0.5559	主流价值	85	80	33	100	100	100	100	100	100	0	33	80	80	100	100	100	100
		社会风尚	95	60	100	100	27	27	100	100	100	0	0	90	90	100	100	100	100
	文化传承 0.3537	传统文化	100	40	67		100	100	100	100	100	—	80	100	100	100	100	100	100
		民俗文化	100	20	83	100*	100	100	100	100	100	0	80	0	30	100	100	100	100
		红色文化	25	0	33		93	100	100	100	100	0	0	0	20	100	100	33	100
	提供娱乐 0.0904	娱乐健康	100	100	100	100	100	100	100	100	100	100	0	0	100	100	0	100	80* / 100
协调关系 0.0922	线上沟通 0.5	公共服务	100	40	0	100	100	100	100	100	100	0	100	80	100	100	80	100	60
		用户体验	100	100	100	100	100	93	100	100	100	100	100	70	100	100	100	100	100
		互动	100	100	100	100	100	93	100	100	100	100	100	60	100	100	100	100	100
	线下活动 0.5	商业性活动	100	0	0	100	100	100	100	100	100	0	100	0	60	33	0	22	100
		非商业性活动	100	0	0	100	93	100	100	100	0	100	30	50	0	0	0	11	40

注：表格中数值为目标平台所属网站在该指标获得分数的网站比率，即“获得分数的网站数量/该平台被评价的所有网站数量”。该数值越高代表该类平台所属网站得分覆盖率越高，也意味着该指标的适用性越高。表格中“*”代表目标平台对某类指标进行了针对性的修正，包括缩减或增加。

社会监督（A2）一级指标共包含4个二级指标和15个三级指标，17类平台中共有11类平台在三级指标中存在0或平台指标调适的情况，比例为64.70%。具体三级指标中，城市拆迁C19、学术腐败C22在11类平台中没有获得统计结果或存在平台指标修正的情况，生产事故C14、警民冲突C20、官员腐败C21在10类平台中没有获得统计结果或存在平台指标调适的情况。

文化教育（A3）一级指标共包含3个一级指标和6个三级指标，17类平台中共有7类平台在三级指标中存在0或平台指标修正的情况，比例为41.17%。具体三级指标中，红色文化C30在5类平台中没有获得统计结果或存在平台指标修正的情况，娱乐健康度C31在4类平台中没有获得统计结果或存在平台指标修正的情况。

协调关系（A4）一级指标共包含2个二级指标和5个三级指标，17类平台中共有8类平台在三级指标中存在0的情况，比例为47.06%。具体三级指标中，商业性活动C35和非商业性活动C36分别在5类和6类平台中没有获得统计结果。

整体上看，新媒体社会责任指标体系4个一级指标在17类主要平台的适用性由强到弱分别为协调关系（A4）、文化教育（A3）、信息生产（A1）、社会监督（A2）。社会监督（A2）指标的平台适用性相对较低，并呈现不平衡的状态，其平台适用性不足主要表现在针对非新闻资讯类平台的评估中，如民族地方网站、儿童网站、游戏网站、文学网站、募捐网站等都不涉及社会监督类议题。从历时分析上看，新媒体社会责任指标体系的适用性呈现一定程度的式微趋势。新媒体社会责任指标体系1.0和2.0都侧重对主流网络言论平台的社会责任评价，因此指标体系在资讯类网站的适用性相对较强，如国家级新闻网站、省级新闻网站、媒体微博、传媒类微信公号、政务类微信公号等，这5类平台在36个三级指标上都能获得较为完整统计结果。但是，随着近年来视频类媒体的崛起，新媒体社会责任指标体系对于综合类视频网站、短视频网站、直播网站的适用性还有较大可提升的空间。

2.指标框架适用性的专家评估

为使新媒体社会责任指标体系的调适更为合理有效，本报告对三位参与新媒体社会责任指标体系1.0和2.0建构与运行的专家进行了访谈调研，从指标操作层面对指标框架适用性进行了专家评估。

专家1：由于目标平台遵循以正面报道为主的信息把关原则，社会监督类议题的数量整体偏少。社会监督（A2）中的国家治理、社会风险、行为失范二级指标下三级指标的设置较为具体，三级指标难以涵盖各二级指标所涉及的监督类型的外延。如媒体对社会风险的监督并非仅仅包括生产事故、环境污染、食品安全、校园事故、交通事故、城市拆迁和警民冲突七类。过于具体的三级指标使社会监督（A2）维度的责任评估缺乏延展性，导致目标平台在“社会监督”维度的某个或某几个三级指标得分过低。此外，媒介技术的进步不断改变着当下的媒介环境和用户的信息消费习惯，将协调关系（A4）责任简单区分为“线上沟通”和“线下活动”两大维度已经无法准确测量新媒体在“协调关系”方面的责任履行情况。

专家2：协调关系（A4）下“线下活动”二级指标包括“商业性活动”与“非商业性活动”，这两个三级指标在操作化上存在一定困难。评价线下活动的最佳方法是对目标平台进行访谈或搜集到目标平台的相关内部资料，这两种方法都存在一定难度。故项目组对这两项指标的测量，是通过观察目标平台首页及新闻资讯类频道首页来进行的。如“商业性活动”的测量，是通过统计被商家冠名的栏目数量、网站组织的线下商业活动的次数来进行，“非商业性活动”是通过统计网站所设公益慈善类栏目或板块的数量、网站组织的线下非商业活动的次数来进行。然而，实践中存在以下问题：目标平台上所能观测到的公益活动有些是变相的广告，比如为某个娱乐节目做宣传，带有明显的商业性质，不便归类；目标平台组织线下商业活动和非商业活动不一定都会在网站上发通知、进行宣传，导致统计数据不完备。种种原因之下，“线下活动”二级指标历年来得分都不高。

专家3：信息生产（A1）在四个一级指标中适用性最强，特别是在社交媒体平台中，如微博和微信公众号。社会监督（A2）、文化教育（A3）和协调关系（A4）在针对目标平台的样本收集中都存在无法获取有效数据的情况，新媒体社会责任评价体系需要根据新的技术发展趋势对框架中各级指标进行针对性的合并、增列和修正。同时，现有框架中比较强调信息生产（A1）责任，权重达到0.5286，这进一步增加了其他一级指标在数据获取不充分的情况下出现得分偏低的可能。鉴于此，可考虑对指标体系进行调适，并重新计算框架权重。

（二）新媒体社会责任指标框架3.0调适

根据对新媒体社会责任评价指标体系 2.0 适用性的数据分析和专家评估，项目组对指标体系进行调适，建构出新媒体社会责任指标体系 3.0。新媒体社会责任指标体系 3.0 对社会监督（A2）和文化教育（A3）的二级指标进行了降级、合并和增列；对协调关系（A4）的整个三级框架进行了重建。新的指标框架由信息生产（A1）、价值引导（A2）、文化教育（A3）、协调沟通（A4）4 个一级指标构成，下设 9 个二级指标和 27 个三级指标（见表 4）。

表 4　新媒体社会责任指标框架 3.0

一级指标	二级指标	三级指标	操作路径
信息生产 A1	信息质量 B1	真实 C1	测量对象样本的真实性情况，如考察对象规定范围内失实样本数量及比例
		权威 C2	测量对象样本的权威度情况，如考察对象规定范围内权威信源数量及比例
		时效 C3	测量对象样本的时效性情况，如考察对象规定范围内日均样本数量
		全面 C4	测量对象样本的全面性情况，如考察对象规定范围内样本信源的多样化程度
		深度 C5	测量对象样本的深度情况，如考察对象规定议题的样本总量、篇幅及呈现多样性程度
		原创 C6	测量对象样本的原创度情况，如考察对象规定范围内样本的原创比例
		客观 C7	测量对象样本的客观性情况，如考察对象规定范围内交代消息来源的样本比例
	流程控制 B2	信息把关 C8	测量对象的信息把关情况，如考察对象平台信息把关机制的完善度
		广告控制 C9	测量对象的广告控制情况，如考察对象平台规定范围内包含广告信息的样本数量及比例
		侵权控制 C10	测量对象的侵权控制情况，如考察对象规定范围内存在侵权行为的样本数量及比例

续表

一级指标	二级指标	三级指标	操作路径
价值引导 A2	塑造共识 B3	树立主流价值 C11	测量对象在树立主流价值观方面的情况，如考察对象规定范围内包含相关内容的样本数量及比例
		倡导社会风尚 C12	测量对象在倡导社会风尚方面的情况，如考察对象规定范围内包含相关内容的样本数量及比例。社会道德风尚可包括：团结友善、勤俭自强、文明礼貌、助人为乐、爱护公物、保护环境、遵纪守法、办事公道、服务群众、奉献社会、尊老爱幼、男女平等、夫妻和睦、勤俭持家等
	社会监督 B4	国家治理 C13	测量对象在国家治理方面（国家层面）进行监督的情况，如司法公正、政府管理、涉外关系等方面
		社会风险 C14	测量对象在社会风险方面（社会层面）进行监督的情况，如生产事故、环境污染、食品安全、校园事故、交通事故、城市拆迁、警民冲突等方面
		行为失范 C15	测量对象在行为失范方面（个人层面）进行监督的情况，如官员腐败、学术腐败、性与婚姻道德类失范行为等方面
文化教育 A3	文化传承 B5	传统文化 C16	测量对象在传统文化推广方面的情况，如考察对象正确诠释、普及优秀历史文化；弘扬红色文化，倡导革命精神；介绍民俗文化等
		先进文化 C17	测量对象在先进文化宣传方面的情况，如考察对象从思想文化角度，对于党中央总书记思想精神、社会主义主流价值体系、党中央及地方政府新政策新理念等进行宣传、解读的情况
	科教传播 B6	教育传播 C18	测量对象在教育传播方面的情况，如考察对象教育信息的质量、类别及数量
		科技传播 C19	测量对象在科技传播方面的情况，如考察对象科普知识、科技信息的传播质量及力度
	提供娱乐 B7	内容丰富性 C20	测量对象的娱乐信息内容丰富度，如考察对象娱乐信息的类别及数量
		内容健康度 C21	测量对象的娱乐信息内容健康度，如考察对象规定范围内低俗内容的数量及比例情况
协调沟通 A4	协调信息 B8	议题信息公共性 C22	测量对象样本内容中公共议题讨论情况，如考察对象发布议题中涉及公共利益的话题数量及比例等
		阶层呈现多样性 C23	测量对象样本内容中社会阶层呈现情况，如考察对象发布信息中涉及不同阶层的多样性程度等

续表

一级指标	二级指标	三级指标	操作路径
协调沟通 A4	沟通效能 B9	公众参与度 C24	测量对象样本公众回应度情况，如考察网民的回复、转发情况等。主要统计回复的数量，其他观测点因平台设置而不同
		公众认同度 C25	测量对象样本的公众认同度情况，如考察对象平台网民对相关议题的支持度
		平台互动度 C26	测量对象平台激发公众互动情况，如考察对象平台是否主动采用提问、投票、建立讨论区等形式直接征集意见，或通过平台发起活动，激发公众参与
		平台回复度 C27	测量对象平台回复度情况，如考察对象平台是否对网民咨询进行了回复，回复的数量情况等

三　实证评价：新媒体社会责任考察（2018）

本书主要包括以下四个部分。

总报告对本年度新媒体社会责任情况进行了整体呈现，并对过去4年整个新媒体行业社会责任履行状况进行了动态比较分析，同时基于近年来业界和学界发生的新趋势、新现象和新问题，对新媒体社会责任指标体系进行了调适，以期达到科学评价的目的。本报告的整体研究重点是视听新媒体，视听新媒体的快速发展是互联网近年来出现的重要趋势，本报告中共有8篇论文（占比38%）涉及该热点领域，能够比较完整地呈现视听新媒体发展现状及其社会责任问题。

评价篇运用新媒体社会责任评价指标体系对8类典型新媒体平台网站进行了社会责任评价，评价对象包括：国家级新闻网站、省级主流新闻门户网站、商业门户网站、媒体微博、传媒类微信公号、综合类视频网站、移动视频直播平台和移动短视频应用，评价结果呈现了2018年国内典型新媒体平台社会责任履行情况，并针对评价过程中暴露的问题提出了解决方案。

专题篇对2018年新媒体行业中的典型现象、热点议题与重点人群进行了分析，研究重点包括：典型现象方面，如视听新媒体的传播生态、发展现状、存在问题与解决方案；热点议题方面，如“两会”中的国际传播力分析；重点人群方面，如网红的传播策略、微博意见领袖的社会责任、网络文学社群的内容生产、受众新媒体社会责任的感知量表开发等。

案例篇对近年发生的4个典型案例进行了分析，运用内容分析、话语分析、框架分析等方法，对江歌案、红黄蓝幼儿园虐童事件、公益广告媒体策略、电梯劝烟猝死案等案例进行分析，探讨了争议性事件中的情感卷入、控烟运动的媒体策略、广告情绪唤醒的传播效果等问题。

（一）平台评价①

本部分研究根据新媒体指标体系的层次权重分别加权计算，其中：一是通过公式1，对各被测网站的三级指标统计值以5分为标准进行转换，得到三级指标相对值 C_k，将 C_k 带入公式2得到三级指标的加权值 C_j；二是将 C_j 带入公式3进行加权计算得到二级指标值 B_i；三是将 B_i 带入公式4进行加权计算得到一级指标值 A_h；四是将4个一级指标值相加得到最终的网站社会责任分值。

公式1：$f(C_k) = C_k \times \left(\frac{5}{C_{max}}\right)$，其中 C_{max} 为最高分值。

公式2：$f(C_j) = \sum P_j \times C_k$，其中 P_j 为对应三级指标的权重值。

公式3：$f(B_i) = \sum P_i \times C_j$，其中 P_j 为对应二级指标的权重值。

公式4：$f(A_h) = \sum P_h \times B_i$，其中 P_h 为对应一级指标的权重值。

①国家级新闻网站

本报告选择了8家国家级新闻网站作为评价对象，评价结果由高到低依次为：新华网（4.6699）、人民网（4.6357）、央视网（4.3821）、中国网（4.2427）、中国经济网（4.1343）、国际在线（3.9059）、中青在线（3.8978）、中国日报网（3.4847）。评价结果显示，国家级新闻网站社会责任践履情况总体较好，新华网、人民网和央视网分别位列前三。具体的单项指标表现方面各网站差异较大，仍存在部分共性问题值得重视，主要体现为新闻内容同质化程度高、社会监督范围有局限、文化传播形式较单一、线上互动较欠缺。针对各网站在履行社会责任方面的不足，提出以下应对和提升策略：打造个性内容，提升信息生产品质；扩大监督范围，强化社会监督功能；注重文化

① 本次报告中的平台评价部分沿用新媒体社会责任指标体系2.0。

教育，创新文化传播形式；优化平台作用，实现协调关系功能。

②省级主流新闻网站

本报告选择了大陆地区的31家（其中：22个省、5个自治区、4个直辖市）省级主流新闻门户作为评价对象，对6049条样本进行了计量统计和分析，评价结果由高到低的前10位依次为：中安在线（3.503173）、东北新闻网（2.957696）、中江网（2.878579）、大河网（2.813279）、东方网（2.807088）、中国甘肃网（2.775151）、南方网（2.759748）、中国西藏网（2.710745）、河北新闻网（2.692071）、宁夏新闻网（2.680777）。结果显示：省级主流新闻门户网站社会责任履践整体情况良好，但仍存在需改进的问题，如信息生产方面得分较高，但在深度和全面上存在不足；在社会监督方面议题“硬化”，地域之间存在差异；文化教育方面传播意识薄弱；协调关系受到重视，但互动效果不佳。因此，以下几个方面值得重视：守住信息生产优势，发挥新媒体的整合功能；形成社会监督软硬兼施的联动效应；推进文化与新闻的共振，增强网站教育功能；发挥平台优势，创新沟通方式与质量。

③商业门户网站

本报告选择了5家商业门户网站作为评价对象，评价结果由高到低依次为：腾讯网（4.120911）、凤凰网（4.103436）、新浪网（4.027714）、网易网（3.977963）、搜狐网（3.958368）。结果显示，大型商业网站的社会责任履行状况普遍较好，但仍存在原创水平不足，社会监督环节薄弱，共识塑造有待提高，以及用户体验水平差异较大等问题。在此基础上探讨了商业网站社会责任履行水平的有效提升途径，包括以优质内容提升传播力，以正确导向提升公信力，搭建互动渠道以增强舆论引导力，以用户思维提升社交友好度。

④媒体微博

本报告选择了20家高影响力媒体微博账号作为评价对象，评价结果由高到低依次为：人民网（4.5228）、澎湃新闻（4.3854）、中国新闻网（4.2167）、人民日报（4.1130）、财经网（4.0069）、新华网（4.0034）、环球时报（3.9535）、环球网（3.9160）、新闻晨报（3.9058）、新京报（3.7902）、人民日报海外网（3.7624）、成都商报（3.7473）、北京青年报（3.7290）、华西都市报（3.5183）、大河报（3.4981）、看看新闻网（3.4826）、钱江晚报（3.4779）、凤凰网（3.4534）、广州日报（3.4275）、中国青年报（3.3740）。

结果显示，媒体微博社会责任履行情况整体较好，四个责任维度的表现从好到差依次为：信息生产、社会监督、协调关系、文化教育。媒体网站微博履行责任水平整体高于报纸微博。历时性分析结果显示，2015 年至 2018 年，媒体微博履行社会责任水平呈逐年上升趋势，媒体微博在“信息生产”维度的责任履行情况一直最好，而“文化教育”维度的责任履行情况一直最差。媒体微博应进一步优化内容结构，实现差异化竞争，同时利用主页警示与奖惩机制不断提升从业者责任意识。

⑤传媒类微信公众号

本报告选择了 19 家传媒类微信公众号作为评价对象，评价结果由高到低依次为：检察日报（3.7933）、新京报（3.6917）、中国新闻网（3.6633）、广州日报（3.6283）、人民法院报（3.5817）、法制日报（3.5683）、中国工商报（3.5467）、央视新闻（3.5317）、湖北日报（3.3950）、人民网（3.3567）、长江日报（3.3383）、人民日报（3.3367）、荆楚网（3.2550）、中国新闻周刊（3.1200）、新华日报（2.9783）、三联生活周刊（2.4817）、都市快报（2.4450）、央视财经（2.4067）、新闻哥（1.9850）。结果显示，相较于上一年度，2018 年传媒类微信公众号的社会责任得分普遍呈上升趋势，尤其是以党媒和传统媒体为依托的网站在信息生产上的示范效应明显；塑造共识指标的得分增长显著，成为传媒类微信公众号的普遍共识；社会监督职能呈现差异化的调整走向；中央主流媒体在微信公众平台的线上沟通渐入佳境。这一系列变化反映出，微信公众平台的成熟发展和政府网络内容规制的合力作用效果开始显现。

⑥综合类视频网站

本报告选择了 5 家综合类视频网站作为评价对象，共抽取到 990 条视频作为分析样本，评价结果由高到低依次为：优酷（2.5109）、爱奇艺（2.4748）、搜狐视频（2.4653）、腾讯视频（2.3989），芒果 TV（2.3776）。结果显示，综合类视频网站信息生产功能履行有得有失，信息的真实性、时效性、深广度均表现较好，信息把关和侵权控制也整体较优，其他方面表现欠佳；社会监督功能承担各方面均较为缺乏；文化教育功能偏向娱乐信息生产，其余方面均表现较差；协调关系功能注重优化用户体验，互动性设计尚可，但公共服务提供缺失，线上线下沟通均较为不足。造成这一现状的原因在于：综合类视频网站功能定位决定责任履行的偏向，其市场化倾向影响责任履行的水平，现行制度设计限制了其责任履行的实现。

⑦移动视频直播平台

本报告选择了6家移动视频直播平台作为评价对象，从2018年4月8日至4月19日12天内，对总计432个直播间进行了数据记录和分析，评价结果由高到低依次为：斗鱼（0.5290）、熊猫（0.4945）、YY（0.4474）、映客（0.4451）、虎牙（0.4077）、花椒（0.3297）。结果显示，移动视频直播平台的社会责任履行水平为中等偏下，各平台间得分差距较小。其中，“协调关系”责任履行情况最好，“信息生产”责任履行情况其次，“文化教育”责任履行情况最差。研究认为，政府应完善并细化法律规范体系，加强管理部门间的责权分工与沟通协作；直播平台应坚定正确方向，强化监管责任与优化自律体系相结合；直播用户应提升主播专业素质与用户媒介素养，自律与监督并举。

⑧移动短视频应用

本报告选择了5个移动短视频应用作为评价对象，共采集到有效样本736条，评价结果由高到低依次为：抖音（2.9035）、火山小视频（2.8156）、美拍（2.5945）、快手（2.5441）、秒拍（2.1358）。结果显示，“信息生产”和“文化教育”指标得分处于中等水平，还有较大的提升空间，但“社会监督”和“协调关系”的指标得分都较低，暴露了不少问题。本研究旨在考察移动短视频应用履行新媒体社会责任的状况，在此基础上面对出现的问题，提供对策和发展的建议。

（二）专题讨论

①典型现象

典型现象方面，视听新媒体近年来的快速发展吸引了研究者的关注，相关讨论主要从三个维度展开：在宏观上归纳视听新媒体的发展现状，在中观上研究某一传播场域中的视听问题与现象，在微观上对某具体媒体平台社会责任情况进行文本分析。

宏观维度上，本报告对视听新媒体传播生态、发展现状、治理困境和优化路径进行归纳分析。如《我国短视频发展乱象：表现、成因及治理》以短视频行业作为研究对象，首先梳理了短视频行业的发展现状，认为该行业格局趋稳，同时该行业生产了新的社会空间，建构新的内容营销场景，呈现新的传播生态。短视频行业的问题在于内容信息低俗化、同质化、虚假信息较多以及信息泄露、侵权等问题。治理路径包括：管理层面，健全多元管理机制；政策层面，建立长效的政策体系，完善法律规章；行业层面，倡导行业自律，促进治理多元化；传者层面，推进实名 + 黑名单制度，健全内容发布规则；受众层面，提升用户素养，以分权理念促进用户监督；平台层面，设置有效的整改和信息过滤机制；技术层面，利用先进技术，强化内容把关。

《2018 年中国社交视频的传播生态、影响与治理》运用二手数据分析、虚拟民族志、深度访谈等方法对社交视频的传播生态进行了评估，发现我国的社交视频创造了新的社会空间和社会关系，生成了丰富的参与式文化，建构了新的营销场景，塑造了媒介文化奇观。但由于社交视频行业的过度娱乐化和资本化运作，产生了负面的社会后果。治理社交视频传播生态的路径具体包括：建构行之有效的实时监控体系，敦促社交平台加强社会责任建设，增强用户的自我规范意识，建构更加有效的国家治理政策体系。

中观维度上，本报告对网络直播中的网络暴力问题进行了分析，还对社交视频媒体中的网红传播策略进行了归纳。如《网络直播场域网络暴力的发生机制与规范治理》从场域理论的关照视角出发，采取网络民族志的研究方法，通过前期的参与式田野观察和后期的印证式深度访谈，从网络暴力出现的环境、实施的主体、表现的方式和产生的影响等几个层面，揭示和呈现电子竞技直播中网络暴力的发生机制，归纳和总结网络直播场域网络暴力的防范机制和治理方略。

微观维度上，本报告运用具体的内容分析法，选择了典型视听新媒体平台进行了社会责任评价。如《检视在线语音直播的新媒体社会责任》通过内容分析法对喜马拉雅 FM 和荔枝 FM 两大平台在主播性别、主播语调倾向、直播主题、直播形式、在线人数、媒介暴力、新媒体社会责任的履行情况等方面的差异进行量化统计分析。研究发现：两大在线语音直播平台在主播性别、直播语调倾向、直播主题、直播方式、媒介暴力多项类目比较上都存在显著性差异；从新媒体社会责任的履行情况上看，两大平台在信息生产、社会监督、提供娱乐、协调关系四个指标上的得分较为接近且偏低，总体上，两大平台的新媒体社会责任履行情况均不理想。基于比较结果，本研究在直播平台、主播、用户和政府四个方面提出相应的意见与建议。

②热点议题

热点议题方面，习近平同志在党的十九大报告中指出，“讲好中国故事，展现真实、立体、全面的中国，提高国家文化软实力”。如何讲好中国故事，怎样提升国际传播力，是专题篇中关注的热点议题。如《利用国际化会议讲好中国故事》对中国“两会”举办后，世界主流新旧媒体关注中国“两会”的程度、焦点、议题、评价态度等方面进行跟踪研究，设置三个多语种关键词Two sessions、NPC、CPPC，根据日浏览量超过2000，搜索谷歌和推特，分别代表国外的传统机构媒体和网友自媒体发布，设置时间为2016年1月1日至2018年3月20日，采用大数据技术辅助网络挖掘及内容分析法，运用Data Miner大数据挖掘平台，共搜集759条样本信息，并构建了3级指标体系，通过对比中国“两会”境外新旧媒体宣传力度、主题、框架、效果进行汇总分析与评估，分析境外媒体中国“两会”国际传播力，以此总结提升城市国际知名度、进一步承接国际活动事项的经验。

③重点人群

重点人群方面，本报告共选择了四类新媒体中的典型社群进行分析，主要为：移动社交媒体中的网红群体、微博平台中的知识型意见领袖群体、网络文学爱好者社群和广义的新媒体受众群体。

《移动社交媒体时代网红传播的策略与问题》以清博指数2017年12月9日发布的网红榜单中位居前五的网红为例，基于网红传播活动，主要从形象策略、内容策略、媒介策略、受众策略等方面探讨移动社交媒体背景下网络红人的传播策略、问题以及优化建议，以期为提升网络红人传播能力，促进网络红人健康传播提供实践层面的有益借鉴。

《微博平台中知识型意见领袖的社会责任评价》以十个典型的知识型意见领袖作为研究对象，对其发布的765条微博信息进行量化统计分析，旨在考察知识型微博意见领袖的社会责任履行情况。研究显示，知识型微博意见领袖的社会责任履行状况还有一定可提升的空间，其社会责任评价得分均值为2.52131分（得分率50.42%），刚过满分的1/2。知识型微博意见领袖“信息生产”得分处于中等偏上水平，但在“文化教育”、“社会监督”和“协调关系”的社会责任履行效能方面还需要做进一步的优化。

《网络文学社群的内容生产与社会责任分析》着重考察网络文学网站中基于特定网络文学作品形成的网络文学社群。从起点中文网、17K 小说网、纵横中文网三大平台的 VIP 排行榜来看，受社群成员喜爱的作品比较缺少现实主义的根基，今后网络文学发展走向应该更加注重现实，更多承担社会责任。通过对《赘婿》热帖的内容分析，可以发现网络文学社群评论质量有待提高，应该积极鼓励专业评论家加入网络文学社群，提高网络文学社群质量。

《面向受众的新媒体社会责任感知量表的开发与验证》基于受众角度考虑新媒体的社会责任内容，从而构建一套适合我国受众的新媒体社会责任感知量表。结合既有理论成果，该研究开发了受众视角下的新媒体社会责任感知的测量量表，它包括信息生产、社会监督、文化教育与协调关系 4 个维度，含 16 个二级指标。数据分析结果表明：该量表具有良好的信度和效度，能对受众的新媒体社会责任感知程度进行有效测量；另外，该量表能用于开展新媒体社会责任感知对受众品牌忠诚影响的实证研究，具备实用性。

（三）案例分析

本报告的案例篇共由 4 个典型个案分析构成，涉及争议性事件中的情感卷入、控烟运动的媒体策略、广告情绪唤醒的传播效果等问题。

《自媒体公众号的情感卷入策略与责任问题研究》以“江歌案”和“红黄蓝幼儿园虐童事件”为典型案例，运用符号学和话语分析法，旨在探究自媒体公众号“情感卷入”策略及其存在的问题。研究发现，自媒体公众号通过“二元对立”的身份和“影像化”的情境，划分集体边界；再借助标题、关联故事及归因策略营造叙事氛围，从而构建集体认同感。然而，在当前热点事件的传播中，自媒体公众号未能完全肩负好舆论动员这一媒体责任，这一方面要求自媒体在面对公共事件时，牢记媒体人身份；另一方面，也需要专业媒体对传播环境进行全盘监测，以保证事件处于正常的发展轨道。

《我获益还是我损失？你获益还是你损失？》以公益广告为典型个案，考察了健康公益广告中最常用损益框架如何被损益主体与受众风险感知水平所调节，研究设计2（框架类型：损失/得益）×2（得益主体：自己/他人）×2（风险感知水平：高/低）的完全组间实验（N＝173），统计结果显示三者的交互有效显著被试情绪唤起水平，控制变量“广告态度”调整此效应。具体来说，损益框架与损益主体的交互效应仅发生在高风险感知组，低风险感知组内不显著；在高风险感知组内，“我”损失唤醒的情绪水平显著高于“我”得益框架，“他人”得益唤起的情绪水平显著高于“他人”损失框架。研究深化了损益框架的效果研究，并提出改善健康传播效果的意见和建议。

《博弈论视角下中国控烟运动的媒体策略》以郑州“电梯劝烟猝死案”为典型案例，通过考察传统纸质媒体和社交网络信息传播的框架、结构和基调等，探讨媒体的行动逻辑，以及在推动控烟运动中发挥的作用。并提出控烟运动中非正式社会控制与正式社会控制合纵联盟的可能性。

参考文献

〔古罗马〕西塞罗：《论老年·论友谊·论责任》，徐奕春译，商务印书馆，1998。

朱贻庭：《伦理学大辞典》，上海辞书出版社，2002。

〔英〕巴勒特著：《媒介社会学》，赵伯英、孟春译，社会科学文献出版社，1989。

〔美〕赫伯特·阿特休尔：《权力的媒介》，华夏出版社，1989。

中国国家标准化管理委员会：《IOS26000社会责任指南》，2010，第1版。

张玲丽：《基于利益相关者理论的企业社会责任评价指标构建》，《现代经济》2008年第7卷第5期。

黄群慧、彭华岗、钟宏武、张蒽：《中国100强企业社会责任发展状况评价》，《中国工业经济》2009年第10期。

彭华岗主编《中国企业社会责任报告编写指南（CASS－CSR2.0）》，经济管理出版社，2011，第1版。

钟瑛、李秋华：《新媒体社会责任的行业践行与现状考察》，《新闻大学》2017年第1期。

复旦大学信息与传播研究中心课题组、葛星：《“自说自话”的城市官微——基于四城市官微内容分析的“城市官微可沟通性”报告》，《新闻与传播研究》2015年第8期。

周葆华、范佳秋、田宇：《新媒体社会责任表现的实证研究——以腾讯网为个案的量化评估》，《新闻大学》2017年第6期。

评 价 篇

The Evaluation Part

B.2

国家级新闻网站的社会责任及其评价

张思怡*

摘 要： 技术变化带来媒介格局的深刻变革，对新闻网站的发展亦造成巨大冲击，国家级新闻网站作为媒体网站的排头兵首当其冲，准确评估各网站社会责任践履现状是应对变局的当务之急。本文以国家级新闻网站作为研究对象，依据统一建构的新媒体社会责任指标体系，对8家新闻网站的社会责任履行现状进行考察。分析结果显示，国家级新闻网站社会责任践履情况总体较好，新华网、人民网和央视网分别位列前三。具体的单项指标表现方面各网站差异较大，仍存在部分共性问题值得重视，主要体现为新闻内容同质化程度高、社会监督范围有局限、文化传播形式较单一、线上互动较欠缺。针

* 张思怡，华中科技大学新闻与信息传播学院、国家治理研究院博士生，主要研究方向为网络传播。华中科技大学2018级硕士生陈雨琪、华中科技大学2015级博士生王春晓参与了基础数据的收集工作，特此表示感谢。

对各网站在履行社会责任方面的不足，提出相应的应对和提升策略。

关键词： 国家级新闻网站　社会责任　量化评价

随着网络技术的快速发展和媒介融合的进一步深化，新闻网站在经营体制、盈利模式和内容生产等方面遭遇了前所未有的挑战。国家级新闻网站作为主流媒体网站的主力军，必然首当其冲，如何突破现有体制瓶颈，化挑战为机遇，加快推进网络新闻生产与社会、技术等诸要素的联动，强化网站品牌影响力，实现新闻内容的跨终端广泛传播，成为当下各网站面临的紧迫任务。面对瞬息万变的网络舆论，如何进行适当的舆论引导，促进政府与民众的良好互动，亦是国家级新闻网站义不容辞的社会责任。面对新形势和新挑战，首要任务是对 8 家国家级新闻网站对社会责任的承担和践履现状进行评估，本文正是对此一问题进行回应。希望通过较为客观的量化评价体系，凸显目前国家级新闻网站在内容生产、社会监督等方面存在的困境，并进一步在此基础上提出应对措施和提升策略。

一　研究现状

（一）国家级新闻网站社会责任的内涵及特点

1. 国家级新闻网站社会责任内涵

国家级新闻网站首先是新闻网站，为大众提供真实、权威的新闻内容是其最为基础也最为核心的社会责任。但国家级新闻网站又不仅仅是新闻网站，作为主流媒体网站的中坚力量，正确引导网络舆论、传承传统文化、尊重他人知识产权、搭建网民交流平台①②亦是社会责任的应有之义。此外，作为网络问

① 刘航：《新闻网站的社会责任》，《新闻窗》2007 年第 1 期。

② 赵志刚、杨磊：《中国网络媒体的社会责任》，《新闻前哨》2004 年第 1 期。

政的主要平台，国家级新闻网站也是政府发布法律政策、规章制度的重要渠道，通过建立网民与政府之间的对话通道，最终达致弘扬社会正气、通达社情民意、疏导公众情绪[①]的良好社会效果。相较于普通的媒体网站和商业网站，国家级新闻网站被赋予了更多的社会责任和更高的公众期待。

2. 国家级新闻网站社会责任的特点

国家级新闻网站的前身多为传统中央级媒体，必然继承传统媒体作为党和政府喉舌的新闻宣传思想和立网观念，在其承担的社会责任方面突出地表现为在新闻信息传播的基础上对社会主流价值观念的传播和对舆论导向的重视[②]。与一般的商业网站和媒体网站相比，国家级新闻网站也具有无可比拟的多方面的独特优势，包括强大的新闻资源、丰厚的政治资源、传统的品牌资源、坚实的信誉资源等优势[③]。依托强大的资源优势，国家级新闻网站成为媒体类新闻网站的排头兵，不仅在社会责任的承担上义不容辞，更为重要的是政治责任的不容忽视。对母媒体的依赖和对政治责任的重视导致其在运营体制、经营模式、盈利方式等方面与一般的媒体网站也存在不小差别[④]。

（二）国家级新闻网站社会责任的履行现状

1. 体制与内容的双重困境

脱胎于传统媒体的国家级新闻网站一方面继承了母媒体所具有的多重优势资源，与此同时，传统媒体的复杂机制也被一并“遗传”，多少制约着新闻网站的快速全面发展[⑤]。既有研究者从运营体制、盈利方式、内容生产等方面对国家级新闻网站在社会责任承担方面所存在的问题展开论述。在内容生产方面，国家级新闻网站走的是“大而全”的新闻路子，网站之间内容同质化严重，信息汇聚功能较为单一，核心目标用户群体的定位仍然较为模糊[⑥]。在运营体制和管理方式方面，受限于传统媒体的运营模式，网站的市场竞争力和活力较商业

① 冯海燕：《新闻网站履行社会责任的路径》，《新闻前哨》2012 年第 1 期。

② 米莉：《新新媒介时代主流新闻网站的内容创新——对人民网 E 政广场内容生产的实证研究》，《传媒》2015 年第 2 期。

③ 蒋嫦：《我国重点新闻网站发展现状及对策研究》，中南大学硕士学位论文，2011，第 19 ~24 页。

④ 苏延军、高俊卫：《我国重点新闻网站的竞争格局及特征分析》，《新闻实践》2013 年第 8 期。

⑤ 冯海燕：《新闻网站履行社会责任的路径》，《新闻前哨》2012 年第 1 期。

⑥ 孟威：《主流媒体网站内容建设的三个维度》，《人民论坛》2016 年第 19 期。

网站稍逊一筹，市场化思维较为缺乏，盈利模式仍显单一。在网络特色与宣传模式这对基本矛盾上，亦缺少较为有效的应对策略。[①] 此外，如何把握舆论引导的尺度和政策界限，防止对舆论的过度管制，也成为国家级新闻网站管理过程中的棘手问题[②]。

2. 技术变革带来的冲击

随着媒介融合的深化，新闻生产和传播正逐渐与技术要素、资源要素、社会要素关联起来，新闻与数据、用户、平台之间的联动也更为紧密。[③] 技术进步带来媒介格局的深刻变革，网络新闻生产要同时遵循新闻规律和新媒体规律[④]方能在迅速变化的网络时代获得一席之地。国家级新闻网站在变革时代也不可避免受到冲击和影响。国家级新闻网站的信息垄断地位不再，商业门户、媒体网站、社交媒体、客户端等信息发布平台的影响力日渐高涨。相较于传统的新闻内容生产，网络新闻具有更强的技术属性，如何充分地运用和发挥网络技术的互动性、开放性、多终端等特色成为国家级新闻网站面临的又一重大挑战。更为重要的是，新闻受众的角色正在发生改变，受众不再是被动的信息接收者，新闻记者也不再是信源垄断者，受众越来越积极地参与到新闻的挖掘和生产当中。如何探索以新闻受众为中心的网络新闻产制流程和方式成为国家级新闻网站创新发展方式的题中之义。

（三）国家级新闻网站社会责任改善策略和现实路径

如何应对体制困局、技术挑战以及受众角色的转变成为国家级新闻网站社会责任践履无法绕开的挑战。面对体制困局，既有研究者认为国家级新闻网站应该创新管理体制，首先需要理顺政府、母媒体和网站之间的关系，明晰各主体方的权、责、利[⑤]，在此基础上，结合自身的资源优势，充分借鉴商业网站的经营方式和手段，建立健全激励制度[⑥]，增强与商业网站的竞合，创新盈利

---

① 杨菲：《国家重点新闻网站发展现状》，《青年记者》2012 年第 27 期。
② 钟瑛、罗昕：《我国主流媒体网站管理现状与建议》，《新闻与传播研究》2012 年第 1 期。
③ 彭兰、刘琳琳：《拓展“关联”：新闻网站专业性重塑》，《编辑之友》2016 年第 2 期。
④ 孟威：《主流媒体网站内容建设的三个维度》，《人民论坛》2016 年第 19 期。
⑤ 钟瑛、罗昕：《我国主流媒体网站管理现状与建议》，《新闻与传播研究》2012 年第 1 期。
⑥ 苏延军、高俊卫：《我国重点新闻网站的竞争格局及特征分析》，《新闻实践》2013 年第 8 期。

模式。

应对技术挑战则应从人才队伍建设、创新内容生产模式等方面发力。媒体技术的快速更迭加强了对复合型人才的需求，人才队伍的建设应该重视采用多元评价体系，在体制层面解决桎梏人才发展的因素。日常工作和实践过程中，开设专业的新媒体人员培训课程，鼓励工作人员对新技术的采纳和运用。内容生产不再是一个单一独立的新闻信息产制过程，应该将内容生产融入整个传播过程中进行考察，将生产、表达、传播、技术等因素综合起来①。新闻生产首要考虑的是平衡内容在共性与个性方面的冲突，各网站生产的主体内容接近，如何进行内容的个性化和差异化创新成为影响传播和构建网站核心竞争力的关键要素。个性化和差异化的凸显一方面需要借助新媒体技术手段，另一方面则需要回到内容生产的本质——对新闻信息的深度挖掘和呈现。

受众角色的转变对国家级新闻网站社会责任的履行所带来的挑战是全方位的，如何回应受众角色的转变深刻影响网站的发展前景。国家级新闻网站自身的资源优势需要被充分调动起来，在内容过剩但优质新闻依然稀缺的年代，坚持以新闻立网的理念，发布原创、深度和权威的信息，树立和塑造品牌价值，培养受众的黏着度和忠诚度，留住核心用户群。其次，由受众观念向用户观念转变②，充分运用多种技术手段立体呈现新闻，转变单一线性的内容叙事方式，为用户营造“沉浸式”的新闻体验③。

二　研究设计

（一）样本选择和观测周期

按照统一构建的新媒体社会责任指标体系，选取2018年4月4日至2018年4月10日一周作为观测周期，进行样本观测和数据收集，对8家国家级新闻网站——人民网、新华网、央视网、中国网、中国经济网、中国日报网、国

---

① 彭兰、刘琳琳：《拓展“关联”：新闻网站专业性重塑》，《编辑之友》2016年第2期。

② 栾轶玫：《新闻网站的未来趋势与模式创新》，《青年记者》2009年第18期。

③ 孟威：《主流媒体网站内容建设的三个维度》，《人民论坛》2016年第19期。

际在线、中青在线，进行量化评价分析，综合考察国家级新闻网站在社会责任方面的践履现状。

（二）三级指标观测标准及实现路径

①真实：是否存在虚假新闻。②权威：新闻来源权威主流媒体所占比重。③时效：滚动频道的新闻更新频率。④全面：网站首页的频道和栏目数量。⑤深度：是否有专题频道或深度频道以及专题报道、系列报道数量。⑥原创：新闻板块原创报道所占比重。⑦客观：新闻信源的数量及是否呈现多方观点。⑧信息把关：是否具有内容审核机制，针对网民评论是否能够及时发现并删除不良信息和垃圾信息。⑨广告控制：广告的数量以及广告的形式和内容是否符合网站定位。⑩侵权控制：是否设置版权声明、商标权声明等内容，是否涉及非法转载、侵犯网络著作权等侵权行为。⑪司法公正、政府管理、涉外关系、生产事故、环境污染、食品安全、校园事故、交通事故、城市拆迁、警民冲突、官员腐败、学术腐败、性与婚姻道德、体育赛事、自然灾害：通过统一设定的关键词进行查询，判定观测周期内相关议题和内容的数量。⑫主流价值、社会风尚：通过统一设定的关键词库进行查询，判定观测周期内相关议题和内容的数量。⑬传统文化、民俗文化、红色文化：网站是否设有相关板块或栏目，内容丰富程度以及更新频率。⑭娱乐健康度：娱乐类板块的数量以及娱乐频道有无低俗信息。⑮公共服务：公共服务入口的数量。⑯用户体验：网页布局、栏目编排、页面字体、分享按钮等方面的设置情况。⑰互动：是否提供互动平台以及互动平台的发文量、阅读量和评论量。⑱商业性活动：收费性活动包括收费课程、线下培训等活动的数量。⑲非商业性活动：是否设有公益频道以及公益性活动的数量。

（三）打分标准及得分情况

对 8 家国家级新闻网站进行测评的过程中，依据量化的指标评分，打分区间为 1 ~5 分，共分为五个等级，1 分为很差，2 分为较差，3 分为一般，4 分为较好，5 分为很好。本文数据由两位经过统一培训并测试合格的研究人员按照统一设定的标准进行采集。指标体系中三级指标得分由三位研究人员完成，依据 8 家国家级新闻网站在各指标上的表现进行打分，并对三位打分取平均值。在研究人员完成打分的基础上，通过权重运算，即各网站三级指标得分 X

三级指标权重，得到8家国家级网站在各分项指标上的得分和社会责任总分。统计结果和排名见表1。

表1　8家国家级新闻网站社会责任指标得分情况（2018）

排序	名称	社会责任总分	信息生产	社会监督	文化教育	协调关系
1	新华网	4.6699	2.5460	1.2613	0.5154	0.3472
2	人民网	4.6357	2.5581	1.1988	0.4655	0.4133
3	央视网	4.3821	2.4273	1.1320	0.4822	0.3406
4	中国网	4.2427	2.4058	1.0719	0.4484	0.3166
5	中国经济网	4.1343	2.4034	1.0005	0.4342	0.2962
6	国际在线	3.9059	2.2899	0.8768	0.3808	0.3584
7	中青在线	3.8978	2.1728	0.9610	0.4270	0.3370
8	中国日报网	3.4847	2.1692	0.7180	0.3463	0.2511

三　研究发现

（一）国家级新闻网站社会责任总体履行情况

由表1可知，8家国家级新闻网站社会责任践履现状总体良好。新华网、人民网分别位列社会责任榜单第一和第二，央视网、中国网、中国经济网紧随其后，排名前五的国家级新闻网站总得分在“很好”（5分）和“较好”（4分）之间，国际在线、中青在线和中国日报网位列榜单的后三位，三家网站得分在“较好”（4分）和“一般”（3分）之间。考察各网站的细分指标得分，人民网在信息生产和协调关系两个方面表现亮眼，均位列榜首，新华网在社会监督和文化教育两个方面优于其他7家网站。由此观之，新华网和人民网不仅社会责任总分排名靠前，在单项指标得分方面亦表现优异。与2016年排名情况相比①，央视网、中国经济网和中青在线排名分别上升一位，总体趋势较为接近，单项指标排名略有差异。

① 张思怡、李秋华：《国家级新闻网站社会责任及其评价》，《中国新媒体社会责任研究报告（2016）》，社会科学文献出版社，2016，第33～49页。

（二）信息生产方面，内容同质化程度高

从图 1 可以看到，在信息生产方面 8 家网站的得分均位于很好（2. 643）①和较好（2. 1144）之间，可以细分为两个梯队，其中人民网、新华网、央视网、中国网和中国经济网 5 家网站属于第一梯队，得分更为接近“很好”，国际在线、中青在线和中国日报网属于第二梯队，得分更为靠近“较好”这一端。

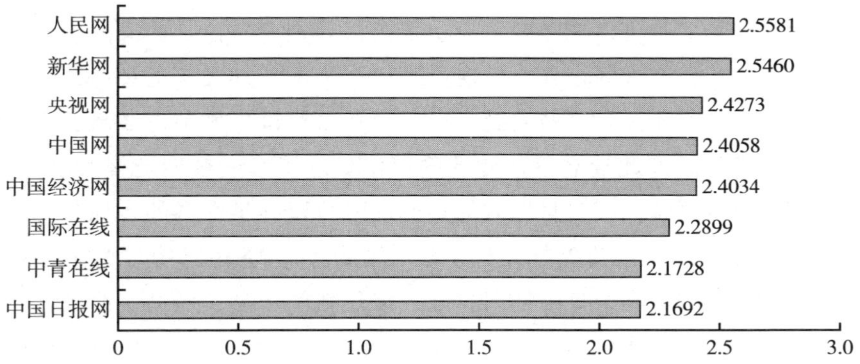

图 1　8 家国家级新闻网站信息生产一级指标得分情况

对 8 家国家级新闻网站在各分项指标上的数据进行分析，我们发现各网站在信息生产方面的真实性、权威性、客观性方面表现良好，较为一致。而在时效性、全面、深度和原创方面则有较大差异。第一梯队在时效性和全面性方面总体优于第二梯队，在深度和原创方面在同一梯队内部和梯队之间皆有值得注意的差距。在第一梯队内，央视网在深度方面稍逊于其他四家网站，在第二梯队内，中国日报网在深度方面仍有值得提升的空间。原创性方面，中青在线原创文章数量相较其他网站仍有待加强。流程控制方面，国家级新闻网站在信息把关和侵权控制方面差距较小，在广告控制方面央视网、中国网仍需投入更多关注。

① 括号中的数值表示某指标在某一评价层级（1 分为很差，2 分为较差，3 分为一般，4 分为较好，5 分为很好）时的加权后得分，用来衡量具体网站的得分所处的区间。

目前国家级新闻网站已经从早期母媒体的网络版发展为综合性信息门户，新闻生产从采集、加工、合成到聚集等各方面都已展现出较为鲜明的互联网基因和思维。在坚持新闻立网和内容为王的理念前提下，国家级新闻网站无论在内容的时效性、全面性还是在深度、原创方面都较一般的地方性媒体网站优势明显。但与商业门户网站、新闻客户端等直接诞生于网络时代的新闻产品而言，在信息聚合、市场推广、吸引受众等方面仍有较大差距，尤其突出体现在内容同质化程度高、缺乏个性化和特色呈现。以观测期间内召开的2018年博鳌亚洲论坛为例，各网站皆设立专题页面进行多维度报道，但细究内容和形式则可发现专题页面主要由最新消息、论坛简介、专家评论几个板块构成，内容大同小异，呈现形式也多为图片加文字的单一形式。内容同质化程度高本质上是网站内容生产与市场营销推广脱节的表现，信息生产部门与市场部门彼此分立，未能准确定位目标受众，精准把握受众需求。尽管国家级新闻网站依托自身强大的资源优势得以满足受众的多元化内容需求，但是多元化还应该与差异化、个性化相结合，坚持以用户为中心的思维，创新信息生产流程，打破部门界限，聚焦新闻产品，借助网络技术创新产品呈现形式，将优质内容转化为优质新闻产品，为受众打造体验良好的立体媒介生态。

（三）社会监督方面，监督范围有局限

从图2我们可以发现，8家网站在社会监督方面呈现较大差距。新华网、人民网、央视网的得分位于“很好”（1.3775）和“较好”（1.102）之间，中国网、中国经济网、中青在线和国际在线得分位于“较好”（1.102）和“一般”（0.8265）之间，且中国网和中国经济网更为靠近“较好”这一端，而中青在线和国际在线则更为接近“一般”这一端，中国日报网的得分则位于“一般”（0.8265）和“较差”（0.551）之间。从二级指标上各网站的得分来看，国家治理方面，新华网和人民网排名靠前，中国日报网和国际在线得分较低；社会风险方面，新华网表现最佳，中青在线和中国日报网仍有待提高；行为失范方面，人民网和央视网表现亮眼，中国日报网的表现欠佳；其他现象类主要包括体育赛事和自然灾害，央视网在该方面的报道量最多，拔得头筹。

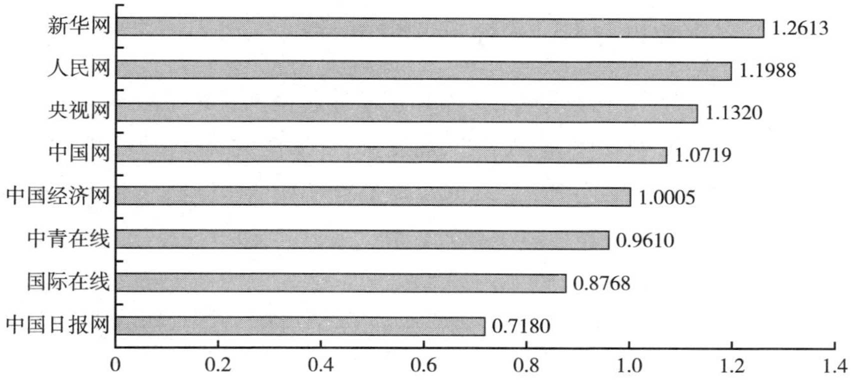

图 2　8 家国家级新闻网站社会监督一级指标得分情况

进一步对所搜集的数据进行内容分析，8 家网站对国家治理方面的内容报道明显较其他类别的内容更为重视，尤其是涉及政府管理、涉外关系的新闻信息。这与国家级新闻网站多由中央级新闻媒体主办有关，国家级新闻网站不仅是各类社会新闻的发布平台，同时也是政府发布法律、政策、规章制度以及展示国家重要领导人和官员活动的重要信息窗口。与此同时，国家级新闻网站也承担着重要的社会监督和公权力监督的责任。社会监督的重点是社会风险和行为失范，观测周期内，这两类新闻的报道量总体较少，相较于国家治理类新闻内容多属常规性报道，社会风险类和行为失范类则多为突发性报道，不同时段内报道量差异较大。尽管如此，新华网和央视网在这两类内容的报道上较其他网站更为积极和主动，发挥了较强的监督功能。

涉及公权力监督的主要是城市拆迁、警民冲突和官员腐败三类。8 家网站在这三类新闻报道方面总体表现欠佳，网站之间的差距较为明显。在涉及城市拆迁的相关新闻和信息报道方面人民网和新华网报道量多于其他 6 家网站，在官员腐败类新闻的披露方面人民网表现最佳，并且设有反腐频道。警民冲突类新闻方面 8 家网站基本上都没有相关报道。国家级新闻网站肩负对社会负面现象进行揭露、报道，对公权力不端行为进行监督的重要社会责任，该类信息的及时曝光不仅有助于满足公众的知情权，与此同时也有利于促进公职人员规范行使公权力，使社会运行更为顺畅。

（四）文化教育方面，传播形式较单一

由图 3 可知，在文化教育方面，8 家国家级新闻网站得分较为接近，新华网、央视网、人民网、中国网、中国经济网表现突出，得分在“很好”（0. 5365）和“较好”（0. 4292）之间，而中青在线、国际在线和中国日报网则略为逊色，得分在“较好”（0. 4292）和“一般”（0. 3219）之间。

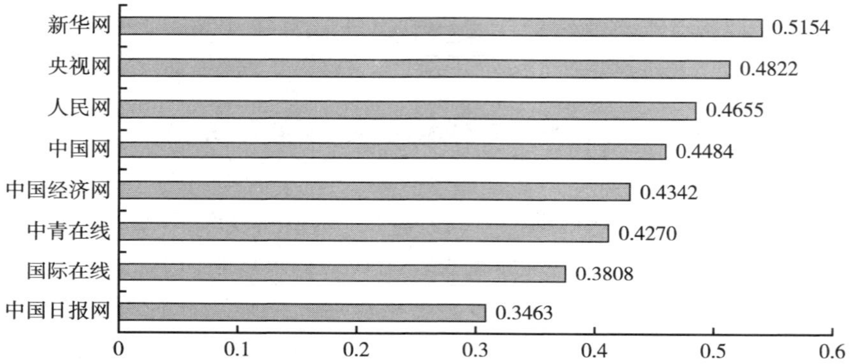

图 3　8 家国家级新闻网站文化教育一级指标得分情况

国家级新闻网站以宣传主流价值观和弘扬社会风尚作为塑造共识的主要手段和实现途径。在宣传主流价值观方面，8 家国家级新闻网站得分虽略有差异，但总体得分均较高。社会风尚方面，中国日报网和国际在线与其他网站相比得分较低，这也影响其在社会共识方面的得分。文化传承方面主要涉及对传统文化、民俗文化和红色文化的推介，中国日报网在这三项上的得分均垫底。提供娱乐则以各网站的娱乐健康度来衡量，8 家网站皆表现良好。

国家级新闻网站多通过开设专题的形式对社会主义核心价值观进行宣扬，如人民网、中国网、中国经济网对脱贫攻坚内容的展示，央视网和中国经济网则通过“图说我们的价值观”专题，以图片的形式展现生态文明、诚信立身等主流价值观。社会风尚侧重对道德模范、行业先锋、匠人、创业实践者等典型人物的报道，强调其对社会责任的承担，关注向上向善的力量，传播温暖正能量。核心价值观及社会正能量的宣传多采取图片和视频的方式呈现，具有较强的感染力。国家级新闻网站对传统文化的报道多侧重文化的传承和创新，如

书法、陶瓷、水墨画、戏剧等艺术形式如何与现代技艺、现代生活进行更好的融合。民俗文化则多结合节日习俗进行报道，此次观测周期，恰逢清明节，多家网站策划专题介绍清明节风俗。红色文化多以党建活动、纪念革命先烈等方式展现。塑造共识和文化传承多以图文和视频形式进行传播，侧重文化的资讯层面，而对于文化的形态、色彩属性以及活动方面则较为忽视，未能借助更新的技术形式和传播手段充分调动用户的参与感和体验感，传播效果仍然有待检验。

（五）协调关系方面，线上互动较欠缺

从图 4 可以发现，人民网在协调关系方面遥遥领先，得分接近于“很好”（0.461）这一级别，国际在线、新华网、央视网、中青在线、中国网和中国经济网则位列第二梯队，得分位于“较好”（0.3688）和“一般”（0.2766）之间，其中中国经济网的得分跌破 0.3，更为靠近“一般”这一端，中国日报网得分最低，位于“一般”（0.2766）和“较差”（0.1844）之间，可归属为第三梯队。

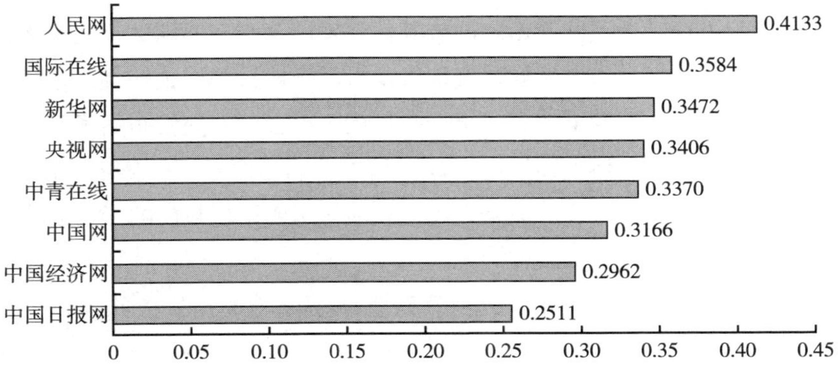

图 4　8 家国家级新闻网站协调关系一级指标得分情况

新闻网站与用户之间的线上沟通主要通过公共服务、用户体验和互动三个方面来体现。公共服务方面，人民网和中国经济网得分最高。用户体验方面，8 家网站均表现良好，但是央视网和国际在线得分稍低。互动方面，除人民网和新华网表现较好，其余 6 家网站均表现较差。线下活动可分为商业性活动和

非商业性活动，人民网和国际在线提供的付费活动较多，得分最高，新华网、央视网和中青在线提供的非商业性活动多于其他网站，得分较高。

公共服务、用户体验以及互动三个方面是有机联系，不可分割的。国家级新闻网站不仅是国内外重要新闻资讯的发布者，也应是娱乐、消费、社交功能的提供者，成为集信息和服务于一体的综合性平台。公共服务供给的便利性及全面性将影响受众的用户体验。用户体验可以分为三个层次：一是资讯服务层面，为用户提供权威、专业、及时的新闻信息以及便利的公共服务入口，满足用户对于信息及服务的多元需求；二是感官层面，在页面布局、频道设置、字体大小、内容分享的便利性等方面为用户带来舒适体验；三是心理层面，网站在资讯服务层面和感官层面的优化及创新，最终目的仍是为了增强用户对于网站品牌的认同感以及网站社区的归属感。中国经济网在结合自身网站定位和特色的基础上为用户提供消费者举报和即时解盘栏目服务，在公共服务方面表现较好。

互联网时代网民行为特征可以概括为社交化、移动化、个性化和在地化①，其中社交化是其核心，国家级新闻网站能否提供丰富多样且黏着度高的互动平台，对于吸引用户，扩大内容传播力、品牌影响力具有关键作用。在互动平台的创设方面，人民网和新华网较其他六家国家级新闻网站领先一步，人民网开设有强国论坛、地方领导留言板以及人民微博，强国论坛在追踪时事热点、事关民生的诸多议题上多有讨论，并且版主也会不定期发布帖子引导网民对网络热点进行探讨。地方领导留言板则是集互动与服务于一体的功能设置，有助于实现官民的良性互动。但是人民网和新华网的论坛热门帖子的阅读数和评论数均较低，深度互动仍然较为欠缺。

商业性活动和非商业性活动是实现线上线下联动的重要关联者，也是提升用户参与感不可或缺的途径。相较于线上沟通的间接性以及虚拟性，线下活动通过亲身体验、直接参与，为用户带来及时正向反馈，有助于培养用户对于网站品牌的忠诚度。在商业性活动方面，网站主要以提供课程培训为主，如人民网的舆情分析师研修班，国际在线的网络视听节目主持人培训项目，等等。非商业性活动多为网站开展的公益性活动，如新华网联合蚂蚁金

---

① 张利平：《〈华尔街日报〉的媒介融合战略》，武汉大学博士学位论文，2014，第 148 页。

服公益举办的“善举的力量——为善行者助力”筹款活动，央视网发布的“绿水青山看中国”网络征题活动，中青在线志愿者频道发布的志愿项目，等等。线下活动主要集中在少数网站，多数网站仍以活动资讯发布为主，而鲜少成为活动主办方。

四 对策与展望

（一）打造个性内容，提升信息生产品质

国家级新闻网站的内容生产品质总体良好，尤其在真实性、权威性和客观性三个方面。但在时效、全面、深度和原创四个方面，依然有较大提升空间。无论从政治资源、信息资源还是品牌资源来看，国家级新闻网站较商业媒体网站和地方性媒体网站优势明显。但在内容生产方面仍然面临以下几个方面的矛盾和困境：首先，国家级新闻网站的核心目标用户群体定位较模糊，用户群体不明晰导致内容生产更倾向于大而全，阻碍了个性化和有特色内容的生产。其次，国家级新闻网站不仅仅是新闻网站，同时也是国家发布大政方针的信息平台，如何处理好新闻立网与宣传模式要求之间可能的不协调和不一致，也是新闻生产者值得重视的问题。最后，相较于传统新闻，网络新闻具有更强的技术特性，如何在媒介深度融合的技术背景下，创新内容生产模式，充分利用新媒体技术手段，实现内容的跨平台多终端传播，也是提升内容品质的应有之义。以上三个方面的冲突和矛盾归根结底是各网站如何运用技术手段，在平衡网站的社会责任和政治责任的大前提下，加强内容生产与社会、技术等要素的融合，实现内容的跨平台广泛传播。唯有处理好这几方面的关系，方能在个性化内容生产方面有所突破和进步。

（二）扩大监督范围，强化社会监督功能

作为主流新闻媒体的排头兵，国家级新闻网站承担着揭露和曝光社会负面现象、对公权力的行使进行监督的重要责任。目前，各网站对涉及国家治理方面的政府管理、涉外关系方面内容投入较多关注，司法公正方面内容的报道也有了长足进步。但对社会负面现象，如生产事故、学术腐败方面的报

道仍较为缺失，对与公权力相关的警民冲突、官员腐败等现象也应该投以更多注意。加大新闻网站对社会诸现象的监督力度，发挥新闻媒体在促进社会公平正义、维护社会良好秩序的正面作用。此外，扩大消息源对于强化新闻媒体的监督功能具有重要作用，新闻生产者应转变受众作为被动信息接收者的落后观念，增强与用户的交流，将用户纳入整个新闻产制流程，开设网络问政平台和新闻举报热线，从根源上扩大监督范围。对于重大突发性事件，应做到及时准确公布信息，做好网络舆论引导工作，杜绝信息不公开不透明导致的网络谣言在网络空间的盛行。对于网民关注度高的事件，尤其是涉及公权力方面的新闻，应做到及时追踪和更新事件最新进展，努力成为政府与公众之间的信息沟通桥梁。新闻媒体应积极行使作为第四权的监督职责，秉持客观中立的态度，呈现事件多方观点，主动保障公民知情权，从而推动社会向好向善发展。

（三）注重文化教育，创新文化传播形式

文化教育意蕴丰富，不仅要求媒体通过宣扬主流价值观、弘扬社会风尚塑造社会共识，同时在传承传统文化、民俗文化和红色文化方面，也应该积极投入扩大社会影响。通过前文对观测数据的分析可知，作为国家在网络空间积极培育的思想文化交流平台，国家级新闻网站在履行文化教育责任方面拥有不俗表现。通过开设专题、图片解答等方式生动展现社会主义核心价值观的内涵，借由对典型人物的报道，传播社会正能量，积极培育社会风尚。对传统文化、民俗文化和红色文化的报道注重与现代社会生活和科学技术相结合，有助于增强公众的兴趣，并推动文化内容与公众日常生活实现深度融合。与此同时，国家级新闻网站在文化教育功能尤其是文化传承方面存在的部分问题亦不容忽视。首先，文化频道内容更新缓慢，文化传播意识依然较为淡薄。其次，文化传播形式较为单一，主要以视频和图片呈现。国家级新闻网站作为世界了解中国的重要信息门户，应增强文化传播意识，尤其应注重立足本土传播中国优秀传统文化和民俗文化。创新文化传播形式，积极采用虚拟现实（VR）、增强现实（AR）、视频直播等新技术，为用户提供沉浸式深度文化体验，从而增强文化传播效果。最后，仍需拓宽文化传播思路，将文化教育与娱乐应用结合起来，从而实现寓教于乐的良好希冀。

（四）优化平台作用，实现协调关系功能

国家级新闻网站不仅是信息发布平台，在增强民众与政府机构、公益组织等主体的沟通方面也发挥着重要的协调关系作用。协调关系涉及线上的公共服务和用户互动，链接了线下的商业性活动和非商业性活动，目前各网站提供的公共服务主要局限于网络有害信息举报专区，服务内容较为狭窄。各网站互动平台活跃度低迷，论坛热门帖子评论量较低，除人民网和新华网拥有互动平台外，其他网站基本没有发现实时互动平台。各网站的商业性活动主要以开设各类培训课程为主，非商业性活动则较为缺失。国家级新闻网站应积极开设网络问政平台，加强政府与民众的沟通，及时回复网民的评论和诉求，增强其对网站的忠诚度和黏着度。对于活跃度较为低迷的时事论坛，可开设网民关注的民生问题讨论帖，并对讨论话题适时加以引导。此外，国家级新闻网站也是重要的资源链接平台，在推动公益活动的组织和举办方面大有可为，应主动发挥自身作为资源枢纽的作用，发挥平台的品牌效应，通过成为活动冠名方、成立基金会等形式，扩大活动影响，进一步提升网站影响力。将网站作为信息发布平台和资源链接平台的作用结合起来，最大程度践履新闻网站承担的社会责任。

B.3
省级主流新闻门户网站的社会责任的实证研究

张军辉　刘洋　沈宇　王瑞*

摘　要： 本研究以我国大陆地区的31家省级主流新闻门户网站为观测对象，依据总论建构的评价指标体系，对6049条样本进行了计量统计和分析。结果显示：省级主流新闻门户网站社会责任履践整体情况良好，但仍存在需改进的问题，如信息生产方面得分较高，但深度和全面上存在不足；在社会监督方面议题“硬化”，地域之间存在差异；文化教育方面传播意识薄弱；协调关系受到重视，但互动效果不佳。因此，以下几个方面值得重视：守住信息生产优势，发挥新媒体的整合功能；形成社会监督软硬兼施的联动效应；推进文化与新闻的共振，增强网站教育功能；发挥平台优势，创新沟通方式与质量。

关键词： 新闻网站　社会责任　评价分析　传播管理

随着互联网应用的快速普及，尼葛洛庞帝（Nicholas Negroponte）关于数字化生存蓝图的描绘，如今已经成为人们现实生活的写照。据中国互联网信息中心（CNNIC）统计，目前我国互联网站点数已超过544万。地方主流新闻门

* 张军辉，安徽师范大学新闻与传播学院副教授，硕士生导师，主要研究方向为新媒体传播与管理；刘洋，华中科技大学新闻与传播学院博士研究生；沈宇为安徽师范大学新闻与传播学院硕士研究生；王瑞为华中科技大学新闻与信息传播学院硕士研究生。

户网站是我国新闻网站的重要组成部分，作为地方发布资讯、监督社会、传承文化、舆论引导、展示形象的主要平台，其在人们获取权威信息中的作用日益凸显。

新闻门户网站是传统新闻传播在互联网时代延伸、耦合的产物。1996 年，中央电视台率先上网，正式开启了我国主流媒体进驻网络传播领域的步伐。随后一批“国字号”的中央主流新闻媒体（如人民日报、光明日报、新华社等）纷纷进入互联网，充分利用互联网的平台优势，作为传统纸质版面的补充。鉴于新闻网站在宣传与舆论引导中的地位越来越重要，1999 年，《中央宣传部、中央对外宣传办公室关于加强国际互联网络新闻宣传工作的意见》文件出台，首次对网络新闻宣传工作进行了指导性的阐述，并将新闻网站发展纳入国家发展宣传工作战略。由此，我国新闻网站建设拉开了序幕。2000 年 11 月 7 日，《国际互联网新闻宣传事业发展纲要（2000～2002 年）》的出台吹响了我国主流新闻网站蓬勃发展的号角。这一文件的重要意义在于：一是界定了新闻网站的内涵，为新闻网站进行了合法性的正名，即“经过国务院新闻办批准而取得发布或登载新闻资质的网站，包括中央新闻单位、中央国家机关各部门新闻单位以及省、自治区、直辖市和省、自治区人民政府所在地的市直属新闻单位依法建立的互联网站”；二是文件中确定了首批重点新闻宣传网站（中国互联网新闻中心、人民日报、新华社、中国国际广播电台和中国日报）[①]。这也为之后的省级主流新闻网站的建设提供了示范和准备。

最早的省级主流新闻门户网站建设，可追溯至 1997 年浙江省创办的浙江在线[②]，之后山西新闻网（1998 年）、大河网（1998 年）、南海网（1999 年）、四川新闻网（1999 年）、河北新闻网（1999 年）纷纷依托所在省的主流媒体资源优势进驻互联网。随后，国务院新闻办公室又先后批准建立了千龙网、东方网、北方网、东北新闻网、浙江在线、红网、中国江西网等 24 家全国重点地方新闻网站。截至 2015 年 5 月，由 31 家地方重点新闻网站共同组建的中国地方新闻网站联盟正式成立，为形成地方主流网络媒体资源共享和联动提供了平台。

① 《重点新闻网站发展历程》，国务院新闻办公室网站，http：//www. scio. gov. cn/zhzc/8/5/Document/1432737/1432737. htm。

② 罗昕、余倩：《省级主流新闻网站社会责任及其评价》，载《中国新媒体社会责任研究报告（2014）》，社会科学文献出版社，2014，第 23～35 页。

2015 年 11 月，首批 14 家中央主要新闻网站的 594 名记者取得了新闻网站记者证，我国新闻网站内容建设的专业队伍进一步充实。

麦克卢汉（Marshall McLuhan）曾指出，任何一种媒介都会引入一种新的尺度①，而这种新尺度必然会形成新的传播格局。经过 20 年的发展，目前，我国已经建立了中央、省级、市级三级新闻网站的立体布局，34 家省级主流媒体门户网站形成了省、直辖市、港澳台的全覆盖矩阵。在我国，主流新闻媒体以权威信源优势受到认可，但面临日新月异的新媒介环境挑战，如何当世取舍，在创新发展中坚守社会责任，成为亟待关注的议题，也成为学界、业界热议的话题。

一　研究综述

通过 CNKI（中国知网数据库）检索系统进行检索发现，我国关于新闻网站研究的文献最早出现在 1997 年，文献整体呈持续增长趋势，尤其是 2014 年 8 月 18 日，中央全面深化改革领导小组《关于推动传统媒体和新兴媒体融合发展的指导意见》的出台，这一领域的研究引起了学者们的强烈关注，研究文献的累积增量开始有了明显的提升（见图 1）。

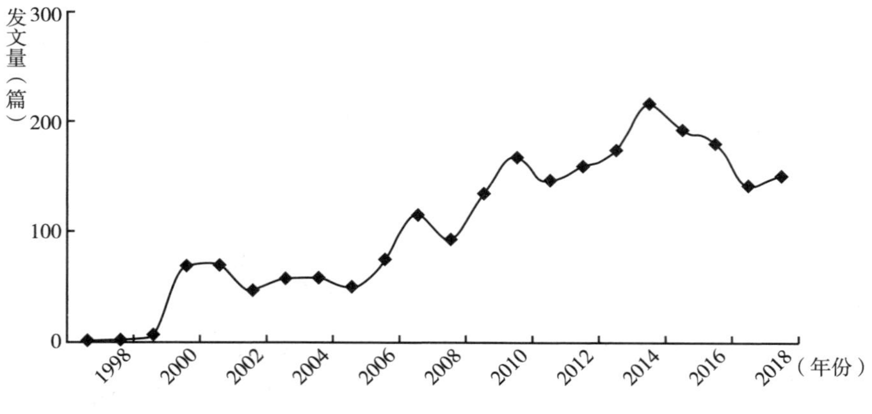

图 1　1997 ~ 2018 年我国新闻网站研究文献分布

资料来源：中国知网"计量可视化分析"，http：//kns. cnki. net/kns/Visualization/VisualCenter. aspx。

① 麦克卢汉：《理解媒介》，何道宽译，商务印书馆，2000，第 33 页。

为进一步了解我国关于地方主流新闻网站研究的关注焦点，我们引入了共词分析法。通过以“新闻网站”为篇名关键词对 CNKI 的文献数据库进行检索，并利用系统自身的“计量可视化分析”工具，获取研究图谱。图 2 显示，目前我国学界关于地方新闻网站研究既有宏观的关注，也有具体的问题分析，研究范畴主要集中在功能与定位、发展策略、媒介融合、移动互联等方面。

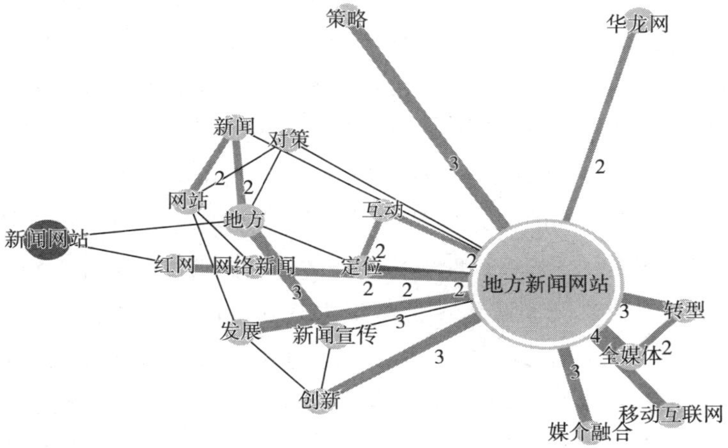

图 2　1997～2018 年我国地方新闻网站研究文献关键词共现网络

资料来源：中国知网“计量可视化分析”，http：//kns. cnki. net/kns/Visualization/VisualCenter. aspx。

（一）省级主流新闻门户网站的概念界定

在学界，对省级主流新闻网站并没有较为统一的概念，具体文献中大都围绕主流媒体和新闻门户两个关键词进行交叉界定，分别被表述为主流媒体网站、主流新闻网站、地方新闻网站、省级新闻网站、地方重点新闻网站，这些概念之间相互交叉也互有差异。

关于主流媒体新闻网站，官方、学界、业界分别从判断标准和主要特征等方面均有论述。项亮与童兵教授（2013）认为主流媒体具有“关注重大问题，发挥重要影响，具备权威地位，党政机关支撑”① 4 个特点。林晖教授（2008）

① 项亮、童兵：《关于当前新闻传播几个理论问题的思考》，《新闻与传播研究》2013 年第 1 期。

认为，主流媒体应该具有“本能地、自觉地在构建、支持主流价值观”的文化自觉。[①] 周胜林教授（2001）认为，主流媒体是影响力大、起主导作用、能够代表或左右舆论的省级以上媒体。[②] 新华社舆论引导有效性和影响力研究课题组认为，判断主流媒体的标准有6个方面：具有党、政府和人民的喉舌功能；体现并传播社会主流意识形态与主流价值观；具有较强公信力；利于报道国内外政治、经济、社会、文化等领域的重要动向；基本受众是社会各阶层的代表人群；具有较广泛受众群。[③] 虽然现有文献对这一概念的描述不尽相同，但总的来说均指向三个共同要素：强调内容的主流性，能够传达社会核心价值；强调媒体组织机构的权威性，具有党政支持；强调从分发渠道上具有较强的渗透性和覆盖面。门户网站译自英文“portal site”，指到达某一类资讯的信息入口。早期的门户网站主要是提供搜索功能的用户分流服务网站，随着互联网用户数的爆炸性增长，网络信息需求不断多元，全球网络站点数迅速增长，主流新闻媒体单位纷纷进驻互联网，创建了自己的新闻网站。[④⑤] 结合本研究的研究范畴和现有文献，我们将省级主流新闻门户网站界定为：由各省委省政府（含直辖市、特别行政区、自治区）及其宣传部门、主流媒体集团或其控股公司主管、主办的新闻网站，通过提供政治、经济、文化等各类权威新闻资讯服务，体现并传播社会主流意识形态与主流价值观的互联网资讯平台。

（二）主流新闻门户网站的发展困境与策略研究

目前国内关于主流新闻门户网站发展困境与策略研究文献的议题主要集中在管理、经营、内容和技术创新等方面。

在管理方面，申玲玲（2011）、陶俊培（2010）等认为，虽然媒介融合的呼声很高，但由于受到管理体制、运行机制、观念等方面的制约，地方新闻网

---

① 林晖：《中国主流媒体与主流价值观之构建》，《新闻与传播研究》2008年第2期。
② 周胜林：《论主流媒体》，《新闻知识》2001年第12期。
③ 编辑部：《主流媒体如何增强舆论引导有效性和影响力之一：主流媒体判断标准和基本评价》，《中国记者》2004年第1期。
④ 毛晶莹：《门户网站的概念与类型分析》，《管理学报》2005年第2期。
⑤ 赵枫、苏惠香：《国内门户网站发展过程分析》，《现代情报》2005年第12期。

站的发展与转型差强人意。[①②] 因此，地方新闻网站的转型工作可以从传播渠道、内容推送、本地服务等方面入手进行改革。[③] 同时，地方新闻网站的人员队伍结构也需要积极调整，新闻网站的编辑应该主动掌握新媒体编辑技能，而非简单地充当新闻事实的“搬运工”。[④]

在经营方面，罗以澄（2000）、高晓燕（2010）、刘伟（2012）等认为，随着新闻网站转企改制，其已经进入了互联网竞争市场，但实际上内容的优势与盈利模式缺失，成为制约新闻网站发展的主要因素。所以，要以互联网思维建构经营理念，以品牌意识打造网站形象，以合作意识促进板块崛起，以资本意识带动市场战略，以产业意识推动整体创新的经营策略。[⑤] 罗昕教授（2011）也认为，我国新闻网站应思考如何将新闻资源通过广告活动培养用户黏度，探索增值盈利模式获取利润分成。[⑥]

在内容方面，很多学者均指出地方新闻网站普遍存在内容同质化、本地化监督错位、视频内容生产不足等瓶颈，突破这一困境则需要从提高自身新闻内容生产能力等方面入手[⑦]，在内容管理方面，应强调差异化定位和原创内容，全面权衡信息自由而安全的流动。提高新闻网站的“时效性”和“原创性”，改变“信息汇总”内容功能单一性。[⑧]

在技术创新方面，媒体早在 2008 年的“重点新闻网站技术建设研讨会”上就达成了“新闻网站技术力决定传播力”的共识。[⑨] 近年来，一方面是新媒体技术日新月异，媒介技术平台不断有异军突起，虚拟现实、客户端、大数据算法等前沿技术层出不穷，成为抢占用户注意力的生力军。另

---

① 申玲玲：《地方新闻网站发展需要解决的几个问题》，《东南传播》2011 年第 3 期。

② 陶俊培：《打造区域强势新媒体——从四川新闻网实践看地方新闻网站的转企改制之路》，《传媒》2010 年第 7 期。

③ 殷俊、罗玉婷：《“互联网 +”与地方新闻网站的转型路径》，《新闻与写作》2016 年第 2 期。

④ 俞运宏、王秋菊：《地方新闻网站的品牌化发展》，《中国记者》2009 年第 4 期。

⑤ 罗以澄、夏倩芳：《新闻网站的市场前景，存在的问题及发展策略》，《新闻与传播研究》2000 年第 4 期。

⑥ 罗昕、柯璟：《美国新闻网站评优标准对我国的启示》，《中国出版》2011 年第 8 期。

⑦ 武慧芳：《博弈与融合——地方新闻网站发展困境探析》，《中国出版》2010 年第 22 期。

⑧ 钟瑛、罗昕：《我国主流媒体网站管理现状与建议》，《新闻与传播研究》2012 年第 1 期。

⑨ 洪宾：《新闻网站技术力决定传播力》，《深圳商报》2008 年 11 月 29 日 A04 版。

一方面，主流新闻门户网站的技术创新受原有媒介机构的人员、理念所限，长期存在技术创新动力不足的矛盾。因此，新闻网站要加大对网络技术的重视与投入。①

（三）主流新闻门户网站的社会责任

从现有文献主题分布来看，我国关于新闻网站社会责任的研究成果并不多见。刘晓莉、郝金强（2004）针对网络信息的乱象指出网站编辑应承担保证稿件真实准确、坚持正确舆论导向、关注弱势群体和青少年成长的社会责任。② 姚莉莉（2012）认为在社会化媒体时代，专业新闻机构要发挥好把关人的作用，为网民提供真实、有用的信息。③ 首次将新媒体社会责任进行指标化分解和量化考察的学术成果是钟瑛教授（2014），她将新媒体的社会责任分解为信息生产、教育大众、文化传播、提供娱乐、协调关系 4 个指标。④ 这一指标后来被王勇（2017）引用，作为考察省会城市新闻网站社会责任履践的路径。⑤

对省级主流新闻门户网站社会责任的考察中，赵越（2006）指出地方重点新闻网站具有引导舆论、传播准确信息、教育未成年人的责任。⑥ 燕荣晖（2011）以长江网为例，分析了地方新闻网站的舆论引导、文化传播、服务地方发展、反映民生问题等方面的社会责任。⑦ 真正系统化的研究始于社会科学文献出版社出版的《中国新媒体社会责任研究报告（2015）》蓝皮书，罗昕教授选取 6 家省级新闻网站为研究对象，进行了系统的考察。⑧ 随后，王井（2015）选取的 10 家地方新闻网站为样本，进行量化分析后，指出地方新闻

---

① 李云雅：《新媒体环境下地方新闻网站突围分析》，《采写编》2016 年第 1 期。

② 刘晓莉、郝金强：《强化新闻网站编辑的社会责任意识》，《采写编》2004 年第 3 期。

③ 姚莉莉：《中国新闻网站亟待“三变”》，《新闻记者》2012 年第 3 期。

④ 钟瑛：《中国新媒体社会责任研究报告》，社会科学文献出版社，2014，第 1 ~ 18 页。

⑤ 王勇、王冠男：《省会城市新闻网站履行社会责任研究》，《文化与传播》2017 年第 1 期。

⑥ 赵越：《地方重点新闻网站的社会责任》，《记者摇篮》2006 年第 10 期。

⑦ 燕荣晖、吴易琳：《地方新闻网站的社会责任——以长江网为例》，《人文论谭》2011 年第 11 期。

⑧ 罗昕、余倩：《新闻网站（省级）社会责任及其评价》，载《中国新媒体社会责任研究报告（2015）》，社会科学文献出版社，2015，第 27 ~ 40 页。

网站观念定位、文化传播、社会服务和用户体验等方面的问题与提升路径。①

我们通过对目前的研究文献进行整理发现：目前学界关于新闻网站的社会责任以定性研究为主，缺少数据支持，而定量研究成果中样本的选取有限。这说明我国省级主流新闻门户网站发展仍处于探索发展期，而省级主流新闻门户网站社会责任研究具有较强的理论与现实需求，随着互联网的深入发展和国家的重视，相关研究成果也将从现象研究转移到深度研究。

二 研究设计

本研究根据前文对“省级主流新闻门户网站”的概念界定，基于本研究总论建构的新媒体社会责任评价指标体系，并结合研究对象的个性特征，对研究的实现路径进行了设计。

（一）研究对象选取

根据概念界定，我国省级主流新闻门户网站包括由 23 个省、5 个自治区、4 个直辖市、2 个特别行政区的新闻网站共计 34 家。为便于研究样本的获取和评价结果的效度考虑，我们选择我国大陆地区的 31 家（其中：22 个省、5 个自治区、4 个直辖市）省级主流新闻门户网站为研究对象。选取依据与研究对象分布见表 1。

表 1 研究对象分布

序号	网站名称	所属省份	序号	网站名称	所属省份
1	山西新闻网	山西	8	中国江西网	江西网
2	大河网	河南	9	天津北方网	天津市
3	南海网	海南	10	湖南在线	湖南
4	四川新闻网	四川	11	青海新闻网	青海
5	河北新闻网	河北	12	吉网	吉林
6	千龙网	北京市	13	东南网	福建
7	东方网	上海市	14	南方网	广东

① 王井：《地方新闻网站的社会责任及其评价探悉》，《现代传播》2015 年第 7 期。

续表

序号	网站名称	所属省份	序号	网站名称	所属省份
15	西部网	陕西	24	多彩贵州网	贵州
16	齐鲁网	山东	25	浙江在线	浙江
17	天山网	新疆维吾尔自治区	26	华龙网	重庆市
18	中江网	江苏	27	内蒙古新闻网	内蒙古自治区
19	中国西藏新闻网	西藏自治区	28	荆楚网	湖北
20	东北新闻网	辽宁	29	中国甘肃网	甘肃
21	宁夏新闻网	宁夏回族自治区	30	黑龙江新闻网	黑龙江
22	中安在线	安徽	31	云南网	云南
23	广西新闻网	广西壮族自治区			

（二）研究样本获取路径设计

为保证样本的信度和效度。通过对31家网站结构进行分析我们发现，除东北新闻网（辽宁省）外，其他网站均在首页首屏显著位置开设了“要闻”“新闻中心”或与网站同名新闻推荐板块，用以推送重要新闻作品。由此，我们将该板块每日发布的所有新闻作品作为研究样本。针对东北新闻网在同样位置将新闻推荐板块分为“要闻”（发布国家和国际重要新闻）和“辽宁”（发布本省重要新闻）两个栏目，我们采取了合并的方式，将两个栏目按照一个板块的方式进行全部取样处理。

本研究在样本选取过程中采用了连续抽样法。考虑到不同网站之间的横向可比性和网站自身的内容更新工作制度的纵向可比性，本研究选择在固定时间段内（从2018年4月5日至4月20日，每日在固定时间段（22:00~23:00）进行样本抓取。最终从31家网站抓取了推送的共计6049条新闻，将其作为分析样本。

（三）研究类目构建与实现路径设计

在对省级主流新闻门户网站社会责任进行量化赋值过程中，我们按照总论的新媒体社会责任评价指标体系（4个1级指标，11个二级指标，36个三级指标）。具体评价实施分为试测阶段和正式评价两步进行：试测阶段邀请了两名测试员参与到对各三级指标的判断标准讨论，达成一致意见后对两名测试员进行培训，然后从总体样本中选取5个网站的100条样本，要求两名编码员进行独立判断和赋值试测。编码完成后，我们通过 SPSS 软件对两名测试员间信度进行检验，一致性系数达 0.997（均在 0.01 水平下显著），说明了编码员间信度较高，符合内容分析的要求。于是，将研究样本随机分配，分别交由两名测试员进入正式评价阶段，得到各网站社会责任三级指标的统计分值 C。

在对省级主流新闻门户网站社会责任得分计算过程中，本研究根据总论中指标的层次权重分别加权计算，其中：一是通过公式 1，对各被测网站的三级指标统计值以 5 分为标准进行转换，得到三级指标相对值 C_k，将 C_k带入公式 2 得到三级指标的加权值 C_j；二是将 C_j带入公式 3 进行加权计算得到二级指标值 B_i；三是将 B_i带入公式 4 进行加权计算得到一级指标值 A_h；四是将 4 个一级指标值相加得到最终的网站社会责任分值。

公式 1：$f(C_k) = C_k \times \left(\frac{5}{C_{max}}\right)$，其中 C_{max}为最高分值。

公式 2：$f(C_j) = \sum P_j \times C_k$，其中 P_j 为对应三级指标的权重值。

公式 3：$f(B_i) = \sum P_i \times C_j$，其中 P_i 为对应二级指标的权重值。

公式 4：$f(A_h) = \sum P_h \times B_i$，其中 P_h 为对应一级指标的权重值。

（四）研究方法及工具选择

本研究采用文献法、访谈法、内容分析法相结合，通过文献法分析我国省级主流新闻门户网站社会责任的研究主题分布、热点议题和发展趋势，通过访谈法邀请专家和用户对部分评价指标进行 5 级打分，通过内容分析法对样本的文本进行解读，将文本的内容转化为量化的数据，进而对数据进行客观、系统和定量的描述。在对数据的处理过程中，本文选取 Excel 等工具对数据进行汇总统计，利用 SPSS19 软件对获取的数据分别进行描述分析、相关性检验等，了解网站各指标分值分布、得分差异。

三　研究发现

根据研究类目划分和评价员评价后，本研究通过对 31 家省级主流新闻门户网站各级指标得分进行加权计算，得到各网站的社会责任分值和排序，通过分析我们发现以下几点。

（一）社会责任履践整体总体良好，但具体构成存在差异

由于篇幅所限，我们列出排序靠前的10家省级主流新闻门户网站及一级指标分值如表2所示。同时，为了考察31家网站一级指标的得分差异与分布情况，本研究首先通过SPSS将各网站的一级指标加权得分通过公式1进行标准分数转化，进而进行方差描述分析得到表3。

表2　省级主流新闻门户网站社会责任整体评价得分与排序（前10）

	信息生产 A1	社会监督 A2	文化教育 A3	协调关系 A4	总分	排序
中安在线	2.225251	0.898342	0.242859	0.136721	3.503173	1
东北新闻网	1.917742	0.732689	0.150879	0.156386	2.957696	2
中江网	2.221231	0.286667	0.170192	0.200489	2.878579	3
大河网	2.026882	0.304628	0.387611	0.094158	2.813279	4
东方网	2.133219	0.374531	0.14516	0.154178	2.807088	5
中国甘肃网	2.047189	0.18423	0.280956	0.262776	2.775151	6
南方网	1.948937	0.365143	0.178357	0.267311	2.759748	7
中国西藏网	2.07251	0.179054	0.262398	0.196783	2.710745	8
河北新闻网	2.035773	0.316879	0.16767	0.171749	2.692071	9
宁夏新闻网	2.115457	0.214637	0.114707	0.235976	2.680777	10

表3　省级主流新闻门户网站社会责任一级指标统计量描述

	N	极小值(Min)	极大值(Max)	均值(M)	标准差(Std)
Z(信息生产 A1)	31	4.111313	5.000000	4.477250	0.240888
Z(社会监督 A2)	31	0.416912	5.000000	1.379665	0.977121
Z(文化教育 A3)	31	0.678373	5.000000	2.038783	1.060299
Z(协调关系 A4)	31	1.396586	5.000000	2.966348	0.833536

通过数据分析可知，观察周期内，总体来说31家省级主流新闻门户网站的社会责任履践良好，排序前10的网站得分均超过理想最高分值（5分）的平均值，其创办主体中既有省、自治区，也有直辖市。说明省级主流门户新闻网站建设已经受到我国各行政区域的普遍重视。但通过表3的4个一级指标的分值分布来看，网站之间的差异较为显著：在信息生产方面的分值离散程度最

小（Std =0. 240888，M =4. 477250），而在社会监督和文化教育方面的分值离散程度较大，均值也相对较低。这说明，总体上说 31 家网站在信息生产方面社会责任较好，而在社会监督和文化教育方面的社会责任仍需加强。可以看出，我国省级主流新闻门户网站在社会责任履践方面拥有独特的优势，同时也存在需要改进的问题。

（二）信息生产效果显著，但信息的深度和全面上有待提高

“信息生产”是 31 个网站的 4 个一级指标评价值中得分均为最高的指标。这是传统主流媒体在信息把关与权威性优势在互联网空间的延伸，说明了省级主流新闻门户网站均能够把握历史使命，发挥了在信源获取和内容生产规范上的优势，在信息泥沙俱下的互联网空间，起到主流媒体的引领示范作用，成为地方网民获取权威信息的主要渠道。根据评价类目，信息生产一级指标下共有 10 个三级指标，经过对 10 个三级指标的标准转换值，通过 SPSS 软件进行单因素方差分析得到表 4 和表 5。

表 4　省级主流新闻门户网站信息生产三级指标单因素方差分析

			平方和	df	均方	F	显著性
组间		（组合）	614. 369	9	68. 263	66. 376	. 000
	线性项	对比	4. 992	1	4. 992	4. 854	. 028
	项	偏差	609. 377	8	76. 172	74. 066	. 000
		组内	308. 531	300	1. 028		
		总数	922. 900	309			

表 5　省级主流新闻门户网站信息生产三级指标统计量描述

	N	均值（M）	标准差（Std）	均值的 95% 置信区间		极小值（Min）	极大值（Max）
				下限	上限		
真实 C1	31	5. 000000	0. 000000	5. 000000	5. 000000	5. 000000	5. 000000
权威 C2	31	4. 973063	0. 089998	4. 940051	5. 006074	4. 562045	5. 000000
时效 C3	31	3. 817721	1. 055892	3. 430416	4. 205025	0. 724300	5. 000000
全面 C4	31	1. 166910	1. 092889	0. 766036	1. 567785	0. 095637	5. 000000
深度 C5	31	0. 861630	1. 451982	0. 329039	1. 394221	0. 000000	5. 000000
原创 C6	31	3. 556724	1. 508878	3. 003263	4. 110185	0. 029230	5. 000000

续表

	N	均值（M）	标准差（Std）	均值的95%置信区间		极小值（Min）	极大值（Max）
				下限	上限		
客观 C7	31	3.600333	1.168663	3.171664	4.029002	1.791905	5.000000
信息把关 C8	31	2.658303	0.870631	2.338953	2.977653	0.000000	5.000000
广告控制 C9	31	3.331919	1.207561	2.888982	3.774855	0.000000	5.000000
侵权控制 C10	31	5.000000	0.000000	5.000000	5.000000	5.000000	5.000000

对表4、表5数据，结合样本和SPSS输出的10个三级指标的多重比较结果分析可知，省级主流新闻网站的信息生产得分虽然较高，但在三级指标上仍存在一定的差异。省级主流新闻门户网站很好地坚守了在“真实”（Std＝0，M＝5）、“权威”（Std＝0.089998，M＝4.973063）和“侵权控制”（Std＝0，M＝5）上的责任，但在“全面”（Std＝1.092889，M＝1.166910）和“深度”（Std＝0.861630，M＝1.451982）上仍需加强。如大部分网站在发布的新闻信息板块中并未提供其他相关新闻报道的拓展阅读链接，使关于某一议题的报道比较单一，导致对议题的解读深度不够。在信源方面大量使用主办单位（传统主流媒体）和自己网站采编的信息，这样的好处是弥补了以往“原创性和本土化方面不足”① 的问题，但也引发了与其他媒体互动不足的矛盾。

（三）社会监督议题“硬化”，区域之间求同存异

依据表3数据显示，总体来看省级主流媒体门户网站的“社会监督”得分不高（M＝1.379665），且相对较为分散（Std＝0.977121）。新闻的生产与传播是运用传播工具和手段进行信息交流的社会活动，其必然会受到多方因素的制约与影响。为进一步深入考察，我们对网站主办单位按其所在的地理区域进行了整理，并以区域命名整合成为7组（见表6）。随后，本研究将样本内容根据社会监督指标的二级指标和三级目录进行归类，以网站数为分母取平均数以后得到表7。

① 罗昕、余倩：《新闻网站（省级）社会责任及其评价》，载《中国新媒体社会责任研究报告（2015）》，社会科学文献出版社，2015，第27～40页。

表 6　省级主流新闻门户网站区域分布统计

区域组别	所属区域网站名称	网站数
华北地区	千龙网、天津北方网、河北新闻网、内蒙古新闻网、山西新闻网	5
东北地区	黑龙江新闻网、吉网、东北新闻网	3
华东地区	中江网、齐鲁网、东方网、浙江在线、中安在线、中国江西网、东南网	7
华中地区	大河网、荆楚网、湖南在线	3
华南地区	广西新闻网、南方网、南海网	3
西南地区	多彩贵州网、四川新闻网、云南网、中国西藏网、华龙网	5
西北地区	中国甘肃网、西部网、青海新闻网、宁夏新闻网、天山网	5

表 7　省级主流新闻门户网站社会监督区域分组统计描述

		华北	东北	华东	华中	华南	西南	西北	合计
国家治理 B3	司法公正 C11	5.50	4.33	8.71	6.67	2.67	1.00	2.40	31.28
	政府管理 C12	139.00	92.33	68.29	57.67	91.33	74.80	111.00	634.42
	涉外关系 C13	13.50	17.33	5.43	13.67	14.33	9.20	4.00	77.46
	合计	158.00	114.00	82.43	78.00	108.33	85.00	117.40	743.16
社会风险 B4	生产事故 C14	0.00	1.00	0.14	0.67	0.67	0.40	0.20	3.08
	环境污染 C15	3.25	3.67	6.71	3.67	0.67	1.00	2.00	20.96
	食品安全 C16	4.00	2.67	1.57	2.67	1.33	0.20	0.80	13.24
	校园事故 C17	0.00	0.33	0.43	0.33	0.00	0.00	0.00	1.10
	交通事故 C18	0.00	3.33	1.71	2.00	0.00	0.00	0.60	7.65
	城市拆迁 C19	1.50	1.33	0.29	0.33	0.33	0.60	0.20	4.59
	警民冲突 C20	0.00	0.00	0.00	0.00	0.33	0.00	0.20	0.53
	合计	8.75	12.33	10.86	9.67	3.33	2.20	4.00	51.14
行为失范 B5	官员腐败 C21	0.25	3.33	2.14	1.67	1.00	1.20	1.00	10.59
	学术腐败 C22	0.00	0.67	0.14	0.00	0.00	0.00	0.00	0.81
	性与婚姻道德 C23	0.00	0.00	0.14	0.00	1.67	0.00	0.00	1.81
	合计	0.25	4.00	2.43	1.67	2.67	1.20	1.00	13.21
其他现象 B6	体育赛事 C24	2.75	7.33	1.14	3.33	0.00	0.80	2.40	17.76
	自然灾害 C25	1.75	2.67	1.00	2.67	1.00	0.40	0.40	9.88
	合计	4.50	10.00	2.14	6.00	1.00	1.20	2.80	27.64

由表 7 数据分析可知，从新闻报道题材上说，省级主流新闻门户网站的社会监督呈现“硬化”的景观，即“硬新闻”在信息构成中占有绝大的比例，

尤其是政府管理方面的新闻信息成为各大网站报道的主要议题。这说明省级主流新闻门户网站已经成为地方党政机关宣传与展示的主要平台，有力地推进了地方政府信息化建设的进程。

从样本的区域性分布特征来看，在“国家治理”方面，华北、东北、西北地区的监督强度要高于其他地区，呈现北高南低的格局。在“社会风险”方面呈现两个特征：一是环境污染、食品安全、交通事故成为关注的焦点，这与我国快速发展期的主要社会矛盾较为一致；二是东北、华北、华东、华中地区的监督强度要高于其他地区，呈现东高西低的格局。在“行为规范”方面官员腐败依然是主要议题，地方主流新闻门户网站成为地方党政机关积极响应中央号召，弘扬廉政文化，营造风清气正的廉洁社会氛围的重要平台。从区域分布来看，“行为规范”与“国家治理”监督相互配合，形成了北高南低的格局。

（四）文化教育成为短板，传播意识有待加强

在所有的一级指标得分中，文化教育部分也是得分较低的指标。从省级主流新闻门户网站的内容布局上看，绝大多数网站均将文化类信息纳入首页架构中，甚至有的网站依托地方文化特色开辟了频道和专栏，主要形式大致分为三类：一是在首页导航栏开辟文化频道，如南方网在首页设置了“岭南文化”专栏，中安在线首页开设“徽文化”专栏；二是根据题材的接近性原则，将文化类新闻与其他相近新闻进行整合归类，如东北新闻网将文化类信息纳入科教卫生频道；三是提供链接外链到文化部门的网站上，如大河网将文化类新闻转入河南文化发展网目录下，荆楚网将文化类新闻作为一个板块置于网页首页底部。通过对观测期内获取的要闻板块样本进行统计分析得到图1，进行分区域以网站数为分母取平均数以后得到表8。

表8　省级主流新闻门户网站文化教育区域分组统计描述

	华北	东北	华东	华中	华南	西南	西北	合计
主流价值 C26	1.4	2.333	1.2857	3.667	2.333	2	3.2	16.79
社会风尚 C27	14.4	7	15.571	18	7	7.2	10.4	79.57
传统文化 C28	4	0.667	3.2857	5.667	5.333	2.2	2.8	23.95
民俗文化 C29	2.2	0.667	1.7143	3.333	6	0.6	0.4	14.91
红色文化 C30	7	3.333	4.1429	12.33	2.333	0.8	2	31.94

新闻传播作为塑造共识，化解社会矛盾的桥梁，其通过舆论引导教育民众和培养社会公序良俗。通过图 3 可以发现，省级主流新闻门户网站在发挥文化教育功能与责任中，主要关注点在于社会风尚和红色文化方面，这与我国有着丰富的红色文化资源，以及近年来党和国家大力培育和践行社会主义核心价值观的系列举措息息相关。在文化教育方面，同样在不同区域的省级主流新闻门户网站之间存在着一定的差异性，这种区域性的差异与其所在区域内的文化资源有关，比如：社会风尚方面，受北京地区的政治文化资源优势辐射，华北与华东地区明显高于其他地区；在民俗文化方面的关注，由于民族文化资源丰富，华南、华中地区明显高于其他地区；在红色文化方面，由于拥有抗日战争和解放战争时期大量的精神资源与物质资源，华中和华北地区要明显高于其他地区。充分说明了地方主流新闻门户网站在发挥文化教育功能和责任时，能够因地制宜，利用地方的文化资源优势塑造共识。但传统文化、主流价值和民俗文化方面，省级主流新闻门户网站仍需改善。

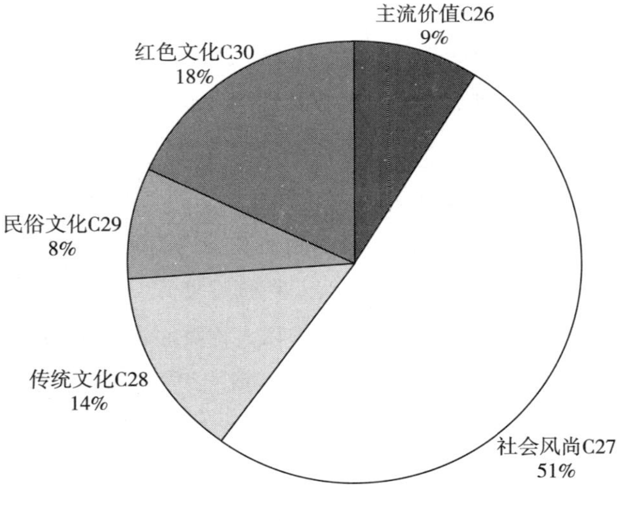

图 3 省级主流新闻门户网站文化教育三级指标分布

（五）协调关系受到重视，但渠道与效果不成正比

对于地方主流新闻门户网站来说，依托新媒体的优势，通过提供沟通渠

道，打造活动平台等协调各方关系，有利于提高新闻舆论的传播力、引导力、影响力和公信力。31 家省级主流新闻门户网站在协调关系方面得分仅次于信息生产，且分值相对较为集中（M = 2. 966348，Std = 0. 833536）。说明协调关系方面已经受到省级主流新闻门户网站的重视。根据评价类目，协调关系指标下共有 5 个三级指标，对 5 个三级指标的标准转换值后，通过 SPSS 软件进行单因素方差分析得到表 9。

表 9　省级主流新闻门户网站协调关系三级指标统计量描述

	N	均值（M）	标准差（Std）	均值的 95% 置信区间		小值（Min）	极大值（Max）
				下限	上限		
公共服务 C32	31	3. 268	1. 08625	2. 8696	3. 6665	1. 31	5
用户体验 C33	31	4. 2258	0. 87406	3. 9052	4. 5464	2	5
互动 C34	31	1. 406	1. 60302	0. 818	1. 994	0	5
商业性活动 C35	31	0. 4536	0. 96433	0. 0999	0. 8073	0	5
非商业性活动 C35	31	1. 3978	1. 41269	0. 8797	1. 916	0	5

通过将表 9 数据和 SPSS 软件输出的 5 个三级指标的多重比较结果分析可知，省级主流新闻门户网站在公共服务和用户体验上得分较高，而在互动和线下活动组织方面尚显欠缺。进而结合样本分析发现，虽然很多主流新闻网站都开设了类目多样的栏目，提供了问答、搜索、手机客户端 App 服务等，甚至部分网站提供了 133 种分享渠道，基本涵盖了国内 BSS、网络社区、微信、微博、资讯类客户端等社会化媒体平台，但通过使用 Alex 站长工具对各网站 PV/IP 进行测量后发现，实际网站转发量和人均页面浏览量却不理想，暴露出大部分网站的用户黏度和网站的渗透率并不高。线下活动方面是新闻网站社会责任在线下的延伸，31 家省级主流新闻网站参与组织或主办线下互动并不多见。虽然部分网站开设了公益专栏（如湖南在线），但是在首页要闻栏目中呈现的新闻屈指可数。

四　对策与展望

党的十八大以来，党和国家领导人充分认识到网络新闻舆论工作的重要意义，2018 年 4 月 20 日至 21 日的全国网络安全和信息化工作会议上，习近平总书记指出：要加强网上正面宣传，旗帜鲜明坚持正确政治方向、舆论导向、价值取向，这为新媒体社会责任履践指明了方向。省级主流新闻门户网站属于较早进入互联网空间的资讯行业，经过 20 年的发展，已经成为网络新闻队伍中不可缺少的力量。互联网下半场已经到来，传播方式和传播形态再一次被解构重组。[①] 面临新的网络环境和技术生态，如何提升省级主流新闻门户网站的社会责任，这些现实问题在很大程度上影响着主流新闻网站的社会责任履行状况。

（一）坚守信息生产优势，凸显新媒体的整合能力

省级主流新闻门户网站大都是由党政部门牵头省级主流报业或媒体集团参与主办的网站。我国新闻信息服务管理规定与行政架构，为省级主流新闻门户网站的信息生产提供了政策支持和资源保障。传统媒体时代，新闻整合受到版面、媒介技术的限制，代价比较高昂。互联网技术的普及，新媒体突破了资源整合的壁垒，同一新闻议题可以在不同时空被聚焦，在不同空间被审视，这是新媒体的优势。但从数据分析来看，省级主流新闻门户网站虽然通过严格规范的信息把关保证了新闻的真实、权威、客观和原创性，但并没有发挥新媒体的优势，在深度和全面方面生产能力不足。针对这一情况，我们认为：一是要转变理念，省级主流新闻门户网站虽然大都由传统省级主流新闻参与主办或建设，但要充分认识到其新媒体的属性，需要用互联网思维办网；二是要加强网络编辑队伍的培养，互联网时代信息极大丰富，尤其是链接式的网络编辑模式突破了传统媒体版面的限制，省级主流新闻门户网站可以利用这一优势在原创新闻尾部提供丰富的相关新闻链接，提升新闻议题的深度和信源的全面性。

（二）软硬兼施，提升网站社会监督的联动效应

马克思认为舆论是“普遍的、隐蔽的和强制的力量”[②]，新闻通过报道社

---

① 喻国明：《互联网发展的“下半场”：传媒转型的价值标尺与关键路径》，《当代传播》2017 年第 4 期。

② 中共中央马克思恩格斯列宁斯大林著作编译局：《马克思恩格斯全集》，第一卷，人民出版社，1995，第 237 页。

会事实引导舆论进行社会监督。而新闻有软硬之分，硬新闻一般指题材较为严肃，着重于思想性、指导性和知识性的政治、经济、科技新闻。软新闻指那些人情味较浓、写得轻松活泼，易于引起受众感官刺激和阅读视听兴趣，能产生“即时报酬”效应的新闻。① 地方主流新闻门户网站对政府管理投入极大的关注，体现了主流媒体在思想性、指导性和知识性上的责任。但主流新闻网站不仅是政府管理的信息发布渠道和形象展示的窗口，还应该是人们塑造共识的舆论阵地，而共识的塑造需要以情感的认同为基础。软新闻具有培养情感认同的优势，其通过轻松的题材和话语方式达到润物细无声的效果。因此，地方主流新闻门户网站在社会监督方面仍需求同存异，形成社会监督的联动效应：一是通过严肃的话题以示正听，传达党和国家的政令措施，维护党和国家的形象；二是兼顾微观的关怀，通过适度“软化”的话语方式，引导公众参与社会管理的公共协商中。

（三）推进文化与新闻的共振，增强网站教育功能

新闻与文化都具有强大的涵化功能，新闻通过对现实世界的媒介化再现影响受众认知（Gerbner，1980）②，文化通过精神继承打造民族认同与自信。当新闻与文化相遇共振时，就具有强大的培养与教育功能。目前，虽然省级主流新闻门户网站大都开设了文化专栏或频道，但栏目内容较为单一，更新率较低，形成不了文化新闻的价值要素。甚至有的网站页面缺乏设计感，没有发挥新媒体的视觉技术优势，界面友好性欠缺导致受众访问量和黏度并不理想。在观测期内，能够进入要闻板块的文化教育类新闻并不多见。党的十九大报告指出“文化自信是一个国家、一个民族发展中更基本、更深沉、更持久的力量”，而我国有丰富的精神文化和物质文化资源。因此，提升网站的文化教育责任既有现实的资源优势，也是时代发展的召唤。对于省级主流新闻门户网站来说，推进文化与新闻的共振不谓为一条实际的路径：一是发掘我国丰富的传统文化和民俗文化资源，利用新媒体的 AI、AR、VR 等前沿技术，增强受众

① 甘惜分：《新闻学大辞典》，河南人民出版社，1993，第 11 页。

② George Gerbner，Larry Gross，Michael Morgan. “The Mainstreaming of America”，Journal of Communication，1980，30（3）：10－29.

的线上体验，提升用户流量；二是充分发挥主流网站的新闻采编队伍优势，发掘文化活动中的新闻点，形成有影响的文化新闻。

（四）创新沟通方式，提升互动质量

新媒体具有执行联络、沟通、协调社会各组成部分（群落）的功能。[①] 近年来，在媒体融合的号角声中，传统媒体积极拥抱互联网，主流新闻网站也积极探索新的媒介市场生态下的创新路径。2009 年 10 月，在国务院新闻办公室的推动下，我国首批 10 家重点新闻网站开启了转企改制之路，其中就有 7 家省级重点新闻网站。进入互联网，意味着必须面对和参与全球互联网资讯市场的竞争。从研究发现来看，省级主流新闻门户网站在提供公共服务上可圈可点，但在互动和活动组织方面没有抓住新媒体强大的社会动员和连接功能。当然，主流媒体网站与纯商业网站由于内在组织架构和性质的差异，决定了其不能像纯商业网站那样通过争夺人口红利获得商业报酬。喻国明（2017）教授指出，互联网已经走出“人口红利”殆尽的上半场，进入攫取价值红利的新阶段。[②] 流量和价值是互联网空间相互依存的两个要素，面对新的互联网传播格局，如何创新沟通方式，提升互动质量？本研究认为，寻找渠道与需求的平衡点是关键：一是发挥主流媒体的内容优势，通过优质内容吸引受众和其他媒体平台，依托在渠道上具有人口优势的平台（如微信、资讯 App 等）提升互动质量；二是积极参与新型互动渠道的创新，如通过两微一端、App 内容创新满足用户阅读与信息需求，激活用户流量。

---

① 钟瑛：《中国新媒体社会责任研究报告（2014）》，社会科学文献出版社，2014，第 1 ~ 18 页。

② 喻国明：《互联网发展的“下半场”：传媒转型的价值标尺与关键路径》，《当代传播》2017 年第 4 期。

B.4
媒体微博社会责任及其评价*

陈 然　周羽珊　陈天明**

摘　要： 本文聚焦媒体微博的社会责任问题，以媒体网站微博和报纸微博为观测对象，依据媒体微博社会责任评价指标体系，选取20个高影响力的媒体微博账号，对其社会责任履行情况进行现实考量。2018年，媒体微博社会责任履行情况整体较好，四个责任维度的表现从好到差依次为：信息生产、社会监督、协调关系、文化教育。两类媒体微博中，媒体网站微博履行社会责任水平整体高于报纸微博。历时性分析结果显示，2015～2018年，媒体微博履行社会责任水平呈逐年上升趋势。媒体微博要履行好社会责任，应进一步优化内容结构，实现差异化竞争，同时利用主页警示与奖惩机制不断提升从业者责任意识。

关键词： 媒体微博　社会责任　评价体系

当下中国，作为媒介融合的一个重要范例，从早期的“试水观望”到今天的“蓬勃发展”，媒体微博在我国已步入规范运营的成熟发展阶段。作为专业化的媒介组织，凭借专业的人才队伍、规范的采编流程、娴熟的传播技巧，媒体微博在信息生产与新闻供给方面有着其他传播主体无可比拟的优势，成为

* 本文为教育部人文社会科学研究青年项目“政务微博传播效果的评估体系与提升策略研究”（项目编号：14YJC860002）、湖北省教育厅人文社科项目“中国地方政务微博传播效果评估研究——基础理论、测评方法与实证分析”（项目编号：16Q260）、黄冈师范学院高级别培育项目（项目编号：201617303）阶段性成果。

** 陈然，传播学博士，黄冈师范学院新闻与传播学院副教授，主要研究方向为新媒体传播；周羽珊，华中科技大学新闻与信息传播学院硕士生；陈天明，中南民族大学文学与新闻传播学院硕士生。

移动互联网时代网民重要的信息源和影响源。然而，随着“万物皆媒”“万众皆媒”时代的到来，网络空间无处不在的自媒体信息正在不断稀释着专业媒体的传播力和影响力。面对“兴趣主导”“算法推荐”的内容分发逻辑以及各类自媒体的激烈竞争，媒体微博在信息生产与传播过程中出现了原创乏力、娱乐至上、同质加重、文化缺失等不良现象。信息爆炸的网络空间，人们不缺信息而缺真相，不缺情绪而缺冷静，今天的互联网并未降低对信息生产专业性的需求，反而更加需要高专业度的信息生产者发挥标杆性的作用。众声喧哗的微博场域，媒体微博对社会责任的坚守与承担显得格外重要。媒体微博社会责任履行现状如何？存在哪些不足？如何优化？以上问题成为本文关注的焦点。

一 研究设计

“万众皆媒”的时代，对海量信息的筛选、判断与解读更考验专业媒体的“成色”（彭兰，2018）。作为微博场域专业化的信息生产与供给机构，媒体微博肩负的社会责任与传统媒体并无二致。对于任何媒体机构而言，社会功能的正常发挥都是其履行社会责任的基本要求。文献梳理结果显示，尽管新媒体社会责任越来越受到学界和业界的关注，但专门针对媒体微博社会责任的分析与探讨却并不多见。检视相关研究成果，研究者们论及媒体微博社会责任时仍沿袭对传统媒体的责任要求，且大多基于大众传播的基本社会功能展开，重点关注媒体微博在环境监测、舆论引导、凝聚共识、协调关系等方面的社会责任（邢勇，2012；陈昌凤，2013；刘鹏飞，2013；常纾菡，2018 等）。学者们对媒体微博社会责任履行现状及问题的探讨多采取个案研究，缺乏对媒体微博社会责任进行科学系统的整体观照。如常纾菡（2018）以于欢案为例，对公案报道中媒体微博的社会责任进行审思，认为媒体在公案报道中应承担“恪守新闻专业主义准则”、“革新对立冲突的同质化框架”、“培育公众法治精神”以及“充分履行监督职责”四项责任。鉴于上述研究现状，本文聚焦媒体微博的社会责任问题，以媒体网站微博和报纸微博为具体观测对象，依据媒体微博社会责任评价指标体系，以新浪微博作为观测平台，选取有代表性的媒体微博账号，对其社会责任履行情况进行现实考量，并基于实证评估结果提出有针对性的对策建议，以期为媒体微博的良性发展提供参考和借鉴。

（一）媒体微博社会责任评价指标的选取

根据文献综述和专家访谈结果，本文将媒体机构主要的社会功能概括为“信息生产”、“社会监督”、“文化教育”和“协调关系”四项，并基于这四项功能来具体评价媒体微博履行社会责任的实际水平，最终构建出由4个一级指标、11个二级指标和36个三级指标组成的媒体微博社会责任评价指标体系。具体说来，第一项“信息生产”责任主要考察媒体微博信息产制过程中对“信息质量”和“流程控制”的重视程度，其中，“信息质量”主要从传播内容的真实、权威、时效、全面、深度、原创、客观七个方面进行评价，而“流程控制”主要关注媒体微博“信息把关”、“广告控制”和“侵权控制”三个方面的情况。第二项“社会监督”责任考察媒体微博对社会各类不良现象进行监督与引导的实际水平，重点关注媒体微博对“国家治理”、“社会风险”、“行为失范”和“其他现象”（体育赛事和自然灾害）的监督情况。第三项“文化教育”责任重点关注媒体微博在文化传承和教育大众方面的实际水平，具体细分为三个具体的维度，分别是“塑造共识”、“文化传承”和“提供娱乐”。第四项“协调关系”责任则从“线上沟通”和“线下活动”两个维度对媒体微博联络、沟通和协调社会关系的实际情况进行评估。

（二）研究对象的确定

本文将媒体网站微博和报纸微博作为具体的观测对象，根据新浪微博提供的媒体矩阵势力榜2017年12月榜单，分别从媒体网站微博榜单和报纸微博榜单中选取排名靠前的微博账号作为评价对象，共20家媒体微博。其中，媒体网站微博的评价对象具体为人民网、环球网、凤凰网、中国新闻网、人民日报海外网、澎湃新闻、新华网、看看新闻网和财经网九家媒体网站的官方微博，报纸微博的评价对象具体为人民日报、环球时报、成都商报、新京报、钱江晚报、华西都市报、新闻晨报、广州日报、北京青年报、大河报和中国青年报十一家报纸媒体的官方微博。

（三）研究方法与样本的选取

研究方法的运用上，评价体系各项指标的测量主要采用内容分析法、关键词搜索法和人工读网核实法三种方法。其中，“信息生产”维度各项指标的测量与计算主要采用内容分析法完成，“社会监督”、“文化教育”和“协调关系”三个维度的指标测量则综合运用关键词搜索法和人工读网核实法完成。内容分析样本的选取上，本研究采用构造周抽样法抽取样本，具体抽样时间为2017 年10 月至2018 年3 月。具体抽样步骤为：在2017 年10 月至2018 年3 月共26 周中，前2 周抽一个周日，随后每4 个星期随机依次抽取星期一至星期六的样本，构成一个周。最终选取2017 年10 月8 日（星期日）、2017 年10 月30 日（星期一）、2017 年 11 月 21 日（星期二）、2017 年 12 月 20 日（星期三）、2018 年1 月 18 日（星期四）、2018 年2 月9 日（星期五）、2018 年3 月24 日（星期六）这七天组成一个构造周。构造周内共获得20 家媒体微博发表的4261 篇微博讯息样本。内容分析由两名经过统一培训的编码员独立完成编码工作，各变量的编码信度均值为85.2%。关键词搜索和人工读网核实法数据采集时间为2017 年10 月至2018 年3 月。

由于各项三级指标的实际测量单位不一致，在根据操作路径收集到指标数据后，我们对数据进行了归一化处理。具体做法是：将三级指标中的最大值数据作为基准，赋值为5，其他数据按比例计算相应得分。所有三级指标的取值都在0～5 分。计算出三级指标得分后，本研究根据各级指标权重进一步计算出20 家媒体微博的二级指标得分、一级指标得分以及社会责任综合评价得分。

二　媒体微博社会责任综合评价

本文首先对20 家媒体微博的社会责任履行情况做整体观照，然后对媒体微博履行社会责任水平做横向的类型比较和纵向的历时性分析。其中，历时性分析基于2015～2018 年连续4 年针对媒体微博社会责任进行的实证评估数据。[①] 研究发现，媒体微博在履行社会责任方面呈现以下特点。

① 2015～2017 年媒体微博社会责任实证评估数据详见《中国新媒体社会责任研究报告（2015）》、《中国新媒体社会责任研究报告（2016）》和《中国新媒体社会责任研究报告（2017）》。

（一）媒体微博履行社会责任情况普遍较好

对20个媒体微博账号履行社会责任情况进行评估，整体来看，媒体微博履行社会责任情况普遍较好，以5分为满分，20家媒体微博社会责任综合评价得分均值为3.8142，平均得分率为76.28%。从单个账号的得分情况看，20个媒体微博账号社会责任综合评价得分率（得分/满分）处于67.48%～90.46%，媒体微博履行社会责任的水平存在一定差异，但并未出现两极分化的现象。其中，人民网官方微博履行社会责任能力最强，综合评价得分达到4.5228，综合评价得分率高达90.46%，其次是澎湃新闻官方微博，综合评价得分为4.3854，综合评价得分率达到87.71%，而得分最低的中国青年报官方微博的综合评价得分也有3.3740，达到满分的67.48%。20家媒体微博社会责任综合评价得分以及四个责任维度的得分情况具体如表1所示。

表1　媒体微博社会责任综合评价

媒体微博	信息生产	社会监督	文化教育	协调关系	总分
人民网	2.4903	1.3093	0.3849	0.3383	4.5228
澎湃新闻	2.4875	1.3633	0.2241	0.3105	4.3854
中国新闻网	2.3980	1.1792	0.3216	0.3178	4.2167
人民日报	2.3832	1.1795	0.2372	0.3131	4.1130
财经网	2.3644	1.1654	0.1729	0.3042	4.0069
新华网	2.3043	1.0316	0.3969	0.2706	4.0034
环球时报	2.3127	1.1635	0.1710	0.3063	3.9535
环球网	2.3187	1.0564	0.2316	0.3093	3.9160
新闻晨报	2.3123	1.0575	0.2395	0.2966	3.9058
新京报	2.2044	1.1754	0.1069	0.3035	3.7902
人民日报海外网	2.4942	0.8253	0.1411	0.3017	3.7624
成都商报	2.2721	0.9739	0.2038	0.2976	3.7473
北京青年报	2.4047	0.8759	0.1511	0.2973	3.7290
华西都市报	2.1941	0.7842	0.2411	0.2989	3.5183
大河报	2.2498	0.8135	0.1364	0.2984	3.4981
看看新闻网	2.2991	0.7387	0.1393	0.3054	3.4826
钱江晚报	2.2780	0.7729	0.1205	0.3066	3.4779
凤凰网	2.1579	0.6548	0.2146	0.4261	3.4534
广州日报	2.3248	0.5670	0.2365	0.2992	3.4275
中国青年报	2.1733	0.6940	0.2068	0.2999	3.3740

（二）媒体微博四个责任维度的具体表现差异较大

从20家媒体微博在四个一级指标的得分均值与理想满分对比情况来看，媒体微博在四个责任维度的具体表现差异较大，四个责任维度的履行情况从好到差依次为：信息生产、社会监督、协调关系、文化教育。四项基本责任中，媒体微博在“信息生产”方面的责任履行情况最好，20家媒体微博在该项责任的一级指标平均得分率接近优秀水平，达到87.82%，“社会监督”和“协调关系”维度的责任履行情况相对较差，一级指标平均得分率分别为70.35%和67.27%，而“文化教育”维度的责任承担情况最差，平均得分率仅有41.25%。图1为20家媒体微博在四个责任维度的平均得分率情况。20家媒体微博一级指标得分与满分的对比情况具体见表2。

表2 媒体微博一级指标得分与满分对比

	平均值	最大值	最小值	理想满分
信息生产	2.3212	2.4942	2.1579	2.643
社会监督	0.9691	1.3633	0.5670	1.3775
文化教育	0.2139	0.3969	0.1069	0.5185
协调关系	0.3101	0.4261	0.2706	0.461

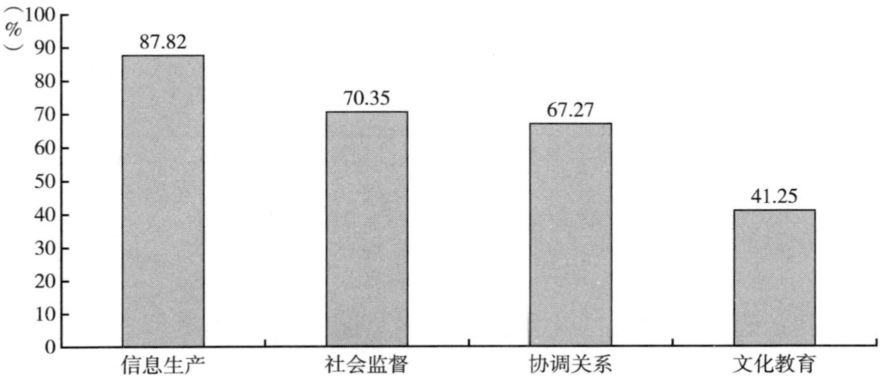

图1 媒体微博四个责任维度平均得分率

（三）媒体网站微博履行责任水平整体高于报纸微博

对不同类型媒体微博履行社会责任的情况进行横向比较，结果显示，作为土生土长的新媒体，与报纸媒体相比，媒体网站更为熟知网络空间的信息传播规律，在与微博平台的融合发展过程中，媒体网站微博履行社会责任水平整体高于报纸微博。从社会责任综合评价得分均值情况看，9 家媒体网站微博综合评价得分均值为 3. 9722 分，社会责任平均得分率为 79. 44%，而 11 家报纸微博综合评价得分均值为 3. 6850，社会责任平均得分率为 73. 7%。对两类媒体微博在四个责任维度的得分情况做进一步对比分析发现，媒体网站微博在四项责任维度的平均得分率均高于报纸微博。具体来看，两类媒体微博在“信息生产”维度责任履行能力差距最小，在“社会监督”和“文化教育”责任维度的差距最大，一级指标平均得分率相差分别达到 8. 83% 和 11. 77%。图 2 显示了媒体网站微博和报纸微博在四个责任维度的平均得分率情况。

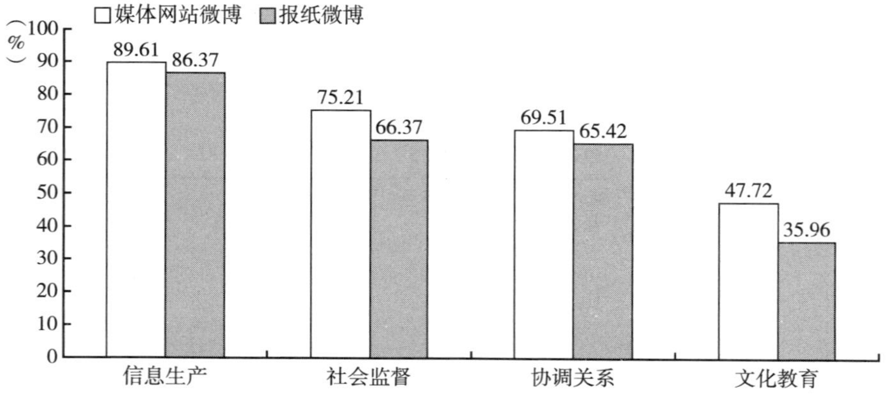

图 2　两类媒体微博四个责任维度的平均得分率

（四）媒体微博履行社会责任水平呈逐年上升趋势

对 2015 ~2018 年媒体微博履行社会责任的水平进行历时性分析，结果显示，媒体微博履行社会责任水平整体呈逐年上升趋势。以 5 分为满分，媒体微博社会责任综合评价得分均值从 2015 年的 3. 0020 分攀升至 2018 年的 3. 8142

分。从平均得分率情况来看，四年时间内，媒体微博社会责任平均得分率从及格水平提高到接近良好水平，2018 年，媒体微博社会责任平均得分率比 2015 年上升了 16. 24% （见图 3）。这一方面显示出步入成熟发展期的媒体微博责任意识的日益增强，另一方面也显示出媒体微博社会责任履行能力的不断提升。对媒体微博 2015 ~2018 年在四个责任维度的履行情况做历时性分析，从一级指标平均得分率情况看，媒体微博在“信息生产”维度责任履行情况历年都是最佳，而“文化教育”维度责任履行情况一直较差，该项责任维度一级指标得分率四年都未达到 60% 。“社会监督”方面，媒体微博的责任履行能力在 2018 年得到较大的提升，该项责任的一级指标平均得分率从前三年不足 60% 一跃上升到 70. 35% ，而“协调关系”维度的责任履行情况从年度表现来看则有下滑趋势。图 4 显示了 2015 ~2018 年媒体微博社会责任一级指标平均得分率的年度对比情况。表 3 为媒体微博各年度社会责任得分均值情况。

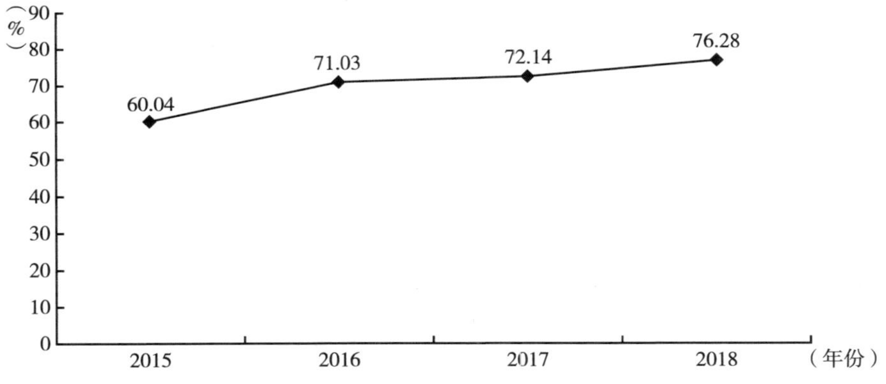

图 3　媒体微博社会责任得分率年度对比（2015 ~2018 年）

表 3　媒体微博社会责任得分均值年度比较（2015 ~2018 年）

年份	信息生产	社会监督	文化教育	协调关系	总分
2015	2. 07657	0. 47382	0. 27131	0. 18028	3. 00196
2016	2. 153738	0. 7626	0. 255713	0. 3797	3. 551738
2017	2. 340638	0. 656075	0. 24125	0. 369075	3. 607025
2018	2. 32119	0. 969065	0. 21389	0. 310065	3. 81421

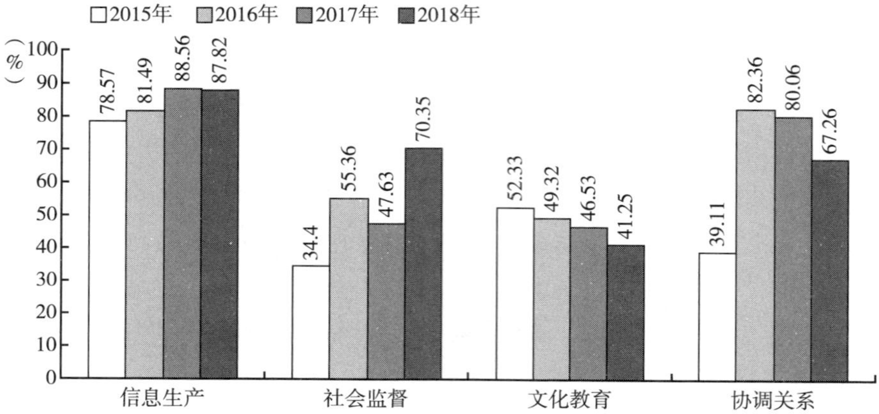

图4 媒体微博社会责任一级指标得分率年度对比（2015～2018年）

三 媒体微博社会责任单维度评价

（一）“信息生产”维度责任评估

从一级指标得分情况看，媒体微博在“信息生产”维度的责任承担情况最佳，且各家媒体微博的表现相差不大，20个微博账号在该项一级指标得分均值为2.3212，标准差仅为0.1009，平均得分率高达87.82%。其中，人民网官方微博在该项责任维度得分最高，一级指标得分率达到94.22%，而凤凰网官方微博该项责任得分最低，但一级指标得分率也达到81.65%。对媒体网站微博和报纸微博在“信息生产”维度的责任履行情况进行对比分析，媒体网站微博在该项一级指标平均得分率高出报纸微博3.24个百分点。对该一级指标下的两个二级指标得分情况进行分析发现，20家媒体微博“流程控制”二级指标平均得分率高达99.92%，而“信息质量”二级指标平均得分率为85.41%，相对来说，媒体微博在“流程控制”方面的表现要好于“信息质量”。对媒体微博在“信息生产”维度的具体表现做进一步分析发现，20家媒体微博发布的4261条微博样本中，未出现任何失实报道，交代消息来源的微博比例均值为75.08%。时效性方面，20家媒体微博在构造周内日均发布微博数均值为30，但账号之间日均发布微博数量存在差异。其中，人民网官方微博日均发布微博数量为52条，而凤凰网官微构造周内平均每天仅发布6条讯息。整体来看，媒体微博大多掌握了微博空间的生存定律，能够较好地保证信息传播的时效性。内容的原创性方面，媒体微博的原创率明显不足。20家媒体微博的原创率均值仅为41.41%，20家媒体微博中，仅有5家媒体微博的原创率超过50%。此外，20家媒体微博采用权威信源的比例均值仅为33.95%，而信源多样性的比例均值达到84.66%。内容深度方面，媒体微博非常注重采用文字图片或外部链接等方式拓展信息容量和深度，采用长微博、文字图片或外部链接的微博比例均值高达99.94%。

（二）“社会监督”维度责任评估

作为微博空间的专业化媒介组织，媒体微博有责任对各类不良现象进行监督。从一级指标得分情况看，媒体微博履行“社会监督”责任情况整体较好，20个微博账号在该项指标的得分均值为0.9691，标准差为0.2309，平均得分率达到70.35%。从单个微博账号的得分情况来看，20家媒体微博在“社会监督”维度的责任承担情况差异较大，其中，得分最高的澎湃新闻官微在该项指标得分率达到98.97%，而得分最低的广州日报官微在该一级指标得分率仅为41.16%。对二级指标做进一步分析发现，媒体微博对各类不良现象的监督力度并不一致，从媒体微博四个二级指标平均得分率情况来看，媒体微博对四类“监督”议题的重视程度从高到低依次为：其他现象、社会风险、国家治理和行为失范，四个二级指标平均得分率依次为85.59%、73.44%、72.16%、50.55%。本研究对媒体微博“社会监督”责任履行情况的评估主要依据媒体微博对各类“监督”类议题的报道程度。2017年10月至2018年3月，20家媒体微博共发布2182条以“社会监督”为主题的微博讯息，其中，体育赛事类、交通事故类、司法公正类、自然灾害类最受媒体微博的关注，占比均超过10%，而以“警民冲突”和“学术腐败”为主题的讯息占比最少，不足1%。图5显示了媒体微博对各类“社会监督”类议题的具体报道比例。

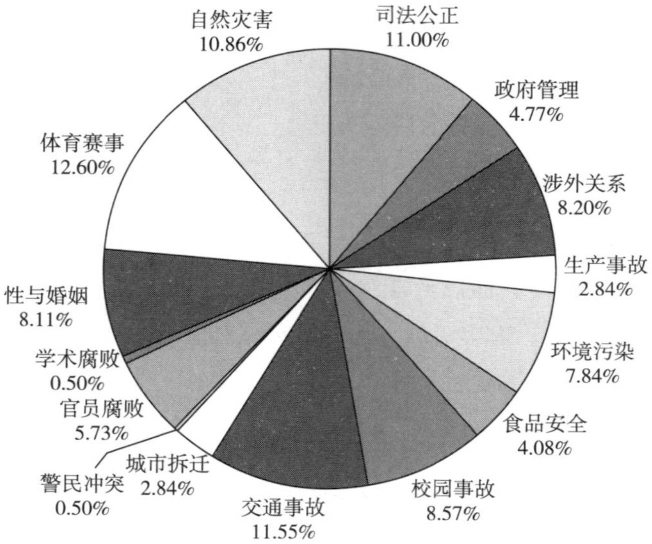

图 5　媒体微博各类“社会监督”类议题的分布情况

（三）“文化教育”维度责任评估

四项基本责任要素中，媒体微博在“文化教育”维度的责任履行情况最差。从一级指标得分情况看，20 家媒体微博在该项一级指标的平均得分仅有 0. 2139 分，标准差为 0. 0801，平均得分率仅为 41. 25%。20 家媒体微博中，仅新华网、人民网和中国新闻网 3 家媒体微博在该项一级指标得分率超过 60%，6 家媒体微博“文化教育”维度一级指标得分率不足 30%。对一级指标下 3 个二级指标得分情况进行分析发现，媒体微博在“塑造共识”和“文化传承”两个方面整体存在责任缺失的表征，20 个微博账号在两个二级指标的平均得分率仅有 35% 和 36%。其中，“塑造共识”方面，得分率超过 60% 的媒体微博仅有 2 家，而得分率低于 30% 的媒体微博达到 6 家；“文化传承”方面，9 家媒体微博得分率低于 30%。而另一方面，作为拥有高影响力的主流媒体微博，20 家媒体微博对娱乐内容的健康度把关都较严格，传播内容中没有出现任何低俗视频、低俗图片和低俗文字，“提供娱乐”二级指标得分率全部为 100%。媒体微博在“文化教育”维度的责任缺失部分源于信息生产与供给过程中以“受众兴趣”为主导的把关原则。

（四）“协调关系”维度责任评估

协调社会关系、实现社会整合是媒体微博理应承担的责任。从指标得分情况看，媒体微博在“协调关系”维度的责任履行情况整体处于及格水平，20家媒体微博在该项一级指标的得分均值为0.3101，平均得分率为67.26%。20家媒体微博中，除凤凰网官方微博在“协调关系”一级指标的得分率达到92.44%以外，其他媒体微博在此一级指标得分率大多在70%左右徘徊，媒体微博之间得分差距不大。从二级指标得分情况看，媒体微博在“线上沟通”方面的责任履行情况较好，但大多缺乏通过线下活动协调社会关系的责任意识，未能很好地利用线上线下的联动实现协调沟通，“线下活动”二级指标得分普遍较低。

对媒体微博在“协调关系”方面的具体表现做进一步分析发现，媒体微博较少传播公共服务类议题，包含“公共服务”话题的微博讯息占比较少，观测样本中，仅占15.64%。这一现象可能与媒体微博相对于政务微博的差异化定位有关。微博空间，作为政府实现信息公开的重要新媒体平台，政务微博是民众获取公共服务信息的重要来源。从差异化竞争的目的来看，媒体微博大多不愿投入过多的“版面”来传播公共服务信息。“用户体验”方面，媒体微博都善于利用图片、音视频等多种形式来实现信息的立体化传播，尤其在短视频不断升温的当下，媒体微博大都能顺应用户信息消费习惯的改变，在传播内容中插入短视频内容以满足用户信息接收的移动化、视频化和碎片化需求，不断提升用户的信息消费体验。20个媒体微博发布的讯息样本中，包含图片或音视频的讯息比例均值高到99%。“互动”方面，尽管媒体微博都善于通过“发起投票”和“专题讨论”等形式组织互动，但从互动内容以及媒体微博自身的参与度来看，媒体微博在“互动”方面的积极性仍有待提高。组织互动过程中，媒体微博表现出自身参与度过低、互动内容缺乏公共性、娱乐化色彩过强等问题。

四　对策与展望

经过本报告的实证研究发现，随着媒体的触角在新媒体场域广泛延伸，媒体微博作为媒体在微博场域的延展，较好地履行了媒体应尽的社会责任，但在喧闹复杂的信息环境中，其仍有提升的空间。对于专业化的媒介组织来说，出彩不易，出错不难，媒体微博在混沌的信息流中扮演着重要的角色。根据本报告的实证分析，笔者认为，媒体微博要履行好社会责任，应在以下三个方面予以加强。

（一）优化内容结构，强化公共性、文化性和教育性

当下，微博作为一种信息功能强大的新媒体成为人们重要的信息“伴侣”。作为微博空间重要的信息提供者，媒体微博应发挥好信息“守门人”的作用，尽可能真实全面地反映社会现实，同时肩负起文化传承和教育大众的责任。实证评估结果显示，为迎合受众信息消费的娱乐化、快餐化需求，媒体微博在信息生产与传播过程中内容结构并不合理，公共服务类、文化类议题比重过少，解释性报道和评论内容缺乏。针对这一现状，媒体微博应优化自身的内容结构。一方面，媒体微博应加大公共服务类议题的报道比例，对社会热点和焦点问题进行及时报道，利用链接、音视频、图片等实现深度解读，引导公众理性沟通与交流；另一方面，媒体微博还应加大文化类议题的比重，积极挖掘传统文化、红色文化和民俗文化的存量资源，通过对历史人物、文化遗产以及传统节日的普及与传播，不断增强年轻网民的文化认同感和文化自豪感，培育民众文化需求；此外，媒体微博还应以微博化的语言、大众化的形态和简朴清新的风格加大对主流价值和社会风尚的传播和引导。

（二）处理好“同频共振”与“差异竞争”的关系

作为媒体机构在微博场域的延伸，媒体微博与其母媒体在信息生产、社会监督、协调关系等方面具有一定的趋同性，在某些话题上能够实现“同频共振”，发挥优势互补。评估过程中发现，媒体微博的信息源很大一部分来自其母媒体的供给，然而在采用母媒体新闻信息时，媒体微博大多仅对其内容进行直接移植或摘要式复制，传播内容和形式并未根据微博平台的信息传播特点做出合适的调整。此外，不同媒体微博之间对同一主题的跟风报道、重复报道现象也较为常见。不同媒体微博之间的差异化竞争是构建良好媒介生态格局的重要手段，也是媒体微博保障社会信息能见度的责任所在。因此，无论是与母媒体之间还是与其他媒体微博之间，在资源共享、共振互补的同时，如何提升内容的差异性是媒体微博亟待解决的现实课题。媒体微博应基于自身品牌特色和

用户人群特征进行差异化定位，即便是同一事件或议题，也要保持差异化的话语风格和思辨角度。

（三）利用主页警示与奖惩机制提升责任意识

实证评估结果显示，媒体微博在履行“协调关系”责任时存在“形式化”的问题。一方面，媒体微博在组织网民讨论过程中，一味追求形式上的互动，设置的话题娱乐化色彩非常明显，基本不涉及公共性内容，缺乏“协调关系”的责任担当；另一方面，媒体微博在利用图片增加信息丰富度、提升用户体验时也存在形式化、低俗化倾向，部分配图与微博内容关联不大，且存在哗众取宠的意图。媒体微博在“协调关系”方面的责任缺失本质上源于媒体机构及其从业者责任意识的淡薄。在信息审核相对宽松的微博平台，部分媒体从业者未能充分认识到媒体微博的新闻媒体属性以及之于社会的公共价值，在信息生产与传播过程中未能真正将社会责任内化于心，责任履行流于形式。要想提高媒体微博“协调关系”维度的责任履行效能，根本问题在于提高媒体微博从业者的社会责任意识。具体可从以下两方面入手：一方面，媒体机构可在媒体微博首页的显著位置以文字形式标示出媒体责任的基本要素，这一做法既有利于树立良好的媒体形象，又可以发挥警示媒体从业者的作用。另一方面，媒体机构应完善专门针对媒体微博的社会责任评价、激励与问责机制，对媒体微博履行社会责任的情况进行定期考评，并根据责任履行水平进行激励与问责，通过奖惩机制来约束从业者行为。

参考文献

钟瑛主编《中国新媒体社会责任研究报告（2017）》，社会科学文献出版社，2017。

钟瑛主编《中国新媒体社会责任研究报告（2016）》，社会科学文献出版社，2016。

钟瑛主编《中国新媒体社会责任研究报告（2015）》，社会科学文献出版社，2015。

童兵、樊亚平：《从信息提供者到问题求解者——转型时代传统媒体的角色转型》，《新闻记者》2014 年第 11 期。

B.5
传媒类微信公众号社会责任对比分析及评价

李亚玲*

摘　要： 本文在前两次报告的基础上，选取19个传媒类微信公众号为对象，通过两个年度的数据历时性地对比分析其社会责任发展变化情况。数据结果显示，相较于上一年度，2018年传媒类微信公众号的社会责任得分普遍呈上升趋势，尤其是以党媒和传统媒体为依托的网站在信息生产上的示范效应明显；塑造共识指标的得分增长显著，成为传媒类微信公众号的普遍共识；社会监督职能呈现差异化的调整走向；中央主流媒体在微信公众平台的线上沟通渐入佳境。这一系列变化反映出，微信公众平台的成熟发展和政府网络内容规制的合力作用效果开始显现。

关键词： 传媒　微信公众号　社会责任　对比分析

据中国互联网络信息中心的《第41次中国互联网络发展状况统计报告》显示，截至2017年12月，中国的手机网络新闻用户规模接近6.2亿，在网民中的使用率达到82.3%。① 另据腾讯官方发布的《2017微信数据报告》，微信公众号月活跃账号数350万，较2016年增长了14%，月活跃粉丝数7.97亿。在新闻内容多平台分发的今天，微信公众号作为手机端颇具影响力的应用形态

* 李亚玲，中南民族大学文学与新闻传播学院副教授，主要研究方向为新媒体及传播伦理。

① 中国互联网信息中心：《第41次中国互联网发展状况统计报告》，2018，第31页。

之一无疑是新媒体社会责任考察不可缺失的一个对象。过去的2017年，《互联网新闻信息服务管理规定》《互联网用户公众号账号信息服务管理规定》《互联网新闻信息服务单位内容管理从业人员管理办法》《互联网新闻信息服务新技术新应用安全评估管理规定》等政策规定频密出台，体现出政府在治理互联网新闻传播问题上的重视。本文在此背景下，试图通过历时性的考察来呈现自2016年以来传媒类微信公众号在社会责任履行上的发展变化情况。

一　研究简况

微信公众平台的社会责任研究自2017年以来有了一定的增长，但是其研究话题基本上均集中于讨论微信公众平台的著作权问题。不少学者从法理上进一步廓清了微信公众平台的侵权责任认定、主体法律责任等，如有人认为，微信公众平台版权侵权涉及用户、微信服务商和版权人三方主体，进而形成直接侵权、间接侵权以及连带责任三个法律关系。判断用户行为是否构成直接侵权的关键在于分析该行为是否侵入了该版权为版权人划定的行为范围，以及这种侵入能否得到法律上的证立。① 有的学者主张采用CC协议来保护著作权人的权益，其中CC协议是一种著作权许可方式，使用CC协议既可以使原创者的著作权得以保留，同时主动宣告在协议限定范围内的分享行为可以不向作者告知，也可以主动宣告不允许的使用行为。② 有关微信公众平台社会责任的直接研究成果依然不多，比较系统的就是湖南大学的硕士生欧阳晓婷在其学位论文中，构建了包含新闻信息、社会利益、职业道德等在内的微信公众平台社会责任评估体系，并选取了50个包括传统媒体和自媒体在内的微信公众号对其社会责任进行打分，数据结果显示微信公众平台的信息内容在客观性、建设性以及批判性上普遍质量不高，特别是当商业力量介入之后，这种情况就更为显著。③

① 张民全：《微信公众平台版权侵权的认定及多元应对》，《中国出版》2018年第4期，第53页。

② 崔铭君：《微信订阅号的著作权侵权问题的原因及对策分析》，《法制博览》2018年第4期，第76页。

③ 欧阳晓婷：《微信公众平台的社会责任研究》，湖南大学硕士学位论文，2018，第42页。

华中科技大学新闻与信息传播学院的钟瑛教授在此前成果的基础上，持续在新媒体社会责任研究领域发声，2018 年其在《新媒体与社会》上发表了《移动新媒体社会责任的现实困境与破解路径——以湖北省微信公众号的实证考察为例》，通过对湖北省微信公众号的实证考察，解析发现移动新媒体社会责任的现实困境，主要表现为信息“原创”与“深度”欠缺持续性、社会监督的多维观照不均衡、传统文化资源未能深层挖掘、“用户体验”与“互动”创新不足等几个层面。

二　研究设计

本蓝皮书在 2015 年、2017 年均就传媒类微信公众号的社会责任情况进行过报告，以此数据为基础，2018 年的分论将选择主要从时间纵向上考察三年来微信公众号社会责任的变化情况。由于 2015 年和 2017 年两次报告的研究对象和数据采集方式有较大差异，为了保证本次报告研究对象和数据的可比性，在研究对象的选取上合并了前两次报告的样本，即 2015 年的 9 个和 2017 年的 15 个传媒类微信公众号，共计得到样本 19 个（见表 1）。在资料来源上，均采用 2016 年由钟瑛教授主持的华科新媒体实验室与湖北睛彩视讯科技有限公司联合开发的华彩指数，即样本的社会责任指数均由华彩指数平台通过机器打分生成，其打分区间为 0 ~5 分，共五个等级，1 分为很差、2 分为较差、3 分为一般、4 分为较好、5 分为很好。抓取的数据共分两个时间段：2016 年 8 月至 2017 年 1 月，2017 年 9 月至 2018 年 2 月，各计 6 个月。在后文的分析中，将前者统称为 2017 年度，后者统称为 2018 年度。华彩指数平台输出的为月度指数，本文最后汇报的是 6 个月的指标均值。另外，在二三级指标分析中，由于 2017 年度数据监测疏漏，中国新闻周刊、三联生活周刊和新闻哥 3 个公众号的二三级指标数据缺失。

与 2017 年的分论一样，本次研究也根据微信公众号的主体定位和内容指向的差异，将分析样本划分为：党媒、综合型媒体、公检法专业媒体和其他专业媒体四种功能属性类型，从而更加有针对性地考察样本的社会责任履行情况。

表 1　本文选取的传媒类微信公众号样本信息

序号	公众号名称	账号主体类型	功能属性类型
1	央视新闻*#	电视	党媒
2	人民法院报#	报纸	公检法专业媒体
3	检察日报#	报纸	公检法专业媒体
4	法制日报#	报纸	公检法专业媒体
5	新京报#	报纸	综合型媒体
6	中国工商报#	报纸	其他专业媒体
7	湖北日报#	报纸	党媒
8	新华日报#	报纸	党媒
9	中国新闻网	网站	综合型媒体
10	人民日报*#	报纸	党媒
11	长江日报#	报纸	党媒
12	人民网*#	网站	党媒
13	荆楚网#	网站	党媒
14	广州日报*#	报纸	党媒
15	央视财经*#	电视	其他专业媒体
16	都市快报*	报纸	综合型媒体
17	三联生活周刊*	杂志	综合型媒体
18	新闻哥*	互联网企业	综合型媒体
19	中国新闻周刊*	杂志	综合型媒体

注：#表示来自 2017 年报告的样本；＊表示来自 2015 年报告的样本。

根据本蓝皮书对新媒体社会责任评价体系的建构，本文从“信息生产”“社会监督”“文化教育”“协调关系”四大维度对样本涉及的传媒类微信公众号社会责任变迁的情况进行分析评估。

三　研究发现

19 个传媒类微信公众号两个年度的社会责任指数总评分如表 2 所示，2018 年度社会责任一级指标的得分如表 3 所示。从表 1、表 2 中数据可以看出，相较于上一年度，2018 年度的社会责任总评分普遍呈上升趋势，总体样本平均上涨 6.08%，19 个微信公众号中仅有 4 个有小幅下降，其余 15 个微信公众号的社会责任总评分均呈现不同程度的上涨，其中，广州日报、中国新闻网和人民网的上涨幅度最为显著。

表 2　2017 年度、2018 年度传媒类微信公众号社会责任整体对比评价

序号	公众号名称	社会责任总评分		
		2018 年度	2017 年度	变化趋势(%)
1	检察日报	3.7933	3.5583	6.60↑
2	新京报	3.6917	3.4867	5.88↑
3	中国新闻网	3.6633	3.2167	13.88↑
4	广州日报	3.6283	2.7267	33.07↑
5	人民法院报	3.5817	3.6050	-0.65↓
6	法制日报	3.5683	3.5217	1.32↑
7	中国工商报	3.5467	3.3233	6.72↑
8	央视新闻	3.5317	3.8300	-7.79↓
9	湖北日报	3.3950	3.2817	3.45↑
10	人民网	3.3567	3.0467	10.17↑
11	长江日报	3.3383	3.1017	7.63↑
12	人民日报	3.3367	3.2000	4.27↑
13	荆楚网	3.2550	2.9650	9.78↑
14	中国新闻周刊	3.1200	3.1650	-1.42↓
15	新华日报	2.9783	3.2400	-8.08↓
16	三联生活周刊	2.4817	2.2600	9.81↑
17	都市快报	2.4450	2.2767	7.39↑
18	央视财经	2.4067	2.2433	7.28↑
19	新闻哥	1.9850	1.8683	6.25↑
	均值	3.2160	3.0483	6.08↑
	标准差	0.5190	0.5375	8.71

表 3　2018 年度传媒类微信公众号社会责任一级指标得分

序号	公众号名称	信息生产	社会监督	文化教育	协调关系
1	中国新闻网	4.8121	1.9542	2.8336	3.1304
2	人民网	4.7873	0.7821	2.9857	3.2644
3	广州日报	4.7746	1.9742	2.4277	3.3464
4	人民日报	4.7746	0.5605	3.1102	3.6392
5	央视新闻	4.7720	1.3290	2.8515	3.7555
6	检察日报	4.4584	2.7737	4.1770	2.6139
7	新京报	4.4584	2.5046	3.6139	2.9451
8	长江日报	4.3157	1.4923	3.4926	3.0936
9	法制日报	4.3092	2.4965	3.5962	2.5069

续表

序号	公众号名称	信息生产	社会监督	文化教育	协调关系
10	新华日报	4. 2979	0. 6692	2. 7607	2. 5664
11	湖北日报	4. 2787	1. 7640	3. 6546	2. 9155
12	中国新闻周刊	4. 2774	0. 8315	3. 5060	2. 8866
13	荆楚网	4. 2647	1. 4534	3. 0837	3. 0560
14	中国工商报	4. 2295	2. 5245	3. 4656	2. 7841
15	人民法院报	4. 2268	2. 4368	4. 2497	2. 5567
16	都市快报	3. 4129	0. 6686	1. 7697	2. 9676
17	央视财经	3. 2129	0. 4590	2. 3325	3. 6854
18	三联生活周刊	3. 0954	0. 5937	4. 0548	2. 8461
19	新闻哥	2. 8468	0. 4707	1. 2508	2. 3860
	均值	4. 1897	1. 4599	3. 1167	2. 9971
	标准差	0. 6026	0. 8248	0. 7870	0. 4025

（一）传媒类微信公众号信息质量明显普遍上升

根据本蓝皮书所构建的社会责任指标体系，信息生产指标主要是从信息质量的真实、权威、时效、客观以及对信息把关等角度来考察微信公众号所发布的信息质量。从表 4 的数据可知，2018 年度 19 个传媒类微信公众号信息生产的平均得分为 4. 1897，标准差 0. 6026，相较于 2017 年度的平均分 3. 9936 有了小幅上升。仅有 1 个公众号得分小幅下滑，整体而言 19 个公众号平均上涨幅度 4. 97% 。

表 4　传媒类微信公众号信息生产指标得分对比

序号	公众号名称	信息生产指标得分		
		2018 年度	2017 年度	变化趋势（%）
1	中国新闻网	4. 8121	4. 4217	8. 83 ↑
2	人民网	4. 7873	4. 4700	7. 10 ↑
3	广州日报	4. 7746	3. 9421	10. 03 ↑
4	人民日报	4. 7746	4. 3395	21. 12 ↑
5	央视新闻	4. 7720	4. 6446	2. 74 ↑
6	检察日报	4. 4584	4. 2683	4. 45 ↑
7	新京报	4. 4584	4. 2976	3. 74 ↑

续表

序号	公众号名称	信息生产指标得分		
		2018 年度	2017 年度	变化趋势(%)
8	长江日报	4.3157	4.1808	3.23↑
9	法制日报	4.3092	4.1233	4.51↑
10	新华日报	4.2979	4.2183	1.89↑
11	湖北日报	4.2787	4.1746	2.49↑
12	中国新闻周刊	4.2774	4.4452	-3.78↓
13	荆楚网	4.2647	4.1247	3.39↑
14	中国工商报	4.2295	4.0350	4.82↑
15	人民法院报	4.2268	4.1933	0.80↑
16	都市快报	3.4129	3.1903	6.98↑
17	央视财经	3.2129	3.0537	5.21↑
18	三联生活周刊	3.0954	3.0806	0.48↑
19	新闻哥	2.8468	2.6756	6.40↑
	均值	4.1897	3.9936	4.97
	标准差	0.6026	0.5588	5.02

二级指标中的信息质量更是呈现明显上升趋势（见表5），所监测到的样本数据显示均较上一年度有所增长，其中广州日报涨幅最为显著，总体样本平均上涨幅度8.39%。但是从标准差的变化来看，相较于上一年度，各样本之间的差距有所拉大。

表5　传媒类微信公众号信息质量指标得分对比

序号	公众号名称	信息生产指标得分		
		2018 年度	2017 年度	变化趋势(%)
1	中国新闻网	4.7745	3.9679	20.33↑
2	人民网	4.7447	4.3233	9.75↑
3	广州日报	4.7295	3.7432	26.35↑
4	人民日报	4.7295	4.2551	11.15↑
5	央视新闻	4.7264	4.1969	12.61↑
6	新京报	4.3500	4.1806	4.05↑
7	检察日报	4.3500	4.1204	5.57↑
8	长江日报	4.1788	3.9094	6.89↑
9	法制日报	4.1710	3.9927	4.46↑

续表

序号	公众号名称	信息生产指标得分		
		2018 年度	2017 年度	变化趋势(%)
10	新华日报	4.1575	4.0093	3.70 ↑
11	湖北日报	4.1344	3.9229	5.39 ↑
12	中国新闻周刊	4.1328	/	/
13	荆楚网	4.1176	3.8852	5.98 ↑
14	中国工商报	4.0753	3.6189	12.61 ↑
15	人民法院报	4.0722	4.0016	1.76 ↑
16	都市快报	3.0954	3.0632	1.05 ↑
17	央视财经	2.8554	2.7819	2.64 ↑
18	三联生活周刊	2.7144	/	/
19	新闻哥	2.4161	/	/
	均值	4.0277	3.8732	8.39
	标准差	0.7232	0.4163	6.94

根据样本的功能属性类型不同，再分别来看信息质量的变化情况（见表6），党媒、公检法专业媒体和其他专业媒体的信息质量评分均有不同程度的上升，其中党媒上升幅度最大。而综合型媒体在信息质量的评分上出现4.19%下滑，这里的综合型媒体包括新京报、中国新闻网、中国新闻周刊、三联生活周刊、都市快报、新闻哥6个传媒类微信公众号，其中不乏一些市场化的媒体，它们在追逐经济效益时不免出现损害信息质量的情况，但是由于中国新闻周刊、三联生活周刊和新闻哥在2017年度的数据缺失，会对整体的均值产生影响，所以这一指标的降低并不一定直接反映真实情况。

表6 不同功能属性的微信公众号信息质量指标得分对比

序号	公众号功能属性类型	信息质量指标均值		变化趋势(%)
		2018 年度	2017 年度	
1	党媒($n=8$)	4.4398	4.0307	10.15 ↑
2	公检法专业媒体($n=3$)	4.1977	4.0382	3.95 ↑
3	综合型媒体($n=6$)	3.5805	3.7372	-4.19 ↓
4	其他专业媒体($n=2$)	3.4653	3.2004	8.28 ↑

根据公众号账号主体的媒体类型差异又进一步探究发现（见表7），以传统媒体为依托的网站在信息生产指标上的得分最高，其相较于2017年度得分

上涨幅度也最大。新闻哥作为研究样本中唯一的互联网企业，其信息生产指标的得分也是在上涨的。杂志类型的公众号因为其中的中国新闻周刊得分下降，所以整体得分相较上一年度有所下降（见表7）。

表7 不同媒体类型的微信公众号信息生产指标得分对比

序号	账号主体媒体类型	信息生产指标均值		变化趋势(%)
		2018年度	2017年度	
1	网站($n=3$)	4.6214	4.3388	6.51↑
2	报纸($n=11$)	4.3215	4.0876	5.72↑
3	电视($n=2$)	3.9925	3.8492	3.72↑
4	杂志($n=2$)	3.6864	3.7629	-2.03↓
5	互联网企业($n=1$)	2.8468	2.6756	6.40↑

（二）社会监督指标中社会风险下降明显

社会监督指标主要是考察微信公众号对国家治理、社会风险和行为失范等的关注程度，体现出环境监测与预警的功能。从本次分析的数据来看（见表8），相较于2017年度，2018年度的社会监督指标评分下降趋势明显。19个样本中有7个，接近40%的比例出现不同程度的得分下降，其中以新华日报、人民日报和央视新闻的下降最为显著，下降幅度均在50%上下。相反地，广州日报则上涨超过100%，三联生活周刊和荆楚网的得分也上升显著。

表8 传媒类微信公众号社会监督指标得分对比表

序号	公众号名称	社会监督指标得分		
		2018年度	2017年度	变化趋势(%)
1	检察日报	2.7737	2.5100	10.51↑
2	中国工商报	2.5245	2.3350	8.12↑
3	新京报	2.5046	2.2964	9.06↑
4	法制日报	2.4965	2.5333	-1.45↓
5	人民法院报	2.4368	2.6967	-9.64↓
6	广州日报	1.9742	0.8518	131.77↑
7	中国新闻网	1.9542	1.9919	-1.89↓
8	湖北日报	1.7640	1.6387	7.65↑

续表

序号	公众号名称	社会监督指标得分		
		2018 年度	2017 年度	变化趋势(%)
9	长江日报	1.4923	1.4051	6.20↑
10	荆楚网	1.4534	0.9971	45.76↑
11	央视新闻	1.3290	2.5244	-47.35↓
12	中国新闻周刊	0.8315	0.5895	41.05↑
13	人民网	0.7821	0.6317	23.81↑
14	新华日报	0.6692	1.7310	-61.34↓
15	都市快报	0.6686	0.6008	11.28↑
16	三联生活周刊	0.5937	0.3019	96.65↑
17	人民日报	0.5605	1.2120	-53.76↓
18	新闻哥	0.4707	0.3623	29.92↑
19	央视财经	0.4590	0.6578	-30.22↓
	均值	1.4599	1.4667	11.38
	标准差	0.8248	0.8429	47.07

进一步探究社会监督下的国家治理、社会风险和行为失范3个二级指标的数据发现（见表9、表10、表11），在国家治理指标上的得分，虽然总体均值相较上一年度有所下降，但是超过56.3%的有效样本是呈上升趋势的，尤以中国新闻网上升最为显著，上涨幅度达168.90%，新京报和中国工商报也有50%上下的上升幅度。相较而言，社会风险指标的得分下降最为明显，整体变化趋势来看，平均得分下降11.52%。分别来看，除去在2018年度排名前四位的广州日报、中国新闻网、新京报、都市快报和排名第七的荆楚网以外，其余接近70%的公众号均呈下降态势。这一数据说明，大多数传媒类微信公众号减少了有关生产事故、校园事故、交通事故、食品安全等内容的报道。在行为失范指标的得分上，有37.5%的有效样本是呈下降态势的，2018年度的平均得分为1.3282，相较于2017年度的1.3987有小幅下滑，而其中荆楚网上涨幅度高达231.60%，广州日报和中国工商报的上涨幅度也均超过了90%，呈现降中有升的现象。

表 9　传媒类微信公众号国家治理指标得分对比

序号	公众号名称	国家治理指标得分		
		2018 年度	2017 年度	变化趋势(%)
1	检察日报	4.0987	3.3332	22.97↑
2	人民法院报	4.0085	4.1282	-2.90↓
3	中国工商报	3.8989	2.6635	46.39↑
4	法制日报	3.7963	3.4777	9.16↑
5	新京报	3.2537	2.1354	52.37↑
6	中国新闻网	2.1833	0.8119	168.90↑
7	湖北日报	1.9862	1.5398	28.99↑
8	广州日报	1.9163	1.4410	32.98↑
9	荆楚网	1.6784	1.3692	22.59↑
10	长江日报	1.6284	1.8173	-10.39↓
11	央视新闻	1.5717	1.8882	-16.76↓
12	人民网	0.8943	0.7330	22.00↑
13	三联生活周刊	0.7643	/	/
14	中国新闻周刊	0.7248	/	/
15	新华日报	0.7140	1.3046	-45.27↓
16	都市快报	0.3876	0.7105	-45.45↓
17	央视财经	0.3532	0.7854	-55.03↓
18	人民日报	0.3059	1.2358	-75.25↓
19	新闻哥	0.2704	/	/
	均值	1.8123	1.8359	9.71
	标准差	1.3712	1.0554	56.95

表 10　传媒类微信公众号社会风险指标得分对比

序号	公众号名称	社会风险指标得分		
		2018 年度	2017 年度	变化趋势(%)
1	广州日报	2.5000	1.4751	69.48↑
2	中国新闻网	1.8333	1.2831	42.89↑
3	新京报	1.8294	1.6602	10.19↑
4	都市快报	1.4795	1.3093	12.99↑
5	中国新闻周刊	1.3785	/	/
6	长江日报	1.1605	1.301	-10.80↓
7	荆楚网	1.1035	1.0171	8.50↑
8	法制日报	1.0878	1.2839	-15.27↓

续表

序号	公众号名称	社会风险指标得分		
		2018 年度	2017 年度	变化趋势(%)
9	中国工商报	1.0006	1.3163	-23.99 ↓
10	央视新闻	0.8948	1.9121	-53.20 ↓
11	人民日报	0.8462	1.3446	-37.07 ↓
12	新华日报	0.8066	1.4062	-42.64 ↓
13	检察日报	0.7872	0.9017	-12.69 ↓
14	新闻哥	0.7775	/	/
15	央视财经	0.7336	1.2566	-41.62 ↓
16	湖北日报	0.6428	1.1982	-46.35 ↓
17	三联生活周刊	0.6136	/	/
18	人民网	0.5758	0.6024	-4.42 ↓
19	人民法院报	0.4010	0.6711	-40.24 ↓
	均值	1.0764	1.2462	-11.52
	标准差	0.5266	0.3302	34.18

表 11　传媒类微信公众号行为失范指标得分对比

序号	公众号名称	行为失范指标得分		
		2018 年度	2017 年度	变化趋势(%)
1	湖北日报	4.0000	2.1631	84.92 ↑
2	检察日报	3.1667	2.8781	10.03 ↑
3	新京报	2.0000	1.4186	40.98 ↑
4	人民法院报	1.9853	2.3857	-16.79 ↓
5	法制日报	1.9284	1.9237	0.25 ↑
6	中国工商报	1.8767	0.9624	94.99 ↑
7	长江日报	1.7193	1.1948	43.90 ↑
8	荆楚网	1.3885	0.4187	231.60 ↑
9	广州日报	1.1902	0.5968	99.45 ↑
10	中国新闻网	1.0324	1.0100	2.21 ↑
11	人民网	1.0008	0.8371	19.56 ↑
12	央视新闻	0.9331	1.6977	-45.04 ↓
13	人民日报	0.7272	1.3787	-47.25 ↓
14	中国新闻周刊	0.6279	/	/
15	新华日报	0.6115	2.1475	-71.53 ↓
16	新闻哥	0.4743	/	/
17	央视财经	0.2580	0.2908	-11.28 ↓
18	都市快报	0.2003	1.0752	-81.37 ↓
19	三联生活周刊	0.1149	/	/
	均值	1.3282	1.3987	22.17
	标准差	1.0158	0.7442	78.49

分不同的功能属性来看（见表12），所有类型的传媒类微信公众号在社会风险指标上的得分均有所下降，公检法专业媒体、综合型媒体和其他专业媒体在国家治理指标上的得分相较于2017年均有不同程度上升，党媒和其他专业媒体在行为失范上的得分均呈上升趋势。

综合以上数据可以发现，2018年度社会监督指标得分的下降，很大程度上是由社会风险指标得分的显著下降造成的，这在某种程度上与我国新闻舆论的正面宣传为主方针有着密切的联系。而党媒在行为失范指标上的得分上涨，则反映出党媒在揭露包括官员腐败、婚姻道德等行为失范上的力度增强。公检法专业媒体、其他专业媒体和综合型媒体在国家治理指标上的得分上涨，反映出这些传媒类微信公众号在司法公正、政府管理等议题上的关注增强。

表12　不同功能属性的微信公众号社会监督二级指标得分对比

序号	公众号功能属性类型	国家治理指标均值		社会风险指标均值		行为失范指标均值	
		2018年度	2017年度	2018年度	2017年度	2018年度	2017年度
1	党媒	1.3369↓	1.4161	1.0663↓	1.2821	1.4463↑	1.3043
2	公检法专业媒体	3.9678↑	3.6463	0.7587↓	0.9522	2.3601↓	2.3958
3	综合型媒体	1.2639↑	1.2193	1.3186↓	1.4175	0.7416↓	1.1679
4	其他专业媒体	2.1261↑	1.7244	0.8671↓	1.2865	1.0673↑	0.6266

（三）文化教育及其二级指标塑造共识呈稳步上升趋势

文化教育指标着重在于评价传媒类微信公众号在传承文化和塑造共识等方面的影响。通过对比两个年度的数据发现（见表13），总体均值呈上升趋势，2018年度的平均得分上升至3.1167，总体变化平均上升了12.45%，其中超过70%的样本在该指标上的得分呈增长态势，长江日报、广州日报和中国新闻网上升幅度最大，增长幅度在30%上下。

表13　传媒类微信公众号文化教育指标得分对比

序号	公众号名称	文化教育指标得分		
		2018年度	2017年度	变化趋势(%)
1	人民法院报	4.2497	3.7150	14.39↑
2	检察日报	4.1770	3.6700	13.82↑
3	三联生活周刊	4.0548	3.2211	25.88↑

续表

序号	公众号名称	文化教育指标得分		
		2018 年度	2017 年度	变化趋势(%)
4	湖北日报	3.6546	3.4592	5.65↑
5	新京报	3.6139	2.834	27.52↑
6	法制日报	3.5962	3.8433	-6.43↓
7	中国新闻周刊	3.5060	3.9539	-11.33↓
8	长江日报	3.4926	2.5488	37.03↑
9	中国工商报	3.4656	2.9700	16.69↑
10	人民日报	3.1102	2.4873	25.04↑
11	荆楚网	3.0837	2.6208	17.66↑
12	人民网	2.9857	2.5017	19.35↑
13	央视新闻	2.8515	3.2837	-13.16↓
14	中国新闻网	2.8336	2.1933	29.19↑
15	新华日报	2.7607	2.9783	-7.31↓
16	广州日报	2.4277	1.8222	33.23↑
17	央视财经	2.3325	2.0638	13.02↑
18	都市快报	1.7697	1.7176	3.03↑
19	新闻哥	1.2508	1.3415	-6.76↓
	均值	3.1167	2.8013	12.45
	标准差	0.7870	0.7590	15.73

对于二级指标数据的考察，重点选取了塑造共识这一指标进行探究（见表 14），2018 年度该指标的整体均值相较于 2017 年度有了明显的上升，总体而言平均上涨幅度达 44.59%，其中有 75% 的有效样本在该指标上的得分均呈上升趋势。即使分不同功能属性来看（见表 15），每种类型的公众号整体上也都是呈上升趋势的，最少的上升幅度也有 20.80%。这些数据变化趋势说明，传媒类微信公众号总体上在传递主流价值观，塑造共识上的重视程度和传播力度。

表 14 传媒类微信公众号塑造共识指标得分对比

序号	公众号名称	塑造共识指标得分		
		2018 年度	2017 年度	变化趋势(%)
1	人民法院报	4.8333	3.5416	36.48↑
2	检察日报	4.5000	3.6666	22.73↑
3	法制日报	3.8333	3.7143	3.20↑
4	三联生活周刊	3.8333	/	/

续表

序号	公众号名称	塑造共识指标得分		
		2018 年度	2017 年度	变化趋势(%)
5	新京报	3.1667	1.6382	93.30↑
6	中国工商报	3.1667	2.0954	51.12↑
7	湖北日报	3.0000	2.7136	10.56↑
8	人民日报	2.8527	0.9981	185.81↑
9	中国新闻周刊	2.8333	/	/
10	长江日报	2.3333	1.4837	57.27↑
11	人民网	2.3333	1.1462	103.58↑
12	央视新闻	2.0000	1.1746	70.27↑
13	荆楚网	1.9879	1.9795	0.42↑
14	新华日报	1.8277	2.1147	-13.57↓
15	中国新闻网	1.4943	0.5087	193.76↑
16	央视财经	1.0136	1.1076	-8.48↓
17	广州日报	0.8655	0.8849	-2.18↓
18	新闻哥	0.3477	/	/
19	都市快报	0.0644	0.6917	-90.69↓
	均值	2.4362	1.8412	44.59
	标准差	1.3286	1.0649	73.47

表 15　不同功能属性的微信公众号塑造共识指标得分对比

序号	公众号功能属性类型	塑造共识指标均值		变化趋势(%)
		2018 年度	2017 年度	
1	党媒	2.1500	1.5619	51.52↑
2	公检法专业媒体	4.3889	3.6408	20.80↑
3	综合型媒体	1.9566	0.9462	65.46↑
4	其他专业媒体	2.0901	1.6015	21.32↑

（四）中央级主流媒体在协调关系尤其是线上沟通提升显著

在协调关系指标上（见表 16），央视新闻、央视财经和人民日报占据 2018

年度评分的前三位，其中央视财经上涨幅度最为显著，相较于2017年度的评分上涨了44.30%。从该指标的总体均值来看，2018年度得分为2.9971，19个样本中近80%在该指标上的得分呈上涨态势，涨幅均值达12.24%。

二级指标线上沟通和线下活动的得分数据显示（见表17），19个样本中仅有4个得分下降，其余的在2个二级指标上的得分均较上一年度有不同程度的上升，其中线下活动2018年度平均得分2.8322，平均上涨幅度达22.75%。其中，在线上沟通指标得分上，人民日报、央视新闻和人民网位列前三，反映出传统媒体及中央主流媒体对微信公众平台的使用渐入佳境。

表16 传媒类微信公众号协调关系指标得分对比

序号	公众号名称	协调关系指标得分		
		2018年度	2017年度	变化趋势(%)
1	央视新闻	3.7555	3.6727	2.25↑
2	央视财经	3.6854	2.5539	44.30↑
3	人民日报	3.6392	3.3971	7.13↑
4	广州日报	3.3464	2.3607	41.76↑
5	中国新闻网	3.1304	2.5183	29.63↑
6	长江日报	3.0936	2.6153	19.69↑
7	荆楚网	3.0560	2.6132	18.38↑
8	都市快报	2.9676	2.6759	14.20↑
9	新京报	2.9451	2.5541	16.19↑
10	湖北日报	2.9155	2.8486	3.39↑
11	中国新闻周刊	2.8866	2.6222	11.19↑
12	三联生活周刊	2.8461	2.301	25.45↑
13	中国工商报	2.7841	2.6083	9.12↑
14	检察日报	2.6139	2.4717	12.64↑
15	新华日报	2.5664	2.7433	-4.72↓
16	人民法院报	2.5567	2.795	-8.18↓
17	法制日报	2.5069	2.6867	-4.84↓
18	新闻哥	2.3860	2.3371	7.27↑
19	人民网	3.2644	2.7200	-12.28↓
	均值	2.9971	2.6892	12.24
	标准差	0.4025	0.3356	15.50

表 17　传媒类微信公众号协调关系二级指标得分对比

序号	公众号名称	线上沟通指标得分			线下活动指标得分		
		2018 年度	2017 年度	变化趋势(%)	2018 年度	2017 年度	变化趋势(%)
1	人民日报	4.9995	3.9306	27.19↑	2.2788	2.5506	-10.66↓
2	央视新闻	4.7659	3.6302	31.29↑	2.7450	2.4551	11.81↑
3	人民网	4.0046	3.0358	31.91↑	2.5241	2.2463	12.37↑
4	央视财经	3.9901	2.9897	33.46↑	3.3806	2.0023	68.84↑
5	广州日报	3.2095	2.7295	17.58↑	3.4834	2.0606	69.04↑
6	都市快报	3.0013	2.8993	3.52↑	2.9339	2.1598	35.84↑
7	中国新闻网	2.9560	2.7737	6.57↑	3.3047	2.4081	37.23↑
8	三联生活周刊	2.9526	/	/	2.7397	/	/
9	新闻哥	2.9184	/	/	1.8536	/	/
10	中国新闻周刊	2.8798	/	/	2.8933	/	/
11	新京报	2.7306	2.7640	-1.21↓	3.1596	2.0609	53.31↑
12	长江日报	2.7258	2.7140	0.44↑	3.4613	2.3510	47.23↑
13	湖北日报	2.7105	2.7030	0.28↑	3.1205	2.8405	9.86↑
14	检察日报	2.7097	2.7052	0.16↑	2.5181	2.1923	14.86↑
15	法制日报	2.7073	2.8489	-4.97↓	2.3066	2.7938	-17.44↓
16	荆楚网	2.7070	2.7025	0.16↑	3.4049	2.5328	34.43↑
17	人民法院报	2.7037	2.7012	0.09↑	2.4095	2.7807	-13.35↓
18	中国工商报	2.7029	2.7905	-3.14↓	2.8651	2.2861	25.33↑
19	新华日报	2.7029	2.9392	-8.04↓	2.4298	2.8474	-14.66↓
	均值	3.1619	2.9286	8.46	2.8322	2.4105	22.75
	标准差	0.7237	0.3539	14.56	0.4695	0.2903	28.54

四　结论与展望

通过前文的数据呈现，可以发现 2018 年度传媒类微信公众号在社会责任上呈现以下特征。

（一）党媒和传统媒体为依托的网站在信息生产上的示范效应明显

根据本文前两次报告显示传媒类微信公众号在信息生产指标上的得分始终是 4 个一级指标中得分最高的，2018 年度的数据也呈现同样的特征，而且该指标的得分在此前基础上又有了平均4.97%的涨幅。从不同的功能属性上看，党媒领衔信息质量的提升。从公众号主体的媒体类型来看，以传统媒体为依托的网站如人民网、中国新闻网和荆楚网，其信息生产指标得分最高，涨幅也最明显。这一局面的形成可能是多种因素作用的结果。

首先，微信公众平台自2012年上线以来，经过6年的发展，已经在内容生产领域积累了丰富的经验和教训，特别是在政府规制和指导下，其内容把关机制渐趋完善，微信公众平台的信息生产正式步入了一个良性稳定的发展阶段。当然，从本指标体系的三级指标来看，微信公众平台上的信息在权威、全面、原创、客观等方面还存在不少问题，需要通过更深入的观察研究来探寻其中的问题和出路。其次，过去的2017年政府在互联网内容规制上的举措十分显著，不仅重新修订出台了《互联网新闻信息服务管理规定》，而且又制定了《互联网用户公众号账号信息服务管理规定》《互联网新闻信息服务单位内容管理从业人员管理办法》《互联网新闻信息服务新技术新应用安全评估管理规定》等一系列新政策来规范网络内容质量，传媒类微信公众号信息生产指标的提升无疑也是政府内容规制作用下的一个结果。再次，党媒领衔信息质量的提升反映出，在政府高度重视党媒的作用和发展的指导思想下，党媒愈加严于律己，提升信息质量的品质始终是传媒一切工作的根本。而以传统媒体为依托的网站的积极表现则说明，经历从传统媒体到网站的发展转型，它们比其他传统媒体更加适应当下新媒体的传播环境，又比其他商业化的媒体更具备新闻专业素养，因而，积极鼓励和培育这一类型的媒体生产出更多更优质的内容产品，发挥更大的传播效力，对于其他类型媒体尤其是市场化的新兴媒体产生示范与引领效应，无疑对于净化整个新媒体生态是有积极意义的。

（二）塑造共识成为传媒类微信公众号的普遍共识

在本蓝皮书所建构的文化教育一级指标下有一个二级指标“塑造共识”，其主要反映的是媒体在传递主流价值观上的作用。本次监测的数据显示，2018年度该指标的整体均值相较于2017年度有了明显的上升，总体上涨幅度平均高达44.59%，而且不管何种类型的公众号其在塑造共识上的得分都增长明显，也就是说不仅党媒和传统媒体在强化其塑造共识的内容传播，而且市场化的综合型媒体也在重视传递主流的价值观，这一变化恰恰呼应了当下国内的背景。首先，当下是一个以传播终端微型化、微内容和碎片化阅读为主的“微时代”，价值观形成的主体更加个人化、多元化，主流价值观的传播和塑造更加困难。其次，在全球化思潮激荡的时代，塑造国民对国家共同体的认同，建构一个社会共同的主流价值观，其重要性和紧迫性愈加凸显。这也是我国政府当下高度重视的一个命题，为此，2017 年 3 月 15 日，社会主义核心价值观作为立法宗旨被写入我国《民法总则》第一条，成为我国民法典编纂的灵魂和导向。党的十九大报告又进一步对社会主义核心价值体系做了重要论述，将社会主义核心价值体系纳入新时代中国特色社会主义思想和基本方略。正是在这一系列背景因素作用下，各类型的传媒微信公众号较之以往更加重视发挥塑造共识的作用。不过，从不同媒体的定位和整个传媒生态多样性角度考虑，官方舆论场始终是传递主流价值观的主要场域，这一认识，党媒和以传统主流媒体为依托的各类平台始终不能松懈，在坚持主流方向不能动摇的情况下，也不可忽视“微时代”用户的多元化诉求的表达与释放。

（三）传媒类微信公众号的社会监督职能呈差异化调整走向

从本次监测的数据来看，2018 年度的社会监督指标评分相较于上一年度下降趋势明显，接近 40% 的样本出现不同程度的得分下降，其中以新华日报、人民日报和央视新闻的下降最为显著。与此形成反差的是，广州日报则在该指标上的得分上涨超过 100%，三联生活周刊和荆楚网的得分也上升显著。通过进一步探究二级指标中的国家治理、社会风险和行为失范发现，2018 年度社会监督指标得分的下降，很大程度上是由社会风险指标得分的显著下降造成的，本蓝皮书所监测的社会风险指标主要指向各类事故、破坏与冲突性新闻内容，该指标得分的明显下降与我国的新闻舆论工作方针不无关系。在 2016 年，习近平总书记在党的新闻舆论工作座谈会上强调，正面宣传为主是党的新闻舆论工作必须遵循的基本方针，要坚持正面宣传为主、团结稳定鼓劲，这一方针在 2017 年不断得到强化和贯彻，其效果在本次监测的数据中开始呈现。

而与社会风险指标不同，在国家治理和行为失范上的得分则普遍呈现不同程度的上升，这种降中有升、此消彼长的现象，在某种程度上反映出传媒在社会监督的方向上的调整。历史经验告诉我们，舆论监督始终是传媒不可或缺的一项重要职能，公共资源、公共议题和公共权力始终是传媒报道的焦点，但是由于媒体的功能属性和定位各不相同，其在关注议题上的侧重也各有不同，此次社会监督指标数据的变化就充分反映了不同类型的传媒在舆论监督定位上的调整变化。公检法专业媒体在国家治理指标上的得分最高，相较于2017年也有所上升，体现出这类微信公众号在司法公正和政府管理监督上的侧重。党媒在行为失范指标上的得分仅次于公检法专业媒体，相较于2017年也是呈上升趋势，反映出党媒在揭露包括官员腐败、婚姻道德等行为失范上的监督力度增强。广州日报、中国新闻网等在社会风险指标上的得分逆势上涨，反映出这些媒体在社会风险议题上的关注和社会责任意识担当。这种差异化的调整不失为一种有益的变化。

（四）线上沟通的优化以中央主流媒体为表率

根据此前分论的数据监测，传媒类微信公众号在协调关系指标上的得分始终偏低。虽然本次监测数据显示，与其他指标相比该指标的得分并无根本性的提高，但是从指标内纵向来看，相较于上一年度其评分上涨了44.30%，19个样本中近80%在该指标上的得分呈上涨态势，涨幅均值达12.24%。由此可见，该指标的上涨幅度和上涨潜力值得期待。而且本次监测数据还显现出，该指标排名靠前、呈上升趋势变化最多的以党媒和中央级主流媒体为主，央视新闻、央视财经和人民日报三家中央级主流媒体占据2018年度评分的前三位，这直接反映出中央主流媒体对微信公众平台的使用开始渐入佳境。从更高层次的意义来说，这说明近年来打造新型主流媒体的成效开始显现。

综合以上特征可以发现，传媒类微信公众号的这一系列发展变化，一方面是由于微信公众平台的成熟发展，另一方面也是政府的网络媒体内容规制效应的显现，这无疑是市场化发展和政府规制合力作用的结果。值得提醒的是，在未来微信公众平台的发展中除了要注重市场与政府的合力作用之外，也需要注意区分二者的边界，既不能过分放任市场的自由发展，如目前短视频行业的发展乱象，也不能让政府管得过死，扼杀了平台的多元与活力。虽然新媒体传播领域不断涌出后起之秀，但是作为拥有近8亿月活跃用户的微信公众平台其传播影响力将在今后很长一段时期内不容忽视，本文也将持续对其社会责任履行状况给予密切关注。

B.6
商业门户网站社会责任及其评价

黄丽娜　王忠艳*

摘　要： 商业门户网站作为我国网络新闻传播格局中的重要一环，研究其社会责任履行状况具有十分重要的意义。本研究以腾讯、新浪、网易、搜狐以及凤凰网为研究对象，以实证数据为基础，通过商业网站社会责任评价指标体系，对其社会责任的履行情况进行综合评估。结果表明，大型商业网站的社会责任履行状况普遍较好，但仍存在原创水平不足，社会监督环节薄弱，共识塑造有待提高，以及用户体验水平差异较大等问题。在此基础上探讨了商业网站社会责任履行水平的有效提升途径，包括以优质内容提升传播力，以正确导向提升公信力，搭建互动渠道以增强舆论引导力，以用户思维提升社交友好度。

关键词： 商业网站　社会责任　量化评价

据2018年1月CNNIC发布的《第41次中国互联网发展统计报告》，截至2017年12月，中国网民规模高达7.72亿。与此同时，我国网络新闻用户规模为6.46亿，网民使用比例达到84%，总体排名在即时通信、搜索引擎之后的第三位。足见，在社交媒体蓬勃发展的今天，作为最传统的互联网应用，网络新闻仍然拥有着规模庞大且尚在稳定增长的用户群体，对互联网生态环境产生

* 黄丽娜，贵州民族大学传媒学院副教授，硕士生导师，华中科技大学新闻与信息传播学院博士研究生，主要研究方向为新媒体与网络传播；王忠艳，华中科技大学新闻与信息传播学院硕士生。

着较大影响。作为我国网络新闻传播格局中的重要一环，从 1998 年开始迅速崛起至今二十年的时间里，商业门户网站以其经济实力强、技术水平雄厚、提供服务全面、辐射受众群体广等特点历来是权威资讯发布和网民新闻获取的主要途径，及网络舆情传播的重要场域。在创造商业价值，实现经济效益的最大化的同时，还肩负着监视社会环境、协调社会关系、传承社会文化的重责。然而，商业网站在其发展过程中，囿于自身的商业属性，在履行社会责任方面屡有失职现象发生。因此，在“建立网络综合治理体系，营造清朗的网络空间”这一顶层设计与时代命题提出的背景下，反思商业门户网站的社会责任，对其社会责任履行状况进行科学、全面的考察就成为一个兼具理论意义与现实紧迫性的课题。

作为新媒体社会责任考察的重要环节，我们对商业门户网站履责状况的研究延续了五年。当前，各大型商业门户网站的履责状况如何？与过去四年相比，有何新的特点？五年以来，大型商业网站社会责任履行整体上呈何趋势？是本文立足解决的主要问题。

一　研究综述

媒体的社会责任并不是一个新兴的话题，其理论渊源可追溯到发端于 20 世纪 40 年代的社会责任论。在西方新闻自由理论深陷困境，传媒行业与社会状况产生尖锐矛盾的背景下，1947 年美国新闻自由委员会发表了《一个自由而负责的新闻界》宣言，主张大众媒介在获得新闻自由的同时也应当承担一定的社会责任，“社会责任理论”由此诞生。随后，施拉姆在《报刊的四种理论》中就“社会责任论”进行了进一步论述，指出新闻自由是伴随着义务的，媒体的社会责任包括新闻报道应该准确、客观、平衡；媒体要为公众提供交换意见与批评的平台；要担负解释社会目标和价值观的责任；要承担开启心智、教育公众的责任，等等（童兵，2002）。社会责任论对缓和当时传媒行业与商业资本之间的矛盾，缓解自由理论思想下西方媒体市场的混乱秩序产生较大的积极作用。虽然西方的社会责任论无法完全适用中国的媒体生态，但在当前新媒体迅速发展，新闻传播格局以及舆论格局在不断分化又重新整合的背景下，社会责任论无疑对我们研究新媒体社会责任提供了理论参考。

网络媒体作为新闻信息传播的专业组织，同样承担着向社会公众负责的义务和使命。正是基于这样的使命感，中国互联网行业在谋求自身发展的同时，也在持续探索如何更好地履行社会责任，发挥社会效益。但与行业探索相对应的是，学术层面的研究相对滞后。一方面，与西方社会责任理论相比，国内关于社会责任的理论研究尚未形成一个完整的体系。另一方面，更加缺乏实证研究来对网络媒体社会责任履行状况进行科学考察和量化评估。华中科技大学钟瑛教授团队是这方面的先行者，其通过建立科学全面的指标体系来对新媒体社会责任进行量化评估的做法颇具前瞻性，由信息生产、社会监督、文化教育、协调关系四个一级指标所构成的评价体系经过几轮修正已被学界广为认可。此外，复旦大学周葆华教授团队也建立了一套新媒体社会责任评估的指标体系，并且通过对具体新闻网站的实际考察检验了指标体系的可行性。上述研究为我们正视网络媒体社会责任评价的重要性，廓清其评估范畴提供相关信息，具有很高的参考价值。

本文在前四年研究的基础上，继续以钟瑛教授的新媒体社会责任评价指标体系为参照，结合网络媒体的传播特点，从信息生产、社会监督、文化教育、协调关系四个方面对商业门户网站的社会责任履行状况进行评价。同时，基于历时性的视角，对五年来的商业门户网站履责状况进行纵向比较，力求揭示其中的变化规律。

二　样本选择与研究设计

（一）研究对象

商业门户网站是指以营利为目的、公司化运作的大型网站。目前对于“商业网站”的注册数量并没有准确的统计，但对其类型划分基本达成共识。就目前而言，国内商业网站大致可分为以下三类：一是侧重资讯的传统门户网站，此类网站以频道众多、信息丰富为特点，网站获得盈利的途径主要为广告收入，网站提供的服务主要是信息资讯；二是电子商务类网站，诸如各类B2C、C2C、团购网站等；三是垂直类商业网站，此类网站涉及各类细分领域，如旅游类的携程网，招聘类有前程无忧等。其中商业门户网站既具备商业网站的属性，同时又承担着新闻传播的社会功能，在中国的互联网发展历史中，商业网站可谓最早的见证者和实践者，曾凭借其即时性、互动性、开放性的优势，一举成为现代社会信息传播的核心载体。因此，本文以商业门户网站作为研究对象，力求通过建构科学的指标体系对其社会责任履责情况进行量化评价。

（二）样本选择

在商业门户网站中，最具有代表性的莫过于开办历史长久，信息内容全面，流量巨大的大型商业门户网站。根据对大型商业网站的界定，其特点在于信息内容全面、流量巨大，一般认为只有流量排名在中国大陆前50名的网站，且并非公有制控股的网站，才可进入大型商业门户网站的备选范围。因此，本文首先选择了商业门户网站中最具影响力的4家作为研究样本，分别是腾讯、新浪、搜狐、网易。这四家网站均开办于中国互联网发展初期，并伴随着互联网的成长而成长壮大，最终成为国内影响力强，信息量大，覆盖面广、内容丰富、服务全方位的大型门户网站。虽然，在互联网媒体的阵营中，门户网站增长乏力，影响力逐渐式微。但从当前Alexa的统计数据来看，四家网站的国内排名仍处于高位，如腾讯、新浪、搜狐、网易的国内排名分别在第2、第7、第5、第9。除上述四家综合门户网站外，基于与前期研究结果进行对比的需要，本文还选择了一家近年来借助多个媒体平台崛起，表现活跃的门户网站凤凰网作为样本之一。

（三）研究设计

1. 样本采集

本文选择自然周固定时间取样的方法，具体取样周为2018年4月24日至2018年4月30日。共采集样本1396条，各样本网站抓取的内容板块如下。

腾讯：今日话题+要闻

网易：图片专栏+要闻

新浪：图片专栏+要闻

搜狐：图片+要闻

凤凰：评论+要闻

2. 末级指标评分规则与量化路径

在指标体系构成方面，本研究历年根据商业网站特性，对总论指标体系进行调整后得到的20个三级指标已经趋于稳定。因此，本文继续沿用这20个指标，以期对2018年商业门户网站的履责情况进行评估。但在评分规则和末级指标量化路径方面，为了尽可能将社会责任评估细化到每一条具体的信息内容，进一步优化与提升评价体系的科学性与全面性，本文在继承历年研究成果的基础上对部分指标的实现路径进行了改革。涉及真实、权威、时效、全面、深度、原创、客观、信息把关、广告控制、侵权控制、舆论监督、主流价值、社会风尚、娱乐健康度，以及互动指标。具体评价依据如表1所示。

末级指标量化的具体做法为，抓取到各家网站具体板块的内容后，由研究员浏览每一条信息内容，根据表1，对各平台上需要观测的信息内容进行逐条打分，并记录分值。分值设置1分到5分，该分值标注为$X_{ij,k}$。其中i为指标代码，j为第j家网站，k为第k条样本。如$X_{1,1,1}$表示第1家网站第1条样本第1个指标的得分。然后，根据每条信息的指标评分结果，计算出每个三级指标的平均值，作为该指标得分，记为Y_{ij}，$Y_{ij}=\frac{\sum\left(X_{ij},\ 1+X_{ij},\ 2+\cdots+X_{ij},\ n\right)}{n}$。此外，文化传承、公共服务、用户体验、商业性活动、非商业性活动5个指标维持原有的评分依据。①

表1　三级指标评分依据（本文改革部分）

真实 C1	根据样本的内容是否真实判定,是赋5分,否赋1分
权威 C2	根据样本的信源是否党媒来判定,是赋5分,否赋1分
时效 C3	统计日均样本数量,日均最高值赋5分,以此标准计算其他对象得分
全面 C4	统计样本信息涵盖的信源数量,最高值赋5分,以此标准计算其他对象得分
深度 C5	根据样本字数是否达到1000字,是赋5分,否赋1分
原创 C6	根据样本信息中是否标明“原创”字样,是赋5分,否赋1分
客观 C7	根据样本信息的内容是否客观,是赋5分,否赋1分
信息把关 C8	根据网站是否有相应的信息发布审核机制,是赋5分,否赋1分
广告控制 C9	根据样本信息中是否包含广告内容,是赋1分,否赋5分

① 王井、陈盼：《商业门户网站社会责任及其评价》，《中国新媒体社会责任研究报告（2015）》，社会科学文献出版社，2015。

续表

侵权控制 C10	根据样本信息中是否包含侵权现象,是赋1分,否赋5分
舆论监督 C11	根据样本内容是否涉及舆论监督,是赋5分,否赋1分
主流价值 C12	根据样本内容是否涉及社会主义核心价值观,是赋5分,否赋1分
社会风尚 C13	根据样本内容是否包含社会风尚主题(勤俭自强、文明礼貌、助人为乐等),是赋5分,否赋1分
娱乐健康度 C15	根据样本信息中是否包含低俗内容(低俗视频、低俗图片、低俗文字等),是赋1分,否赋5分
互动 C18	统计样本信息的评论数量,最高值赋5分,以此标准计算其他对象得分

三　研究结果分析

(一)总体情况：整体履责水平较高

本文按照上述末级指标实现路径，分别计算得到五家新闻门户网站20个三级指标得分，进而根据各级指标权重，最终统计得到五家新闻门户网站的社会责任指数总分，如表2所示。从5家门户网站的社会责任指数总分来看，腾讯网得分最高，总分4.120911；其次是凤凰网，总分4.103436；再次是新浪，总分4.027714；网易以总分3.977963居于第4位；第5则是搜狐，总分3.958368。总体而言，5家网站社会责任指数之间差距较小，且均处于上等水平，社会责任履行情况良好。

表2　5家商业门户网站社会责任总体评价

网站	信息生产	社会监督	文化教育	协调关系	总分	排名
腾讯	2.400973	0.883473	0.380556	0.455909	4.120911	1
新浪	2.399023	0.798619	0.380057	0.450014	4.027714	3
搜狐	2.306077	0.820852	0.381389	0.450050	3.958368	5
网易	2.411760	0.784018	0.378785	0.403400	3.977963	4
凤凰	2.368729	0.949593	0.383444	0.401669	4.103436	2

为了了解每家网站4个一级指标得分的具体情况，本文统计了5家网站在4个一级指标上的得分最大值、最小值、均值，并将其与满分进行了对比，此

外还统计了各一级指标均分的得分率。[①] 结果如表3所示，5家网站信息生产的平均得分为2.377312，最小值为2.306077，最大值为2.41760，得分率达到89.95%。社会监督平均得分为0.847311，最小值为0.784018，最大值为0.949593，得分率为61.51%。文化教育平均得分0.380846，最小值0.380057，最大值0.383444。协调关系平均得分为0.432209，最小值0.432209，最大值0.455909，得分率93.86%。5家网站总分平均分为4.038176，得分率为80.76%。

数据统计结果进一步说明商业门户网站社会责任履责情况较好。总得分率达到80.76%。就一级指标而言，得分率最高的是协调关系，得分率达到93.86%。这主要是由于商业门户网站一方面注重与用户进行线上沟通，具体通过与用户及时互动、提供公共服务，以及建立良好的用户体验来实现线上沟通功能；另一方面依托与母公司商业化运作的优势，将商业活动、公益活动等线下活动进行了良好的运营。其次是信息生产指标，得分率为89.95%。作为网络新闻传播格局中的重要一员，商业门户网站本身具有强大的信息整合能力，经过多年的发展，其在信息生产方面也已经具备一定实力，因此5家网站在信息生产指标上均表现优异。此外，在文化教育指标上，商业门户网站的履责情况则处于中上水平，说明商业门户网站在提供信息服务的同时，也较好地履行了主流价值观，社会风尚的传递职责，并且均开设了具体的文化性质板块，传播主流文化。但是，较不理想的是门户网站的社会监督履责情况，仅达到合格水平。

表3　商业门户网站一级指标得分统计值与得分率

一级指标	理想满分 (Ideal full mark)	均值 (Mean)	最小值 (Min)	最大值 (Max)	得分率 (Rate)(%)
信息生产	2.643	2.377312	2.306077	2.411760	89.95
社会监督	1.3775	0.847311	0.784018	0.949593	61.51
文化教育	0.5185	0.380846	0.380057	0.383444	73.45
协调关系	0.461	0.432209	0.401669	0.455909	93.86
总得分	5	4.038176	3.945663	4.098034	80.76

① 得分率为某一具体指标得分占该指标理想满分的百分比。

（二）门户网站信息生产社会责任评价

信息生产是商业门户网站最基础的社会功能，也是其参与媒体市场竞争的重要资本。

商业门户如何才能吸引而且持续地拥有受众的注意力，从而实现流量变现，优质的内容无疑是其中的核心因素。特别是在移动互联网时代，随着商业网站渠道建设与平台搭建日趋成熟，内容的重要性正在日益凸显，优质内容甚至还能主导整个产业链。作为商业门户网站社会责任评价的重要指标，信息生产主要包含信息质量和流程控制两个方面。根据两个二级指标的汇总情况（见表4）来看，5家网站在信息生产上均表现出较高的水准，一级指标得分排名依次是网易、腾讯、新浪、凤凰网、搜狐。

表4　5家网站的“信息生产”得分情况

	信息质量（二级加权）	流程控制（二级加权）	信息生产（一级加权）	排名
腾讯	3. 714070	0. 828066	2. 400973	2
新浪	3. 716658	0. 821788	2. 399023	3
搜狐	3. 530170	0. 832442	2. 306077	5
网易	3. 732865	0. 829677	2. 411760	1
凤凰	3. 652805	0. 828333	2. 368729	4

1. 信息质量：真实性客观性强原创水平不足

根据指标权重，信息质量的理想满分为4. 1665。从表4可知，5家商业门户信息质量的整体水平良好，其中网易、腾讯、新浪在3. 7分以上，属于较高水平，凤凰网次之，最后是搜狐。良好的信息质量与上述网站经历长期的发展，在信息生产能力，以及对新闻真实性、权威性、信息深度等方面的把控能力已逐步稳定存在较大关系。

信息质量指标下包含真实、权威、时效、全面、深度、原创、客观7个三级指标。从指标加权得分情况来看，5家网站得分情况最好的三级指标包括真实、客观、时效、全面。其中得分最理想的是真实性，平均分1. 991102，接近于满分。其次是客观指标，平均分0. 485080（满分0. 513）。再次是时效，平均分0. 617247（满分0. 706）。全面指标，平均得分0. 370164（满分

0.453)。平均得分较好的包括权威和深度两个指标，均值分别为0.523376（满分0.6665），0.299133（满分0.3875）。最后，在原创性指标上，5家网站表现欠佳，均分仅有0.117249，尚达不到满分的50%（见表5）。

上述数据表明，商业门户网站在新闻最基本的真实性、客观性原则上把关严格，同时各家网站在信息的全面整合，以及即时性方面的努力也卓有成效。但是，5家网站的原创水平却十分欠缺，主要表现在内容转载量较大。当然这与商业网站在信息采访方面受限有一定关系，同时也体现了门户网站信息整合的特性。

表5 5家网站“信息质量”下三级指标得分

	腾讯	新浪	搜狐	网易	凤凰	均值	理想满分
真实	1.980299	1.99777	1.994564	1.979378	2.0035	1.991102	2.0035
权威	0.606755	0.482293	0.489238	0.45498	0.583614	0.523376	0.6665
时效	0.5648	0.706	0.584977	0.706	0.524459	0.617247	0.706
全面	0.3624	0.3624	0.323569	0.453	0.349453	0.370164	0.453
深度	0.348719	0.276202	0.275017	0.2593	0.336428	0.299133	0.3875
原创	0.097043	0.150595	0.074374	0.177336	0.086897	0.117249	0.27
客观	0.497046	0.484908	0.494635	0.449624	0.49919	0.48508	0.513

2.流程控制：把关意识强整体表现优异

除信息质量外，门户网站对新闻内容从生产、传播到推广环节的流程控制也能够体现其信息生产水平，具体体现在信息把关、广告控制、侵权控制3个方面。良好的信息把关意识，适度的页面广告，以及严格的侵权控制无疑是提升商业网站整体信息质量，优化用户体验的重要手段。这3方面也构成了社会责任评价体系中流程控制下的3个三级指标。总体来看，5家门户网站在3个三级指标上的社会责任履行成绩优异，信息把关平均分达到理想满分，广告控制均分为0.770830，侵权控制均分为0.944044，均接近于满分（见表6）。这表明，商业网站十分重视对信息传播的流程控制，作为主要的网络新闻传播平台，其社会责任意识较强。在国家针对网络内容监管的政策体系已日益完善的背景下，商业门户网站作为商业网站中运营时间最久的媒体类型，在推动互联网共治上发挥了一定的引领作用。

表6　5家网站“流程控制”下三级指标得分

	腾讯	新浪	搜狐	网易	凤凰	均值	理想满分
信息把关	3.2525	3.2525	3.2525	3.2525	3.2525	3.2525	3.2525
广告控制	0.767994	0.769194	0.783152	0.775305	0.758504	0.77083	0.7895
侵权控制	0.946906	0.90805	0.958	0.949263	0.958	0.944044	0.958

（三）社会监督：范围力度均有限属薄弱环节

在关于大众传媒的“三功能说”中，传播学家拉斯韦尔对媒体“监视社会环境”的重要性进行了论述。在中国的新闻传播理论体系中，舆论监督也是新闻媒体的一项重要权利，同时也是其应当承担的社会责任。从商业门户网站的社会监督功能践行情况来看，总体情况不容乐观。5家网站的社会监督得分是一级指标中得分最低的一项，得分率仅为61.51%，说明商业门户网站社会监督功能有所缺失，履责水平有待提高。对比5家门户网站，社会监督得分最高的是凤凰网，为0.949593，其次是腾讯，为0.883473，再次是搜狐，为0.820852。

凤凰网之所以得分最高，与其在本文样本采集期间，在要闻栏目发布或转载了多篇舆论监督新闻报道有关。例如，涉及反腐监督的《管住官员“舌尖”，进一步扎牢制度的笼子》，《监委第二虎，落马前两天还在调研足球》，《能干却守不住底线　宁波“能吏腐败”不断》，涉及政府工作作风的《这样的突击检查，是把真经念歪》，涉及企业社会责任监督的《请问去哪儿网，你哪来的那么大霸气》，涉及金融机构管理的《反洗钱银行卡应长久严管》，涉及自然灾害的《山西吕梁山体滑坡导致9人遇难》。除凤凰网以外，其他4家门户网站在反腐监督、自然灾害、政府工作作风等方面新闻报道也有所涉及，社会监督功能有所发挥。但整体而言，监督力度不够，监督范围有限，履责水平不高是普遍状态。

（四）文化教育：侧重文化与娱乐共识塑造有待提高

大众传媒不仅是一种信息传播的工具或手段，还承担着文化传承与社会教育的职责，它具有大众化特征，能够对人们价值观念，乃至生活方式产生重大影响。大众传媒的这一功能也为传播学家拉斯韦尔所强调。商业门户网站是互联网信息的集散与发布平台，其根本属性是网络媒体，因此文化教育也是商业门户网站的基本社会功能，同时也是其应该履行的社会责任。本文从塑造共识、文化传承、提供娱乐3个二级指标入手进行商业门户网站文化教育履责状况的评价。根据两个二级指标的汇总情况来看，5家网站在文化教育指标上表现较好，离0.5185的理想满分存在一定距离，从表3可知，该项得分率为73.45%，属于中上水平。一级指标得分排名依次是凤凰网、搜狐、腾讯、新浪、网易。

表7　5家网站“文化教育”指标得分

	塑造共识(二级加权)	文化传承(二级加权)	提供娱乐(二级加权)	文化教育(一级加权)	排名
腾讯	1.449281	1.768500	0.452000	0.380556	3
新浪	1.444467	1.768500	0.452000	0.380057	4
搜狐	1.457307	1.768500	0.452000	0.381389	2
网易	1.432198	1.768500	0.452000	0.378785	5
凤凰	1.477124	1.768500	0.452000	0.383444	1

塑造共识指媒体通过新闻报道引领思想观念、传递社会文化、塑造社会认同的责任。作为考察门户网站文化教育的重要指标，塑造共识主要通过两个方面来衡量，一是主流价值，二是社会风尚。研究结果显示，5家门户网站在塑造共识指标上的得分差距较小，其中最高的是凤凰网，得分1.477124，其次是腾讯，得分1.449281，再次是搜狐，得分1.457307，该项立项满分为2.7795，可见5家网站的得分与理想状态还存在较大差距，表明商业门户网站在塑造共识上的履责水平还有很大的提高空间。

相对而言，5家网站在主流价值这一三级指标上的表现优于社会风尚指标。主流价值指标平均得分为2.331205，满分为3.8635，而社会风尚平均得分仅为0.280911，与满分1.1365之间存在很大差距，得分率低（见表8）。结果表明，在国家多年的政策扶持和发展指引下，商业门户网站已经逐渐成长为主流价值观传播的重要阵地，其在传递主流价值方面也履行了一定义务，在积极报道国家重大方针政策，主流意识形态方面均有所涉及，但其履责水平与理想状态之间还存在一定差距。

表8　5家网站“塑造共识”指标得分

	腾讯	新浪	搜狐	网易	凤凰	均值	理想满分
主流价值	2.318100	2.318100	2.349472	2.318100	2.352253	2.331205	3.8635
社会风尚	0.288989	0.280329	0.272055	0.258258	0.304923	0.280911	1.1365

在文化传承指标上，5家网站表现一致，均开设了相应的文化板块，并且运营情况良好。因此各家网站在该项指标上的得分均为满分。此外，娱乐健康度指标上，5家网站的得分也均为满分。这在一定程度上说明，商业门户网站既在文化传承上有所担当，表现优异，同时商业门户网站善于提供娱乐，并且在娱乐信息的健康度上控制良好。这一方面得益于国家对互联网内容监管的力度和政策的系统性在日益增强；另一方面也说明商业网站自身在参与商业竞争的过程中，对自身的社会责任也有深刻认识。

（五）门户网站“协调关系”社会责任评价

协调社会关系是大众传媒肩负的重要社会责任。在正处于社会转型期的中国，各种利益群体冲突碰撞，多元价值观交织，互联网的去中心化使这种利益博弈与价值观之争更加激烈。因此，商业门户网站应当自觉通过自身特有的传播力、影响力，成为连通社会各利益群体的桥梁，肩负起沟通社会、协调关系的重责。总体而言，商业门户网站在协调社会关系上的履责状况是四个一级指标中表现最好的，均分为0.432209，满分0.461，平均得分率达到93.86%。其中腾讯得分最高，达到0.455909，其次是搜狐，得分0.450050，再次是新浪，得分0.450014。

1. 线上沟通：注重公共服务与互动性用户体验水平存在差异

与用户进行即时的线上沟通是网络媒体有别于报纸、广播电视等传统媒体的主要特征，也是评价商业门户网站“协调关系”履责状况的重要指标，由公共服务、用户体验、互动3个三级指标构成。其中公共服务指标主要考核门户网站是否拥有一套系统的便民类信息服务，这是5家网站均具有的信息服务类型，因此此项指标得分均为满分。其次是用户体验，由于高体验感直接带来的是高流量和较长停留时间，因此对该指标的量化主要依据日均独立IP流量与平均停留时间来实现。腾讯、新浪、搜狐3家网站的日均独立IP流量均大于100万，且平均停留时间超过7分钟，反映出3家网站的用户体验感高。但网易、凤凰网的用户体验指标得分较低，原因在于两家网站的日均独立IP流量数据低于100万。在互动指标上，得分最高的是腾讯，其次是网易、再次是凤凰网，这3家网站新闻样本的跟帖数量较高，网站与用户之间的即时互动频率较高，此外新浪、搜狐的用户互动也属于良好水平（见表9）。结果表明，商业门户网站在运营过程中十分注重为用户提供线上公共服务，同时也通过开设新闻跟帖、评论等反馈渠道与用户之间形成了良好的即时互动。然而，虽然对用户体验感的培养与维护是商业网站一直以来努力的方向，但从实际运营情况来看，并非大量网络用户在每家商业门户网站都能获得良好的体验感。

表9　5家网站“线上沟通”指标得分

	腾讯	新浪	搜狐	网易	凤凰	均值	理想满分
公共服务	2.700500	2.700500	2.700500	2.700500	2.700500	2.700500	2.700500
用户体验	1.4155	1.4155	1.4155	0.2831	0.2831	0.96254	1.415500
互动	0.773557	0.645697	0.646475	0.766949	0.729400	0.712416	0.883500

2. 线下活动：提供公益平台向现实空间延展

线下活动是商业门户网站对用户的影响从网络空间延展向现实生活的主要方式，也是评价其协调关系社会责任履行状况的重要指标。其具体内涵主要指商业门户网站在线下开展的商业推广或公益活动。本文主要从线下商业活动与非商业活动两个三级指标对它进行评价，在这两个指标上，5家门户网站得分均为满分。首先，5家网站的运营母体均为上市公司，并且当前运营状况良好，因此在商业活动的开展上无疑是充分的。其次，在商业门户参与公益活动方面，5家网站均开设了专门的公益类一级板块，并且运营状态良好。结果表明，商业门户网站十分注重向现实空间拓展，不仅依托其强大的上市公司母体资源广泛参与商业活动，同时，更为重要的是各家网站在公益活动方面均体现出企业良好的社会责任感，不仅致力于公益传播，为社会公益提供了便捷的网上平台，更加将公益活动延伸到线下，形成了线上线下的良好互动。

四　结论与对策

（一）平衡多元价值，提高原创内容深度与广度，以优质内容提升传播力

5 家商业门户网站的原创内容集中体现在娱乐、体育、科技等轻量化的内容板块。个性化内容板块中也大都依靠转载、聚合其他平台的内容形成自己的栏目调性，如腾讯《今日话题》栏目、凤凰《评论》栏目等。原创内容不足，且大都聚焦娱乐明星及网络热点话题，较少涉及严肃的时政社会议题，难以形成真正的栏目品牌影响力与公信力。从长远看，既不利于商业门户网站参与市场竞争，也不利于其在舆论传播格局中的职能发挥。

在开放、多元、共享的复杂网络环境下，各门户网站应当注重促进社会多元价值的平衡。加强对从业者专业素质及网站内容的把关，提高原创内容和价值判断能力；开拓内容的深度和广度。在符合自身定位的基础上，触及更多的严肃议题、主流价值观，创作出更多有深度的优质内容，从而树立更好的平台形象，以提升其传播力和影响力。

（二）强化舆论监督功能，推动主流价值传播，以正确导向提升公信力

从商业门户网站的社会监督功能践行情况来看，5 家网站的总体情况不容乐观，其社会监督得分是一级指标中得分最低的一项，说明商业门户网站社会监督功能有所缺失，履责水平有待提高。虽然，5 家商业门户网站都做到对党和国家大政方针的大力传播，社会监督功能也有所发挥。但整体来看，宣传侧重有所局限，监督广度和力度都有所欠缺。2016 年 2 月 19 日，习近平总书记在党的新闻舆论工作座谈会上指出：“舆论监督和正面宣传是统一的。新闻媒体要直面工作中存在的问题，直面社会丑恶现象，激浊扬清、针砭时弊，同时发表批评性报道要事实准确、分析客观。”①

① 《舆论监督和正面宣传是统一的》，http：//www. xinhuanet. com/comments/2016 – 05/12/c_1118851602. htm。

各门户网站应该进一步将正面宣传与舆论监督结合起来。一方面，除宣传国家的大政方针外，应充分发挥其文化教育功能，加强对社会思想观念的引领、弘扬主流价值、倡导社会风尚，从而传递积极健康的社会文化、促进良好的社会认同。另一方面，要加强对国家治理、社会风险、行为失范等领域的监督，完善相关内容板块建设，坚持正确的舆论导向。正视社会监督责任，开展好舆论监督工作，这既是平台本身担负社会责任的表现，也能进一步提高网站的公信力，营造良好的平台形象。

（三）重视评论区管理，加强用户引导，搭建互动渠道以增强舆论引导力

5 家商业门户网站在运营过程中都十分注重为用户提供线上公共服务，拥有一套完善的便民信息服务系统。同时，在互动与反馈方面，通过开设新闻跟帖、评论等反馈渠道为用户提供了良好的意见表达平台。

评论区不仅是用户与网站互动的窗口，也是网络舆论的重要阵地、网络环境氛围的重要发源地。各门户网站在为用户提供良好的线上服务的同时，也应当充分认识评论区对整个网络舆论、网络环境的重要意义。

因此，各门户网站应重视评论区管理，加强舆论引导。建立完备的评论筛查机制，加强对评论内容的监控，剔除含有低俗、极端、价值观扭曲等负面元素的发言内容，规范用户的发言行为，营造健康的网络传播环境，增强门户网站的舆论引导力，从而促进其社会责任履责水平的提升。

（四）顺应社交媒体时代的用户需求，联通社交媒体平台，以用户思维提升社交友好度

社交媒体时代，用户更多地通过社交媒体获取内容。据酷鹅用户研究院 2018 年 5 月发布的《特立独行一代：深度解读 95 后互联网生活方式》① 研究报告显示，微博、微信陪朋友圈等社交网站正成为“95 后”获取感兴趣内容的主要渠道，也是“95 前”获取感兴趣内容的重要渠道。商业门户网站拥有

① 《95 后用户内容消费洞察报告》，兴趣导向，http://new.qq.com/omn/20180516/20180516A1J31B.html。

较长的发展历史，但是随着互联网用户向移动端的集体迁徙，门户网站本身的用户流量以及用户黏性均在不断下降。在这样的背景下，要促进门户网站社会责任履责水平的提升，首先应当维系和发展用户对门户网站的使用水平与黏性。这就要求商业门户网站以用户思维为指导，在当下各门户网站在分享机制建设过程中，进一步打通社交媒体平台，优化分享功能，便于网友的社交分享行为，提高社交友好度。

参考文献

钟瑛：《中国新媒体社会责任研究报告（2014）》，社会科学文献出版社，2014。

童兵：《比较新闻传播学》，中国人民大学出版社，2002。

B.7
2018年中国综合类视频网站社会责任评价

邵晓　常洁　周盼*

摘　要：　本研究选取5个在行业内具有影响力和代表性的视频网站，抽取其首页呈现的视频作为分析样本，借助新媒体社会责任评价指标体系对其进行考察。结果表明，综合类视频网站信息生产功能履行有得有失，信息的真实性、时效性、深广度均表现较好，信息把关和侵权控制也整体较优，其他方面表现欠佳；社会监督功能承担各方面均较为缺乏；文化教育功能偏向娱乐信息生产，其余方面均表现较差；协调关系功能注重优化用户体验，互动性设计尚可，但公共服务提供缺失，线上线下沟通均较为不足。造成这一现状的原因在于：综合类视频网站功能定位决定责任履行的偏向，其市场化倾向影响责任履行的水平，现行制度设计限制了其责任履行的实现。

关键词：　视频网站　社会责任　UGC

我国的首个视频网站诞生于2004年，互联网的视频化时代随之拉开帷幕，网络视频行业成为新媒体行业的一个重要增长点。随着移动通信技术和流媒体技术的发展，视频的接收终端逐步由PC端转向移动端，视频行业也逐渐细分为不同的业态。网络直播、短视频、弹幕视频等新形态的兴起拓展了视频产业生态圈，迅速占据了视频行业相当大的市场份额，但因其主导内容为UGC形

* 邵晓，华中科技大学新闻与信息传播学院博士研究生；常洁、周盼，华中科技大学新闻与信息传播学院硕士研究生。

式，饱受低俗化、碎片化的诟病。而传统的综合类视频网站则转向版权投资、内容生产，力图通过生产或购买优质内容确保行业地位。但综合类视频网站也面临着同质化竞争的困境，竞争的加剧也导致网站在对流量的追逐中出现低俗化和泛娱乐化的倾向。综合类视频网站的价值观输出因蕴含于影视作品或综艺节目，具有相当的隐蔽性，会通过日常观看行为潜移默化地构建“拟态环境”，通过“涵化”机制对公众产生更为深远影响。因而，其社会责任履行状况值得持续关注。

一　研究综述

通过梳理国内外研究文献发现，视频网站相关研究成果较为丰富，但相关研究多集中在探讨社交类视频网站的赋权作用、视频网站的内容生产策略和运营模式方面，也有不少国内研究从法律的角度讨论视频网站的著作权问题。对综合类视频网站社会责任的专门研究很少，零散地分布在内容低俗化、泛娱乐化倾向方面。

（一）特定类型视频的社会责任研究

有研究者就特定类型的视频内容展开分析，指出其社会责任履行方面出现的问题。周逵从“公益性”和“公共性”特征的角度对视频网站综艺节目探讨视频网站综艺节目作为文化产品的商品属性与作为准公共产品的公共属性之间的关系，认为视频网站综艺节目应有价值担当。① 文倩通过对网络视频广告进行研究，发现其在内容上有虚假夸大、色情恶俗等不良信息，在传播方式上存在霸权主义等。② 陈露认为网络自制剧存在低俗、恶搞甚至打色情擦边球的行为，违反了社会责任要求，应加强管理和引导。③

（二）视频内容质量提升研究

视频内容的质量是其社会责任担当的基本载体，从媒介功能的角度来说，

---

① 周逵：《网络综艺节目的社会责任和价值引领》，《新闻战线》2018 年第 1 期。

② 文倩：《网络视频广告伦理问题研究》，华南理工大学硕士学位论文，2015。

③ 陈露：《文化方向与社会责任：网络自制剧发展趋势探析》，山东大学硕士学位论文，2014。

信息质量本身就是媒体履行社会责任的表现。提升内容质量也成为研究的热点，有学者对视频网站道德缺失的现象进行了批评，指出视频网站内容应尊重观众，自觉自律地追求文化价值，守住道德底线；① 色情、暴力、血腥等视频内容不当传播现象相当严峻，视频网站内容的审核筛选须更加严格。② 视频网站内容同质化现象也被学者频繁提起，而提高原创率，重视内容自制被视为提升差异化的有效手段。③④ 众多研究将网站内容制作由 UGC 向 PGC 转化视为提升内容质量的有效路径。⑤

（三）视频网站侵权研究

视频网站服务提供者承担责任的条件，特别是对其主观过错的认定标准，⑥“避风港规则”在视频网站版权侵权行为认定中的适用性⑦⑧等问题较早被讨论。而对于视频网站侵权行为的规制，学者们认为法律、技术和道德手段之间应相互配合、相互联系、相互作用。只有强化法律的绝对权威，协调发挥法律的根本作用和技术手段的保证作用，并辅之以道德的自律，才能构建功能完善的规制网络版权侵权行为的法制体系。⑨

通过上述研究现状进行综合分析可见，现有研究多从视频网站的某种产品或某个方面进行现象描述或思辨讨论，对视频网站社会责任的具体内容和履责水平缺少客观的考察和评价。

---

① 吴祚来：《视频网站的自律与文化自觉》，《传承》2012 年第 4 期。

② B. Edelman. Markets, red light states: Who Buys Online Adult Entertainment, Journal of Economic Perspectives, 2009.

③ 张逸、贾金玺：《中国视频网站十年进化史》，《编辑之友》2015 年第 4 期。

④ 舒泳飞、刘社瑞：《内容自制：视频网站差异化突围之道》，《编辑之友》2013 年第12 期。

⑤ 徐帆：《从 UGC 到 PGC：中国视频网站内容生产的走势分析》，《中国广告》2012 年第2 期。

⑥ 王迁：《视频分享网站版权侵权问题再研究》，《法商研究》2010 年第1 期。

⑦ 胡开忠：《“避风港规则”在视频分享网站版权侵权认定中的适用》，《法学》2009 年第 12 期。

⑧ 梅术文、温博：《探析“避风港”规则主观要件——以视频分享网站为视》，《电子知识产权》2009 年第11 期。

⑨ 荆晅：《网络环境下著作权侵权行为的规制》，《河南大学学报》（社会科学版）2011 年第 1 期。

二　研究设计

（一）研究对象及样本选取

本文研究对象为综合类视频网站的社会责任。所谓综合类视频网站是指在内容上广泛包含各种节目类型，在应用上向用户提供综合服务的视频网站，它在内容容量上与垂直类视频网站只关注垂直领域相区别，在服务上与 UGC 类短视频、弹幕视频、视频直播等网站只提供单一应用相区别。而综合类视频网站社会责任是指其作为新媒体信息传播者根据新媒体传播的道德准则与法律规范所应履行的相应职责，包括常规状态下应尽的基本责任，以及出现问题以后应该追究的责任。在本研究中，借助新媒体社会责任量化评价指标体系，在操作层面上，将其界定为视频网站在信息生产、社会监督、文化教育、协调关系 4 个方面功能履行的现实状况。

报名	APP 名称	使用时长(万小时)
1	爱奇艺	669148. 65
2	腾讯视频	641314. 77
3	优酷	321013. 85
4	芒果 tv	50836. 58
5	搜狐视频	25669. 10

图 1　综合类视频网站 App 排行榜

样本的选取先采用理论抽样的方式，抽取最具行业代表性和影响力的综合类视频网站。根据易观智库的最新排行，选择以下 5 家视频网站，对其首页内容进行观测。本文的分析单位为视频作品，由于视频网站内容并未按日期存档，数据无法回溯，所以构建周的抽样方式无法使用。因此本文在研究实施阶段随机抽取 7 天连续监测，每日观测时间采取在 24 个小时内整点随机抽样的方式。

（二）评价指标体系及测量

根据新媒体社会责任评价指标体系，结合视频网站的特点，本文按照以下测量路径进行测量。测量实施前制定编码方案，对两位编码员进行测量方法统一培训。为保证测量信度，正式测量前另外抽取2日视频网站视频内容由两位编码员分别进行编码，通过霍斯提公式进行编码员间信度计算，信度超过98%，说明编码可靠。对不一致的地方逐个讨论，修正编码方法。

按照测量路径对各网站在社会责任三级指标上的得分进行计算，获得三级指标评分；在此基础上按照二级指标、一级指标权重进行统计，计算出各网站社会责任总体得分。①

表1　综合类视频网站社会责任评价测量路径

三级指标	测量路径
真实	去除失实视频后的视频比例
权威	拥有权威信源的视频比例
时效	在相邻两天里视频更新比例；对重大、突发事件推送的及时性情况
全面	信源的多样化程度
深度	时长在5分钟以上的视频比例；专题、评论等能体现深度的内容在网站中的呈现情况
原创	原创视频（包括用户创造内容和网站自制内容）比例
客观	交代消息来源的视频比例
信息把关	内容发布审核情况
广告控制	不包含广告信息的视频比例
侵权控制	不存在侵权现象的视频比例
司法公正	对司法公正进行监督报道的视频比例
政府管理	对政府管理进行监督报道的视频比例
涉外关系	对涉外关系进行监督报道的视频比例
生产事故	对生产事故进行监督报道的视频比例
环境污染	对环境污染进行监督报道的视频比例

① 因篇幅原因，不在此对于新媒体社会责任指标构成进行展示，具体可参考《中国新媒体社会责任研究报告（2015）》。

续表

三级指标	测量路径
食品安全	对食品安全进行监督报道的视频比例
校园事故	对校园事故进行监督报道的视频比例
交通事故	对交通事故进行监督报道的视频比例
城市拆迁	对城市拆迁进行监督报道的视频比例
警民冲突	对警民冲突进行监督报道的视频比例
官员腐败	对官员腐败进行监督报道的视频比例
学术腐败	对学术腐败进行监督报道的视频比例
性与婚姻道德	对性与婚姻道德进行监督报道的视频比例
体育赛事	对体育赛事进行监督报道的视频比例
自然灾害	对自然灾害进行监督报道的视频比例
主流价值	倡导社会主义核心价值观的视频比例
社会风尚	倡导社会道德风尚的视频比例
传统文化	涉及中国历史、传统节日、传统文化盛典等传统文化内容的视频比例
民俗文化	涉及地方风俗、传说、方言等民俗文化内容的视频比例
红色文化	涉及革命烈士、烈士遗物，革命旧址和遗址、革命活动或历史事件、革命精神等的视频比例
娱乐健康度	红色文化内容的视频比例 不含色情、性暗示、粗口、血腥暴力、迷信色彩等低俗内容的娱乐类视频比例
公共服务	提供公共服务的视频比例
用户体验	视频的平均播放数
互动	视频的平均评论数
商业性活动	网站组织线下商业活动的次数
非商业性活动	网站组织线下非商业活动的次数

三　研究发现

（一）样本描述

按照上述抽样方案，共抽取到990条视频，其中优酷217条、爱奇艺220条、搜狐视频264条、腾讯视频168条，芒果TV121条。按类别统计可见，在各网站首页展示的多种视频类型中，综艺剧集和影视类均是数量最多的类型，其次除了爱奇艺资讯类视频更多外，其余 4 家网站排第二位的是自媒体原创视频（见表 1）。这一状况表明，综艺剧集电影类内容已经成为综合类视频网站的主导性内容，而吸引自媒体参与创作成为新的内容增长点。

表 2　综合类视频网站首页内容统计

类别	视频数量及百分比(条、%)										合计	
	优酷		爱奇艺		搜狐		腾讯		芒果 TV			
综艺剧集电影类	94	43.32	89	40.45	132	50.00	95	56.55	63	52.07	473	47.78
社会新闻要闻	6	2.76	10	4.55	5	1.89	6	3.57	12	9.92	39	3.94
游戏直播类	12	5.53	9	4.09	10	3.79	6	3.57	2	1.65	39	3.94
娱乐资讯	21	9.68	26	11.82	25	9.47	6	3.57	11	9.09	89	8.99
动漫少儿	12	5.53	18	8.18	23	8.71	16	9.52	10	8.26	79	7.98
体育	6	2.76	6	2.73	14	5.30	6	3.57	3	2.48	35	3.54
自媒体原创	24	11.06	18	8.18	32	12.12	12	7.14	15	12.40	101	10.20
汽车	6	2.76	3	1.36	5	1.89	0	0.00	0	0.00	14	1.41
资讯	24	11.06	30	13.64	13	4.92	6	3.57	5	4.13	78	7.88
用户随机推送	12	5.53	11	5.00	5	1.89	15	8.93	0	0.00	43	4.34
总　计	217	100.00	220	100.00	264	100.00	168	100.00	121	100.00	990	100.00

（二）综合类视频网站社会责任总体评价

综合类视频网站社会责任整体得分见表 3。按照满分 5 分计算，5 家网站得分均较低，不满及格线（3 分）。其中优酷得分 2.0088 居于首位，芒果 TV 得分 1.9021 居于末尾。但 5 家网站之间的差距较小，第一名和第五名之间相差也仅为 0.1067。

表 3　5 家综合类视频网站社会责任整体评价

网站	信息生产	社会监督	文化教育	协调关系	总分	排名
优酷	1.8979	0.0051	0.0474	0.0584	2.0088	1
爱奇艺	1.8716	0.0037	0.0426	0.0619	1.9798	2
搜狐	1.8559	0.0063	0.0503	0.0598	1.9723	3
腾讯	1.8044	0.0034	0.0422	0.0690	1.9190	4
芒果 TV	1.7863	0.0020	0.0489	0.0649	1.9021	5

将5家网站的一级指标进行均值统计发现，信息生产指标得分最高为1.8432，社会监督指标得分最低（见表4）。这说明综合类视频网站的信息生产能力要优于其他功能的发挥，而社会监督功能实现最弱。

表4　5家综合类视频一级指标均值比较

一级指标	平均得分	排序
信息生产	1.8432	1
协调关系	0.0628	2
文化教育	0.0463	3
社会监督	0.0041	4

（三）综合类视频网站“信息生产”责任评价

在“信息生产”的两个二级指标“信息质量（B1）”和“流程控制（B2）”方面，5家网站表现各有不同，两个指标均表现不错。通过计算满分为5分时的实际得分与权重满分得分率，（下文各指标采取相同方式处理），可见爱奇艺的信息质量最高，得分率达76.09%，表现合格。优酷和芒果TV的“流程控制（B2）”得分率为84.21%，并列排第一位（见表5）。

表5　5家综合类视频“信息生产”各二级指标得分

网站	信息质量B1			流程控制B2		
	得分	得分率(%)	排名	得分	得分率(%)	排名
爱奇艺	3.1702	76.09	1	0.3704	44.44	5
优酷视频	2.8886	69.33	2	0.7019	84.21	1
搜狐视频	2.8633	68.72	3	0.6477	77.71	3
腾讯视频	2.7764	66.64	4	0.6372	76.45	4
芒果TV	2.6774	64.26	5	0.7019	84.21	1

为进一步分析综合类视频网站在信息生产方面的表现，我们对5家网站的三级指标的原始得分进行了统计分析，绘制出雷达图（下文各二级指标具体

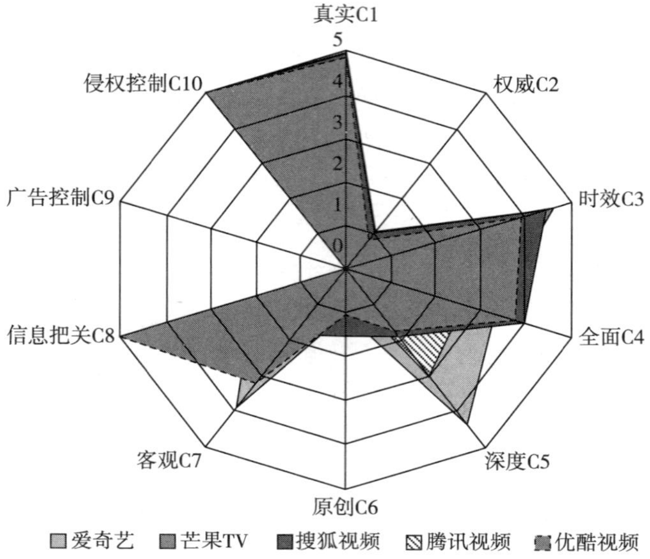

图 2　综合类视频网站“信息生产”各三级指标表现

分析采用同样方式)，用以发现其在信息生产各具体方面的得失。如图 2 所示，总体来说各家网站在内容的真实性、时效性和深度、信息把关和侵权控制方面表现较好，但在内容的权威性、原创性和广告控制方面表现较差。其中优酷视频在侵权控制、信息把关方面，爱奇艺在内容深度方面，芒果视频在时效性方面表现突出。

（四）综合类视频网站“社会监督”责任评价

如表 6 所示，5 家综合类视频网站在社会监督责任履行各方面均表现较差。相对来说，优酷视频在国家治理议题方面、爱奇艺在社会风险提示方面、腾讯视频在行为失范现象反映方面、搜狐视频在行为失范和其他不良社会现象提示方面各自占据微弱优势。

就各三级指标的表现来看，搜狐视频在体育赛事呈现方面优于其他网站，爱奇艺少量涉及交通事故状况，优酷视频在政府管理和生产事故相关方面有所涉及，其他各指标上 5 家网站均无所作为（见图 3)。

表6　5家综合类视频网站“社会监督”各二级指标得分

网站	国家治理 B3			社会风险 B4			行为失范 B5			其他现象 B6		
	得分	得分率（%）	排名	得分	得分率（%）	排名	得分	得分率（%）	排名	得分	得分率（%）	排名
优酷视频	0.0130	0.53	1	0.0006	0.04	4	0.0000	0.00	5	0.0048	1.40	4
搜狐视频	0.0116	0.47	2	0.0017	0.12	3	0.0001	0.01	1	0.0093	2.74	1
腾讯视频	0.0037	0.15	3	0.0019	0.13	2	0.0001	0.01	1	0.0068	2.00	3
芒果 TV	0.0031	0.12	4	0.0001	0.01	5	0.0000	0.00	5	0.0041	1.20	5
爱奇艺	0.0021	0.09	5	0.0023	0.15	1	0.0000	0.00	5	0.0089	2.61	2

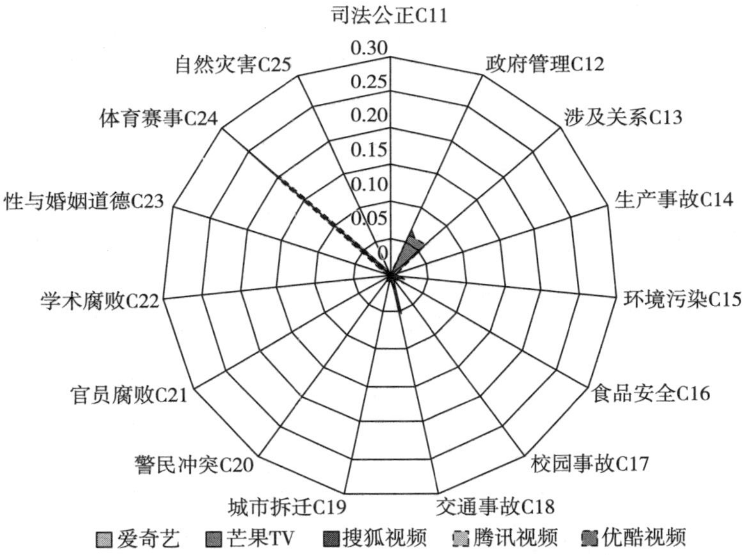

图3　综合类视频网站“社会监督”各三级指标表现

（五）综合类视频网站“文化教育”责任评价

如表7所示，在文化教育的责任承担方面，综合类视频网站在塑造共识和文化传承方面均得分较低，而提供娱乐得分均较高，除腾讯视频外得分率均超过90%。可见综合类视频网站的主要内容定位是提供娱乐，在社会共识的塑造和文化传承上并未做过多投入。

进一步对三级指标分析发现，芒果TV在娱乐健康度方面表现最好，其他各三级指标上5家网站均未有明显涉及。说明综合类视频网站对主流价值的推广、社会风尚的引导、传统文化和民俗文化的传承、红色文化的传播方面均未予以重视（见图4）。

表7　5家综合类视频网站“文化教育”各二级指标得分

网站	塑造共识 B7			文化传承 B8			提供娱乐 B9		
	得分	得分率(%)	排名	得分	得分率(%)	排名	得分	得分率(%)	排名
搜狐视频	0.0396	1.43	1	0.0080	0.45	1	0.4373	96.74	3
芒果 TV	0.0240	0.86	2	0.0000	0.00	3	0.4474	98.97	1
优酷视频	0.0064	0.23	3	0.0077	0.44	2	0.4431	98.03	2
腾讯视频	0.0018	0.07	4	0.0000	0.00	3	0.4055	89.71	5
爱奇艺	0.0000	0.00	5	0.0000	0.00	3	0.4107	90.86	4

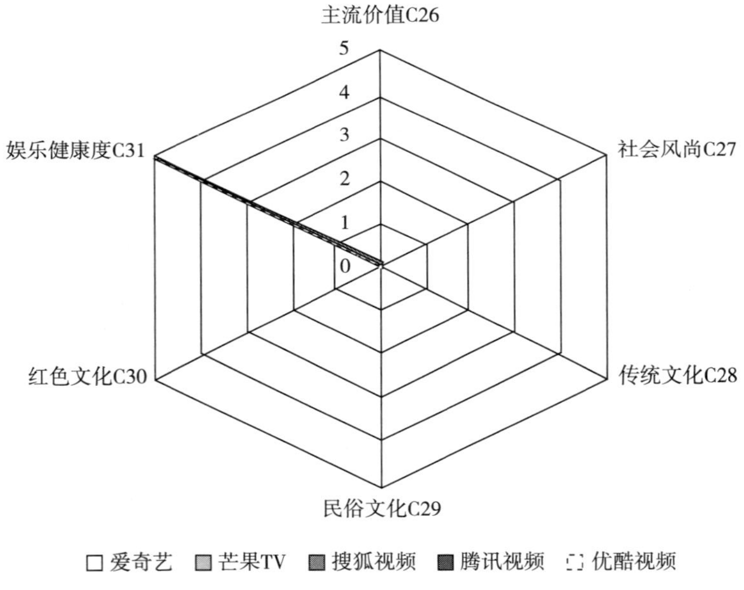

图4　综合类视频网站“文化教育”各三级指标表现

（六）综合类视频网站“协调关系”责任评价

如表8所示，5家网站在线上沟通方面均有所安排，其中腾讯视频排在首位，得分率为29.92%，仍处于较低水平，而均未有效开展线下活动。这说明综合类视频网站在服务定位上以单向提供内容为主。

表8　5家综合类视频网站“协调关系”各二级指标得分

网站	线上沟通 B10			线下活动 B11		
	得分	得分率(%)	排名	得分	得分率	排名
腾讯视频	0.7481	29.92	1	0	0	1
芒果 TV	0.7037	28.15	2	0	0	1
爱奇艺	0.6718	26.87	3	0	0	1
搜狐视频	0.6484	25.93	4	0	0	1
优酷视频	0.6330	25.32	5	0	0	1

进一步分析发现，5家网站用户体验均处于较高水平，在互动性上有所设计，但其公共服务功能缺失，线下的商业和非商业活动均未开展（见图5）。

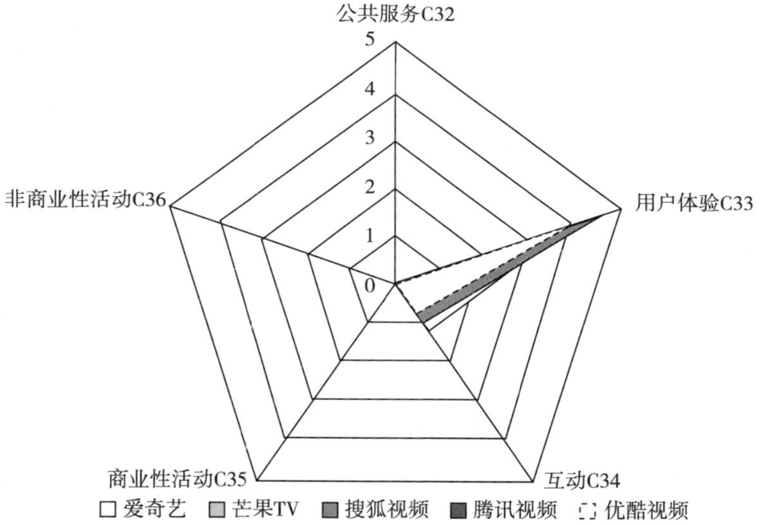

图5　综合类视频网站“协调关系”各三级指标表现

四　研究结论与讨论

（一）综合类视频网站社会责任履行现状

1. 信息生产功能履行有得有失

从信息质量方面来说，视频网站失实样本数量普遍较少，视频时效性普遍较高，信源的数量一般，如传统媒体机构、政府机构与官员等的权威信源比例较低。用户创造内容、网站自制内容等具有原创属性样本数量不多。就深度而言，腾讯爱奇艺五分钟以上视频占绝大多数，而芒果、搜狐和优酷则较低，新闻视频占比相对较多。

信息把关方面，优酷视频和搜狐视频对信息把关工作做得比较到位，视频上传与发布均有相对应的机制管控，腾讯视频则更是需要实名认证才能上传视频。而若不是视频网站会员，在视频观看过程中都会出现广告，所以不含广告的样本基本上不存在。

2. 社会监督功能缺失

视频网站因为专攻娱乐性，因此在社会监督方面的各指标相对都十分低甚至是零，关于司法公正、政府管理以及涉外关系等国家治理方面的样本数量普遍较少，有关生产事故、环境污染、食品安全、校园事故、城市拆迁、警民冲交通事故等社会风险方面的样本数量较少，且集中存在于网站的新闻板块，但新闻板块本身就是视频网站内容占比极小的部分。体育赛事的占比比较固定，在网站中设有专门的板块，但总体占比较少。

3. 文化教育功能偏向娱乐信息生产

在塑造共识方面，包含“社会主义核心价值观”内容和倡导社会风尚主题的样本数量普遍较少，每天占比情况并不相同，具有随机性。在文化传承方面，有关民俗文化和红色文化内容的样本数量几乎不可见。在提供娱乐方面，视频网站具有娱乐性质的视频数量较多，包括音乐视频、电视剧、电影等，视频网站的娱乐健康度普遍较高，这也与网站自身比较完善的审核与发布机制有关。

4. 协调关系局限于优化用户体验

协调关系方面，互动评论的数量十分具有随机性，比如电影和电视剧、热门综艺板块内容视频下的评论数量都是非常高的，但其他新闻视频短视频的评论很少甚至几乎没有。视频网站的用户体验均较佳，形式和内容都很多样，因此得分较高。

（二）原因分析

1. 功能定位决定责任履行的偏向

新媒体技术发展日新月异，围绕人类需求的技术和商业形态层出不穷，因而不同的新媒体产品功能定位差异化、细分化趋势也越来越明显。视频网站本身就是细分化的产物，它们从综合服务类网站、门户类网站提供全方位、综合性信息的形态中分化出来，瞄准受众对视听信息的需求。视频网站本身也在不断分化，除了综合类视频网站仍然立足于综合提供各类视频信息服务之外，垂直类视频网站（如新闻视频网站、音乐视频网站、体育视频网站等）、短视频网站、直播网站等也不断崛起，各自满足了受众的部分视听需求。而且可以预见，这种分化的趋势会仍然持续下去。因此，综合类视频网站在定位上指向公众的综合性视听需求，主要功能在于提供文化审美和休闲娱乐的功能。从这一角度来看，综合类视频网站在信息生产方面的表现可圈可点，其内容的真实性、深广度、时效性均得到保证，侵权控制也做得非常好。而社会监督并不是综合类视频网站的主要功能，因此在这一指标上表现十分欠缺，但如上所述新媒体社会责任应由不同功能的新媒体形态各司其职、共同承担，因而对此不应苛求。

2. 市场化倾向影响责任履行的水平

综合类视频网站均由私人企业控制，市场经济规则认为企业唯一的社会责任是在法律和规章制度许可的范围之内，利用其资源从事旨在增加它利润的活动，[①] 追逐利润是其遵循的普遍商业逻辑。这就导致其为迎合市场的需求、在流量竞争中取胜，对社会责任的履行未能有效发挥主动性。在信息生产方面，由于原创内容资金投入较大、回报周期长、政策风险大[②]等原因，尽管各家网站均有自制内容，但比例偏小，同质化的影视作品仍占主导地位。在文化教育功能方面，综合类视频网站均未对主流价值、社会风尚给予重视，传统文化、民俗文化、红色文化相关内容也呈现不足，因为这类内容信息相对于浅俗、流行的物质主义信息受市场欢迎的程度较低。但值得肯定的是，经过政府严管和全社会的监督，网站提供的娱乐性信息健康度均处于较高水平。

3. 制度设计限制了责任履行的实现

根据中国现行管理制度，只有新闻单位（含其控股的单位）或新闻宣传部门主管的单位才有可能取得互联网新闻信息采编发布服务许可，未经许可被

① 米尔顿·弗里德曼：《资本主义与自由》，张瑞玉译，商务印书馆，2011，第144~145页。

② 如爱奇艺频繁有自制剧和自制综艺节目遭下线。

禁止通过互联网各种应用形式向社会公众提供互联网新闻信息服务。所谓新闻信息，被界定为“包括有关政治、经济、军事、外交等社会公共事务的报道、评论，以及有关社会突发事件的报道、评论”。而社会监督功能的实现离不开此类信息的报道和评论。① 因此为规避政策和法律风险，综合类视频网站主动回避相应话题，选择实用资讯、影视娱乐类较为“软”性的视频信息作为运营的主要内容。

五　研究局限及展望

研究的不足之处首先是样本问题。综合类视频网站的信息内容庞杂，页面层级较多，但本研究仅抽取了网站首页展示的视频进行编码，更丰富多样的次级页面内的视频未被全面分析，可能会导致误差出现。其次，研究采用内容分析法对样本视频进行量化评价，对受众评价方面未能展开有效调研，而视频网站社会责任的履行情况如何，其对公众的影响也是重要因素。最后，未能引入更多外部变量对综合类视频网站社会责任履行水平的影响因素进行分析，从而提供有效对策。这些需要在以后的研究中进一步优化评价指标体系，广泛开展社会调研解决。

① 国家互联网信息办公室：《互联网新闻信息服务管理规定》，http：//www. cac. gov. cn/2017 - 05/02/c_ 1120902760. htm，2017 年 5 月 2 日。

B.8

移动视频直播平台社会责任及其评价*

刘 琼　黄世威　史葳蕤**

摘　要： 从2016年网络直播元年到2017年末2018年初火爆全网的“直播答题”，网络直播始终处于传媒业的风口浪尖。本研究对6家有代表性的移动视频直播平台进行社会责任评估。结果发现，总体来看移动视频直播平台的社会责任履行水平为中等略偏下，各平台间得分差距较小。其中，“协调关系”责任履行情况最好，“信息生产”责任履行情况其次，“文化教育”责任履行情况最差。研究认为，政府应完善并细化法律规范体系，加强管理部门间的责权分工与沟通协作；直播平台应坚定正确方向，强化监管责任与优化自律体系相结合；直播用户应提升主播专业素质与用户媒介素养，自律与监督并举。

关键词： 移动视频直播平台　社会责任　评价

移动视频直播是近几年在世界范围内新兴的媒介现象。在中国，2016年被称为“网络直播元年”。截至2017年12月，网络直播用户规模达到4.22亿，占网民总体的54.6%。[①] 在网络直播规模和影响力持续扩大的同时，直播平台不断出现失范行为，一些平台以色情、低俗甚至反动的内容搏出位、抢用

---

* 本研究受到教育部人文社科研究青年基金项目“基于社会责任视角的网络视频直播管理研究”资助（项目编号：17YJC860011）。

** 刘琼，华中师范大学新闻传播学院副教授，硕士生导师，主要研究方向为网络传播；黄世威、史葳蕤，华中师范大学新闻传播学院2017级硕士研究生。

① 中国互联网络信息中心：《第41次中国互联网络发展状况统计报告》，2018年1月。

户，挑战着社会的道德底线和法律底线，同时视频直播平台乱象频出已威胁到整个网络直播行业的发展，亟须强有力的治理。厘清移动视频直播平台的社会责任履行状况，是对视频直播平台进行有效管理的前提。由此本文采用实证方法，对我国代表性移动视频直播平台的社会责任履行状况进行评价，并提出有针对性的治理对策。

一　研究现状

目前，关于移动视频直播平台社会责任的专门性研究极为少见，但学者们在研究移动视频直播平台时大多会不约而同地强调平台社会责任缺失的问题。对相关研究文献的梳理可以发现，与移动视频直播平台社会责任相关的研究主要集中在三个方面：第一，移动视频直播平台社会责任基本要素研究；第二，移动视频直播平台社会责任缺失现状研究；第三，移动视频直播平台社会责任引导与平台治理策略研究。

（一）移动视频直播平台社会责任基本要素研究

吉登斯认为，信息技术“改变的不仅仅是人们相互沟通的方式，而且有整个社会是如何组织的问题”。[①] 网络视频直播正是这样的一种技术，网络视频直播重新定义了“直播”，使“直播”从“高端仪式”变成“日常行为”，所以“直播”必须被重新理解。[②] 与之对应的是，移动视频直播平台的社会责任也需要被重新定义。

喻国明（2017）认为直播热已经成为一种现象级的行业趋势，在未来的发展中，直播或许成为网络场域中最具革命性的一种传播形态，它将成为人与人、人与物、人与社会的最为重要的连接方式，进而成为一种改变世界的传播力量，但直播平台也应承担相应的社会责任。[③] 在已有的研究中，最常被学者

---

① 〔英〕安东尼·吉登斯：《现代性与自我认同：现代晚期的自我与社会》，赵旭东、方文译，三联书店，1998，第 74 页。

② 贾毅：《网络视频直播的公民赋权与冲突》，《现代传播》2017 年第 10 期，第 20～24 页。

③ 喻国明：《从技术逻辑到社交平台：网络直播新形态的价值探讨》，《新闻与写作》2017 年第 2 期，第 51～54 页。

提及的关于移动视频直播平台社会责任的基本要素主要包括“把关”“价值导向”“内容品质”三方面。李光（2017）认为，网络新媒体时代，“把关人”内涵和外延发生了变化，传者和受者的关系变得模糊，信息传播的快速和分散性特点导致信息把关难，所以必须要从用户、网站主体、政府组织三个维度加强网络视频直播的把关。[①] 彭锦（2016）提出，网络视频直播多是“有意思没意义”的娱乐消遣，缺乏正能量引导，亟须加强价值导向。[②] 曹开研（2016）认为，当前视频网络直播内容乱象多发，为了发现更多的蓝海，未来视频直播网站的内容必须要不断地延展和细分，更多内容的生产要从猎奇和好玩转向注重用户的需求。[③]

（二）移动视频直播平台社会责任缺失现状研究

对移动视频直播平台社会责任缺失现状的研究主要围绕两个方面：其一，对移动视频直播平台传播失范现象的研究；其二，对移动视频直播平台社会责任缺失成因的研究。

关于移动视频直播平台失范现象的研究大致有两种路径：一种路径是试图从宏观层面总结当前移动视频直播平台所面对的各种问题。李光（2017）认为，节目同质化、内容“三俗化”、监管措施缺位是网络直播面临的主要问题。[④] 曲涛、臧海平（2016）提出，主播素质参差不齐、观众人数造假和盈利模式不成熟也应被列入当前网络直播存在的主要问题。[⑤] 张燕（2016）认为，除数据造假外，游戏代打、“伪慈善”直播等内容造假也逐渐泛滥。[⑥] 胡智锋（2017）提出移动视频直播平台的言论导向是值得忧虑的问题。[⑦]

---

① 李光：《问题、表征与规范：网络视频直播泛化的思考》，《现代传播》2017 年第 6 期，第 158～160 页。

② 彭锦：《网络直播热潮下的冷思考》，《电视研究》2016 年第 9 期，第 50～52 页。

③ 曹开研：《移动视频直播平台的兴起与发展前瞻》，《青年记者》2016 年第 13 期，第 65～66 页。

④ 李光：《问题、表征与规范：网络视频直播泛化的思考》，《现代传播》2017 年第 6 期，第 158～160 页。

⑤ 曲涛、臧海平：《当前网络直播存在的问题及监管建议》，《青年记者》2016 年第 26 期，第 15～17 页。

⑥ 张燕：《网络直播遭遇成长的烦恼》，《中国经济周刊》2016 年第 44 期，第 32～37 页。

⑦ 胡智锋：《网络直播火爆背后的思考》，《人民论坛》2017 年第 1 期，第 135 页。

另一种路径是沿着某一特定乱象，从微观层面分析移动视频直播平台社会责任缺失的现象。从文化层面来看，贾毅认为，网络直播增加了文化创新性和活跃度，以一种去中心化的媒介模式挑战传统媒体，但也增加了文化发展的不确定性。当前直播平台中充斥着“次品”，却很难见到“作品”。[①] 从法律层面来看，学者们主要集中研究了移动视频直播平台存在的违法侵权风险，包括侵犯肖像权/隐私权/名誉权/著作权、传播有害内容、发布违法广告等所带来的法律风险。Marc Edelman（2016）以付费用户通过网络直播将2015年史上最贵拳王比赛——“帕奎奥 Vs 梅威瑟”的赛况提供给其他用户的事件为例，探讨了网络直播可能大规模侵犯体育企业知识产权的问题。[②] Stewart 和 Littau（2016）提出，网络直播技术引发了人们对于公共场所隐私权以及视频记录权的思考。移动视频直播领域的法律政策无法为入侵和公开披露等侵权行为所导致的潜在隐私损害提供救济，而根据宪法第一修正案，用户的直播行为很可能得到保护。[③] 冯飞飞（2016）则总结出网络直播的五大法律风险，即版权风险、隐私风险、内容风险、舆论风险、责任风险。[④]

对于移动视频直播平台社会责任缺失的原因，学者们的研究主要集中在政府监管、平台竞争、主播素养、用户心理四个方面。

从政府监管的角度来看，网络直播监管缺失主要体现在直播内容监管和主播素质监管两方面。现在整个网络直播行业对内容和主播的监管缺乏行业标准，对于违规内容的具体界定并不明确，使很多违规直播有机可乘。此外，网络直播内容未经分级，对未成年人的保护也存在着监管上的缺位。[⑤]

从平台的角度来看，在资本大力推动下，网络直播平台间竞争加剧，娱乐至死现象颇为严重。为迎合大众的文化趣味，越来越多浅薄和庸俗的节目内容

① 贾毅：《网络秀场直播的“兴”与“衰”——人际交互·狂欢盛宴·文化陷阱》，《编辑之友》2016年第11期，第42～48页。

② Marc Edelman. From Meerkat to Periscope: Does Intellectual Property Law Prohibit the Live Streaming of Commercial Sporting Events? 2016, 39 COLUM. J. L. & ARTS 469.

③ Daxton R. “Chip” Stewart and Jeremy Littau（2016）Up, Periscope: Mobile Streaming Video Technologies, Privacy in Public, and the Right to Record.

④ 冯飞飞：《网络直播的法律问题与规范》，《传媒》2016年第10期，第38～40页。

⑤ 尚烨：《网络直播失范现象及政府监管建议》，《传媒》2017年第23期，第43～45页。

不断消解人们的底线。①

从主播素养的角度来看，部分网络主播价值取向错位，责任感缺失。一些主播将追求个人出名、发财作为价值导向，渴望通过直播的方式来实现一夜成名或一夜暴富，这种错位的价值观导致他们真情实感不足、责任感缺失，为了博取受众眼球，赢得更多粉丝的关注，不惜在直播中使用触犯道德底线和法律底线的手段。②

（三）移动视频直播平台社会责任引导与平台治理策略研究

对于移动视频直播平台社会责任的引导与平台治理策略的研究主要从整体治理模式和个案分析两方面着手。

就公共事务的治理而言，传统理论观点可分为市场派和政府派。市场派基于“理性经济人”假设，认为人们会通过市场自动达到帕累托最优。政府派认为，政府能够进入公共事务治理的诸多领域，并发挥有效作用，但市场失灵和政府失灵都有可能出现。③ 奥斯特罗姆夫妇认为，公共事务的治理应该摆脱市场或政府“单中心”的治理方式，建立政府、市场、社会三维框架下的“多中心”治理模式。④ 对于移动视频直播平台社会责任的引导，一部分学者也在积极探索基于政府、市场、社会三维框架下的治理模式。王欢、庞林源（2017）认为，网络直播是互联网行业的新生事物，不应该采取简单封堵的措施，而要采取多样性的手段，既要“亮红灯”，也要“开绿灯”，要保护互联网的发展活力和创新能力。网络直播治理是一个综合的过程，监管也是一个系统，合理的监管和引导有助于网络直播行业建立起高效完善的运行模式并实现蓬勃发展。⑤ 刘锐（2017）基于政策网络分析的视角，提出了网络视频直播的

① 张旻：《热闹的“网红”：网络直播平台发展中的问题及对策》，《中国记者》2016 年第 5 期，第 64 ~65 页。

② 杜治平、刘倩：《网络直播平台也要守住道德底线》，《人民论坛》2017 年第 21 期，第 80 ~81 页。

③ 熊光清：《中国网络社会多中心协同治理模式探索》，《哈尔滨工业大学学报》（社会科学版）2017 年第 6 期，第 30 ~35 页。

④ 〔美〕埃莉诺·奥斯特罗姆：《公共事物的治理之道：集体行动制度的演进》，上海译文出版社，2012，第 19 页。

⑤ 王欢、庞林源：《网络直播监管机制及路径研究》，《出版广角》2017 年第 6 期，第 78 ~82 页。

共同治理模式。① 王贞瑾（2018）则主张要从规范主播的准入机制、制定相应的行为规范准则与惩处机制、通过互联网技术破解视频内容的审查与监管难题、提高全民媒介素养四方面来规范网络直播平台。②

另一部分学者从个案入手，在微观层面上以具体的视频直播平台、直播现象、政策法规为例探讨移动视频直播平台社会责任的引导与对策。禄永峰（2018）以国内高空挑战第一人吴永宁失手坠楼的直播为例，认为网络直播充分挖掘人的恶趣味，似乎让人性重回野蛮，是时候根据实际情况对网络直播平台的审核政策进行完善与改进。③ 何天平（2018）以热门的直播答题为例，认为直播答题中的"伪知识"题目设计、答案设置错误等都侧面反映出知识生产渐趋功利化，在逐步背离知识竞答的本意，其转型发展可以有两种思路：往上游文化产品发展，即与电视等其他传统视听媒介融合，或向下游文化产品延展，通过定义不同的场景，展开知识竞答的线下布局。④ 还有学者围绕《互联网直播服务管理规定》等新出台的政策进行了解读⑤。

总的来说，学界关于移动视频直播平台社会责任的研究已经取得了一定的成果，但存在的问题也较明显：其一，研究比较散乱，缺乏统一的体系架构；其二，基于社会责任视角的研究没有受到足够的重视；其三，现存研究以质化思辨为主，量化研究稀缺。移动视频直播平台的深入发展呼唤着富有深度和系统性的研究，有必要通过科学的方法对移动视频直播平台的社会责任履行状况进行梳理和评价。

二　研究设计

目前学界对于网络直播并没有统一的分类标准。有学者将网络视频直播大

① 刘锐：《网络视频直播的共同治理模式：基于政策网络分析的视角》，《中国新媒体社会责任研究报告（2017）》，社会科学文献出版社，2017，第110～128页。

② 王贞瑾：《网络直播平台失范行为的产生与应对》，《传媒》2018年第5期，第52～54页。

③ 禄永峰：《"玩命直播"的代价》，《新闻战线》2018年第1期，第106～107页。

④ 何天平：《直播答题"狂欢"背后：从国外经验到现实反思》，《新闻与写作》2018年第3期，第87～90页。

⑤ 佚名：《国家网信办出台网络直播新规，四专家深度解读》，人民网，http：//yuqing.people.com.cn/n1/2016/1104/c209043－28835889.html。

致分为秀场类、游戏类和户外类。① 也有学者认为我国移动网络直播平台总体上可分为游戏、表演、泛生活方式三大类，其中游戏类包括实时对战、游戏解说等，表演类包括唱歌、跳舞、说相声等，泛生活方式类包括美妆、做饭、在线教学等。② 基于学者的前期成果，本研究将网络直播分为秀场直播、游戏直播、全民直播三种类型。

（一）评价指标选取

现阶段移动视频直播平台极少涉及新闻类直播，再加上网络直播属于实时同步的视频媒体，有别于新闻网站、微博、微信等其他形态的新媒体，所以新媒体社会责任评价指标体系中的许多指标并不适用。因此本研究舍弃了新媒体社会责任评价指标体系中的“社会监督”一级指标和部分二级、三级指标。根据前期文献综述，结合移动视频直播平台的特殊传播情境，本研究共选取了“信息生产”“文化教育”“协调关系”一级指标下的 11 个三级指标，并确定了相应的操作路径。这 11 个三级指标分别为：“信息把关”“广告控制”“侵权控制”“主流价值”“社会风尚”“传统文化”“民俗文化”“红色文化”“娱乐健康度”“用户体验”“互动”。

（二）样本选择及数据搜集

根据 Alexa 排名及平台的代表性，本研究选取了六大移动视频直播平台：斗鱼、熊猫、虎牙、YY、花椒、映客，分别代表游戏直播、秀场直播、全民直播三种类型。

接下来，本研究分别从六大直播平台中选取代表秀场直播、游戏直播、全民直播的频道进行观测。具体观测区域包括：斗鱼——“颜值”“网游竞技”“娱乐天地”；熊猫——“熊猫星秀”“英雄联盟”“户外直播”；虎牙——“星秀”“王者荣耀”“吃喝玩乐”；YY——“歌舞”“吃鸡”“户外”；花椒——“跳舞”“游戏”“玩乐”；映客——“才艺”“游戏”“户外”。从 2018 年 4 月 8 日至 19

---

① 贾毅：《网络秀场直播的“兴”与“衰”——人际交互·狂欢盛宴·文化陷阱》，《编辑之友》2016 年第 11 期，第 42～48 页。

② 付晓光、袁月明：《对话与狂欢：从全民直播看移动视频社交》，《当代电视》2016 年第 12 期，第 84～85 页。

日 12 天内，由两名经过统一培训的研究生每天观测上述区域前 2 名主播的直播间，总计 432 个直播间，同时对数据进行记录和分析。

三　研究发现

研究发现，我国移动视频直播平台的社会责任履行水平为中等略偏下。其中，“协调关系”责任履行情况最好，“信息生产”责任履行情况其次；“文化教育”责任履行情况最差。

（一）移动视频直播平台社会责任总体评价

选取的 6 家移动视频直播平台中，社会责任总分得分最高的是斗鱼（0. 5290），其次是熊猫（0. 4945），再次为 YY（0. 4474）。得分最低的为花椒（0. 3297），如表 1 所示。

根据新媒体社会责任评价体系所设定的指标权重，可计算出本研究中选用的 11 个指标的理想满分加权之和为 1. 0624。由表 1 可得，6 家直播平台得分均值为 0. 4422，得分率（得分/满分）为理想满分的 41. 6%，总体来看，移动视频直播平台的社会责任履行水平为中等偏下。

表 1　移动视频直播平台社会责任整体评价

平台	信息生产	文化教育	协调关系	总分	排名
斗鱼	0. 3476	0. 0754	0. 1060	0. 5290	1
熊猫	0. 2676	0. 2121	0. 0148	0. 4945	2
YY	0. 3672	0. 0645	0. 0158	0. 4474	3
映客	0. 3737	0. 0678	0. 0037	0. 4451	4
虎牙	0. 3147	0. 0479	0. 0450	0. 4077	5
花椒	0. 2783	0. 0494	0. 0020	0. 3297	6

通过对移动视频直播平台一级指标的对比分析（见表 2），研究发现：移动视频直播平台的“协调关系”责任履行情况最好，其平均得分最接近于满分标准；“信息生产”责任履行情况其次；“文化教育”责任履行情况最差。由标准差可知，6 家移动视频直播平台在各一级指标的履行水平上差异不大，尤其是在“协调关系”方面最为接近。

表 2　移动视频直播平台社会责任一级指标得分与满分对比

一级指标	最大值	最小值	均值	标准差	理想满分
信息生产	0.3737	0.2676	0.3248	0.0413	0.4406
文化教育	0.2121	0.0479	0.0862	0.0572	0.5158
协调关系	0.1060	0.0020	0.0312	0.0363	0.1060

（二）移动视频直播平台信息生产责任履行情况评价

移动视频直播平台的信息生产社会责任主要通过对网站流程控制水平的考察来评价，具体包括“信息把关”“广告控制”“侵权控制”三项三级指标。通过对信息生产综合指标的分析发现：映客的信息生产总分最高（0.7935），其次为熊猫（0.6847），再次为虎牙（0.6674）。花椒（0.5547）得分最低，如表 3 所示。通过观测各平台直播内容的发布审核情况及直播平台的管理规定可以发现，各平台都有较为严格的信息把关机制，比如：多层级的审核制度，直播房间内房管对谩骂、低俗等内容的把控，此外一些主播也会主动提醒用户要规范发言。

对于直播平台的广告控制情况，主要从三方面加以观测：直播平台首页的广告数量；直播过程中由主播口述的广告时长；直播过程中以图标、字幕等方式展示于直播间屏幕的广告时长。“广告控制”指标 YY（4.6667）得分最高，熊猫（1.4077）得分最低。其中，YY 首页广告数量最多，熊猫和虎牙在直播间以图标、字幕等方式展示的悬浮广告最多，其中多数广告都是引导用户加粉丝群、打赏主播的个人广告。相比之下，花椒直播间很少出现主播个人广告，主要以直播平台广告为主。从侵权控制上看，6 家网站被抽中区域的直播间在观测期间并无明显侵权行为。在全民直播节目中，一些主播会在征得被直播者同意后才开始直播。

表 3　移动视频直播平台流程控制评价

平台	信息把关	广告控制	侵权控制	流程控制总分	排名
映客	5.0000	3.4815	5.0000	0.7935	1
熊猫	4.5000	1.4077	5.0000	0.6847	2
虎牙	4.0000	2.8096	5.0000	0.6674	3
斗鱼	3.5000	3.8889	5.0000	0.6416	4

续表

平台	信息把关	广告控制	侵权控制	流程控制总分	排名
YY	3.0000	4.6667	5.0000	0.6078	5
花椒	3.0000	2.6490	5.0000	0.5547	6
均值	3.8333	3.1506	5.0000	0.6583	
标准差	0.7454	1.0295	0.0000	0.0737	

（三）移动视频直播平台文化教育责任履行情况评价

移动视频直播平台文化教育责任包含“主流价值”“社会风尚”“传统文化”“民俗文化”“红色文化”“娱乐健康度”六个三级指标，指标得分高低由直播平台中涉及相关内容节目数量的多少来决定。研究发现，移动视频直播平台文化教育责任履行状况较差。其中，熊猫得分最高（0.5086），斗鱼排在第二（0.0692），YY 排在第三（0.0469），虎牙得分最低（0.0300），如表 4 所示。在实际观测中发现，熊猫直播有专门的“科技教育”频道，节目数量相对较多。但即便如此，熊猫直播在观测期间日均涉及文化教育类的节目数量也只有 43 个，约占平台每天节目总量的 0.2%。斗鱼直播除了“科技教育”频道，还开辟了“正能量”板块。相比之下，虎牙直播没有相关板块，少数涉及文化教育的节目在“户外”板块中。

通过对具体三级指标的对比发现，移动视频直播平台的整体“娱乐健康度”责任履行较好，“社会风尚”居中，“红色文化”最弱。其中 YY、映客、花椒、虎牙四个平台均没有观测到反映“主流价值”和“红色文化”的节目内容，这也是四个平台文化教育得分较低的主要原因。

对“娱乐健康度”指标的责任履行状况评价，主要通过观察直播过程中主播着装的端庄程度、出现低俗词汇的次数、出现低俗动作的时长。研究发现，熊猫、映客、斗鱼、YY 的娱乐健康度较高，得分率均超过 60%。相较之下，花椒得分明显低于其他 5 家直播网站。在实际观测中注意到，花椒平台“跳舞”频道的主播衣着相对比较暴露、弹幕内容多次涉及低俗内容，并且主播偶尔会有不雅动作。

表 4　移动视频直播平台文化教育评价

平台	主流价值	社会风尚	传统文化	民俗文化	红色文化	娱乐健康度	文化教育总分	排名
熊猫	4.9995	4.9995	5.0000	4.9998	4.9995	3.9490	0.5086	1
斗鱼	0.3438	1.2032	0.0325	0.1719	0.1719	3.7263	0.0692	2
YY	0.0000	0.5717	0.1854	0.3811	0.0000	3.3527	0.0469	3
映客	0.0000	0.3357	0.0000	0.1119	0.0000	3.7739	0.0409	4
花椒	0.0000	1.3704	0.0000	0.0000	0.0000	2.4040	0.0405	5
虎牙	0.0000	0.3434	0.0155	0.0382	0.0000	2.6437	0.0300	6
均值	0.8905	1.4706	0.8722	0.9505	0.8619	3.3083	0.1227	
标准差	1.8419	1.6280	1.8471	1.8151	1.8515	0.5864	0.1730	

（四）移动视频直播平台协调关系责任履行情况评价

移动视频直播平台“协调关系”责任的履行状况体现在“用户体验”和“互动”两个三级指标之中。研究发现，6 个平台“协调关系”功能的平均得分为 0.05579，占理想满分的 52.63%，“协调关系”责任履行状况整体中等偏上。其中，斗鱼得分最高（2.0680），虎牙排在第二（0.6176），熊猫排在第三（0.5033），花椒得分最低（0.0320），如表 5 所示。

“用户体验”指标主要通过直播节目的在线观看人数来衡量。在实际观测过程中发现，斗鱼平台的在线观看人数远超其他平台，均值人数为 91 万，而得分最低的花椒仅有 1.27 万。

“互动”指标以直播过程中的弹幕数量、用户打赏主播的次数为主要衡量标准。6 个平台“互动”的标准差为 1.7877，说明该项差距较大。结果显示：斗鱼和虎牙的互动状况远远高于其他平台。

值得注意的是，斗鱼的“协调关系”责任履行状况遥遥领先。斗鱼平台的发展主要得益于对内容的深耕。在游戏赛事方面，从 LOL、CF，到《王者荣耀》，再到《绝地求生》，都为斗鱼吸引了大量的游戏粉丝。2018 年 1 月，斗鱼宣布获得《英雄联盟》S8 赛季 LPL 全部赛事以及 MSI 赛事的分播版权、德玛西亚杯的独播权，更签下了《皇室战争》职业联赛、《最强 NBA》全明星赛、《火影忍者》无差别格斗大赛等的独家版权。在音乐直播方面，冯提莫、陈一发儿、纳豆、小缘、阿冷以及周二珂组成的“斗鱼六姐”实力超群，吸引了无数人气。

同时，斗鱼还注重对主播的系统培养打造，目前斗鱼 COO 程超已宣布将斥资 10 亿元，启动“明星主播养成计划”，打造业内首个主播人才生态链。①

表 5　移动视频直播平台协调关系评价

平台	用户体验	互动	线上沟通总分	排名
斗鱼	5. 0000	5. 0000	2. 0680	1
虎牙	1. 1960	2. 5878	0. 6176	2
熊猫	1. 4615	0. 3162	0. 5033	3
YY	0. 8494	0. 6934	0. 3375	4
映客	0. 1739	0. 1736	0. 0719	5
花椒	0. 0684	0. 1098	0. 0320	6
均值	1. 4582	1. 4802	0. 6051	
标准差	1. 6616	1. 7877	0. 6874	

四　对策与展望

我国早期的直播平台如 YY、六间房、56 视频等均采用“交友 + 秀场”模式，主要依靠用户付费观看并加送虚拟礼物的方式来盈利，主播靠拼颜值、秀才艺来吸引眼球。但这种基本依赖暧昧经济的“擦边球”模式并未引起广泛影响，反而导致直播业乱象丛生。此后我国网络视频直播业从 PC 端不断向移动端渗透，逐步演变为以秀场直播、游戏直播为核心，以全民直播为背景的格局，并保持了蓬勃发展的态势，出现了直播业在 2016 年“直播元年”被资本与用户疯狂追捧的大好形势。然而，2017 年以后直播行业开始面临冰火两重天的局面：一方面热度未散，另一方面即便国家在 2016 年、2017 年连续出台一系列管理政策，对直播业监管屡出重拳，直播“事故”仍时有发生，如“电竞选手直播时家暴女友事件”“卢本伟游戏直播开挂事件”“王者荣耀嗨式事件”等，唱衰网络直播之声也时有耳闻。仅凭传统的垂直化管理和直接干预式监管难以杜绝行业乱象，实现直播内容高品化，且治理成本较高，效果并不明显。

① 佚名：《全方位打造最强直播平台，斗鱼高速发展开启直播新纪元?》，北方网，http：//it. enorth. com. cn/system/2018/04/16/035362265. shtml。

习近平总书记在全国网络安全和信息化工作会议上的讲话中指出，要提高网络综合治理能力，形成党委领导、政府管理、企业履责、社会监督、网民自律等多主体参与，经济、法律、技术等多种手段相结合的综合治网格局。① 与此相应，移动视频直播管理也应构建“政府主导、多方参与、有效互动”的一体化治理体系和以社会责任为立足点的协同治理模式。移动视频直播“共同责任”治理模式强调政府宏观管理功能、直播平台自律功能、直播用户和社会第三团体监督功能的统一。这里的第三团体，包括媒体及其他具有监督功能的社会团体、组织、机构等。政府及相关部门对直播用户和直播平台负有宏观管理、引导的职责，直播平台对直播用户担负日常管理、引导的责任，直播用户和社会第三团体对直播平台及主播的行为有及时反馈、监督的责任，同时各参与主体之间应相互协商、及时沟通，形成一种交互性的动态平衡关系。结合本次观测结果及前期研究成果，本研究提出以下具体治理对策。

（一）政府：完善并细化法律规范体系，加强管理部门间的责权分工与沟通协作

目前我国针对网络直播服务行业出台的规范性文件主要涉及直播资质要求、直播企业主体责任、直播平台内容管理、主播规范等方面，相关文件主要有《关于加强网络视听节目直播服务管理有关问题的通知》（国家新闻出版广电总局）、《互联网直播服务管理规定》（国家网信办）、《网络表演经营活动管理办法》（文化部）、《北京网络直播行业自律公约》（北京市网络文化协会）等。2017 年 4 月国家新闻出版广电总局出台的《互联网视听节目服务业务分类目录（试行）》中，将“重大政治、军事、经济、社会、文化、体育等活动、事件的实况视音频直播服务”“一般社会团体文化活动、体育赛事等组织活动的实况视音频直播服务”等均纳入了互联网视听节目服务业务分类中，为适用互联网视听节目管理的法律规定来规制网络直播活动提供了明确依据。

尽管有关网络直播的法律规范在不断完善，但现行的法律法规层次和效力较低，且较为笼统，针对直播平台出现的一些具体问题无法完全适用。如 2016

① 张晓松、朱基钗：《习近平：自主创新推进网络强国建设》，中国网信网，http://www.cac.gov.cn/2018－04/21/c_1122719824.htm。

年12月1日起实施的《互联网直播服务管理规定》虽然以部门规范性文件的形式呈现，在网络直播管理中发挥了准则作用，但《规定》中许多关键内容并未细化，法律援引指向不明。其中第十四条“互联网直播服务提供者应当对违反法律法规和服务协议的互联网直播服务使用者，视情采取警示、暂停发布、关闭账号等处置措施，及时消除违法违规直播信息内容，保存记录并向有关主管部门报告”中，对于“警示、暂停发布、关闭账号”等措施在什么情况下实施、如何实施等并未详细规定，为一些人钻法律空子、“打擦边球”留下了空间。

当前网络直播中出现的问题涉及电子商务、网络信息安全、版权问题、网络广告甚至网络暴力等多个领域。对六大直播平台进行全平台观测可以发现，斗鱼、虎牙都有“一起看”频道，熊猫直播有“影评专区”频道，内容以盗播影视剧、综艺节目、音乐等内容为主，还有一些直播平台甚至“无证”直播体育赛事。早在里约奥运会上，映客、花椒、一直播等平台就直播过对体育明星的采访，且热度高于传统电视台。实际上这些直播平台并没有拿到里约奥运会的赛事直播权，真正拥有赛事直播权的是花费1亿元购买版权的阿里和腾讯。正因为我国对网络视频直播侵权并无明确界定，才让这些直播平台钻了空子。目前这一情况并无实质性改变。由于知识产权问题本身的复杂性，当事人维权也具有一定的困难。因此针对不同问题制定专门的法律规范势在必行。

治理直播过程中还应重视提高违法成本，让不法者即便有违法之心也无违法之力。网络直播盈利高，违法处罚力度较轻，以致涌现了大量“以身试法”的平台和主播，必须提升处罚力度。对违法平台不能仅仅罚款，吊销营业执照、平台关停整顿等措施也应视情实施。对于违法个人，应没收其非法所得，情况严重者应立即禁止直播、永久拉入黑名单甚至判刑。

目前网络直播存在着多头监管的状况。直播监管跨越的部门较多，权责划分不明确，加之法律规定缺乏系统性，使推卸责任、放任不管等现象成为常态。各部门需明确监管主体，各职位“责任到人”，同时还应加强部门之间的沟通协作，建立对接机制，提高办事效率，降低监管成本。

（二）直播平台：坚定正确方向，强化监管责任与优化自律体系相结合

习近平总书记强调指出，要压实互联网企业的主体责任，绝不能让互联网

成为传播有害信息、造谣生事的平台。① 直播平台作为主体责任方，必须坚定国家倡导、社会需要的正确方向，强化监管责任，优化自律体系，营造风清气朗的网络空间。

针对移动视频直播平台文化教育责任履行较差的现状，直播平台可着力打造彰显主流价值、弘扬红色文化的板块，吸引更多专业优质主播入驻该板块，扩大平台文化教育影响力，提升文化教育价值导向。

直播平台应建立且不断完善平台自律管理机制。常态管理中，各平台应颁布“广告管理机制”、“主播自律公约”、“直播间违规管理条例”以及“用户文明发言条例”等，结合相关法律惩治措施实行积分制，对得分在一定水平之下的主播采取限制措施。本研究观察过程中发现，各平台首页以及直播间或多或少均有广告呈现，以游戏广告为主，单一、泛滥的游戏广告严重影响了用户体验。一些主播将自己的 QQ 群、微信号以及微博账号等悬置在直播页面，甚至有部分主播以“刷火箭、加微信”等方式直接向粉丝索要小礼物，如任其发展可能出现欺骗用户等不良行为，必须加强监管。“用户文明发言条例”则既可以指引用户合理使用直播软件，也可以用惩处条例来防范不文明直播现象的发生。本次观测中发现的一些直播平台首页的“自纠”公告、“绿色直播”公告等就较好地彰显了直播平台的社会责任意识。应急管理机制包括“24 小时网警巡查制”、“技术识别机制”以及“紧急事件处理机制”等，它们之间互相配合，对不良现象形成全面、及时的把控，避免疏漏。

此外还要推动直播行业自律组织的建设，加强直播平台间的联动合作，如建立直播企业“自律联盟”。“自律联盟”体现了政策监管间的互相依赖和资源交换。政府机构有权威和执法能力，企业拥有直播平台和技术能力，将企业组织起来，让它们互相监督，并且将碎片化的、各自为政的直播平台政策规范化、标准化，没有参与联盟的直播企业如果违背规则，将是被重点打击的对象，甚至会被直接取缔开办直播业务的资格。这体现了政府的行政能力和统合能力，对行业的长远发展是有利的。

---

① 张晓松、朱基钗：《习近平：自主创新推进网络强国建设》，中国网信网，http://www.cac.gov.cn/2018-04/21/c_1122719824.htm。

（三）直播用户：提升主播专业素质与用户媒介素养，自律与监督并举

当前移动直播平台虽多，但平台间模块架构大同小异，功能、界面、互动方式、板块设定等都极其类似。对6大直播平台的观测发现，各直播平台的主打板块以“游戏”与“秀场”为主。评定秀场主播仍以颜值高、身材好等作为主要标准，除少量高人气的头部主播节目有一定特色外，许多直播间内容千篇一律，主播聊天互动缺乏内涵，一些主播甚至通过不雅动作、性暗语等吸引粉丝，同质化和低俗化成为直播内容的两大硬伤。与此同时，粉丝用户辨别不良直播内容的素养、履行监督责任的意识也需要进一步提高。为了直播业的健康发展，对主播和粉丝群体必须协同发力，用户也应自觉自律，提高媒介素养。

应继续完善对用户开设直播的审核把关机制，采用身份证实名验证、人脸识别、手机认证或芝麻认证等多种认证方式进行严格审核。在主播申请开播后，直播平台应采用技术手段辅之以人工识别方式，不定期地进行随机抽查，对每一位主播的直播质量进行分析，并做好相关记录，及时提供优化意见或采取应对措施，力求对每一位主播做到事前有备案、事中有定位、事后易追责。

强化内容筛选、推荐机制，扩大“优质直播间”的推送范围及开设数量，为优质主播搭建更广阔的直播平台。直播平台可结合之前对直播内容的质量分析、主播的人气和热度等多项指标，推选出优质主播和节目进行热门推荐，挖掘优质内容，激发主播间的良性竞争。

建立培养优质主播的行业机制。所有人气主播除了遵守平台规定的基本准则外，必须参加平台开设的培训课程，包括思想政治课程、文化内涵课程、专业技能课程、粉丝运营课程等，普通主播则可自主报名参加——以此提升平台主播的专业性、文化品位和综合素养。

重视广大用户的监督作用，鼓励用户对直播中的不良现象积极举报。庞大的用户群体是直播间的一线“把关员”，可在直播平台的醒目位置放置举报栏，公布举报专线电话，设置直播间举报、联系客服举报、邮箱举报、QQ群举报等多种有奖举报方法，方便用户发现违规失范行为后第一时间举报。直播平台要不断完善举报受理机制，最大限度地缩短用户举报和应急处置之间的时间差，一经举报，平台即刻做出反馈，迅速采取解决措施。

作为直播平台的流量“主力军”，粉丝用户也应积极响应各平台所颁布的“绿色直播”号召，自觉抵制低俗、不良直播，做到理性打赏，进行文明的弹幕互动，并主动履行监督责任，弥补法律、直播平台监管的缺漏，还可就熟悉的内容领域为平台、主播积极出谋划策，协助营造健康向上的网络直播环境。

大众传媒是移动视频直播共同责任治理体系中“社会第三团体”的重要组成部分，网络直播的良好发展也离不开大众传媒的引导。大众传媒可以从直播从业者与粉丝用户双向入手，增加对正能量主播、高品质直播内容的报道，引导更多从业者与受众树立正确的文化价值观，使直播内容“防先于治”，树立直播行业的良好风气与文明规范。

B.9
移动短视频应用社会责任的实证研究

于婷婷　倪渊渟*

摘　要：在当下的移动互联网时代，无线宽带网络和4G技术的成熟，大众使用网络的成本日趋低廉，流量已经不再是限制移动终端传播的阻碍，大众在获取和传播信息时打破了以往的时间和空间限制，基于移动智能终端的移动短视频，迅速地兴起并发展。本研究选取5个具有影响力和代表性的移动短视频应用作为研究对象，对其进行新媒体社会责任指标体系的测量。研究发现，在一级指标中，"信息生产"和"文化教育"指标得分处于中等水平，还有较大的提升空间，但"社会监督"和"协调关系"的指标得分都较低，暴露了不少问题。本研究旨在考察移动短视频应用履行新媒体社会责任的状况，在此基础上面对出现的问题，提供对策和发展的建议。

关键词：短视频　移动互联网　新媒体社会责任

一　引言

媒体社会责任是社会对于媒体应当承载义务的期待，对它履行状况的评估是媒体表现评估的核心内容。① 随着媒介技术的不断创新发展，新媒体对信息

* 于婷婷，华中科技大学新闻与信息传播学院副教授；倪渊渟，华中科技大学新闻与信息传播学院2017级硕士研究生。

① 周葆华、范佳秋、田宇：《新媒体社会责任表现的实证研究——以腾讯网为个案的量化评估》，《新闻大学》2017年第6期。

传播格局的冲击与重构成为社会发展的常态，对新媒体社会责任的深刻关切和持续研究成为社会各界的共识。[①] 较传统媒体而言，新媒体消融了传播的边界，传播者和受众之间不再是一对多的传统模式，传播者与接受者有了更为平等的对话空间，新媒体具有其自身的特点，如自媒体林立、信息选择增多、多媒体的表现形式，等等。因此，基于新媒体传播的特性和模式，研究新媒体社会责任具有深远的理论和现实意义。

随着互联网技术的飞速发展和普及，自媒体时代已然来临。截至 2017 年 8 月，中国网民规模达到 7.51 亿人，占全球网民总数的 1/5。互联网普及率为 54.3%，超过全球平均水平 4.6 个百分点。并且，移动互联网主导地位不断强化。截至 2017 年 6 月，我国手机网民规模达 7.24 亿，较 2016 年底增加 2830 万人。网民中使用手机上网的比例由 2016 年底的 95.1% 提升至 96.3%，手机上网比例持续提升。上半年，各类手机应用的用户规模不断上升，场景更加丰富。[②] 由于智能手机和移动终端设备的不断发展，以及无线宽带网络和 4G 技术的成熟，移动互联网已经完全融入人们的日常生活。

在已有的研究中，大多是思辨探讨和质化分析，可操作可测量的量化研究较少。且大多局限于对媒体内容的评估，从用户角度切入的探讨较为缺乏，这样的研究并不完全适用于当下的新媒体环境。基于对新媒体社会责任研究的大前提，本研究选取 5 个占市场份额较大，且各具特点的移动短视频应用为研究平台，立足于移动短视频应用对新的发展情况，根据新媒体社会责任评价体系，进行量化与质化相结合的研究方法，力图呈现移动短视频应用履行社会责任的总体情况，为移动短视频应用今后的发展和改良提供实践价值。

二　研究综述

1. 移动短视频的发展及研究现状

“移动短视频应用”是近年兴起的一种基于移动智能终端的全新社交应

① 钟瑛、邵晓：《新媒体社会责任实践的新形势：场景转换与治理升级》，《中国新媒体社会责任研究报告（2017）》，2017，第 2 页。

② 《第 40 次中国互联网络发展状况统计报告》，《中国互联网络信息中心》2017 年 8 月 4 日。

用，它允许用户利用智能手机这一移动终端拍摄时长极短的视频内容，并支持快速的编辑、美化、滤镜等功能。作为新兴视频类自媒体平台，移动短视频具备当下互联网时代的新媒体特征，大众化、低门槛、交互性强，等等。它不同于传统的视频需要通过专业的拍摄和剪辑处理，再上传至互联网平台以实现传播，而是直接与互联网多种社交平台无缝嵌入，在拍摄短视频内容并简单制作后，可以实现实时在社交网络平台与好友分享。由于各类移动短视频应用功能设置的不同，短视频时长至今没有一个完全准确的定义。学者白皓天认为，从广义上讲，从几秒钟到几分钟，都可以归为短视频的范畴。笔者发现，当下最新的 UGC 形式短视频应用，已经支持上传 5 分钟以内的短视频内容。且随着无线网络和流量资费的不断降低，短视频时长将不再局限于以“秒”为单位。本文所指的短视频，指移动短视频应用中，从几秒钟到几分钟时长不等的视频内容。

最初，移动短视频应用诞生于美国。Viddy 于 2011 年 4 月 11 日正式发布了移动短视频应用产品，将这一应用主打视频分享功能，定位为帮助用户及时摄取、迅速生产、快速分享生活的细节，并使之呈现为 30 秒以内的短视频，力图使视频交互进入精细化和小巧化。它和众多社交媒体平台实现实时对接，如 Facebook、Twitter、You Tube 等。使用户之间的交流从发文字或图片、语音，到互相发送小视频，打破了空间的界限，实现了影音的快速传递，也为大众提供了新的娱乐途径。2013 年，Twitter 正式推出了视频分享应用 Vine 的 IOS 版本，用户可以拍摄时长为 6 秒的短视频内容，并且它的最大特点在于，可以自动拼接起连续拍摄的几段小视频，使之成为一段连贯完整的视频内容，并且实现了即时拍摄，即时转发，这一功能为用户之间的对话增加了影音方式。随后，风靡全球的图片社交应用 Instagram、加拿大短视频拍摄分享应用 Keek、日本即时通信应用 Line 也相继推出了拍摄 15 秒以内的短视频或微视频的内容。在此之后，众多社交应用纷纷推出短视频拍摄功能，并且对拍摄和处理技术进行了改良和优化，使视频内容从简单的记录到更为专业化，如 2014 年 8 月，Instagram 发布的视频编辑应用 Hyperlapse，具有延时摄影功能，使普通的用户通过智能手机就能制作专业级别的视频效果。随着社交网络的不断发展，短视频用户增长明显。短视频简短、有趣的内容符合了现代人碎片化的浅阅读习惯，用户乐于接受随时随地“点心式”的视频内容，通过专业的剪辑处理技术、无缝嵌入社交网络等功能，也热衷于“随手拍摄”即刻上传的分享模式，使传播功能变得更为丰富。

与国外相比，国内的短视频发展稍晚一些，但发展迅速，形式多样。2013年9月28日，腾讯微视上线，主要功能为拍摄8秒短视频，目标定位为年轻群体，注重社交属性。新浪秒拍于2013年12月正式上线，着力打造工具性能，突出自身媒体属性。2014年4月美拍上线，大力推广“十秒也能拍大片”口号，集剪辑、滤镜、音乐为一体，简化拍摄过程，定位为年轻女性群体，具有强大的美颜功能，与“美图秀秀”定位一脉相承。美拍一经推出立刻成为国内最受欢迎的移动短视频应用，此后，微视和秒拍也相继推出滤镜特效。虽然，短视频用户不断增加，2014年被称为“中国移动短视频元年”，但在之后的一年，短视频处于不温不火的状态，并未得到普遍的社会关注。直到2016年短视频平台爆发，快手用户量彼时已突破3亿大关，实现突围。“记录世界，记录你”是快手的口号，聚焦非精英群体的定位，使快手获得了大量的中低层用户群体。除了快手之外，另一成功突围，且与快手形成激烈竞争的短视频应用为2016年9月今日头条旗下的抖音正式上线，成为短视频领域的一匹黑马，2017年8月，抖音的日播放量已经突破10亿，中国的移动短视频应用用户出现爆发性“井喷”现象。

2. 文献综述

笔者以“短视频”为主题，在中国知网上进行检索，共有1626条结果。在2011年以前，与其相关的文献仅有少数几篇。2011年以后，与其相关的文献逐年递增。2014年被媒体称为“短视频元年”，国内的短视频用户市场逐渐起步，也得到部分学者的关注，与其相关的文献数量达到85篇，并持续快速增长。2016～2018年，短视频行业进入爆发期，文献研究数量也在2017年达到721篇。

从移动短视频的角度来说，笔者通过对文献进行梳理和分析，发现目前国内相关的研究主要集中于以下几个方面：一是论述短视频应用发展的现状及趋势；二是论述短视频应用的特点，以及与传统视频的区别；三是论述短视频在不同领域的应用价值；四是论述短视频应用广受关注的原因，以及现存的问题。

王晓红、包圆圆、吕强系统地梳理了短视频在国内和国外的发展脉络，将短视频应用分为社交型、工具型、媒体型三大类，分别以具体的短视频应用为例进行分析。研究中认为短视频具有自身的特点，如即时拍摄，即时分享、长度短小，自由拼接、技术简化，形式多样。这些特点符合现代人“碎片化”阅读的习惯，个性化的影像创造也使表现形式更加丰富，短视频逐渐成为新的社交语言。从媒介融合趋势上说，移动短视频延伸了传统媒体的话语空间，并且正在创造新的舆论引导形态。有了移动短视频，每一个普通人都可以快速便捷地记录新闻现场，这给传统媒体带来了冲击，也带来了创新的机遇。移动短视频无疑为传统媒体带来了更为丰富的表现手段，并且嵌入社交网络进行传播，在延伸话语空间的同时，提高了传播的时效性和信息的到达率。研究中还对现存的问题进行了讨论，如尚未建立健康合理的内容生产系统、定位不明确，内容同质化现象严重等。另外，基于当时的情况和认知，研究作者对于短视频的未来发展趋势提出了自己的想法和预测，为后来的研究提供了参考。

严小芳对移动短视频的传播特性和媒体机遇进行了阐述。研究中详细分析了移动短视频用户使用特点和移动短视频传播特点。首先，严小芳认为移动短视频具有其独特的用户使用特点，短视频平台往往由公众人物引领使用，以轻松娱乐的内容为主，社交需求较强。其次，在移动短视频传播特点层面也进行了系统的分析，严小芳认为移动短视频使信息生产和上传更加自由，内容也更具个性和创意。并且，信息传播的方式更加快捷，能够满足用户轻量化、快餐化的信息消费习惯。除此之外，研究还对移动短视频在新闻报道价值方面的应用进行了分析，从国内和国外两个角度分别举例梳理，论述了移动短视频给新闻媒体带来的重要发展机遇和开辟的媒体融合新渠道，同时短视频的即时传播特性，也挤压了虚假信息的传播空间，可为突发事件报道提供现场资源。

张梓轩、汤嫣、王海探析了移动短视频社交应用赋予新闻传播的新空间。研究阐述了移动短视频社交应用在语言表达上社交性与动态性相融合的特点，分别从社交性语言与动态性语言的表现及效果来分析。社交性语言改变着新闻机构在新媒体平台上的话语风格，以至重塑机构的人格化形象及传授者之间的关系。并且，它也通过其视听合一、双重运动、非线性组接的动态性语言使新闻报道的现场感和震撼力得以增加。这些特点与效果在媒体融合背景下，国内外新闻机构的实践案例中得以呈现，值得关注。

高存玲从使用与满足的理论视角，分析了快手走红的原因。研究认为移动短视频应用能够激发用户的“需求链”，并不断满足这一需求链上各层次的需求，这是移动短视频得以流行的根本原因。此外，移动短视频应用不仅能满足用户既有“需求”，还能给用户带来需求以外的结果。研究基于使用与满足理论，将快手平台上的热门内容进行分类和分析，分别从拍客和看客的角度探究用户的使用动机和习惯，并总结了移动短视频应用风靡的原因。

从新媒体社会责任的角度来说，相关的研究主要集中于网络直播和视频网站。徐蒙、祝仁涛认为，中国互联网企业，在探索新的商业形式的初期，常常一味地只顾抢占市场，忽略了企业和行业的社会责任，在法律法规的灰色地带打“擦边球”的现象并不少见。在不断发展壮大的过程中，出现了很多相应的问题后，再开展整治规范经营，走的是先发展后治理的路，这种现象在以UGC为主要内容生产模式的各种新媒体中尤为明显。肖赞军认为在媒介融合的背景下，产业的规制不再是静态的，必须建立新的规制，来适应动态化的规制需要。可能需要按照版权、内容规制等问题来组织规制，而不是从原有的广播电视业、电信业等传统产业进行纵向分业限制。吴祚来认为，视频网站社会责任缺失的现象十分普遍，应该做到严于律己，尊重观众，追求更高的文化价值，坚守道德底线。

综上所述，可以发现学者们对于短视频及短视频应用出现和发展的脉络梳理已经较为清晰，关于其传播特点和发展趋势探讨的文献较多，也有不少学者结合具体的短视频平台进行案例分析，对存在的问题进行探讨，并为未来的发展提供方向。但短视频作为新媒体传播的一种新形式，专门针对其履行社会责任层面的考察几乎空白。因此，本文运用质化与量化相结合的方法，旨在揭示移动短视频应用履行社会责任的情况，分析现存的问题，以及探讨改善的策略。

三　研究设计

1. 研究对象及样本

具体研究对象的确定，主要综合考虑研究对象的影响力和代表性两个因素。参考较权威的Alexa排名和中国网站排名，本研究选取排名靠前的移动短视频应用作为备选对象。另外，考虑到不同移动短视频应用的不同类型和特点，参考推出时间、用户群体、风格类型等因素，从备选对象中选取5个代表性移动短视频应用作为本研究的对象，即抖音、快手、火山小视频、美拍、秒拍。

本研究对5个移动短视频应用进行了连续15天的样本采集。观测区域为各个移动短视频应用的热门内容或推荐内容板块：抖音 App“推荐”、快手 App“发现”、火山小视频“视频”、美拍 App“热门”、秒拍 App“推荐”。在2018年5月5日至19日15天的时间内，共采集到有效样本736条。此外，研究还对5个移动短视频应用的整体内容和情况进行了相关新闻报道的调查，作为研究结果的补充。

2. 研究方法

本研究采用的主要方法有文献调查法和内容分析法。文献调查法用以查阅国内外与移动短视频内容相关的研究，对研究现状、发展趋势、现存问题以及应用价值等问题进行系统的梳理和分析，为本研究提供思路和启发。内容分析法主要运用新媒体社会责任评价体系，该体系是由新媒体社会责任课题组根据媒介功能理论设定的。新媒体社会责任指标以“信息生产”、“社会监督”、“文化教育”和“协调关系”四项一级指标为基准，研究中由两名经过统一培训的研究生观测各个移动短视频应用的相关板块，通过对4个一级指标和下设的11个二级指标，以及36个三级指标进行逐日、逐项评分，将短视频的影音内容转化为客观、系统、定量的数据。随后用 Excel 软件通过内容分析法对搜集汇总的数据进行计算。每项三级指标在0～5取整数值，再根据新媒体社会责任评价体系中的指标权重进行计算，即可得到各级指标的具体得分。

四 研究发现

1. 移动短视频应用履行社会责任总体情况

表1 移动短视频应用社会责任整体评价得分

短视频应用	信息生产	社会监督	文化教育	协调关系	总分
抖音	1.8998	0.5084	0.2905	0.2048	2.9035
火山小视频	1.8932	0.4200	0.3194	0.1830	2.8156
美拍	1.6694	0.4861	0.2772	0.1619	2.5945

续表

短视频应用	信息生产	社会监督	文化教育	协调关系	总分
快手	1. 8662	0. 3459	0. 2697	0. 0623	2. 5441
秒拍	1. 2028	0. 5222	0. 2971	0. 1138	2. 1358
平均得分	1. 7063	0. 4565	0. 2908	0. 1452	2. 5780
一级权重满分	2. 6430	1. 3775	0. 5185	0. 4610	5. 0000

移动短视频应用的社会责任整体评价得分见表1。整体来看，5个移动短视频应用履行社会责任的情况还有可提升的空间，综合评价平均分为2. 5780，略高于满分5分的一半，由此可见移动短视频应用社会责任的履行水平总体处于中等。就总分来说，抖音排名最高，为2. 9035分，秒拍排名最低，为2. 1358分，其他短视频应用间分值差距较小，但存在各自不同的优势和问题。

在四个一级指标中，所占权重由高到低排列为，“信息生产”“社会监督”“文化教育”“协调关系”，由此可知每个一级指标在总体中所占的重要程度。比较表1中的各个一级指标平均得分和对应的满分，可知这些移动短视频应用各一级指标的社会责任履行状况。“信息生产”责任的平均得分为1. 7063，约占满分的65%，可见该项一级指标的社会责任履行状况为中等偏上水平；“社会监督”责任的平均得分为0. 4565，约占满分的33%，可见该项一级指标的社会责任履行状况较差；“文化教育”责任的平均得分为0. 2908，约占满分的56%，可见该项一级指标的社会责任履行状况一般；“协调关系”责任的平均得分为0. 1452，约占满分的31%，可见该项一级指标的社会责任履行状况最差。综上，移动短视频应用分别在四个一级指标的整体表现由好到差的排列依次是“信息生产”“文化教育”“社会监督”“协调关系”。

2. 信息生产责任

从一级指标得分来看，移动短视频应用履行“信息生产”社会责任的总体情况尚有提升的空间。由表2可知具体到“信息生产”下的二级指标来说，在“信息质量”方面，5个移动短视频应用的平均得分为2. 8886，约占满分的69%，处于中等水平。在“流程控制”方面，5个移动短视频应用的平均得分为0. 3321，约占满分的40%，水平较差。

表 2　移动短视频应用信息生产责任评价指标

二级指标	抖音	火山	美拍	快手	秒拍	平均得分	满分
信息质量	3. 2259	3. 2187	2. 8215	3. 1571	2. 0200	2. 8886	4. 1665
流程控制	0. 3682	0. 3629	0. 3366	0. 3734	0. 2554	0. 3321	0. 8335

从“信息质量”的7个三级指标来看，除秒拍以外，其他4个短视频应用在“真实”上的得分均为满分2. 0035，同时在“原创”这一指标的得分也为满分0. 27。这说明绝大部分的移动短视频应用都非常重视原创内容和内容的真实性，因此这两个指标的社会责任履行情况较好。但是，在秒拍应用中，常见侵权行为，大量地盗用其他平台的内容，或是直接抹掉水印，或是粗制滥造地剪辑在一起，优质的UGC内容少之又少，大量搬运的传统长视频占据着页面，这与秒拍应用“十秒拍大片”的口号完全不相符。

从“权威”“客观”这两个指标来看，5个平台的情况都不够理想，“秒拍”“火山小视频”这两个平台稍好一些，在研究取样过程中，这两个应用中有一些权威的官方认证机构发布的内容。例如，秒拍平台上北京团市委官方账号发布的，新时代青年说五四特辑：飞扬五四，“青”声“习语”、央视新闻账号发布的，汶川地震10年祭：北川中学，归来仍是少年、人民日报发布的，沿着习近平主席观察过的足迹，相约强军新时代、央广军事发布的，习近平同金正恩在大连举行会晤，等等；还有在火山小视频平台上，火山小视频官方正能量宣传账号火山正能量发布的相关内容，比如来自CCTV央视网的内容，美丽幸福新边疆、来自@一禅小和尚的关于坚强和脆弱，动画哲理短片，等等。除了秒拍和火山小视频，快手和抖音上，也有少量的权威性或客观度高的内容，如快手的，中央电视台财经频道账号发布的，我的家乡有非遗短视频宣传片，以及改革开放40年主题纪录片征集活动。在抖音短视频应用中，因为近年的爆发性走红，吸引了数量较多的明星大V和一些公司企业入驻，相比单纯的草根HGC内容来说，“权威”度高一些。总的来说，移动短视频应用在“权威”和“客观”社会责任的整体情况较差，这与短视频自身的特点有很大的关系。为了吸引用户，培养用户习惯，大多数平台上都是以娱乐性的UGC内容为主，因此，权威性和客观性难以考察。在今后的发展中，若能更多地利用短视频平台，来传播新闻资讯等消息或更为官方权威的内容，在平台传播属性得到发展的同时，“权威”和“客观”指标也将得到提升。

从“时效”这个三级指标来说，5个移动短视频应用的整体情况为中等。相比之下，抖音和快手的“时效”指标得分较高，分别为0.5930和0.5648。在这两个平台，短视频内容更新较快，评论区也多为一两天之内的留言，这与平台的用户量有较大关系。另外三个短视频应用的“时效”指标得分，由高到低排列依次为火山小视频、美拍、秒拍。但得分属于中等或偏低水平，有待继续提升。

从“全面”和“深度”两个三级指标来说，5个移动短视频应用的整体情况一般。目前，短视频内容大部分为UGC的生活类、搞笑类内容，对于全面性和深度层面的考察不太理想。相比来说，抖音上涉及的内容稍微全面一点，从抖音平台上的话题也可看出，涉及美食制作、美妆教程、健身挑战、旅行分享，等等。对这两个指标的考察，将为短视频应用在内容垂直分化上的发展提供方向。

从另一个二级指标“流程控制”中的“信息把关”这个三级指标来看，5个移动短视频的整体履行状况都较差。这5个短视频应用都没有获得网络传播视听许可证，仅有ICP备份。没有许可证成为各大短视频应用生存的极大障碍，面对短视频平台低俗内容难以控制的现在，国家广播电视总局对于许可证的颁发格外严格，这也将促使短视频平台不断加大监管力度，力图创造绿色健康的网络环境。

从“广告控制”这个三级指标来说，5个短视频应用的整体情况中等偏上。抖音和快手的情况较好，在热门内容中仅有极少数的广告内容出现，且有“广告或推广”的标识；火山小视频略多于抖音和快手，但没有达到影响用户体验的程度；秒拍平台除了普通的广告推送，在不少短视频的开头也植入了广告，用户对于是否观看广告内容的选择权降低；对“广告控制”履行最差的是美拍，数量较多的广告内容占据页面，用户体验较差。值得注意的是，在短视频应用中的广告类型除了普通的视频、服装App、游戏、护肤品牌等，还有不少借贷平台和交友应用广告。如火山小视频中出现的交友软件广告，借贷平台的广告、快手中出现较多某银行信用卡的广告，还有快手中某App的广告，配以“天天都是购物狂欢节”的广告语。移动短视频的用户群体主要为年轻人，还有很多的青少年用户，这些过于宣扬消费主义的广告，是否会带给内心尚未完全成熟的年轻人负面的影响，值得思考。结合近年新闻报道中出现的，不少大学生网络借贷导致自杀的案例，随着短视频商业化的逐渐成熟，对于短视频应用的广告审核有待加强。

最后，从“侵权控制”来说，由于短视频尚在发展阶段，对于短视频内容的版权保护仍在摸索阶段，就研究中的5个短视频应用来说，抖音和快手上的原创内容较多，秒拍上存在大量盗用内容。随着UGC + PGC模式共同发展，优质内容始终是短视频平台的核心竞争力，对于侵权问题的控制有待加强。党的十九大报告指出要“倡导创新文化，强化知识产权创造、保护、运用”，未来政府势必加大整治网络侵权力度，加强打击侵权盗版。

3. 社会监督责任

表3　移动短视频应用社会监督责任评价指标

二级指标	抖音	火山	美拍	快手	秒拍	平均得分	满分
国家治理	0.0000	0.0000	0.0354	0.0354	0.6346	0.1411	2.4635
社会风险	1.2428	1.0652	1.1836	0.7693	0.8877	1.0297	1.4795
行为失范	0.6026	0.4592	0.5452	0.4305	0.3731	0.4821	0.7175
其他现象	0.0000	0.0000	0.0000	0.0204	0.0000	0.0041	0.3395

从一级指标得分来看，移动短视频应用履行“社会监督”社会责任的总体情况较差。由表3可以看出，“社会监督”下的二级指标中，“国家治理”和“其他现象”的得分极低，笔者在研究中发现，短视频内容涉及司法公正、政府管理、涉外关系的国家治理内容非常少，涉及体育赛事和自然灾害的内容也很难看到。这两个数据也从侧面说明了，目前短视频平台的内容类型较为单一，资讯类的内容较少。

从“社会风险”和“行为失范”两个二级指标来说，平均得分分别约占满分的70%和67%，说明这两个指标的社会责任履行状况属于中等偏上水平。在研究的过程中和新闻报道的查找中不难发现很多问题，与其他应用相比，快手中涉及社会风险的问题较为突出，包括生产事故、交通事故、环境污染等。比如，快手中大量出现的“集体摇晃浮桥直至落水”的视频内容，并配以动感的音乐，让观看者认为这个挑战很有趣，实则是非常危险的举动；而且由于快手聚焦三四线城市的非精英群体，因此平台上有大量的农村生活内容，其中不乏极其危险的无安全措施要杂技的内容，现实中因为盲目模仿而出现的安全事故已屡见不鲜；还有前段时间闹得沸沸扬扬的“快手未成年妈妈”的事件，对网络环境和未成年人教育形成了恶劣的影响。

除此之外，在“性与婚姻道德”这一指标中，秒拍的得分最低，在研究中笔者发现，秒拍中的UGC内容质量较差，有出现夫妻恶言相向、家暴，甚至丈夫踢孕期妻子肚子的行为。相比之下，抖音和美拍在“性与婚姻道德”方面做得较好，平台中内容有很多夫妻之间、亲子之间互动的内容，比如：抖音平台的手指舞、美拍上的家庭情景短视频，这些内容既有趣味性，又能使家庭关系更为和谐，使用户感受到温馨、幸福的氛围，对树立正确的性和婚姻观念有良性的引导作用。

4. 文化教育责任

表4　移动短视频应用文化教育责任评价指标

二级指标	抖音	火山	美拍	快手	秒拍	平均得分	满分
塑造共识	1.8446	1.9760	1.7182	1.5060	1.8243	1.7738	2.7795
文化传承	0.5405	0.8150	0.6112	0.8234	0.8234	0.7227	1.7685
提供娱乐	0.4158	0.2893	0.3435	0.2712	0.2170	0.3074	0.4520

从一级指标得分来看，移动短视频应用履行“文化教育”社会责任的总体情况较为一般，由表4可知“文化教育”下各二级指标的具体情况。从“塑造共识”二级指标来说，火山小视频的得分最高，秒拍其次，快手得分最低，其他三个短视频应用相差不大。研究中发现，除了前文提到的，秒拍平台的五四特辑、“5·12”十年祭、领导人会晤等内容，火山小视频中也可发现不少弘扬主流价值的内容，例如青微工作室发布的，大学生西部计划志愿服务内容；还有引导正面社会风尚的内容，如火山正能量发布的，哲理动画短片。这些内容往往立足于志愿服务或传播正能量，不仅制作精良，且常常出现在“火山小视频—视频”板块第一条的位置，长此以往对于使用户在潜移默化中塑造共识有较大的影响。另外，例如抖音和美拍应用中，大量的亲子之间温馨合作的视频内容，对于营造良好的社会风向有正向的影响。相比之下，快手中对主流价值和社会风尚这两个指标的表现就有待改善，比如快手平台上有一些用户专门拍摄大量的军人升旗、站岗、列队、训练等短视频，质量参差不齐，

有些内容配上了不恰当的音乐和文字，不符合我国军人在训练或执行任务时庄严肃穆的形象，对于弘扬主流价值不利，也会对社会风尚产生不良的影响。

从“文化传承”这个二级指标来看，移动短视频应用的社会责任整体情况较差。短视频内容中涉及传统文化、民俗文化和红色文化的内容较少，仅有少量关于传统绘画和舞蹈艺术，民俗食品制作、宣传非文化遗产、纪念改革开放等内容。从另一个三级指标“娱乐健康度”来看，整体情况中等偏上，抖音排名第一，美拍其次，秒拍最后。抖音中较少出现行为失范的内容，较多宠物互动类、歌舞趣味、旅途风景类等健康轻松的内容，美拍上的内容也以美妆教程和生活实用技巧类为多数，但秒拍上的视频由于优质的 UGC 内容较少，在推荐板块的内容多为十分钟至二十分钟的内容，趣味性和创新性较低，甚至为了吸引眼球，使用夸张带性暗示的标题，或者刻意拍摄带有如碰瓷、诬陷等明显不良社会风气的情景短视频。

5. 协调关系责任

表 5　移动短视频应用协调关系责任评价指标

二级指标	抖音	火山	美拍	快手	秒拍	平均得分	满分
线上沟通	0.9903	1.3696	0.7710	0.6755	0.6190	0.8851	2.500
线下活动	1.2308	0.6154	0.9846	0.0000	0.6154	0.6892	2.500

从一级指标得分来看，移动短视频应用履行“文化教育”社会责任的总体情况较差，是新媒体社会责任评价体系的四个一级指标中得分最低的。由表 5 可知“协调关系”下各二级指标的具体情况，从两个二级指标的均分和满分比较来看，“线上沟通”的分数略高于“线下活动”，但这两个方面仍都需要较大的提升。从“线上沟通”下的三级指标来说，仅有火山小视频有提供大学生支援西部，公共服务的短视频，其他短视频应用对公共事务的内容涉及很少，这一项得分很低。从“用户体验”这一指标来看，抖音的得分最高，快手的得分最低。从设计和功能来说，抖音界面简洁美观，且功能较为人性化。打开抖音应用，会提示是否使用流量播放，随即进入推荐的播放内容，在短视频的播放过程中可以随时暂停，结束后自动跳至下一个短视频。全程操作简洁，功能齐全。相反，在快手的页面中，大量的短视频页面被打上了红色和蓝

色的标语横幅，较为凌乱，美观性不足，且有些标语语言粗俗，刻意博取用户关注。从使用感来说，快手在短视频播放过程中无法直接暂停，只能通过退出程序来停止，且结束后循环播放当前的短视频，用户体验不佳。用户在选择平台的时候，最关键的因素为内容和功能。人性化的功能和设计，有助于提升用户体验，增加平台黏性。从“互动”这一指标来看，抖音和火山小视频的得分较高，特别是抖音用户之间保持着深度的互动，评论数和点赞数都非常庞大。“互动”指标得分最低的是秒拍，推荐内容的评价点赞数和评论数都很低，互动性远低于其他 4 个短视频应用。

从“线下活动”的二级指标来看，“商业活动”的活动明显高于“非商业活动”。短视频的商业化趋势正在摸索当中，作为短视频应用实现盈利的途径之一，线下商业活动是重要的运作项目。各大短视频应用已经开始了尝试，比如抖音联合必胜客推出线下活动、在各地举办“抖音上瘾”线下 party 等，美拍和火山小视频也纷纷推出了地方站线下活动。就目前而言，短视频应用的线下活动盈利模式还未成熟，大部分活动都为商业性质，鲜少涉及公益性活动。因此，短视频应用的线下活动有待继续发展和完善。

五　问题及展望

1. 从内容方面来说，类型单一、优质内容比重小

近两年短视频行业爆发性发展，视频内容以明星类、搞笑类为主。通过研究发现，各类移动短视频应用的热门内容，也多以娱乐性质为主。根据炫一下科技研发中心发布的 2016 短视频内容生态白皮书显示，2016 年第四季度的短视频播放量中，搞笑类和娱乐明星类占比 31%，在整体播放量中位居前列。大量的娱乐性质内容固然有利于增加点赞量、转发量，也会让用户放松身心，但却不利于长期发展，搞笑的内容常常过目即忘，用户黏度较低。过多的娱乐类内容会导致泛娱乐化，难以避免一些人为了吸引眼球，上传低俗的内容和出格的标题。类型单一、优质内容比重小，对平台长期健康的发展非常不利。

目前我国的短视频应用产品模式，基本上是 PGC（专业生产内容）+ UGC（用户生产内容）的模式，随着短视频的商业化发展，OGC（职业生产内容）的模式也将逐步建立，短视频的内容生产正朝着专业化的方向发展。

但在研究中发现，各大短视频应用中 UGC 内容仍占较大的比例。UGC 固然有利于吸引用户，调动用户参与度和培养平台使用习惯，但受专业素养和拍摄设备等的限制，UGC 内容大多仅限于娱乐性内容，同质化现象严重，且内容质量参差不齐。缺乏良性的内容生产体系，将导致平台的核心竞争力不足。

优质内容始终是用户的核心需求，想要吸引并留住用户，移动短视频应用既要是社交分享的平台，也要是获取优质资讯内容的媒介。因此，短视频应用应以 PGC + UGC 发展的模式，做到既有自身的产品特色，又有实现流量变现的途径。

有研究显示，至 2016 年第四季度，短视频创作者覆盖的垂直品类已经超过 40 余个，主要囊括美食、美妆、社会、财经等各方面。① 娱乐性的内容虽然仍占据较大比例，但也有其可替代性强、效应时长短、平台黏性低等弊端。从目前尚未成熟的盈利模式来看，已有的融资项目，基本上是来自垂直短视频领域，具有广阔的商业市场。因此，加强内容分化，注重垂直内容的发展有助于移动端视频应用实现长期可持续的发展。

2. 从用户方面来说，用户忠诚度低、参与度低

在视频 UGC 模式的发展与视频社交上，美国一直走在前列。2005 年，美国 You Tube 网站成立，其从此成为成千上万用户分享视频的平台。“视频社交”这一概念同样起源于视频分享模式的鼻祖 You Tube 不断和 Google 深度绑定，并和 Facebook、Twitter 合作，使视频与社交的结合成为互联网最清晰的趋势。② 近年来，短视频应用走红，国人开始熟悉“视频社交”的概念，但要培养用户在社交平台分享短视频的使用习惯并不是短期就可以达到的。为了增加用户的参与度，各大短视频应用经常推出搞笑有趣的话题和挑战，如抖音#逛吃逛吃#、#萌宠#、#2018 毕业啦#；美拍#晒周边大赛#、#Penbeat 教程#，等等，点进这些话题或挑战就可以快速看到其他参与同类活动的用户。但由于娱乐内容的效应时长有限，这些话题和挑战一般只能在很短的时间内吸引用户关注，如果做不到持续更新，不断生产出创新性强的内容，很难长久地调动用户

---

① 《一下科技研发中心・2016 短视频内容生态白皮书》，2017 年 1 月。

② 《视频社交化大门徐徐打开》，中新网，http://finance.chinanews.com/it/2012/12 - 20/4423588.shtml，2012 年 12 月 20 日。

积极性，反而容易产生审美疲劳。而且一些短视频应用的自身定位较为模糊，容易流失已有的用户群体。比如，秒拍刚推出的时候，以“十秒拍大片”为口号，与微博深度合作、捆绑，形成了大量的用户群体。但现在打开秒拍App，页面被大量的PGC内容占据，更为恶劣的是秒拍平台上存在大量盗用其他平台的内容，侵权现象极为严重。就现状来说，秒拍更像是个低端的视频播放软件，与所谓的“视频社交”相距甚远。

目前，短视频应用同质化现象严重，用户对于平台的忠诚度低、参与度低。发展网红经济有助于改变这一现状，网红背后的大量粉丝会带来流量，且实现收益。用户极大可能会从对某一网红的忠诚，过渡到对平台的忠诚，有助于提高平台黏性。虽然现阶段短视频受到广泛关注，但商业化仍在摸索阶段尚未饱和，具有巨大的市场。在4G视频用户中，10.1%会使用4G观看短视频，超过其他所有视频种类。① 这说明用户的使用习惯正在逐步养成，且短视频平台门槛低，即使没有专业的拍摄设备和剪辑技巧，依然可以靠自身的独特才华吸引关注，已有像Papi酱这样的成功案例。因此，培养独具特色的网红，达到吸引用户，且实现流量变现的目的，将成为短视频应用未来发展的趋势。

3. 从平台方面来说，同质化现象严重，且盈利模式尚未成熟

2017年，易观以短视频平台覆盖用户占移动端全网短视频用户的比例为依据，统计了2017年第一季度移动全网短视频平台用户渗透率前十位的App。10个App中，有8个的定位为娱乐类短视频。虽然平台中的内容各不相同，但基本属于同样的类型。② 在本研究中，笔者发现各大短视频应用的内容主要围绕明星类、生活类、趣味类，拍摄的手法雷同，缺乏专业技巧，极易被模仿。当某一个创意兴起时，就会出现大量的模仿内容。对于用户来说，平台的内容和功能会很大程度上导致用户体验的变化，大量泛娱乐化的内容，将导致平台同质化现象加剧，缺乏自身的特色和竞争力，是当下各大短视频应用之间存在的通病。

笔者对移动端视频应用的研究中发现，定期发起类型多样的话题和挑战内容，可以调动用户参与的积极性。并且，话题要尽可能地贴近日常生活，让每

---

① 《以太研究院·网红行业研究：进击的短视频昭示网红新趋势》，2016年6月。

② 《易观·中国移动短视频市场专题分析》，2017。

个用户都觉得有内容可以分享，还要尽可能地迎合当下热门内容，以实现社交属性和传播属性双重功能。另外，要不断更新产品功能，以提高用户体验。比如，增加新的板块内容、提供更人性化的功能、简洁而美观的页面设计，等等。让短视频平台为用户提供更加优质的内容和用户体验，用不断提高自身核心竞争力来抵御平台同质化现象。

除了平台同质化现象，逐步建立成熟的盈利模式，也是短视频应用面对的重要挑战之一。对于视频类应用而言，运营需要的宽带成本较高，且宽带成本与用户访问量成正比。因此，寻找可持续发展的流量变现模式，成了各大短视频应用急需解决的问题。目前，短视频应用盈利的模式主要以广告投放为主，但不够优质的 UGC 内容和大量娱乐性质的 PGC 内容，都难以吸引广告商投放，商业化趋势尚在摸索之中。研究中发现，各大移动短视频应用对于线下商业活动，已经开始了尝试。

4. 从监管方面来说，内容信息量大，审核监管难度高

在短视频迅猛发展的同时，监管问题日益凸显。部分短视频博主为了吸引眼球，在平台传播低俗内容，刻意夸大效果向大众宣扬低级的价值取向。短视频作为视听内容，眼球效应显著。从新闻报道中可得知，如快手“未成年妈妈”事件、抖音虐猫虐狗视频内容，都给网络环境和社会造成了极其恶劣的影响。为此，国家广播电视总局曾多次发文，以及约谈，要求加大短视频类平台的监管力度。但部分低俗内容仍然难以控制，这其中是多重因素的影响，但短视频应用上传的即时性和日益增加的用户群体带来的庞大视频内容，都为审核和监管带来了巨大的难度。用了更好的用户体验，用户从拍摄、制作视频，到上传至平台，甚至分享至社交网络，只需极短的时间即可完成，且每天用户上传的内容量非常庞大，且数据不断刷新，难以实时全面监控和审核，这些因素都使近年来短视频应用丑闻频出。

由于短视频平台自身的特性，监管难度较大。平台首先应认真贯彻国家广播电视总局关于网络环境监管下达的文件措施，并健全相关的管理办法和机制认真贯彻落实文件要求，强化监管机制。针对出现的低俗内容，要针对条例认真贯彻落实。同时加强规章制度建设，杜绝“打擦边球”的现象。提高发布视频的门槛，完善审核制度，适当延长短视频内容上传的时间，将监管落实到各环节。近日，通过国家广播电视总局的发文、约谈，以及短视频平台大量增

加内容审核员等一系列具体措施，短视频平台的不良风气已有所改善。

但面对日益增加的海量用户和内容，短视频监管平台的力量始终有限。这将需要所有的用户共同参与到监督这一环节之中，号召全民参与监督，共同抵制低俗内容，举报恶意博眼球内容等，为创造和谐绿色的网络环境贡献自己的力量。

参考文献

郭庆光：《传播学教程（第二版）》，中国人民大学出版社，2011。

李卫东：《网络与新媒体应用模式——创新设计及运营战略视角》，高等教育出版社，2015。

张梓轩、王海、徐丹：《“移动短视频社交应用”的兴起及趋势》，《中国记者》2014 年第 2 期。

张梓轩、汤嫣、王海：《动态社交语言对表意功能的革新——探析“移动短视频社交应用”赋予新闻传播的新空间》，《中国编辑》2015 年第 77 期。

白皓天：《“七秒营销”——浅谈短视频营销》，《新闻传播》2016 年第 3 期。

王晓红、包圆圆、吕强：《移动短视频的发展现状及趋势观察》，《中国编辑》2015 年第 3 期。

严小芳：《移动短视频的传播特性和媒体机遇》，《东南传播》2016 年第 2 期。

陈艳芳：《浅论中国短视频社交软件——“美拍”走红的深层次原因》，《传播与版权》2015 年第 4 期。

吴佳妮：《音乐社交短视频软件何以走红——以抖音 App 为例》，《新媒体研究》2017 年第 18 期。

刘逍潇：《短视频 App 的发展现状与对策分析》，江西师范大学。

An empirical study on the social responsibility of mobile short video applications.

专　题　篇

The Thematic Part

B.10
面向受众的新媒体社会责任感知量表的开发与验证*

曾润喜　顿雨婷**

摘　要： 针对新媒体本身的社会责任评价指标目前已有不少，但面向受众的新媒体社会责任感知量表却不多见。本研究旨在基于受众角度考虑新媒体的社会责任内容，从而构建一套适合我国受众的新媒体社会责任感知量表。结合既有理论成果，本研究开发了受众视角下的新媒体社会责任感知的测量量表，它包括信息生产、社会监督、文化教育与协调关系 4 个维度，含 16 个二级指标。数据分析结果表明：该量表具有良好的信度和效度，能对受众的新媒体社会责任感知程度进行有效测

* 重庆市社会科学基金重大招标课题“媒体融合发展研究”（项目编号：2017ZD09）。

** 曾润喜，管理学博士，重庆大学新闻学院研究员，博士生导师，新媒体与传媒管理教研室主任，研究方向为公共政策传播、新媒体品牌传播与管理；顿雨婷，重庆大学新闻学院硕士，现任职于 36 氪集团。

量；另外，该量表能用于开展新媒体社会责任感知对受众品牌忠诚影响的实证研究，具备实用性。

关键词： 新媒体　新媒体社会责任　指标体系　量表

新媒体社会责任指的是新媒体信息传播者，包括新媒体机构及从业者、个人用户，根据新媒体传播的道德准则与法律规范所应履行的相应职责，一般被视作指导媒体实践的规范性原则。互联网每天都在不停地刷新着自己的发展纪录，在中国的信息传播生态格局中，基于互联网发展起来的新媒体逐渐成为汇聚信息、引导舆论、传播社会文化的重要角色。相应地，新媒体社会责任相关议题也开始备受关注，新媒体若是不注重责任表现，容易失信于受众，从而影响市场表现。若想证实这一结论的科学性与准确性，需要对受众的新媒体社会责任感知做定量考察，其中量表会是不可或缺的测量工具。

但目前学界对新媒体社会责任的研究多集中于思辨探讨和质化分析，即便有少量可操作的量化评估，也多局限于对媒体内容表现的客观评估，或者是机构对自身履责举措的案例或报告，或是存在分析样本过少（基于个案）或时段过短（缺少严格抽样）等问题。总之，基于受众视角的新媒体社会责任评估的研究几乎没有，既有的面向专家的新媒体社会责任量化评估指标又不适用于受众。因此，本研究试图通过理论梳理和专家咨询，从受众角度构建新媒体社会责任的评估体系并开发出量表，再对其加以验证，以期为新媒体社会责任感知的后续实证研究提供技术支持和工具保障。

一　理论基础与文献分析

1. 社会责任理论

媒体社会责任是社会对于媒体应当承载义务的期待，与“社会责任论”密切相关。媒体社会责任起源于企业社会责任而又不同于企业社会责任，至今为止也没有统一的概念和认识。也就是说，媒体社会责任是一个与“企业社会责任论”（Corporate social responsibility theory，CSR）密切相关的概念。

学界普遍认为，媒体社会责任这一概念的提出甚至是相关理论的确立，都源自企业社会责任的研究成果。目前，学界就 CSR 展开研究的成果主要有：股东至上理论、利益相关者理论、权利与义务对等模式、企业契约理论、企业共生理论①这六大理论，它们为本研究所要探讨的媒体社会责任提供了不同的分析视角，也确立了基本的分析框架，具体见表 1。

表 1　企业社会责任理论

理论	内容	代表人物
股东至上理论	企业存在的根本目的就是实现最大化的盈利。但该理论被认为是一种片面的责任观而遭到批判，即认为企业只需对所有者承担经济责任是不对的	Milton，1986②
利益相关者理论	该理论强调企业的生存和发展不是孤立的，一般会受许多利益群体的影响，他们之间是相互存在共生关系。这就要求企业要为其利益相关者（股东、顾客、社会、环境、债权人等）负责	Blair，1995③
权利与义务对等模式	企业所享有的权利要与它所承担的责任相平衡，若企业未能履行责任，那它的权利也得不到相应的保障	Davis，1973④
企业契约理论	企业是由它与员工、消费者、供应商等签订的一系列契约组成的有机整体。若企业能照顾各方的利益，便可降低其综合成本，反之则会增加，甚至令企业崩溃	Coase，1937⑤ Williamson，1973⑥
企业共生理论	那些与周边环境构成和谐共生状态的企业发展能力更强，这要求企业要担负公益责任、环境责任等	徐光华 & 周小户，2008⑦
三重底线理论	企业不仅要对股东负责，也要对更广泛的利益相关者负责，包括环境，使企业实现可持续发展	Elkington，1994

① 金梦兰：《媒体的社会责任》，山西人民出版社，2015，第 129 ~ 132 页。

② 〔美〕密尔顿·弗里德曼：《资本主义与自由》，张瑞玉译，商务印书馆，1986，第 128 页。

③ Margarent M. Blair.（1995）. *Ownership and Central*：*Rethinking corporate governance for the twenty-first century*，Brookings Institution Press. pp. 223 – 224.

④ Davis K.（1973）. The Case for and against Business Assumption of Social Responsibilities. *Academy of Management Journal*. 16（2）：pp. 312 – 322.

⑤ Coase & R. H.（1937）. The Nature of the Firm. *Economica*. 4（16）：pp. 386 – 405.

⑥ Williamson & Oliver E.（1973）. Markets and Hierarchies：Some Elementary Considerations. *The American Economic Review*. 63（2）：pp. 316 – 325.

⑦ 徐光华、周小虎：《企业共生战略绩效评价模式研究》，《南开管理评论》2008 年第 11 期。

本研究所关注的市场化媒体同样具有自主经营属性，社会对于企业的责任要求同样也该施加于媒体，分析框架也同样适用于媒体。也就是说 CSR 相关理论能为我们研究媒体社会责任提供基本分析框架及相关借鉴，具体体现为以下 3 点：首先，媒体作为一种组织，其责任对象包括投资者、员工、供应商、用户、政府等在内的利益相关者；其次，CSR 既是责任也是义务，兼具强制性和倡导性；最后，CSR 的履行会对媒体带来正向的市场反馈。

不过，若完全按照 CSR 的理论框架来实践容易导致媒体责任的泛化——将不属于自己的社会责任作为一种最高追求，以期获得社会公众的肯定，这可能会表现为打着追求社会责任的旗号，越过功能定位的边界以偏颇性或选择性报道取悦受众，或是做一些公益以赢得受众好感，以期最终获得市场上的回馈等①，正如阿特休尔在《权利的媒介》中所言，“社会责任这一术语，几乎可以往里加进任何意思”，但这并不利于媒体的长远发展。因此，我们还要在既有分析框架上进行聚焦。

另外，考虑到本研究主要想从受众的视角考察媒体社会责任及其对受众品牌忠诚度的影响，因此需舍弃对其他利益相关者的考察（包括政府、投资者、员工、社区、环境等），而主要针对受众所能感知到的媒体社会责任来展开。接下来，需要明确具体责任内容。通过对相关理论的梳理，我们发现包括社会交换论、新闻专业主义、“把关人”等都能借以确立媒体社会责任的内容框架，本研究将其归纳为媒体社会责任相关理论。

2. 媒体社会责任相关理论（社会功能论）

为了更好地厘清最核心内容，本研究对媒体社会责任的理论基础（涉及多个学科）做了系统梳理，试图从中提取关键词，以初步总结出媒体应该履行的社会责任基本维度。

表 2　媒体社会责任理论

理论	内容	代表人物
法学理论	对正义的追求；对媒体社会责任履行的评价要公平公正，要求媒体如实客观地报道新闻、不能夸大其词，亦不能为追求真实忽视伦理道德；受法律保护，但有界限，即权利和义务的平衡	Rawls，1971

① 王传宝、刘鹏越：《媒体责任的泛化及矫正》，《青年记者》2012 年第 22 期。

续表

理论	内容	代表人物
新闻伦理理论	新闻工作者的道义责任,要道德自律、有自由限度	Habermas,1975
社会交换论	媒体履行社会责任的行为实际上是一种与其他组织或者群体进行交换的行为,即一方面,媒体为受众提供新闻赢得认可,最终获得经济回报;另一方面,通过责任承担和彰显专业性获取其在大众心目中的良好形象和信誉等	Homans,1947
社会冲突论	对媒体来说,天然存在责任和自由二者间的冲突。譬如媒体会为了追求自身利益而刊登或发布有偿新闻、虚假新闻和新闻广告等	Coser,1956①
社会发展论	媒体新闻报道时要坚持以人为本的原则,实现社会整体、持续的发展	Durkheim,1900
自由主义报刊理论	媒体社会责任论之前盛行的理论,它认为言论自由和出版自由乃天赋人权,主张任何人都能拥有通信工具且不受限制	Milton,1924
社会责任论	强调媒体应对社会和公众担负责任,即除了要真实又全面地传播讯息外,也要为公众提供平等使用媒体的机会,也要尊重并维护公众的各项合法权益;另外,当媒体未能履行上述责任时,大众可借助舆论展开监督	哈钦斯委员会,1947
客观主义理论	客观性原则与客观报道,即就事论事,关注新闻本身而非外界的各种言论,注重事实而非自身意见	Rand,1960
新闻专业主义	媒体要以受众的知情权为重,强调社会责任意识,并以公正、公平、公开为目标	哈钦斯委员会,1947
文化传播理论	作为一种文化企业,媒体在文化产业的引导过程中树立何种发展愿景、倡导何种发展精神非常重要②	Taylor,1871
把关人理论	在信息传播过程中应该有“把关人”对信息进行筛选和把控,只有符合正确价值标准和规范的才能被传递给受众	Lewin,1947
受众信息权理论	受众具有获知权和接近权,即从媒体或当权者处获得信息的权利以及利用媒介发表意见的权利	Balon,1973
受众中心论(负面)	传播过程中,相对于其他因素(5W)而言,受众是起决定性主导作用的因素,即信息传播的一切活动均以受众为中心展开	Newman,1965

通过提取上述理论阐释的基本共识,我们发现,我国媒体社会责任的内涵包括商业责任、法律责任、文化责任和公益责任等。经过5W模式的逻辑归

① 刘易斯·科塞:《社会冲突的功能》,孙立平译,华夏出版社,1989。

② 刘伟见:《文化体制改革下文化企业社会责任探究——以出版企业为例》,《中国行政管理》2012年第3期。

类，本研究将媒体社会责任划分为三种类型：专业责任、职业责任以及秩序守护责任。

专业责任主要体现在“传播什么”的问题上对社会负责，这就要求新闻报道和信息传播在信息质量上应该符合真实、准确、客观并服务于公众的专业标准，以满足公众之情感需求和对高品位文化的需求；另外还要秉持公开、公正、时效的原则，以确保传播效果。

职业责任主要体现在媒体须在“为谁传播，为什么传播”的问题上对社会负责，这就要求媒体必须为社会负责，包括维护国家安全、社会稳定、公众利益等。

秩序守护责任则是体现在“怎样传播”的问题上对社会负责，具体的内容包括媒体在传播的内容导向上要弘扬社会正义、促进社会和谐、推动社会进步等；而且在传播形式上要遵纪守法，在法律许可范围内行使话语权，要注重符合社会公德、遵守职业道德，以及遵守行业的相关规章制度等。

综上，它们在维护公众利益、坚持报道质量、履行媒体功能、传递重要信息、传承社会文化、严守法律规定、捍卫专业伦理等方面具有基本共识。

3. 新媒体社会责任指标体系

结合上文理论综述中的具体表述，本研究以媒介的功能为逻辑起点，将媒体需要履行的社会责任汇集成如下的关键词：全面、公平、及时、科学、适度、内部审核、文化传承、人文关怀等。

不过，本文所要探究的新媒体除了具备传统媒体新闻传播的功能外，还包括互联网技术带来的一些新的属性，包括交互性、灵活性、时效性等特征。这也让新媒体的社会责任要素发生变化。因此，我们应当在传统媒体责任评估的基础上，对新媒体新增互动性（线上活动和线下活动）、管控多元化主体以及实时监测等方面的责任要求，具体可借鉴已有的一些关于新媒体社会责任指标体系的研究。

钟瑛等（2015）[①] 采用德尔菲法将新媒体社会责任的评价划分为信息生产（信息质量、流程控制）、社会监督（国家治理、行为失范、其他现象）、文化教育（塑造共识、文化传承、提供娱乐）、协调关系（线上沟通、线下活动）这 4 大维度（总共包括 11 个二级指标、36 个三级指标），具体内容如表 3。

① 钟瑛等：《中国新媒体社会责任研究报告（2015）》，社会科学文献出版社，2015，第 12 ~ 15 页。

表3　新媒体社会责任指标

一级指标	二级指标	三级指标
信息生产	信息质量	真实、权威、时效、深度、全面、原创、客观
	流程控制	信息把关、广告控制、侵权控制
社会监督	国家治理	司法公正、政府管理、涉外关系
	社会风险	生产事故、环境污染、食品安全、校园事故、交通事故、城市拆迁、警民冲突
	行为失范	官员腐败、学术腐败、性与道德婚姻
	其他现象	体育赛事、自然灾害
文化教育	塑造共识	主流价值、社会风尚
	文化传承	传统文化、民俗文化、红色文化、娱乐健康度
协调关系	线上沟通	公共服务、用户体验、互动
	线下活动	商业性活动、非商业性活动

后来，《中国新媒体社会责任研究报告》系列研究中，都基于上述指标对移动新闻客户端，国家级新闻网站、微信自媒体公众号、视频网站、游戏网站、科普网站、儿童门户网站、原创网络文学网站、传统媒体微博、传媒与政务类微信公众号、视频直播网站、大型商业网站、网络募捐平台等做了模糊评估，并在实际应用过程中得到较好的检验。

周葆华等（2017）①基于文献研究、专家座谈以及媒体访谈，再结合媒体社会责任的一些理论阐释，最终确立了新媒体社会责任的评价指标，并以腾讯网为例调查了受众的主观评价，具体内容如表4。

表4　新媒体社会责任的客观评价与主观评价

角度	维度	内容
客观评价	内容质量	权威、真实、深度、准确、及时、客观、多样、监督、原创
	法律责任分析	名誉权、隐私权、著作权保护
	道德伦理责任分析	色情内容、暴力内容、煽情和猎奇内容管理、澄清谣言类报道、关注弱势群体
	政治与公共事务报道责任	重要时政报道、事关国计民生重大主题报道、国际报道
	公益责任分析	公益报道和环境报道
	文教责任分析	文化报道、教育报道、科技报道

① 周葆华、范佳秋、田宇：《新媒体社会责任表现的实证研究——以腾讯网为个案的量化评估》，《新闻大学》2017年第6期。

续表

角度	维度	内容
主观评价	内容质量	真实性、准确性、权威性、客观性、及时性、全面性、深入性
	社会功能履行	及时准确地提供信息、主持正义维护公共利益、为普通老百姓说话、帮助老百姓解决实际问题、关怀弱势群体、反映社会不同群体的生活、批评监督政府和官员、反映各种不同的意见和观点、促进社会进步、批评监督社会机构和商人、对复杂的问题提供分析与解释、宣传党和政府的方针政策、推动经济发展、提供娱乐
	道德伦理问题感知	标题党、煽情、虚假报道、违法违规报道、凶杀暴力、谣言、色情
	时政与公共事务报道评价	重大突发事件、重大时政报道、社会热点议题、事关中国发展的重要公共议题、国际报道
	文教公益事业报道评价	弘扬社会主义核心价值观、反映当代文化、传播普及科学知识、公益报道、传播革命文化、传承传统文化、环保报道
	沟通体验	在与新媒体交互过程中的感受良好
	公信力	有大事发生时我总是会看它的相关报道、比起其他新闻机构我更信任它的报道、跟他人讨论时我更愿意引用它的报道

二　研究设计与分析方法

1. 量表设计

综合评价上述两种相对可靠评价体系，本研究发现：首先，钟瑛（2014）的指标体系在综合考虑媒体社会责任相关理论的同时，也更多地从媒介功能及新媒体传播特点的角度切入，更具有指向性；其次，钟瑛的指标清晰简单易被受众理解和评估，更具备可操作性；再次，在使用范围上也较周葆华的研究更加广泛（涉及移动新闻客户端，国家级新闻网站、微信自媒体公众号、视频网站）；最后，钟瑛的指标体系自开发 4 年以来，已在后续的多个研究（譬如《中国新媒体社会责任蓝皮书》系列）中的得到应用，得到学界和业界的持续认可。

故本研究主要选用钟瑛的研究框架，将受众对新媒体社会责任的感知归纳为以下 4 种维度，具体指涉的内容见表 5。

表5 新媒体社会责任的4个维度

维度	内容
信息生产责任	及时准确全面客观地发布新闻
社会监督责任	监控和传达社会环境的变化
文化教育责任	向大众传播知识、价值以及行为规范等
协调关系责任	帮助实现社会各个组成部分的联络、协调与统一

关于表6内容中具体问项的确立，本研究综合借鉴了钟瑛（2015）的二级指标，并在咨询专家的基础上进行指标的归类和遴选。另外，考虑到本文的研究目的是建立以第三方受众为主体的评价指标，因此在变量操作化或题项设置要以中立的受众角度来进行，设计的问项具体如表6所示。

表6 受众视角下的媒体社会责任感知量表设计

变量	题项
信息生产责任	它的新闻报道做到真实可靠和客观全面
	它能提供具有深度的原创内容
	它发布的信息都来自权威信源
	它发布新闻报道时做到及时迅速和实时更新
	它有严格的新闻生产控制流程
社会监督责任	它的报道是在维护司法公正和社会公平正义
	它经常揭露一些社会风险事件
	它经常揭露政治腐败、学术腐败、道德腐败等腐败事件
	它经常报道自然灾害等事件
文化教育责任	它会在报道中宣扬社会主义核心价值观
	它会在报道中宣扬社会道德风尚
	它会在报道中传播传统民俗文化
	它会在报道中传播红色文化
	它的报道中低俗、媚俗、恶俗等信息占比很少
协调关系责任	它设置有便民服务的功能,会提供便民服务渠道
	我觉得它的界面设计和交互体验对我来说很友好
	它会及时回复网友的评论或与用户进行在线互动
	它会举办一些带有公益性质的线下活动

2. 样本选取与数据收集

本研究的数据收集对象应为新媒体的广大使用受众。对受众来说，社会责任履行情况的评价应该有一个具体的指涉对象，因此本研究会提供一些具体的媒介类型供受访者选择。本研究选取了目前比较主流的几种网络新闻媒体①作为受众进行新媒体社会责任评估的对象，具体包括移动新闻客户端、主流媒体新闻网站、商业门户网站、微信公众号、微博、其他这6类，调查受众在使用这些媒体过程中的感受，来测量受众的新媒体社会责任感知程度。

本研究的问卷采用Likert五分量表进行编制，要求填写者根据个人实际情况打分，其中非常不同意、不同意、不确定、同意、非常同意分别依次赋值（代表）1、2、3、4、5分。在正式发放问卷之前，本研究进行了100人规模的预调研，并根据数据分析结果和相关反馈意见修整了各题项的表述，最终形成正式问卷，并采取简单随机抽样方式进行问卷分发（线上+线下），共回收750份问卷。删除了答题带有明显规律性、不完整等无效样本后，本研究最终得到有效问卷674份，有效率89.9%。

通过统计受访者的社会人口学信息可知：样本男性占48.1%，女性占51.9%，男女相对平均，基本符合中国目前的人口结构；18岁及以下受众占5.5%，19~25岁占55.3%（最高），26~35岁占27.6%，36~45岁占8.0%，46~55岁占3.3%，56岁及以上占0.6%，可见19~25岁是信息需求最旺盛的时期，他们对新媒体的了解和认识往往会更深刻，符合现实状况，这表明此样本有利于实现研究目的；通过学历层次来划分，高中及以下学历的人占到15.3%、大学专科占9.3%、大学本科占44.2%、研究生占31.2%，结构相对合理；通过职业来划分，学生占42.9%、公务员占5.6%、事业单位职工占10.5%、国企成员占7.1%、私企/外企成员占17.1%、个体经营者占9.5%、农民/农民工占0.9%，其他职业类别占到6.4%，总体来看，样本对每个职业均有覆盖，但学生偏多；收入方面，月收入在2000元以下的占到40.5%、2000~4999元占25.7%、5000~7999元占17.1%、8000~10999元占9.9%、11000元以上占6.2%，其中月收入在4999元以下的受众就占到66.2%，基本符合目前我国中低收入者占绝大多数的国情。综上，本研究所收集的数据较为真实可靠，适用于下一步统计分析。

① 根据是否具有新闻媒体属性、是否为市场化媒体、影响力、内容的丰富性、覆盖率、受众熟悉度等综合指标进行选择。

3. 数据分析方法

本研究主要运用统计分析软件 SPSS21.0 对数据进行处理分析，具体步骤包括描述性统计分析、探索性因子分析以及信度和效度检验。其中，描述统计主要用于分析样本结构；探索性因子分析则是用来检验量表的结构效度，并验证因子结构是否符合前文的理论分析结果。

当然，设计出完整的量表后还需要运用在实际的实证研究中。本研究所采取的方式是，通过多元线性回归分析的方法考察受众新媒体社会责任感知对受众品牌忠诚的影响，对照现实并结合企业社会责任消费行为理论看结果是否合理，以检验量表的合理性和实用性。

三　量表验证与研究结果

1. 信度分析和项目净化

本研究主要通过信度和效度检验来验证量表的有效性。其中信度指的是量表各题项的稳定性和一致性，是判断一项测量工作可靠性的重要指标；效度则表示量表能准确测量出相应变量的程度。

正如表 7 所示，α 系数大于 0.7 就表示信度合格。另外，本研究采用探索性因子分析来做效度检验。根据 Kaiser（1974）的观点①：如果 KMO 大于 0.7 时，适合做因子分析；若还通过了 Bartlett 球形检验，就表示量表题项的相关矩阵间有共同因素存在，量表有较好的结构效度（见表 9）。

信度方面。根据表 8 可知，本研究中用多个问项测量一个变量的多数项目的 α 系数多位于 0.7 ~ 0.9，达到可接受水平，大部分还超过了 0.8。对于信度不合格的部分，本研究借助 CITC 系数（Corrected Item-Total Correlation）对问卷进行净化，题项删除标准为：CITC 的绝对值小于 0.3，且删除该题项后，Cronbach's α 系数会有一定提升。表 8 呈现了本文变量测量指标的分析结果；结合表 6 中的检验标准，MSR14（Media Social Responsibility）题项要被删除。

① Kaiser H F.（1974）. An index of factorial simplicity. *Psychometrika*, 39（1）: pp. 31 – 36.

表 7　研究变量量表的信度分析

	研究变量	测量题项	CITC	Cronbach's α if Item Deleted
社会责任感知	信息生产（α=0.835）	MSR01	.644	.800
		MSR02	.713	.780
		MSR03	.735	.775
		MSR04	.481	.843
		MSR05	.621	.807
	社会监督（α=0.780）	MSR06	.501	.774
		MSR07	.629	.704
		MSR08	.666	.685
		MSR09	.556	.741
	文化教育（α=0.790）	MSR10	.676	.717
		MSR11	.748	.698
		MSR12	.693	.715
		MSR13	.655	.721
		MSR14	.211（删除）	.878
	协调关系（α=0.702）	MSR15	.420	.663
		MSR16	.422	.660
		MSR17	.547	.579
		MSR18	.519	.601

2. 探索性因子分析

表 8 呈现了新媒体社会责任感知变量的因子分析结果，结果表明，媒体社会责任感知量表的 KMO 值 = 0.881 > 0.7，且通过 Bartlett 球形检验（$p < 0.001$），适用于做因子分析。

本研究应用主成分分析法抽取特征值大于 1 的因子，并采用最大方差法进行旋转。在此过程中选取题项的标准为：（1）观测变量的因子负荷大于 0.45；（2）题项的共同性（Communality）应大于 0.2。

探索性因子分析结果表明：新媒体社会责任感知可划归为 4 个方面（根据特征根大于 1 得出，并根据最大方差法进行旋转后得到），分别是信息生产责任、社会监督责任、文化教育责任以及协调关系责任。其中大部分题项的聚合结果与最初假定的因子一致，有部分不一致还有待调整。另外，这4个因子总解释方差变异量为57.62% >50%，另外每个题项的因子载荷均超过0.5，表示提取的4个因子较好地解释了研究变量（见表8）。

表8　媒体社会责任感知量表探索性因子分析（EFA）

测量题项	因子1－文化教育	因子2－信息生产	因子3－协调关系	因子4－协调关系
MSR01	-.063	.511	.023	.026
MSR02	.090	.654	.248	.237
MSR03	.263	.743	.070	.117
MSR05	.224	.702	.181	.111
MSR06	.314	.587	.172	.293
MSR04	.220	.207	.039	.542
MSR07	.079	.017	.133	.812
MSR08	.014	.198	.300	.651
MSR09	.357	.004	.036	.689
MSR10	.824	.153	.072	.120
MSR11	.826	.224	.050	.155
MSR12	.765	.123	.142	.252
MSR13	.776	.138	.126	.099
MSR15	.217	.194	.679	.036
MSR16	.044	.153	.607	.245
MSR17	.037	.088	.785	.135
MSR18	.073	.163	.760	.050
累计解释方差(%)	17.04	32.08	45.24	57.62
KMO = 0.881；*Approx. Chi-Square* = 4189.198；*df* = 153；*p* = .000				

3. 信度和效度检验

信度检验。上文中，本研究已对各因子进行信度分析，显示 Cronbach's α 值均大于0.7，只有MSR14不符合要求，此外还有部分题项与本研究最初假定的因子并不一致。因此，本研究删除和调整上述题项后重新做了信度检验，具体结果如表9所示，所有 Cronbach's α 值均大于0.7，且不用再删除任何题项，因此本量表具有良好的信度水平。

表 9　新媒体社会责任感知的 CITC 与 Cronbach's α 系数

研究变量		测量题项	CITC	Cronbach's α if Item Deleted	Cronbach's α 系数
媒体社会责任感知	信息生产（α = 0.751）	MSR01	.581	.787	初始：0.863 最后：0.863
		MSR02	.503	.570	
		MSR03	.557	.553	
		MSR05	.508	.560	
		MSR06	.515	.568	
	社会监督（α = 0.799）	MSR04	.583	.689	
		MSR07	.576	.574	
		MSR08	.471	.646	
		MSR09	.511	.616	
	文化教育（α = 0.863）	MSR10	.724	.814	
		MSR11	.766	.799	
		MSR12	.697	.825	
		MSR13	.651	.849	
	协调关系（α = 0.733）	MSR15	.497	.689	
		MSR16	.469	.704	
		MSR17	.582	.638	
		MSR18	.551	.658	

效度检验。本研究通过内容效度和建构效度两方面来检测量表的效度水平。

内容效度即量表实际预测到的内容与所要测量内容的吻合程度，主要由调查问卷的逻辑处理能力决定。该量表沿用了钟瑛（2015）关于新媒体社会责任感知的评价指标体系的成果，并由整合规范性文件和专家意见编码而得，再通过问卷预测试调整量表题项，最终得到此量表，整个开发过程规范严谨，有利于量表的内容效度达到较高水平。

建构效度是指量表题项可以准确测量出理论的特质或概念的程度①，其分为收敛效度和区别效度。（1）对于收敛效度，本研究主要通过测量平均变异数抽取量（AVE）值判断量表的收敛度，依据各因子的相关系数（见表 10）计算得出其 AVE 值分别为 0.506、0.513、0.748、0.520，各指标都大于 0.5，

① 王庆娟、张金成：《工作场所的儒家传统价值观：理论、测量与效度检验》，《南开管理评论》2012 年第 15 期。

即量表的收敛效度较好；（2）对于区别效度，本研究通过测量7个因子之间的相关系数以及比较4个因子之间的相关系数与AVE的均方根来判断量表的区别度，从表12中可以看出，4个因子之间的相关系数均小于标准值0.85，并且4个因子AVE值的算术平方根均大于其与其他因子的相关系数，则该量表的区别效度良好。

表10　新媒体社会责任感知因子相关矩阵

因子	信息生产	社会监督	文化教育	协调关系
信息生产	(.711)	—	—	—
社会监督	.352**	(.716)	—	—
文化教育	.405**	.425**	(.865)	—
协调关系	.408**	.366**	.291**	(.721)

注：对角线括号内为因子的AVE系数的平方根；** $p<0.01$，双侧检验。

4. 量表分析与讨论

基于数据分析结果进行修正，本研究得到受众新媒体社会责任感知的最终量表（见表11），数据分析结果显示，量表的信度与效度均合格，通过初步验证。

表11　研究变量的测量指标汇总

研究变量		测量指标
媒体社会责任感知	信息生产	MSR01 它的新闻报道做到真实可靠和客观全面
		MSR02 它能提供具有深度的原创内容
		MSR03 它发布的信息都来自权威信源
		MSR05 它有严格的新闻生产控制流程(杜绝有误信息或软文)
		MSR06 它的报道是在维护司法公正和社会公平正义
	社会监督	MSR04 它发布新闻报道时做到及时迅速和实时更新
		MSR07 它经常揭露一些社会风险事件(例如生产事故、环境污染、食品安全事故、校园事故、交通事故、城市拆迁等)
		MSR08 它经常揭露政治腐败、学术腐败、道德腐败等腐败事件
		MSR09 它经常报道自然灾害等事件
	文化教育	MSR10 它会在报道中宣扬社会主义核心价值
		MSR11 它会在报道中宣扬社会道德风尚
		MSR12 它会在报道中传播传统民俗文化
		MSR13 它会在报道中传播红色文化

续表

研究变量		测量指标
媒体社会责任感知	协调关系	MSR15 它设置有便民服务的功能，会提供便民服务渠道（例如"问答""消费维权""问政"等）
		MSR16 它的界面设计和交互体验很友好
		MSR17 它会及时回复网友的评论或与用户进行在线互动
		MSR18 它会举办一些带有公益性质的线下活动，例如读者交流会、专家讲座等

对比最初设计出来的量表，题项 MSR14 因影响量表的整体信度而被删除，其他的均保留，这表明本研究最初设计出的量表就具备了足够的可行性。值得一提的是，题项所聚合的因子与预先设想的有些许差距，即本该属于信息生产责任范畴的 MSR04 聚合到信息监督责任；而本该属于社会监督责任范畴的 MSR06 被聚合到内容生产范畴。得到这个结果的原因可能是内容生产本身就是服务于社会监督，二者并无明确的界限，尤其是"它的报道是在维护司法公正和社会公平正义"和"它发布新闻报道时做到及时迅速和实时更新"这两项，几乎都可以同时划归为信息生产和社会监督的范畴，要知道维护司法公正和社会公平正义也是一种内容表征；而及时迅速也可以解读为对社会的实时观察，反映媒体社会监督职能履行的及时性。

5. 量表应用

本研究利用此量表来测量受众新媒体社会责任的感知情况，并考察它对受众品牌忠诚的影响。本研究以性别、年龄、学历水平、职业、收入、新媒体社会责任感知的 4 因子为自变量，受众品牌忠诚度为因变量建立模型，并采用多元线性回归进行检验，通过应用来进一步确立该量表的实用性，具体分析结果可见表 12。

表 12　研究变量的多元线性回归（标准系数）

	模型 1 品牌态度忠诚	模型 2 品牌行为忠诚
性别	-.065*(.040)	.021(.051)
年龄	-.014(.025)	-.105**(.032)
学历水平	.047(.022)	-.042(.028)
职业	-.039(.012)	.023(.016)

续表

	模型1 品牌态度忠诚	模型2 品牌行为忠诚
收入	.091 * (.021)	.083 * (.027)
新闻渠道	.081 * (.012)	.032(.015)
信息生产责任感知	.134 **(.034)	-.022(.037)
社会监督责任感知	.212 *** (.038)	.064(.042)
文化教育责任感知	.019(.035)	.078 * (.038)
协调关系责任感知	.136 **(.033)	.274 *** (.036)
媒体能力信任	.357 *** (.041)	.347 *** (.045)
媒体善意信任	-.007(.041)	.140 **(.045)
受众责任意识	.081 * (.040)	.026(.043)
调整 R^2	.345	.332
F 值	33.981	62.455
df	7	7
Sig.	.000	.000
N	668	668
VIF	1.387 - 2.454	1.387 - 2.454

注：* $p<0.05$，** $p<0.01$，*** $p<0.001$；括号内的数字为均值标准误。

研究模型1表明，媒体信息生产责任感知（$\beta=0.134$，$p<0.01$）、社会监督责任感知（$\beta=0.212$，$p<0.001$）以及协调关系责任感知（$\beta=0.136$，$p<0.01$）均对受众品牌态度忠诚产生显著影响，其中信息生产责任感知的影响为负面；另外，受众对媒体品牌能力的信任度也对其品牌态度和忠诚度产生显著正向影响（$\beta=0.357$，$p<0.001$），对媒体品牌善意的信任度则无显著影响；最后，受众自身的社会责任意识（$\beta=0.081$，$p<0.05$）也对其媒体态度忠诚有显著正向影响。

研究模型2表明，受众对媒体的文化教育责任感知（$\beta=0.078$，$p<0.05$）与协调关系责任感知（$\beta=0.274$，$p<0.001$）都会对其媒体行为忠诚产生显著正面影响（$\beta=0.274$，$p<0.001$）；另外，受众对媒体的能力信任（$\beta=0.347$，$p<0.001$）和善意信任（$\beta=0.140$，$p<0.001$）都对其品牌行为忠诚有显著积极影响；而受众责任意识对其媒介消费的行为忠诚则无显著影响（$\beta=0.026$，$p>0.05$）。前文提及的企业社会责任消费行为理论得到证实，也侧面反映出此量表适用于进行下一步的实证研究。

四　结论与讨论

1. 研究结论与应用

本文开发了一个研究新媒体社会责任时，适用于被调查者填写的量表。本研究通过描述统计分析和因子分析发现：受众对媒体社会责任的感知可分为4个维度：信息生产责任、社会监督责任、文化教育责任、协调关系责任。这与媒体的社会功能论的相关内容基本符合，其中具体可包括16个指标。

另外，受众对这4个维度的感知程度（或者说评价）从高到低依次为文化教育责任、社会监督责任、信息生产责任、协调关系责任，且均值几乎都位于3~4分（介于不确定和同意之间），这说明受众对新媒体社会责任表现基本持略显中立或不了解的态度。这一方面说明，新媒体履责并不充分；另一方面也从侧面反映出新媒体的社会责任信息披露机制还不够完善。

当然，量表设计的目的还在于能用于接下来的实证研究，因此本研究基于此量表对受众新媒体社会责任感知对其品牌忠诚度的影响做了实证分析，数据分析结果显示影响显著，符合企业社会责任消费行为理论中关于履责会对消费者忠诚产生积极影响的结论，进一步验证了本量表的科学性和实用性。

2. 研究局限

本研究已尽力完善研究中的各个环节，但由于客观条件限制还存在些许不足，有待在未来的研究中加以改进。首先，问卷的收集受到空间、时间等限制，样本对整个群体的代表性可能有所不足，职业上主要集中于学生，在年龄上主要集中于19~36岁。尽管样本规模已符合做因子分析的基本条件，但代表性略显不足，这也让研究结论的适用范围相对受限。其次，关于新媒体类型的选择范围相对较窄，仅局限于广大受众获取新闻的主流渠道。本研究设计的量表是否适用于其他类型的媒体还尚待检验。

B.11

移动互联网时代 App 的隐私政策与社会责任探讨*

——基于50款移动 App 隐私保护政策内容的分析

牛 静　任怡林**

摘　要： 随着移动互联网时代的到来，移动 App 的数量和种类不断扩大，成为人们生活中重要的一部分。但移动 App 在对用户个人信息的使用、管理、保护等方面存在着很多问题，使用户对个人信息的信息安全产生怀疑。目前，移动 App 运营商为了减弱用户对个人隐私泄露的担忧，相继出台了以自律为导向的隐私保护政策，向用户证明其移动 App 的安全性。为了探讨移动 App 的隐私政策，本研究运用内容分析法对50款移动 App 的隐私保护政策进行分析。研究发现：（1）企业逐渐具有保护用户隐私的意识，隐私保护政策内容日趋完善。（2）多数移动 App 采取有效措施保护用户信息安全。（3）部分隐私保护政策查阅不便、更新缓慢。（4）联系企业速度较慢，企业回复效率低。（5）隐私保护政策的针对性不强，一家企业的多款移动 App 使用相同的政策。（6）不平等条款依然存在。对此，政府相关部门应出台统一标准与规范、加强监管，企业应增强社会责任感，勇于承担社会责任。

---

* 本文为2015年国家社会科学基金项目《新媒体环境下中国参与建构全球媒介伦理的路径研究》（15BXW070）的研究成果。

** 牛静，华中科技大学新闻与信息传播学院副教授、博士生导师；任怡林，华中科技大学新闻与信息传播学院硕士研究生。

关键词： 移动App　隐私保护政策　用户信息　信息安全

近年来，我国的移动互联网用户不断攀升。中国互联网络信息中心（CNNIC）发布的《中国互联网络发展状况统计报告》显示："截至2017年12月，我国网民规模达7.72亿，全年共计新增4074万人。互联网普及率为55.8%，较2016年底提升2.6个百分点……截至2017年12月，我国手机网民规模达7.53亿，较2016年底增加5734万人。网民中使用手机上网人群的占比由2016年的95.1%提升至97.5%"① 如此庞大的手机网民群体的需求带动了移动App市场的活跃和繁荣。

移动App在人们生活中扮演着越来越重要的角色，使人们的生活更加丰富、高效、便捷、有趣。人们不再需要像以前一样每天定时定点等待传统媒体传送信息，而是可以随时随地通过移动App获取自己需要的信息。支付App、打车App、购物App等多种App正在前所未有地改变着人们的生活方式。但人们在享受移动App带来的便利服务的同时，也需要向App运营商提供了自己的个人信息。近年来，不少移动App提供商被曝出泄露、非法转让和使用用户个人信息等，人们对个人信息安全问题的担忧随之加剧。

2018年3月16日，Facebook宣布暂时封杀两家机构：SCL（Strategic Communication Laboratories）和剑桥分析公司（Cambridge Analytica）。理由是它们违反了公司在数据收集和保存上的政策。3月18日剑桥分析被指对Facebook的数据使用是"不道德的实验"，在未经用户同意的情况下，利用在Facebook上获得的5000万用户的个人资料数据来创建档案，并在2016年总统大选期间针对这些人进行定向宣传。② 随后几天，Facebook遭受了市值大跌、股价缩水和被用户起诉等多种危机。移动互联网公司泄露用户数据的事情已经不是第一次了，早年间，雅虎、当当等国内外著名的互联网公司均发生过泄露用户数据的事件。就在Facebook被爆出数据泄露事件后，2018年3月27日，

① http：//www.cac.gov.cn/2018-01/31/c_1122346138.htm，《第41次中国互联网络发展状况统计报告》，第21~22页。

② 孙婷慧、李丹：《还原Facebook史上最大数据外泄事件始末》，华尔街见闻，https：//wallstreetcn.com/articles/3256863。

百度 CEO 李彦宏在中国发展高层论坛上称："中国人对隐私问题的态度更开放，也相对来说没那么敏感。如果他们可以用隐私换取便利、安全或者效率。在很多情况下，他们就愿意这么做。"此言一出，引发网友热议。作为中国互联网公司三巨头之一的百度公司 CEO 李彦宏在公开场合发表了如此轻视用户个人隐私的言论，无疑加剧了网民对个人隐私的担忧，将个人隐私的问题再次推向了风口浪尖。

针对这种情况，多数移动 App 运营商采用了建立隐私保护政策的自律模式，规范用户的隐私保护。笔者选取了 50 款移动 App 的隐私保护政策，从文本入手，结合隐私保护的现状，提出研究问题，探讨隐私保护的不足之处，为移动 App 企业保护用户隐私提出建议。

一　网络环境下个人隐私的保护现状与研究问题

（一）个人隐私的现状

在移动互联网环境下，人们的生活与手机 App 的联系越来越密切。对很多人来说，带一部手机就等于带上了公交卡、地铁卡、银行卡等，可以用打车 App 叫车、用支付 App 购物等。但在这个过程中，用户的个人信息泄露风险也随之增加，如：打车软件会使用用户的位置信息，购物软件会使用用户的财产信息等。而这些信息一旦被泄露，将对用户的生活、安全造成严重影响。所以，移动互联网时代对个人隐私的保护显得更为重要。

美国法学家沃伦（Samuel Warren）和布兰德斯（Lousi Brandeis）认为"隐私是一种独处的权利"。① 魏永征教授认为，"隐私权就是个人有依照法律规定保护自己的隐私不受侵害的权利"②。但在移动互联网环境下的隐私问题更多涉及的是对用户信息的"二次使用"问题，主要存在以下几种侵害用户隐私的方式：（1）在未经用户许可的情况下，企业将收集到的用户个人信息用作其他用途。如最初企业收集用户的个人信息是为了保护用户账户安全、交

① Warren S, Brandeis L. The right to privacy. Harvard law review, 1890, 4 (5): pp. 193 - 220.

② 魏永征：《中国新闻传播法纲要》，法律出版社，2005，第 121 页。

易安全等，但随后将这些信息用于向用户推送广告，从广告商处获取利益。（2）在未经用户许可的情况下，企业将收集来的信息进行转让、共享，使用户的个人信息被多家公司使用，且用途不明，用户个人信息的安全性无法得到保障。如企业在未经用户许可的情况下，和第三方网络平台共享数据。（3）企业对用户的信息保护措施和管理措施不到位，导致用户信息被泄露。如信息数据库被黑客攻击。上述是三种比较常见的用户隐私信息泄露方式。虽然，泄露的途径不同，但都会给用户的人身安全、财产安全造成或多或少的损害。

（二）网络环境下个人隐私的自律型保护模式

目前，关于网络隐私保护模式，普遍认可的主要是：以欧盟为代表的立法模式和以美国为代表的网络企业自律模式。[①] 我国的网络隐私保护模式主要是企业自律模式，即企业通过制定保护用户隐私的条文（如隐私保护政策、隐私保护声明等）向用户证明网站或移动 App 的安全性，以消除或减弱用户在使用过程中对个人隐私泄露的担忧。

企业在制定隐私保护政策时，由于缺乏统一的参考标准，其内容和文件名称不一。为了论述方面，本研究将移动 App 内关于保护用户隐私的声明统称为隐私保护政策。隐私保护政策是指网站通过告知用户其个人信息可能被搜集、使用、与第三方共享的情况，以及网站使用个人信息时的免责条款，来告知网络用户在使用本网站时的信息安全问题，达到与用户之间隐私保护的共识。[②]

企业主动制定隐私保护政策，是企业承担社会责任的重要表现。企业作为用户个人信息的收集者和使用者主动出台隐私保护政策，一方面可以建立企业与用户之间的信任，保护用户的个人隐私安全。另一方面，也可以提高企业的品牌形象。

那么，这些隐私保护政策是否可以达到理想的效果，其条文内容的全面性、针对性、具体化是其关键。为了解移动 App 中隐私保护政策的情况，本研究探讨以下几个问题：（1）隐私保护政策的呈现方式；（2）隐私保护政策告知用户如何收集、使用、储存个人信息；（3）隐私保护政策告知用户如何共享和保护个人信息；（4）对我国移动 App 隐私保护政策的评析及完善建议。

---

① 张秀兰：《网络隐私权保护研究》，国家图书馆出版社，2006，第 113～128 页。

② 申琦：《我国网站隐私保护政策研究》，《新闻大学》2015 年第 4 期。

二 研究设计

（一）研究方法和样本选择

本研究采用内容分析法，以50款移动App的隐私保护政策为分析样本。根据TalkingData移动观象台①显示的2018年3月Android和iOS用户使用移动App的活跃排行榜，笔者选取了排行榜中活跃度排名前50的移动App，对这50款软件个人隐私保护政策的内容进行分析。

根据功能将这50款移动App分为11类，分别是：通信社交类（4款）、应用分发类（6款）、移动工具类（14款）、出行服务类（2款）、图片摄影类（2款）、餐饮服务类（1款）、新闻资讯类（2款）、移动视频类（9款）、音乐音频类（4款）、网络购物类（4款）、手机游戏类（2款）（见表1）。

表1 移动App应用分类

类别	应用名称
通信社交(4款)	微信、QQ、新浪微博、陌陌
应用分发(6款)	应用宝、360手机助手、OPPO软件商店、百度手机助手、华为应用市场、小米应用商店
移动工具(14款)	支付宝、手机百度、搜狗输入法、QQ浏览器、WiFi万能钥匙、UC浏览器、腾讯手机管家、360卫士、讯飞输入法、360清理大师、腾讯WiFi管家、墨迹天气、WPS office、百度输入法
出行服务(2款)	高德地图、百度地图
图片摄影(2款)	美图秀秀、美颜相机
餐饮服务(1款)	大众点评
新闻资讯(2款)	腾讯新闻、今日头条
移动视频(9款)	腾讯视频、爱奇艺、优酷、快手、火山直播、西瓜视频、抖音短视频、小米视频、芒果TV
音乐音频(4款)	全民K歌、酷狗音乐、QQ音乐、酷我音乐
网络购物(4款)	手机淘宝、京东、拼多多、美团
手机游戏(2款)	王者荣耀、开心消消乐

① TalkingData（北京腾云天下科技有限公司）移动观象台2018年3月Android和iOS用户使用手机App的活跃排行榜，http://mi.talkingdata.com/手机App-rank.html。

上述的11类移动App，涵盖了人们日常生活中使用到的大部分移动App。笔者于2018年4月1日下载了以上各App，获取了这50款移动App关于隐私保护政策的内容，对其进行内容分析。

（二）隐私保护政策内容分析的类目

本研究主要从以下三个方面对隐私保护政策的内容进行分析：（1）隐私保护政策的呈现方式；（2）对个人信息的收集、使用、管理的规定；（3）对用户个人信息的共享与安全的规定（见表2）。

表2　隐私保护政策内容分析的类目

分类	序号	项目
(1)隐私保护政策的呈现方式和基本内容	1.	移动App是否存在隐私保护政策?
	2.	移动App中是否有单独的隐私保护政策?
	3.	打开移动App时看到隐私保护政策的路径?(直接看到,点击看到,登录账号后看到)移动App是否必须同意隐私保护政策才可使用软件?
	4.	移动App的隐私保护政策是否表明了更新日期?
	5.	移动App的隐私保护政策中是否留有企业的联系方式,什么联系方式?
(2)隐私保护政策对个人信息的收集、使用、管理的规定	6.	移动App收集了用户的哪些信息?
	7.	移动App如何收集用户的信息?
	8.	移动App收集用户信息的目的?
	9.	移动App是否使用Cookie和同类技术?
	10.	用户是否可以管理或删除Cookie?
	11.	用户是否可以管理自己的个人信息?
(3)隐私保护政策对用户个人信息的共享与安全的规定	12.	移动App如何保护您的信息安全?
	13.	移动App如何共享、披露信息?
	14.	移动App是否有未成年人的保护内容?

三　研究发现

（一）隐私保护政策的呈现方式

在这50款移动App中，48款（96%）移动App有隐私保护政策的条文，其中44款移动App有单独的关于隐私保护政策的内容，4款移动App关于隐私保护政策的内容包含在《服务协议》《用户协议》中。有2款（4%）移动App未找到任何与隐私保护政策相关的内容。50款移动App中，12款（24%）移动App必须同意其隐私保护政策才可使用，如不同意，软件将自动关闭无法使用（见表3）。

关于移动App中隐私保护政策的获取方式，数据显示，50款移动App中，21款（42%）移动App在首次打开即可看到有关隐私保护政策的内容。27款（54%）移动App必须操作三次及以上才可以看到有关隐私保护政策，而在这27款App中又有8款（16%）移动App必须在注册账号登录后，才可以找到有关隐私保护政策的内容（见表4）。

表3　隐私保护政策呈现方式和基本内容情况统计

类目＼是否	是	否
存在隐私保护政策	48(96%)	2(4%)
是否有单独的隐私保护政策?	44(88%)	6(12%)
必须同意隐私保护政策才可使用软件?	12(24%)	38(76%)
隐私保护政策中留有企业的联系方式	28(56%)	22(44%)
隐私保护政策表明了更新日期	24(48%)	26(28%)

表4　阅读移动App隐私保护政策的路径

类目	是	否
首次打开移动App可以看到隐私保护政策	21(42%)	29(58%)
必须要操作三次及以上才可看到隐私保护政策(其中包括必须注册登录账号才可以看到隐私保护政策)	27(54%)[8(16%)]	23(46%)

对移动App更新日期的分析显示，24（48%）款移动App关于隐私保护政策的内容更新时间未知，1款（2%）隐私保护政策更新于2016年，15款（30%）移动App的隐私保护政策更新于2017年，只有8款（16%）移动App隐私保护政策是2018年更新的（见表5）。

表 5　隐私保护政策的更新时间

更新时间	占比
2016 年	1(2%)
2017 年	15(30%)
2018 年	8(16%)
未知	24(48%)
无	2(4%)
总计	50(100%)

对联系移动 App 企业的方式分析显示，28 款（56%）移动 App 隐私保护政策中留有企业的联系方式，22 款（44%）移动 App 公司没有留下任何联系方式。留下联系方式的公司主要有电话、电子邮箱、在线客服、挂号信。11 款（22%）移动 App 留下了电话作为主要联系方式，19 款（38%）移动 App 留下了电子邮箱作为用户联系企业的方式，11 款（22%）移动 App 留下了在线客服作为用户联系企业的方式，10 款（20%）App 留下了邮寄挂号信作为用户联系企业的方式（见表 6）。

表 6　联系企业的方式

联系方式	数量(占比)
电话	11(22%)
电子邮箱	19(38%)
在线客服	11(22%)
挂号信	10(20%)
未知	20(40%)
无	2(4%)

（二）用户个人信息的收集、使用、管理的基本情况

笔者对上述 50 款应用中有关用户个人信息的基本情况进行了分析，发现移动 App 中关于用户个人信息的收集、使用、储存的基本情况如下。

1. 收集用户个人信息的种类

多数移动 App 的隐私保护政策表示会收集用户的个人基础信息、财产信

息、地理位置信息和设备信息。有 48 款（96%）的移动 App 的隐私保护政策中表明了收集用户的个人信息的种类，其中，有 42 款（84%）移动 App 收集用户基础信息，25 款（50%）移动 App 收集用户的财产信息，40 款（80%）移动 App 收集用户的位置信息，46 款（92%）移动 App 收集用户的设备信息，38 款（76%）移动 App 收集用户的日志信息（见表 7）。例如，京东的隐私保护政策里面明确表示："本隐私保护政策中涉及的个人信息包括：基本信息（包括个人姓名、生日、性别、住址、个人电话号码、电子邮箱）；个人身份信息（包括身份证、军官证、护照、驾驶证等）；面部特征；网络身份标识信息（包括系统账号、IP 地址、邮箱地址及与前述有关的密码、口令、口令保护答案）；个人财产信息（交易和消费记录，以及余额、京豆、优惠券、京东 E 卡、游戏类兑换码等虚拟财产信息）……个人常用设备信息（包括硬件型号、设备 MAC 地址、操作系统类型、软件列表唯一设备识别码等）；个人位置信息（包括行程信息、精准定位信息、住宿信息、经纬度等）。"① 再如，美团的隐私保护政策中表明："收集您的浏览器和计算机上的日志信息。在您访问我们网站或使用我们服务时，我们系统自动接收并记录您的浏览器和计算机上的信息（包括但不限于您的 IP 地址、浏览器的类型、使用的语言、访问日期和时间、软硬件特征信息及您需求的网页记录等数据）。"②

表 7　收集个人信息的种类统计

收集信息种类	是	否
基本信息	42(84%)	8(16%)
财产信息	25(50%)	25(50%)
位置信息	40(80%)	10(20%)
设备信息	46(92%)	4(8%)
日志信息	38(76%)	12(24%)

2. 收集用户个人信息的途径

收集个人信息的途径主要有三种方式：一是用户提供的信息，即用户在使

① 京东《京东隐私政策》，更新于 2017 年 8 月 20 日，摘录于 2018 年 4 月 15 日。

② 美团《隐私政策》，摘录于 2018 年 4 月 15 日。

用移动App时提供的个人信息（如：手机号、邮箱等）。二是用户使用服务过程中获得的信息，如用户搜索、浏览等信息。三是来自第三方的信息，经用户授权服务器提供商可向关联方、合作伙伴及其他独立第三方来源获得的个人信息。46款（92%）的移动App在隐私保护政策中表明了是通过何种渠道收集用户的个人信息。41款（82%）移动App通过用户主动提供的方式获取信息，24款（48%）移动App企业在用户使用服务的过程中获取信息。（见表8）如陌陌的隐私保护政策表示："您向我们提供的信息您在注册账户或使用我们的服务时，向我们提供的相关个人信息……我们在您使用服务过程中收集的信息，为向您提供更契合您需求的页面展示和搜索结果、了解产品适配性、识别账号异常状态，我们会收集关于您使用的服务以及使用方式的信息并将这些信息进行关联……我们通过间接获得方式收集到的您的个人信息。"① 23款（46%）移动App通过第三方获取信息。比如oFo小黄车推出的免押金服务需要向蚂蚁金服公司获取用户支付宝账户的"芝麻信用"。

表8　收集个人信息的途径统计

获取信息途径	是	否
用户主动提供	41(82%)	9(18%)
企业在用户使用服务的过程中获取信息	24(48%)	26(52%)
企业通过第三方获取信息	23(46%)	27(54%)

3.收集用户个人信息的目的

移动App收集用户个人信息主要是为了保障用户的账户安全、提供个性化服务、软件管理升级、改善用户体验等。47款（94%）移动App表明了收集用户个人信息的用途，其中，43款（86%）移动App表示手机用户的个人信息是为了保障用户的账户安全，43款（86%）移动App表示手机用户的个人信息进行分析给用户提供个性化服务，17款（34%）移动App表示收集用户的个人信息是为了进行软件的升级，37款（74%）移动App表示手机用户的个人信息是为了改善用户体验（见表9）。例如，小米应用商店的隐私保

① 陌陌《隐私权协议》，更新于2018年3月20日，摘录于2018年4月16日。

护政策表示："我们可能会将您的个人信息用于下列目的：提供、处理、维护、改善、开发我们的商品和/或提供给您的服务……与您就您的设备、服务或任何普通查询（例如更新、客户咨询支持、我们活动的相关信息、通知）等进行交流。进行相关的推广活动，例如提供推广与促销的资料和更新。关于推广和促销活动的更多信息……进行促销活动，例如抽奖或 Facebook 活动……分析和开发与我们产品及服务的使用相关的统计信息，以更好地改进我们的产品和服务……"①

表 9　收集个人信息目的统计

目的	是	否
保障账户安全	43(86%)	7(14%)
提供个性化服务	43(86%)	7(14%)
软件升级	17(34%)	33(66%)
改善用户体验	37(74%)	13(26%)

4. 企业对用户信息的使用和管理情况

使用 Cookie 主要是为了让用户获得更轻松的访问体验、向用户推荐可能感兴趣的内容。百度地图在其隐私保护政策中表示："运用 Cookie 技术，百度能够了解您的使用习惯，记住您的偏好，省去您输入重复信息的步骤，为您提供更加周到的个性化服务，或帮您判断您账户的安全性。Cookie 还可以帮助我们统计流量信息，分析页面设计和广告的有效性。我们不会将 Cookie 用于本政策所述目的之外的任何用途。您可根据自己的偏好管理或删除 Cookie。"② 38 款（76%）移动 App 使用了 Cookie 以及同类技术，25 款（50%）移动 App 隐私保护政策中规定用户可以关闭或删除 Cookie（见表 10）。

33 款（66%）移动 App 给予了用户管理自己信息的权利，表示用户可以根据自己的需要访问、控制自己的个人信息。如：更新、更正、删除自己的个人信息，注销账户等（见表 10）。优酷的隐私保护政策中表明："我们将按

① 小米应用商店《隐私政策》，更新于 2017 年 8 月 22 日，摘录于 2018 年 4 月 16 日。

② 百度地图《隐私政策》，更新于 2018 年 2 月 7 日，摘录于 2018 年 4 月 17 日。

《中华人民共和国网络安全法》的要求，进行技术开发，通过提供便捷的方法，让您可以访问您的个人信息、更正或补充您的个人信息、删除您的个人信息、改变您授权同意的范围、个人信息主体注销账户。”①

表 10　用户信息使用和管理情况统计

项目 \ 是否	是	否
企业使用 Cookie 和同类技术	38(76%)	12(24%)
用户可以管理或删除 Cookie	25(50%)	25(50%)
用户可管理自己的个人信息	33(66%)	17(34%)

（三）隐私保护政策中关于用户信息共享与安全

多数移动 App 采用技术手段、建立管理制度的手段、重大事件应急措施以保障用户的信息安全。统计结果显示，有 45 款（90%）移动 App 在隐私保护政策中告知用户如何保护用户的信息安全，其中，有 44 款（88%）移动 App 采用了技术手段保护用户的信息，29 款（58%）移动 App 企业采取建立规范管理制度的方式保护用户信息，17 款（34%）移动 App 企业制定了个人信息泄露等安全事件的应急预案。45 款（90%）移动 App 的隐私保护政策中含有未成年人的保护内容，要求未成年人在监护人的监督下使用移动 App 的保护（见表 11）。例如，爱奇艺在其隐私保护政策中指出：“我们建立了完善的信息安全管理制度和内部安全事件处置机制等，我们会采取适当的符合业界标准的安全措施和技术手段存储和保护您的个人信息，以防止您的信息丢失、收到被未经授权的访问、使用、毁损或泄露。根据我们的安全管理制度，个人信息泄露、毁损或丢失事件被列为重大安全事件，一经发生将启动公司紧急预案，由技术部、政府关系部、法务部等多个部门组成联合应急响应小组处理。”②

① 优酷《法律声明及隐私权政策》，更新于 2017 年 12 月 30 日，摘录于 2018 年 4 月 17 日。

② 爱奇艺《用户隐私保护声明》，摘录于 2018 年 4 月 17 日。

表 11 用户信息保护情况统计

人群	保护措施	是	否
成年人	技术手段	44(88%)	6(12%)
	建立规范管理制度	29(58%)	21(42%)
	重大事件应急预案	17(34%)	33(66%)
未成年人	监护人监护	45(90%)	5(10%)

72%的移动 App 隐私保护政策表明了如何共享、转让、披露信息，大多数公司的隐私保护政策表示，在征得用户同意和法定情况下会对外共享用户的个人信息，会与合作伙伴共享用户的个人信息，不会转让用户的个人信息。其中，40 款（80%）移动 App 表示在征得用户同意的情况下会共享用户的个人信息，40 款（80%）移动 App 表示在行政、司法机构等有权机关要求的情况下会共享用户的个人信息，22 款（44%）移动 App 则表示在国家安全、公共利益等重大事件发生的情况下会共享用户的个人信息，5 款（10%）移动 App 表示在用户参与第三方影响活动时会共享用户的个人信息。39 款（78%）移动 App 则表示在进行合并、收购、资产转让或类似的交易，用户的个人信息可能会被转移，在转移之前会征得用户的同意（见表 12）。例如，美团在其隐私政策中规定："除以下情形外，我们不会将您的个人信息披露给第三方：获得您的同意或授权……根据法律法规的规定或行政、司法机构等有权机关的要求或者授权……我们与第三方进行联合营销活动时……随着我们业务的发展，我们及我们的关联方有可能进行合并、收购、资产转让或类似的交易，您的个人信息有可能作为此类交易的一部分而被转移。我们将在转移前通知您。"①

表 12 用户信息共享、转让情况统计

类别	项目	是	否
共享	征得用户同意的情况下	40(80%)	10(20%)
	行政、司法机构等有权机关的要求的情况下	40(80%)	10(20%)
	国家安全、公共利益等重大事件发生的情况下	22(44%)	28(56%)
	参与第三方影响活动的情况下	5(10%)	45(90%)

① 美团《隐私政策》，摘录于 2018 年 4 月 17 日。

续表

类别	项目	是	否
转让	用户同意的情况下及转让的情况下	39(78%)	11(22%)
	进行合并、收购、资产的情况下	39(78%)	11(22%)

四　研究结论

经过对 50 款 App 隐私保护政策的研究发现。我国大部分移动 App 的隐私保护政策内容呈现不断完善的趋势，且愿意自觉承担起一部分保护用户信息安全的社会责任。但是，一些移动 App 的运营商的隐私保护政策也存在一些问题，比如：其内容对细节问题表述较为模糊。也有一少部分移动 App 企业未出台关于隐私保护政策的内容，或对隐私保护政策的表述简单、含糊，逃避保护用户隐私安全的社会责任等。笔者研究了 50 款移动 App 隐私保护政策发现以下几点。

（一）企业逐渐具有保护用户隐私的意识，隐私保护政策内容日趋完善

目前，我国大部分移动 App 公司已经出台相关的隐私保护政策。就研究的 50 款移动 App 而言，有 48 款（96%）的移动 App 有隐私保护政策且在隐私保护政策中表明了收集用户的个人信息的种类，有 44 款（88%）移动 App 采用了技术手段保护用户的信息等。由此可见，移动 App 运营商对用户隐私的保护意识有所加强；有大约一半以上的移动 App 企业的隐私保护政策出台得较为全面、详细。例如，手机淘宝 App 关于保护用户隐私的文件有 1 万余字，主要为了表明以下 9 个问题：(1) 如何收集和使用用户的个人信息；(2) 如何使用 Cookie 和同类技术；(3) 如何共享、转让、公开披露您的个人信息；(4) 如何保护个人信息；(5) 如何管理个人信息；(6) 如何处理未成年人的个人信息；(7) 用户的个人信息如何在全球范围转移；(8) 本隐私权政策如何更新；(9) 如何联系运营商。[①] 移动 App 隐私保护政策内容的丰富表明多数企业保护用户信息安全的意识不断增强。

① 手机淘宝《法律声明及隐私权政策》，更新于 2017 年 8 月 21 日，摘录于 2018 年 4 月 15 日。

（二）多数移动 App 采取有效措施保护用户信息安全

笔者研究发现，有 90% 的移动 App 的隐私保护政策中表示，会采取技术手段和严格的管理流程以保护用户的个人信息安全。如应用宝在其隐私政策中表示："我们使用各种安全技术和程序，以防信息的丢失、不当使用、未经授权阅览或披露。例如，在某些服务中，我们将利用加密技术（例如 SSL）来保护您提供的个人信息。"① 再如手机淘宝在其隐私保护政策中表示："我们会部署访问控制机制，尽力确保只有授权人员才可访问个人信息；以及我们会举办安全和隐私保护培训课程，加强员工对于保护个人信息重要性的认识。"② 在用户对个人信息安全担心加剧的情况下，多数移动 App 企业采取实质性的措施来保护用户的个人信息安全，是企业承担社会责任的重要表现。此外，还可以缓解用户对个人信息安全的担忧，也可以为企业树立良好的品牌形象。

（三）部分隐私保护政策查阅不便、更新缓慢

目前，我国的移动 App 的隐私保护政策放置在 App 中隐匿的位置，用户一般很难看到。超过半数的移动 App 至少需要点击三次才能看到其隐私保护政策（查找移动 App 的一般步骤：打开 App—我的—设置—隐私保护政策）。更为烦琐的是 16% 的移动 App 必须注册账号，登录账号之后，在我的—设置—关于中可以找到有关隐私保护政策的内容。还有一部分移动 App 的隐私保护政策没有单独列出，存在于《用户协议》中。此外，大部分企业的移动 App 隐私保护政策更新缓慢，超过半数的移动 App 未公示更新时间。仅有 16% 的移动 App 在 2018 年更新了隐私保护政策。移动 App 的隐私保护政策作为行业自律的文件，应该尽可能地向用户呈现，并接受用户的建议和意见，及时更新。将隐私保护政策放置在隐匿位置的行为，不仅使用户查阅不便，也使用户无法了解自己隐私的安全性，长此以往，隐私保护政策的意义减弱，用户和企业之间的信任也会随之减弱。

---

① 应用宝《隐私政策》，摘录于 2018 年 4 月 15 日。

② 手机淘宝《法律声明及隐私权政策》，更新于 2017 年 8 月 21 日，摘录于 2018 年 4 月 15 日。

（四）联系企业速度较慢，企业回复效率低

笔者发现，约半数的企业给用户留下了联系方式，但对多数企业留下的联系方式为挂号信和电子邮箱等低效率的渠道，且回复期在 15～30 天。只有少数企业留下了在线客服和电话这两种高时效性的联系方式。联系方式作为用户和企业之间沟通的桥梁，对用户和企业来说非常重要。用户可以通过企业留下的联系方式反馈隐私保护政策存在的问题或寻求企业解答疑惑，企业也可根据用户的反馈和问题更好地完善自己的隐私保护政策。而多数企业未留下联系方式或留下低效率的联系方式，错失了与用户沟通的良好机会。

（五）隐私保护政策的针对性不强，一家企业的多款移动 App 使用相同的政策

对上述 50 款移动 App 进行研究发现，同一企业的多款移动 App 使用一模一样的隐私保护政策。这种现象在大型公司开发的移动 App 中表现得最为突出。如：腾讯公司旗下的 QQ、应用宝、QQ 浏览器、腾讯手机管家、全民 K 歌和腾讯 WiFi 管家等多款 App 使用了同一个隐私保护政策。但这几款移动 App 的主要功能不同，QQ 的主要功能是社交，应用宝、腾讯手机管家和腾讯 WiFi 管家主要是对手机的管理，全民 K 歌的主要功能是娱乐，QQ 浏览器主要是用于搜索引擎。腾讯公司将同一隐私保护政策适用于这 6 款不同功能的移动 App，其内容缺乏针对性，会影响保护用户隐私的效果。

（六）不平等条款依然存在

在笔者研究的 50 款移动 App 中，24% 的移动 App 强制用户必须同意其隐私保护政策，否则移动 App 将自动关闭，无法使用。隐私保护政策存在一些霸王条款。例如，西瓜视频在其隐私保护政策中声称：“公司依照法律规定履行广告及推广相关义务，您应当自行判断该广告或推广信息的真实性和可靠性并为自己的判断行为负责。除法律法规明确规定外，您因该广告或推广信息进行的购买、交易或因前述内容遭受的损害或损失，用户应自行承担，公司不予承担责任。”西瓜视频一方面提供广告推广服务，但对广告内容的真实性不予把控；另一方面，又将鉴别广告真实性的责任留给受众，将广告中可能出现问

题、可能造成损失的风险留给受众承担。再如，拼多多的隐私保护政策规定："本政策适用于拼多多向您提供的所有服务，若您不同意本政策的任何内容，您应立即停止访问拼多多并停止使用拼多多服务。当您点击同意本政策或使用拼多多提供的任一服务时。即表示您已同意本政策的全部内容，自愿授权，我们按本政策收集使用共享管理和保护您的个人信息。"① 类似的不平等条款强制用户必须同意其隐私保护政策，限制用户选择的权利。

（七）对未成年人的保护不够到位

关于未成年人信息的保护，多数移动 App 的隐私保护政策强调未成年人是应在监护人监护、指导并获得监护人同意情况下使用移动 App。但在互联网无处不在的时代，想要依靠监护人的监护来保护未成年人的信息安全似乎太不切实际。此外，不同的移动 App 对未成年人的年龄解释不统一。有的移动 App 中将未成年人定义为 14 周岁（及以下）的未成年人，有的移动 App 将未成年人定义为 16 周岁（及以下）的人，而有的 App 则将未成年人定义为 18 周岁以下的人。我国的移动 App 隐私保护政策对未成年人个人信息的保护措施有待调整，保护力度有待加大。

五　对策与展望

（一）政府相关部门应出台统一标准与规范，加强监管

移动 App 对用户个人信息的保护，不能仅仅依靠企业各自制定的隐私保护政策来维持，政府也应出台相关的法律法规。2016 年 6 月 28 日国家互联网信息办公室发布了《移动互联网应用程序信息服务管理规定》，对移动 App 的应用程序进行规范："要求企业建立健全用户信息安全保护机制，收集、使用用户个人信息应当遵循合法、正当、必要的原则，明示收集使用信息的目的、方式和范围，并经用户同意，依法保障用户在安装或使用过程中的知情权和选择权，未向用户明示并经用户同意，不得开启收集地理位置、读取通信录、使

① 拼多多《隐私政策》，更新于 2017 年 9 月 19 日，摘录于 2018 年 4 月 17 日。

用摄像头、启用录音等功能，不得开启与服务无关的功能，不得捆绑安装无关应用程序。”① 此政策出台后，移动互联网移动App在对用户个人信息收集和使用方面的内容有了大的改观。但一部分移动App在隐私保护政策中对用户个人信息的保护、储存、共享等问题上的表述依旧含糊不清。因此，笔者对政府监管制定隐私保护政策提出以下几点实质性的建议。

首先，政府应出台隐私保护政策制定的参考标准或规范，使企业在制定隐私保护政策时有规范性的依据。参考标准或规范应对隐私保护政策的文件名称、主要内容、查找方式进行统一的规范，使用户方便查找移动App的隐私保护政策，也使隐私保护政策的基本内容更加完善。从而防止一些企业将隐私保护政策隐匿在移动App的某个设置选项中，让用户难以了解隐私保护政策。

其次，政府应加强对移动App隐私保护政策的检查（或抽查），以督促隐私保护政策的规范，整改不平等条款横行的现状，保护用户应有的权利。部分移动App的隐私保护政策以“使用移动App即同意隐私政策”的不平等的、单方面条款绑架用户，使其在不知情的情况下同意其隐私保护政策，损害用户对个人信息的控制权。政府的抽查（或检查）在一定程度上可以督促隐私保护政策内容的规范。

最后，应建立相关的问责机制，针对屡次抽查不合格的移动App，应处以罚款、移动App下架等实质性的处罚。如：一些移动App的隐私保护政策隐藏在用户很难找到的位置，但在隐私保护政策中又规定“使用移动App提供的服务即表示您已同意隐私保护政策的内容”。对于这种在用户不知情情况下获取用户个人信息的移动App企业，应处以触及其商业利益的实质性处罚。

（二）企业应增强社会责任感，勇于承担社会责任

企业作为移动App的开发者，收集和使用用户的个人信息，在此过程中，保护用户个人信息的安全责无旁贷。任何一个企业，在获取商业利益的同时，都应积极承担起相应的社会责任。这种社会责任不外乎出于功利和道德两种动机。功利动机是隐私泄露和不泄露之间的利益权衡，道德动机则认为泄露个人

① 中华人民共和国国家互联网信息办公室，http://www.cac.gov.cn/2016-06/28/c_1119122192.htm。

隐私是违背伦理规范的。① 在互联网高速发展的今天，互联网企业承担社会责任的意识仍需不断加强，勇于承担起保护用户信息安全的重大责任，为用户打造一个健康、安全的网络环境。为此笔者针对隐私保护政策存在的问题提出了几点建议。

第一，企业应将移动 App 的隐私保护政策放置在移动 App 界面醒目的位置，提高用户看到隐私保护政策的概率，让用户了解隐私保护政策后，进行选择，充分尊重用户的选择权。而不是将隐私保护政策放在用户难以看到，却又在隐私保护政策中规定使用移动 App 提供的服务即表示同意该隐私保护政策。移动 App 不应当利用这种不正当的手段获取用户的个人信息。

第二，企业应留下及时有效的联系方式方便企业和用户及时沟通。移动 App 的隐私保护政策大多都是企业单方面制定的，虽然一部分企业在隐私保护政策中为用户留下了联系企业的方式，但回复时间在 15 天左右。企业应为用户提供高效、及时的联系方式，比如在线客服，24 小时的客服电话等。这不仅可以为用户解惑答疑，还可听取用户的反馈意见，更好地完善隐私保护政策。

第三，企业应对每一款移动 App“量身定制”隐私保护政策，而不是将一个隐私保护政策用于多款 App。针对移动 App 的功能不同，制定隐私保护政策时，其主要内容应有所侧重。比如：高德地图作为出行工具，主要使用用户的位置信息，在制定隐私保护政策时应着重介绍企业对用户位置信息的收集和使用，以及如何保护用户的位置信息。支付宝作为支付 App，在制定隐私保护政策时，应格外突出对用户个人基础信息、财产信息的收集和使用，详细说明如何保护用户的财产信息，让用户可以放心使用。

第四，企业应勇于承担保障用户信息安全和财产安全的社会责任。一些移动 App 企业向用户推送信息，但又不能确保信息的真实性和可靠性，因广告或推广信息进行的购买、交易遭受的损害要用户自行承担，公司不予承担责任。这种将商业利益凌驾于用户的信息安全和财产安全之上的行为是企业缺乏承担社会责任的重要表现。企业在推送信息时，应对信息内容的真实性和可靠性有严格的把关，承担起对用户的责任，尽最大可能保护用户的信息和财产安

① 赵付春：《大数据环境下用户隐私保护和信任构建》，《探索与争鸣》2017 年第 12 期。

全。移动 App 企业也及时地补充和完善隐私保护政策的内容。

第五，移动 App 企业应承担起对未成年人保护的责任，而不是将对未成年人保护的责任全部推向未成年人的监护人身上。在移动互联网无处不在时代，对未成年人保护仅依靠监护人的监督略显单薄。企业可利用技术手段，对未成年人使用移动 App 的时间，使用内容等进行限制。如：游戏移动 App 可以根据获取的用户年龄的数据，限制 18 岁以下用户每天的使用时间。直播平台可根据主播的直播内容限制未成年人观看。

总体来说，我国移动 App 的隐私保护政策内容不断发展、日趋完善，企业的隐私保护意识和社会责任增强。但存在部分问题有待改善，比如隐私政策内容虽然全面但不够详细，不平等条款依然存在等问题。隐私保护政策的改善应以企业自律为主，政府相关部门监督为辅。监督只是督促完善隐私保护政策的一种手段，想要真正完善我国的移动 App 的隐私保护政策，还需企业进一步提升社会责任感并积极承担社会责任，努力打造完善的隐私保护政策以确保用户的信息安全。

参考文献

http：//www. cac. gov. cn/2018 -01/31/c_ 1122346138. htm，《第 41 次中国互联网络发展状况统计报告》。

孙婷慧、李丹：《还原 Facebook 史上最大数据外泄事件始末》，华尔街见闻，https：//wallstreetcn. com/articles/3256863。

Warren S，Brandeis L. The right to privacy [J]，Harvard law review，1890，4 (5)：pp. 193 -220.

魏永征：《中国新闻传播法纲要》，法律出版社，2005。

张秀兰：《网络隐私权保护研究》，国家图书馆出版社，2006。

申琦：《我国网站隐私保护政策研究》，《新闻大学》2015 年第 4 期。

TalkingData（北京腾云天下科技有限公司）移动观象台 2018 年 3 月 Android 和 iOS 用户使用手机 App 的活跃排行榜，http：//mi. talkingdata. com/手机 App-rank. html。

京东《京东隐私政策》，更新于 2017 年 8 月 20 日，摘录于 2018 年 4 月 15 日。

美团《隐私政策》，摘录于 2018 年 4 月 15 日。

陌陌《隐私权协议》，更新于 2018 年 3 月 20 日，摘录于 2018 年 4 月 16 日。

小米应用商店《隐私政策》，更新于 2017 年 8 月 22 日，摘录于 2018 年 4 月 16 日。

百度地图《隐私政策》，更新于 2018 年 2 月 7 日，摘录于 2018 年 4 月 17 日。

优酷《法律声明及隐私权政策》，更新于 2017 年 12 月 30 日，摘录于 2018 年 4 月 17 日。

爱奇艺《用户隐私保护声明》，摘录于 2018 年 4 月 17 日。

美团《隐私政策》，摘录于 2018 年 4 月 17 日。

手机淘宝《法律声明及隐私权政策》，更新于 2017 年 8 月 21 日，摘录于 2018 年 4 月 15 日。

应用宝《隐私政策》，摘录于 2018 年 4 月 15 日。

手机淘宝《法律声明及隐私权政策》，更新于 2017 年 8 月 21 日，摘录于 2018 年 4 月 15 日。

拼多多《隐私政策》，更新于 2017 年 9 月 19 日，摘录于 2018 年 4 月 17 日。

中华人民共和国国家互联网信息办公室，http：//www.cac.gov.cn/2016－06/28/c_1119122192.htm。

赵付春：《大数据环境下用户隐私保护和信任构建》，《探索与争鸣》2017 年第 12 期。

B.12
网络直播场域网络暴力的发生机制与规范治理

——基于对电子竞技直播的网络民族志调查

邓秀军　吕雅霜　蔡译萱*

摘　要：　电子竞技直播属于网络直播的一种，凭借国内电子竞技行业的快速发展，电子竞技的直播已经成为我国当下最主要的网络内容产业。在电子竞技直播场域，参与游戏和围观直播的网络用户都较为年轻，网络直播较强的互动交流和即时呈现媒介属性又给予了网络用户极其强烈的现场参与感和冲突代入感，在这样的场域语境下，网络暴力的出现在所难免。本文从场域理论的关照视角出发，采取网络民族志的研究方法，通过前期的参与式田野观察、中期的浸入式调查和后期的印证式深度访谈，从网络暴力出现的环境、实施的主体、呈现的方式和产生的影响等几个层面，探索和揭示电子竞技直播中网络暴力的发生机制，归纳和总结网络直播场域网络暴力的防范机制和治理方略。

关键词：　网络暴力　场域理论　网络民族志　网络直播　电子竞技

* 邓秀军，华中科技大学新闻与信息传播学院教授，博士生导师，研究方向为视听新媒体和社交媒体；吕雅霜，华中科技大学新闻与信息传播学院硕士研究生；蔡译萱，华中科技大学新闻与信息传播学院硕士研究生。

一 引言

网络暴力是互联网空间针对他人的人身攻击，这种人身攻击的手段既可以是语音、文字等语言媒介，也包括图片、视频等影像媒介，具体的行为是超越法律和伦理的限度对他人的身心形成侵犯，产生了一定程度的伤害。网络暴力具有两个方面的特征：一是由网民对于当事人给予网络上的口头攻击，以此造成他人名誉权、隐私权等方面负面影响的行为；二是通过网络发布的与暴力相关的图片、视频等导致网络人身攻击事件的发生。

媒介与暴力早就不是一个新兴的话题，早在20世纪70年代，美国就发生过电视暴力，造成了数次总统暗杀事件；而在中国，由于没有影视作品的分级制度，有一些血腥暴力，或是内容没有考究的电影、电视剧，甚至是动画片，在被青少年，尤其是儿童观看后，往往会造成不良的后果。媒介暴力的影响主要分为媒介传递内容对受众造成的影响，这点更倾向于行为暴力；另一种属于受众根据某个事件对当事人进行语言攻击谩骂等，更倾向于语言暴力。而网络暴力则更加侧重于网民依据某个事件，对于当事人的网上语言攻击、人肉搜索等行为，造成当事人名誉权、隐私权等方面的损失。

电子竞技直播（以下简称“电竞直播”），也可以简单理解为游戏直播，由于游戏本身的入门门槛低，早些年的网络直播对于主播几乎没有很硬性的规定，很多电竞直播的内容低俗化，尤其是在女主播方面，往往通过暴露的着装来吸引观众，男主播也有在语言方面使用不当，经常出现脏话的现象。大多数电竞直播的观众在发布弹幕的时候也往往口无遮拦，会非常直接地表达自己对主播或者节目的不满，甚至经常在弹幕上无视直播内容，直接对某人、某个事件，或是直接开打“地图炮”，导致整个直播的环境变得十分混乱。虽然随着近几年的规定出炉，主播本身整体素质有所提高，行为渐渐规范，但是网民由于自身素质及情绪宣泄，对主播或节目发出的大量抨击，仍然构成了频繁的网络暴力行为。

《中国电子竞技及游戏直播行业研究报告（2016）》显示，中国电子竞技行业发展已进入成熟阶段，2016年电竞整体用户规模达到1.7亿，市场规模迅速扩大。同时，虽然近年来在电子竞技直播中的网络暴力事件鲜有占据网络热搜或是新闻中的大型事件，但它在网络直播中几乎无处不在，其危害也是不言而喻。

二 研究现状

（一）网络暴力与网络直播中的网络暴力

网络暴力是网络平台上针对他人的人身攻击。在网络直播场域，由于人际互动的即时性和互动过程的直观呈现，让网络暴力的冲突感和力度更为强烈。

1. 网络暴力

网络暴力主要表现为语言暴力和行为暴力两个方面：一是由网民对于当事人给予网络上的口头攻击或发布文字信息，以此造成他人名誉权，隐私权等方面负面影响的行为；二是通过网络发布的与暴力相关的图片、视频等给网民造成暴力性行为引导的事件。行为暴力主要分为在网上公开当事人个人隐私和对当事人及其亲友的正常生活进行行动和言论侵扰两种（姜方斌，2011）。

在《从网络暴力事件参与者的不同层次看网络治理》一文中，陈代波（2015）认为：在网络暴力事件中，不同阶段，实施不同网络行为的网民的地位和作用不同，可以依据不同网民承担的角色和功能将他们划分为两个层次：关键人物和推波助澜群。关键人物又可以细分为信息首发者，意见领袖，人肉搜索者（含黑客），网络推手（含网络水军），他们是网络暴力事件参与者的核心，在网络暴力事件的发生发展过程中起着关键的作用。

实际上在网络场域当中，人与人之间的矛盾其实往往是生存差异导致的，正如汪磊所言，现今社会存在某种程度的社会普遍焦虑，致使这种社会矛盾在网络平台上呈现为一幅“碎片化的抗争图景”。这种“图景”生成的社会根源在于价值期望与价值能力的不相契合导致间隙不断扩大，生活期许的抬升与容忍阈值的下移容易产生强烈的“不合意”体验，从根源来讲是无处不在的生存性对比。也就是说，往往在同一个事件上网友们表现出的思维差异是因为现实生活中不同人之间的矛盾而不仅仅是在网上体现。例如贫富差距、社会地位差距、生活经验差距等这些导致了沟通上的困难，并且在现实生活中累计的压力和焦虑会释放到网络中来。

2. 网络直播中的网络暴力

在《网络直播在我国的传播现状及其特征分析》一文中，赵梦媛（2016）把网络直播定义为一种新兴的、互动性强的视频娱乐方式，主播通过PC端或者手机端的直播软件，在这类平台上直播生活日常、才艺展示、电子竞技、户外活动等内容，观众通过弹幕与主播即时互动，或选择用现实货币购买可以兑换成现实经济效益的礼物送给主播完成打赏。当前，网络直播行业正呈现三方分化的形态，包括最为知名的秀场类直播、人气最高的游戏直播，以及新诞生并迅速崛起的泛生活类直播。

网络直播的主播具有娱乐化、低俗化、多样化、明星化、商业化等特点；网络直播的传播具有时间碎片化、持续性、即时互动、弹幕文化、分享快捷、无标度分布等特点；网络直播的受众以消磨时间、欣赏主播、社交、学习技巧、猎奇为目的。网络直播中的网络暴力是基于弹幕文化的即时互动能力，并与网络本身的虚拟性和匿名性所结合产生的以语言攻击为主的暴力形式（郑甦，2017）。虚拟和匿名两个要点让直播中语言的使用变得肆无忌惮，人们不用担心这些语言会像在现实生活中一样受到惩罚和约束，于是使网络暴力的施暴者变得更加激进甚至出格。

（二）场域理论和网络直播的场域

布尔迪厄将场域定义为“由各种不同地位所构成的多维度的空间，是社会关系的构成单位，是一种关系系统”。他认为社会这个大场域是由各个小场域构成的，各个场域既相互联系又相互区别。社会世界是由大量具有相对自主性的小世界构成的，这些小世界本身具有逻辑性和必然性，正是这些小世界的客观关系空间构成了社会的不同“场域”。场域是一个客观关系构成的系统，其内部具有规则性和斗争性，由于场域的边界具有经验性，因而场域的界限是模糊的，场域之间的关联也是复杂的。

1. 资本与社会资本

场域是充满力量的。在场域中，个体之间的竞争，就是场域对抗性的体现。在布尔迪厄看来，确定场域的同时就带有不同力量的对抗。“在场域中活跃力量是那些用来定义各种‘资本’的东西，”布尔迪厄有关资本的概念并不同于一般经济学领域的概念，而是把资本视作积累起来的劳动，并作为社会资源被群体占有。他认为资本分为经济资本、文化资本和社会资本。其中，经济资本是可以立即并直接转换成金钱，从而以财产的形式被制度化；文化资本则可以通过某种途径转化为经济资本，它是以教育资格的形式被制度化；社会资本由社会义务构成，在某些情况下也可以转化为经济资本。由此可见，布尔迪厄的关于资本的概念是广义的，他认为在场域中，经济资本是显性的，社会资本和文化资本则是隐性的，而且三种资本之间可以相互转化。

2. 惯习与社会规训

惯习是场域理论的重要概念。布尔迪厄将惯习定义为“一个持久的、可转移的禀性系统”。惯习可以在潜意识层面发挥作用，囊括个人的知识和对世界的理解。布尔迪厄认为场域是一个客观的关系系统，活动在场域中的人亦是有知觉和意识的，因此，每个场域系统都有独特的“性情倾向”系统，这个系统就是惯习。布尔迪厄曾将场域理论比作一个游戏，惯习和资本规定了场域中参与者的本质属性，两者成为游戏中的王牌，决定游戏的形式和结果。场域构造了惯习，惯习优势场域内在需要的外线产物，在这种情况下场域和惯习的关系是一种约束关系；另外，惯习又赋予场域价值与意义，因此惯习和场域的关系又呈现一种构建关系，因此，在惯习和场域的关系中要考虑历史因素，同一场域随着时间流逝会发生惯习的变化。

3. 场域自主化

布尔迪厄认为社会存在多样化的场域是社会自身分化的结果，而这种分化便是场域自主化的过程。自主化是某个场域在发展过程中摆脱其他场域的限制和影响并体现自己固有的本质。布尔迪厄将场域自主划分为生产场域和限定的生产场域两种。限定的生产场域是与场域本身特殊化扩展形成，而大规模的生产场域是社会场域扩大形成。在限定的生产场域中，生产是为了其他生产者即场域中的行动者和制度，这时的供给方同时也是需求方，因此限定的生产场域也就是具有自主性的场域。

网络直播场域中存在非常频繁的经济资本的交换，网络直播作为一个行业类型，本身是一定会有经济流动的，在这个过程中经济资本的交换和主体的交互是相互推动的。网络直播主要是由直播参与者和观众作为交互主体，以弹幕作为媒介，连接了观众与观众，观众与主播，将间接的“我—他”关系变成了“我—你”关系，使沟通更加直接。同时网络直播场域属于网络场域中的一部分，它拥有网络直播的特性，又有自我独立的运作规则。网络直播场域具有开放性、匿名性、平等性、快捷性、互动性、虚拟性，它是直播的观众们在匿名的基础上快速平等交流的平台。而在这个互动的过程中，对让自己感到喜爱的主播和直播内容进行打赏成为惯例，也致使主播们为了获得更多的经济效益不断地更改自己的直播内容以求更符合大众口味，其中不乏一些出格的直播内容，影响了网络直播场域的整体形象。

（三）民族志与网络民族志

民族志调查法以观察为主要手段，卜玉梅（2012）在比较中西方关于网络民族志的研究后指出，“网络民族志是在网络虚拟环境的研究背景下，通过互联网的表达平台和互动工具来收集资料，探究和阐释互联网及相关的社会文化现象的一种方法”。网络民族志主要的研究田野在网络社区，主要研究对象为个人或群体在网络虚拟空间中的行为及活动。其优点是方便快捷，成本低，突破空间地域的界限，由于网络的特性使研究者能够获得较为丰富的调查资料，并且可以接触难以接触的群体或对比较敏感的领域开展研究。本尼迪克特·安德森（2002）认为：包括民族在内的所有社区都是想象的，即使是从未谋面的人也能借由他们共同的想象而联结在一起。因此，虚拟社区是建立在内部成员的共同想象基础上的一个“想象的共同体”。

民族志调查法可以让调查所得的信息更加真实准确，由于亲身经历，更能体会观察者的心态和举动，秦朝森（2017）在《网络民族志的研究——以山东乡村的基督教传播实践为例》中描述的：网络民族志常用“参与式观察”的方法进行研究，有学者认为：“如果单一使用访谈法，会误导研究者将表征视为事实，将文化等同于规范、教条、法则，而不是具体的实践。”这种参与式观察可以避免访谈带来的可能片面的观念，而且在观察过程中可以以“隐身”的状态存在于观察对象的环境中，而在必要的时候“现身”，这样更能自由地控制自己观察的方式和参与程度。

网络民族志顾名思义也就是在与网络相关的调查中采用民族志调查法，深入网络空间，例如贴吧、社交平台等，去体会观察对象的网络环境，从而获得更加真实的信息。罗兵和杨衡（2012）也曾尝试在网络民族志的调查基础上研究网络水军，认为网络民族志是研究者基于特定时间，通过持续的观察与参与网上的讨论、活动等，描述虚拟社区（论坛等）中的族群及文化现象的过程，实际上是将民族志方法运用在虚拟社区研究中。

三　研究设计

（一）基础理论与研究问题

1. 场域理论

场域的概念来源于物理学，用来描述重力电磁力等物体相互作用用时的场现象。社会学家布尔迪厄将场域概念置于社会学领域中，认为场域是客观关系的网络或形构，其中包含了美学、法律、政治、教育等多个子类场域。

网络场域是指通过计算机等现代技术手段构架起来的跨地域、跨时空的信息快速传递和便捷交流的通道。它是现代社会高度发展的产物，极大地改变了人们的生活空间和地域文化，及时准确地了解社会动态，改变人的生活方式。而以信息通信为载体、利用共享资源建构的网络场域是全球信息系统，这种通信手段改变了地理上的距离差异，拉近了人与人之间交流的距离，加快了信息的传递，随时随地可以了解到世界各地发生的大小事件。并且许多在现实中压力较大，或者不善于交流的人群可以在网络中抒发心情，与人交谈，倾诉内心世界，达到情绪的提升。

2. 研究问题

网络直播可以说是目前视频信息中即时互动最快的平台，不比电视直播，网络直播更能够让节目本身和观众、观众和观众得到更快更直接的交流以及在线讨论。在网络直播的场域中，更能让用户的留言得到更快的回应，情绪得到更直接的表达，也因此更加难以控制言论的传播。根据网络直播场域的运行机制和主体关系，本文的研究问题主要围绕网络直播场域网络暴力的施受关系来展开。

（1）网络暴力发生的环境：暴力发生的场景？暴力发生的背景？暴力发生的行为特征？

（2）网络暴力发生的主体：谁在实施暴力？谁在遭受暴力？谁在围观暴力？

（3）网络暴力呈现的方式：暴力呈现的类型？暴力表现的方式？暴力实施的渠道？

（4）网络暴力阐述的后果及影响：对实施暴力的人的影响？对遭受暴力的人的影响？对围观暴力的人的影响？对网络平台的影响？

（二）研究方法与研究思路

1. 研究方法：网络民族志

网络民族志使用的是“体验者”来定义观察的模式，在网络空间中往往不像田野观察那样直接近距离接触观察对象，但是可以通过发布帖子、评论等信息交流的方式体验对方在网络场域中的生活方式并且参与到观察群体中。总体来说，“参与”也就是网络民族志的根本调查方式，研究者通过自我体验，不仅仅是体验个人的行为表达自己的思想，而是借由局内人的身份，与观察对象的成员们建立联系与密切交流，体验他们的生活方式，从而对该群体的社交处境、内心想法等都有一定程度上的了解。简单来说，任何调查都是首先自己要参与到自己想要调查的事件当中，而不是仅仅以旁观者的方式做简单的记录，重要的是成为自己调查者当中的一员，并且可以通过沟通理解的方式与调查对象进行深度交流拉近距离，从而更准确地获得自己想要的信息。

2. 研究思路

（1）参与式观察

参与式观察是研究者深入所研究对象的生活中，参与研究对象日常社会生活的过程中所进行的观察。在没有先入为主的思想前提下，深入观察者的日常生活，体验并成为他们之中的一员，以此获得最真实的信息。选择斗鱼，熊猫，龙珠这三个典型平台的：知名电子竞技主播、普通电子竞技主播、官方赛事这三个方面的对象，具体观察对象为：“五五开”、“大司马”、“冯提莫”、“肉丝叔叔”、“表哥”、“英雄联盟 LPL 职业联赛”以及“英雄联盟 elcl 武汉赛区校际精英赛”。注册直播平台账号，并在其规定的直播时间进行全程观看，每周每个样本至少观察一次，不特地定时记录，而是以赛事的变化点或是主播的行为变化为记录点，记录弹幕和评论的内容、变化、对直播内容造成的影响，以及弹幕之中网民的争论点。对比主播的情绪状态，以及后续微博上的留言评论内容，进行综合分析。

（2）浸入式调查

浸入式调查是针对特定场域展开的抽样调查，浸入式调查要求在对样本场域观察的基础上针对性地发放问卷，通过问卷调查了解到受众的年龄，学历等基本信息、观看并参与电子竞技直播的日常生活、对于网络暴力的态度和参与度以及所受影响程度之间的关系，从而总结出什么样的受众更容易受到或是参与网络暴力，受众的基本信息又和受影响程度之间有什么关系。以此了解在网络直播场域中什么样的人容易受到影响，并推动网络暴力的进行。选择常使用网络的人群作为主要调查对象，要包括常观看电子竞技直播者和不常观看的人，与此同时分析参与者和旁观者，针对这一人群随机抽样进行网络问卷调查。本研究在与电子竞技有关的论坛、贴吧、QQ 和微信群定向发放了 300 份问卷，回收到 198 份问卷，其中有效问卷为 123 份。

（3）深度访谈

深度访谈是网络民族志研究中获取信息的一种重要方法，在深度交流的过程中，通过对方的语言获得一定信息并加以梳理。通过前期的参与式田野观察和浸入式调查，对研究对象的本相特征与运行规律有了感性的认识和认知，就需要深度访谈来挖掘和揭示网络暴力事件的生成机制。通过深度访谈与网络暴力的受害者进行交流，充分了解一个完整网络暴力事件的经过，以及当事人的内心、现实变化，以此分析网络暴力所带来的影响。经过参与观察和问卷调查，根据受访者身份的不同，分别向 10 位电子竞技直播的主播和 10 位比赛解说发出访谈邀请，其中接受访谈邀请的主播有 3 位，比赛解说有 5 位，完成访谈的主播和解说都各只有 1 位。完成访谈的受访者是主播小博（化名）和比赛解说多多（化名）。其中小博是手游类的签约主播，知名度不算太高，但在他所直播的手游类型的主播里也占据一席之地；多多是大型端游比赛的官方解说，知名度高，个人微博粉丝数量庞大，影响力强。

四 研究结果

（一）网络暴力发生的环境

网络暴力发生的环境主要是分析网络暴力发生和实施的环境和背景，以下从田野观察、社会调查和深度访谈三个方面分析和揭示什么样的情况下网络竞技直播会发生网络暴力。

1. 参与式观察

选择知名电子竞技主播、普通电子竞技主播和电子竞技官方赛事等三种不同类型的观察对象，来分析网络暴力的发生环境和场域背景。（1）知名电子竞技主播：用户对于男女主播的要求和宽容度是不同的，一般对于男主播会更加严格，但是对女主播则比较宽容，尤其是在游戏能力上，女主播只要长相声音甜美，基本上对于游戏能力不会有什么要求。知名电子竞技主播，尤其是情绪比较外露的男主播相对更容易遭遇网络暴力。（2）普通电子竞技主播：尽管在直播的时候可能观众数量还比较可观，但是其实缺少固定粉丝，由于自身话题点不多，不是那种一句话就能引起很多反响的类型，因此他们所受到的网络暴力相对来说也少一些。（3）电子竞技官方赛事：知名度越高的赛事越容易受到网络暴力的攻击，观众的数量更多，观众的要求也更高，不同观众的喜好很难调和，自然也更容易让观众产生不满，甚至有观众会选择在弹幕多的情况下借机抒发情绪，例如谩骂，地域黑，等等。

2. 浸入式调查

为了探寻网络竞技直播中用户语言暴力产生的背景或原因，本研究设计了“在观看直播中你会因为主播的什么行为而产生不满?”这一问卷问题，回答在产生不满的原因这一问题时，74.8%的人选择“主播行为或者语言有失，存在辱骂行为”，61.79%的人选择“内容质量太差”，可以看出观众对于主播在直播时行为的标准行要求相对高许多，对于一些硬性条件，例如声音、外形、私人生活、游戏操作这些问题，也有一定要求但是总体要求相对低一些。

选项	小计	比例(%)
内容质量太差	76	61.79
主播行为或者语言有失，存在辱骂行为	92	74.8
主播游戏技术、操作等不够完善	22	17.89
主播的外形和声音引起不了自己的喜欢	25	20.33
主播的性格不是自己喜欢的类型	33	26.83
主播在现实生活中的某件事影响了他的个人形象	35	28.46
本题有效填写人次	123	

3. 深度访谈

小博：因为我们签约主播会有很多规定，也会有一些管理员定期查房，所以我们的行为自己还是比较注意的。偶尔如果操作出现问题，或者不小心爆粗口了会有弹幕表示不满但不是很激动的那种；当然有时候在直播里比如说出现推流问题，像黑屏、卡顿，如果时间久了就会有很多观众在弹幕里面吐槽，情绪会越来越激烈，到后面就会有人骂人了；可能我自己也生气了就回几句反驳一下，这个情况下对方会更加生气，然后就骂得更凶了。

多多：直播中谈到地域问题，弹幕中就会有很多“地域黑”出现，如果自己说到某些城市的不足可能就会被那个城市的居民一直骂；在比赛的时候，各种选手名字、技能名称如果说错了就会被骂，如果描述团战的时候跟不上节奏也会被骂；解说带有偏向性，肯定会招仇恨的。有时候看弹幕你会发现观众不喜欢你的原因真的是挺多的，就你本身的音色、外貌、说话方式、声音高低，都能够挑出毛病了；如果还有反驳之类的话，立马就会把事件升温，直接上升到集体人身攻击之类的。感觉真的挺难做，因为真的是说错一点都很容易被带节奏。

（二）网络暴力的发生主体

网络暴力的发生主体主要是分析网络暴力的实施人、遭受者和旁观者，以下从田野观察、社会调查和深度访谈三个方面分析和揭示什么样的情况下网络竞技直播网络暴力发生时相关主体的关系及其反应。

1. 参与式观察

（1）知名电子竞技主播：在游戏过程当中，会主动夸下海口，如果紧接着完成了漂亮的游戏操作，那么就会突出自己的游戏水平，如果出现了一些失误的操作，那么之前说的话反而成为一个笑点，无论如何都不会让整场游戏看起来无聊，也使观众往往对接下来的游戏发展充满期待。（2）普通电子竞技主播：直播过程中和观众的互动不多，较少主动讲述生活中的趣事，主要以自身的游戏水平为直播的吸引点，在直播过程中会出现多次亮眼的操作。在直播期间会主动和进直播间的观众打招呼，呼吁观众给予自己更多的弹幕和礼物。（3）电子竞技官方赛事：网络暴力的遭受者是这些主播和官方比赛中的出镜人员；网络暴力的实施者以直播的观众为主，其次是通过其他渠道参与到网络暴力中的人；围观暴力的人也主要是一些不参与事件讨论的直播观众，以及事后了解到事件发生但没有参与直播的旁观者。

2. 浸入式调查

有关网络暴力中的主体关系，82.11%的人认为自己在网络暴力事件中处于旁观者的位置，82.93%的人认为自己没有使用过网络暴力，可以看出大多数人认为自己没有实施过网络暴力。有关网络暴力实施动机，最主要的原因在于“在网络上无端被人攻击导致心态不平衡”，也就是说大部分人认为自己使用网络暴力的原因是被动的。其次是“认为受暴者做错了事应当接受惩罚”和“对某一事件愤愤不平而在网络上声讨当事人”。

选项	小计	比例(%)
在网络上无端被人攻击导致心态不平衡	32	26.02
现实生活中问题寻求网络平台发泄	8	6.5
对某一事件愤愤不平而在网络上声讨当事人	16	13.01
认为受暴者做错了事应当接受惩罚	17	13.82
大多数人都在声讨同一件事，自己跟大势所趋选择加入	7	5.69
一般都不会使用	69	56.1
其他	3	2.44
本题有效填写人次	123	

3. 深度访谈

小博：我在直播的时候也会比较注意这个吧，如果有弹幕表示不满啊或者有要吵起来的趋势我就忽略过去，尽量不让它成为一个“事件”吧。其实有时候如果碰到那种骂得很凶的，可能我就直接让房管把他禁言或者拉黑了。也可以说我还没有火到会被观众群起而攻之的程度吧。

多多：之前在解说两场队伍的对决的时候，我自己都没有特别感觉到，就是在解说的时候语言有偏向于其中一支队伍，然后总把另一支队伍说成“对方”什么的。后来在微博上我才发现有很多人留言批评我，然后反过去看比赛才发现弹幕里面骂我的特别多。刚开始我也没有当回事，还在微博上反击喷子，觉得他们没事找事，结果事情反而越来越大，一直到王思聪来评论我的微博，我才发现事情大了。后面再发微博道歉发声明就都没有用了，自己还受到公司的处罚，减少了排班，取消了一些大型比赛的资格。

（三）网络暴力的呈现方式

网络暴力的呈现方式主要是分析网络暴力的表达方式和传播手段，以下从田野观察、社会调查和深度访谈三个方面分析和揭示什么样的情况下网络竞技直播网络暴力发生时实施主体的攻击方式。

1. 参与式观察

（1）知名电子竞技主播：当弹幕出现对于主播的谩骂、嘲讽，对于主播过去的某一个具有负面影响的事件反复提及、地域歧视，等等，主播的直播情绪会受到波动并予以反驳，其他观众也会通过弹幕进行反驳。（2）普通电子竞技主播：当观众对直播内容表示不满、对于主播的水平提出质疑等情况发生时，主播会尽量回避该弹幕内容，或者尽量解释发生这些问题的原因，较少和观众产生冲突。（3）电子竞技官方赛事：当整体比赛进行得不够激情，双方都比较保守，或者两支战队实力悬殊太大的时候，观众会在弹幕内表示比赛内容很无聊，表达对战队决策、水平的不满。如果与此同时，游戏解说的内容不够激情有意思的话，弹幕中会将比赛质量和解说质量捆绑在一起表示不满意。用一些侮辱性词汇去攻击战队和解说。

2. 浸入式调查

有关网络暴力的呈现方式，最常见的是人身攻击、曝光隐私、散布谣言和暴力文本等四种类型。

选项	小计	比例(%)
通过文字表达在网络对他人进行人身攻击、地域攻击等	106	86.18
在网络上曝光他人现实生活中的隐私和个人信息	107	86.99
对于未经证实的消息在网络上进行传播或发表煽动性言论	99	80.49
通过网络发布具有暴力倾向的视频、文章，等等	91	73.98
本题有效填写人次	123	

3. 深度访谈

小博：一般就是弹幕为主体吧，然后以口头谩骂为主。当然也有一些过分的，当时骂了你还不够，还要在网站后台通过私信去骂你，那种一般我就直接拉黑或者不理。

多多：一般通过弹幕和微博留言私信，就是直播中和微博里两个主要渠道。主要也都是口头谩骂、人身攻击这类型的。还有一些可能涉及我的文章，比如官方推文，微信公众号文章之类的，下面的评论也会有一些谩骂攻击的内容，但是这些都还不算直接攻击到我身上的。

（四）网络暴力的后果及影响

网络暴力的后果及影响主要是分析各方面对网络暴力的态度和反应，以下从田野观察、社会调查和深度访谈三个方面分析和揭示什么样的情况下网络竞技直播网络暴力发生时相关主体的情感态度和应对策略。

1. 参与式观察

（1）知名电子竞技主播：这些谩骂的言论会进一步影响其他没有观看过该直播的网民，对这些主播、解说、节目等造成一个不良的第一印象，或者影响旁观者对于直播时某些事件发生始末的客观判断，造成信息传递时不良的后续影响。（2）普通电子竞技主播：在比赛结束后，部分选手观看自己的比赛直播去复盘寻找问题的时候，往往会被弹幕中对于自己的评价所影响，部分选手在赛后采访中表示这类言论非常影响自己的心情，甚至让自己产生退役的念头。（3）电子竞技官方赛事：观众对于这些幕前人员的评价决定了他们的工作回报，尤其是受到观众在弹幕中语言攻击较多的幕前人员，会安排给关注度较少的比赛场次。

2. 浸入式调查

有关网络暴力的后果及影响，最主要的三种态度是不予理睬、制作并管理和反对但沉默，总体而言，当下对网络暴力的直接反对态度并不鲜明。

选项	小计	比例(%)
吃瓜群众，不予理睬，也没有感觉	48	39.02
如果认为理由正当那么选择加入	16	13.01
认为这种行为应该被制止并管理	45	36.59
反对但是并不愿站出来说话	38	30.89
反对并且站出来发表言论	18	14.63
本题有效填写人次	123	

3. 深度访谈

小博：我们主播是最直接受到网络暴力的人群，因为我们第一时间接触弹幕嘛，我们是真的第一时间，即时互动，所以很多话对我们的直接冲击很大，还要在接收以后在观众面前继续保持一种良好的直播状态，其实真的很辛苦。所以还是希望网络暴力事件能得到控制，大家在网络上说话还是要本着一种负责任的态度才行。

多多：我觉得网络上的一些行为是完全可以影响到现实世界的，你想，一个在网上整天就是传递负面情绪，去对别人（进行）人身攻击、谩骂、造谣的人，他现实生活里肯定是那种很不如意的、心理上比较阴沉的人，做事情可能很极端，他在网上就是为了发泄现实生活里不敢随便发泄的情绪，很可能他在网上和别人争论的过程中，情绪激烈了，言辞变得特别恶劣，他回到现实以后会保持这种状态然后去中伤他人。

五　结论与讨论

网络直播场域中网络暴力的主体接收者为直播者，包括主播、解说，等等，而网络暴力的发起者则可以包括直播观众、直播事件关注者、跟风网民、网络媒体等。主要方式是口头辱骂攻击和发布信息不实的文章侵害当事人名誉权。一般会以直播时当事人的某些行为使观众不悦开始，越是纠结于事件本身进行争论越容易将事件扩大。在网络暴力实施的过程中，会传递一些偏激的观念，在这个观念的带动下，很多本身没有真实参与到暴力过程中的旁观者也往往会被这种观念所影响，或者曲解了事件的真实情况，从而出现“随大流”的判断方式，尽管没有加入施暴者的队伍，内心却认同他们所持有的态度。这对于网络文明建设和现实生活中人们的判断能力是有负面影响的。

网络直播场域中，以直播内容本身为中心的链条牵动了观众们各种情绪和反应，并及时地反映到弹幕当中，蔓延到其他社交网站内。主播的行为和直播内容也是在这个场域内暴力生成的起因。主播外形、声音、性格等不符合观众的喜好，不文明用语，用词过于激烈或偏激，对待直播态度不热情，直播内容过于无聊，出现地域歧视的情况，存在严重的知识性漏洞，所述的观点不符合大众观念等是导致网络暴力的主要原因。带有侮辱性词汇的人身攻击，是网络暴力最主要呈现方式。这种暴力发生过后，有一些受暴者或者同情受暴者的人会选择回击，尤其是在觉得自己并没有做错什么事情却被无端辱骂的情况下，往往这样的回击过后，反而会刺激对方而让网络暴力的激烈程度不断升级，甚至于上升到曝光个人隐私，或者发布煽动性文章造谣这样的情况。

对于网络竞技直播的主播和解说来说，他们所受到的伤害直接而且严重。网络暴力对他们产生的心理影响会让他们对自己的能力产生怀疑，出现不自信的心态，甚至对自己的工作产生怀疑；同时，这些网络暴力的内容就会直接决定主播们的工作是否能被上级认可，他们今后的发展会直接受到弹幕环境的影响。在网络暴力事件过后，往往有一些媒体抓住这件事情，通过一些推文进行炒作和报道，从而影响到网络暴力事件遭受者的个人形象，也曝光了部分隐私。这对于他们的现实生活是有直接影响的，而且这种影响往往是不可逆的，事件本身越严重，就越容易对现实造成影响。

针对网络竞技直播中的网络暴力，需要系统化地规范治理。首先，网络竞技直播的运营商必须承担网络暴力的制止主体责任，一旦平台出现网络暴力就必须通过提示和封号予以制止，如果失责，就必须接受监管部分的追罚；其次，游戏直播的主播或解说必须承担网络暴力的协调引领责任，一旦直播空间出现网络暴力，就应该立即规劝和调节，如果失责，就应该受到停播的处罚；再次，直播平台的用户需要为自己的言行负责，如果实施了网络暴力，就应该被提醒、降级和封号。总而言之，网络竞技直播中的网络暴力治理需要从运营商、直播主持人和用户等多个维度去展开，相互监督、各自担责。

参考文献

郑甦：《传统媒体主持人如何应对网络主播的挑战》，《中国广播电视学刊》2017 年第 4 期。

姜方斌：《网络暴力的概念、根源及其应对——基于风险社会的分析视角》，《浙江学刊》2011 年第 6 期。

陈代波：《从网络暴力事件参与者的不同层次看网络治理》，《毛泽东邓小平理论研究》2015 年第 4 期。

陈代波：《近年来我国网络暴力问题研究综述》，《青少年犯罪问题》2011 年第 2 期。

徐才淇：《论网络暴力行为的刑法规制》，《法律适用》2016 年第 3 期。

江根源：《青少年网络暴力——一种网络社区与个体生活环境的互动建构行为》，《新闻大学》2012 年第 1 期。

陈秀丽：《网络暴力现象内涵及原因分析》，《成都大学学报（社会科学版）》2007 年第 5 期。

李英、刘白：《虚实结合与协同共治——政府治理网络暴力的路径选择》，《四川理工学院学报（社会科学版）》2016 年第 1 期。

刘晨：《网络暴力：多数人的暴政与言论自由的滥用》，《红旗文稿》2013 年第 9 期。

陈奈磊：《网络暴民——虚拟世界的暴徒》，《网络财富》2009 年第 6 期。

罗昕：《网络舆论暴力的形成机制探究》，《当代传播》2008 年第 4 期。

张文君：《互联网时代的网络泄愤与政府治理》，《未来与发展》2014 年第 9 期。

高宣扬：《布尔迪厄的社会理论》，同济大学出版社，2006。

张美川：《布尔迪厄的实践理论及其反思效果》，《北京工业大学学报》2006 年第 2 期。

宫留记：《布迪厄社会学理论的哲学特征》，《广西社会科学》2006 年第 8 期。

李忠艳、黄刚：《论网络场域下的社会交往》，《齐齐哈尔大学学报（哲学社会科学版）》2011 年第 10 期。

张豆豆：《场域理论视野下网络打赏的内在机制探析》，《东南传播》2017 年第3 期。

张斌：《场域理论与媒介研究——一个新研究范式的学术史考察》，《新闻与传播研究》2016 年第 12 期。

刘吉冬：《论网络场域下的信息崇拜及网络风险形态》，《求索》2017 年第 7 期。

汪磊：《网络场域中的狂欢景观及其社会焦虑镜像——以标签化的“话语符号”为观察窗》，《天府新论》2013 年第 3 期。

马旭：《“微传播”场域中的信息碎片化与误读——基于“罗尔事件”中一个细节的网络民族志考察》，《西南民族大学学报（人文社会科学版）》2017 年第 5 期。

邵美玲：《网络场域下大学生心理健康教育研究》，中国校外教育，2014。

江娟，王德余：《网络场域中的自我呈现——以天涯论坛一组犀利哥跟帖为个案》，《东南传播》2010 年第 8 期。

同心：《场域理论视野下的健康教育传播》，复旦大学出版社，2011。

王铭铭：《民族志：一种广义人文关系学的界定》，《学术月刊》2015 年第 47 期。

卜玉梅：《虚拟民族志：田野、方法与伦理》，《社会学研究》2012 年第 6 期。

胡雨濛：《“艾滋病”隐喻：入侵与污染——基于一个艾滋病论坛的网络民族志研究》，《浙江传媒学院学报》2016 年第 3 期。

邓子鹃：《高校教师的身份认同：一项网络民族志研究》，《扬州大学学报（高教研究版）》2015 年第 4 期。

秦朝森：《网络民族志的研究——以山东乡村的基督教传播实践为例》，《新闻大学》

2017 年第 4 期。

叶宏：《微信与民族志：田野、书写以及自媒体时代的人类学》，《玉溪师范学院学报》2017 年第 5 期。

张媛、王丽霞：《一种方法的反思：新媒体时代的网络民族志研究》，《民族论坛》2017 年第 4 期。

许怡、刘亚：《母职初体验：基于自我民族志与网络民族志的城市女性哺乳实践研究》，《山东社会科学》2017 年第 8 期。

卢宏亮、张岩：《B2B 品牌形象线索的探索性研究——基于网络评论及访谈的内容分析》，《贵州财经大学学报》2016 年第 6 期。

黄少华：《网络游戏中的角色扮演与人际互动——以〈魔兽世界〉为例》，《兰州大学学报》2015 年第 2 期。

刘华芹：《网络人类学：网络空间与人类学的互动》，《广西民族大学学报》（哲学社会科学版）2004 年第 2 期。

赵梦媛：《网络直播在我国的传播现状及其特征分析》，《西部学刊》2016 年第 16 期。

陈静、胡亚亚：《社会化媒体语境下网络直播平台的传播方式和特点探析——以一直播为例》，《新闻研究导刊》2016 年第 18 期。

曾一昕、何帆：《我国网络直播行业的特点分析与规范治理》，《图书馆学研究》2017 年第 6 期。

喻国明：《从技术逻辑到社交平台：视频直播新形态的价值探讨》，《新闻与写作》2017 年第 2 期。

张淑华、苗彩霞、杨吉儿，等：《网络直播受众的心理及行为研究》，《新媒体研究》2017 年第 18 期。

严梦音：《虚拟与真实：青少年游戏玩家自我认同感的寄托——一项网络民族志的研究》，《科教文汇》2016 年第 7 期。

B.13

2018年中国社交视频的传播生态、影响与治理*

刘锐　荆爽**

摘　要： 本研究运用二手数据分析、虚拟民族志、深度访谈等方法对社交视频的传播生态进行了评估，发现我国的社交视频创造了新的社会空间和社会关系、生成了丰富的参与式文化、建构了新的营销场景、塑造了媒介文化奇观。但由于社交视频行业的过度娱乐化和资本化运作，产生了负面的社会后果。对此我国密集出台了规制政策，治理社交视频传播生态的路径具体包括：建构行之有效的实时监控体系、敦促社交平台加强社会责任建设、增强用户的自我规范意识、建构更加有效的国家治理政策体系。

关键词： 社交视频　传播生态　媒介景观治理

一　社交视频时代的到来

2015年以来，网络视频直播和短视频等社交视频影像进入中国人的日常生活，建构了新的文化空间和娱乐景观。抖音、快手、美拍等互联网视频软件都兼具了短视频和直播的功能，我们将这一类互联网应用统称为社交视频应

---

* 本文是国家社科基金项目“网络视频直播的多元协同治理模式研究”（项目编号：17CXW028）的阶段性成果。

** 刘锐，博士，华中科技大学新闻与信息传播学院讲师，研究方向为传播政策；荆爽，华中科技大学新闻与信息传播学院硕士研究生，研究方向为网络传播。

用。在移动互联网的背景下，社交视频能随时、随地、随意地被用户生产和消费。社交视频以社会网络服务为基础，通过微博、微信、手机客户端等渠道分发，呈现移动化、视觉化、智能化的特征。算法、GPS 等智能应用使社交视频的投放更加精准，更好地满足用户的个性化需求。智能媒体时代的信息传播越来越倚重于社交视频这种方式。

社交视频或以社会网络为传播路径，或以社会交往的目的而进行传播。它的种类出现多元化的趋势，从直播到“秒拍”，从长视频到短视频。依据时长，社交视频可以分为三类：短视频、长视频和直播（实时视频）。短视频一般都在 5 分钟以内，随着社交媒体的更迭，视频的长度越来越短，时长以秒来计算。例如，微信朋友圈的 10 秒，抖音 15 秒，快手的 57 秒。如果按照内容生产方式，可以分为 UGC、PGC 和 PUGC。社交视频的分发平台主要包括媒体平台和社交平台，实现了对用户注意力的多渠道覆盖和吸纳（见表 1）。

表 1　不同形态视频的传播特性对比

视频形态	时长	同步性	生产方式	社交属性
长视频	超过 5 分钟	不同步	PGC 为主	弱
短视频	5 分钟以内	不同步	UGC/PUGC	中
直播	不限	同步	UGC/PUGC	强

2017 年，短视频使用时长占移动互联网总使用时长的 5.5%。2017 年短视频独立 App 用户已突破 4.1 亿人，广告市场规模达 57.3 亿元。到 2018 年 6 月，独立短视频应用的用户数量达 5.94 亿，而合并短视频应用用户数量已达 7.11 亿。① 近两年来，社交视频领域涌现出众多优秀的平台和主播，创造了新的媒介生态，产生了深远的社会影响。快手聚焦于呈现农村的日常生活，但为了追求搞笑的效果，农村生活被奇观化；抖音吸引了都市年轻人的青睐，特别是“90 后”热衷于创作短视频；陌陌将直播运用于陌生人社交，使视频成为社交利器。

社交视频不仅有着良好的盈利前景，同时对人们的日常生活也产生了深刻

① 中国互联网络信息中心：《第 42 次中国互联网络发展状况统计报告》，http://www.cnnic.net.cn/hlwfzyj/hlwxzbg/hlwtjbg/201808/P020180820630889299840.pdf。

的影响。人们倾向于利用碎片化的时间消费短视频，并且在重大社会事件发生时，社交视频成为现场信息的重要载体和网友参与社会文化生活的重要渠道。人们还积极在社交视频社区发表评论，参与到社交视频文化的建设中去。由于网友在社交视频的生产和传播过程中的能动性和主动性，社交视频的应用在某些情境下产生了对弱势群体赋权的作用，基于社交视频影像的媒介行动主义成为可能，社交视频作为重要的政治参与工具影响了我国的社会进程。

本研究采用定性与定量相结合的方法，对社交视频的产业生态和消费模式进行探讨。首先，对社交视频的产业概况进行了二手数据分析，收集了2017～2018年以来的社交视频产业研究报告，并对其中的有价值数据进行了解读。其次，对大学生群体的社交视频接触与使用进行了深度访谈，了解中国的青年群体是如何创造性地使用社交视频进行社会交往、信息获取和娱乐的。最后，采用媒介批评和政策分析的方法，对社交视频传播引起的社会后果进行了评估和阐释，并且提出了治理社交视频乱象的途径。除了对大学生的使用习惯进行广泛的调研，研究者也选择了抖音、快手、美拍、陌陌等数个社交视频平台进行亲身体验和参与观察，了解一些社会群体如何创造性地运用社交视频技术为自身赋权，又产生了哪些社会影响？

二　中国社交视频的传播生态

在新媒体的冲击下，媒介内容的数字化成为大势所趋。数字媒体重新架构了我国的传播生态，从昔日的国有媒体的一元传播体制转化为国家、市场、公众的多元化的传播生态。在数字化的传播情境下，普通网民获得了空前丰富的参与和表达机会，同时传播的全球化也成为现实，多股势力在竞争公众的注意力。因此，当下的传播生态也空前复杂。在社交视频领域，商业科技媒体占据较大的竞争优势，快手、抖音、斗鱼、虎牙等视频平台受到资本的青睐。社交视频生产了新的社会空间，建构了新的营销场景，呈现了新的媒介景观。

在社交视频这一媒介场域中，存在多元化的行动者网络，这一网络中的行动者不仅包括人和机构，更包括代码。科技的发展使社交视频呈现特殊的发展脉络，特别是算法、地理位置、社交网络技术的运用，使用户能够创造性地生产内容来进行身份展演和政治表达，与既有的社会结构互动。在传媒与社会的关系中，存在两种不同的观点，即科技中心论和社会中心论，前者强调技术的革命性作用，后者则强调既有的政治经济结构对技术的制约。在社交视频的传播实践中，这两者在不断地角力。本文则更倾向于将用户作为核心要素来考虑，技术和经济、政治结构则形成外部的权力场域。

在媒介化社会中，传媒重构了社会的秩序，对人类社会产生了深远影响。算法和社交网络是社交视频得以流行的重要推手。通过算法推荐，社交媒体平台给用户个性化地推荐他们所感兴趣的内容。用户如果觉得有趣，就会通过微信群、朋友圈等社交网络进行传播。这种病毒式的传播方式为社交视频平台带来了巨大的流量。当然算法也是受到人的控制的，在低龄孕妈事件之后，快手 CEO 宿华也向公众致歉，他指出算法也是有价值观的，算法的缺陷是人的缺陷。

中国数字内容生态的变迁固然离不开技术的发展和流行文化的全球化扩张，背后的主要推手更是数字资本主义。在平台化趋势明显的今天，BAT 等新媒体平台在各个领域扩张势力，社交视频领域可以带来巨大的流量和广告收入，也是数字巨头们的必争之地。快手、抖音、花椒等社交视频平台背后都不乏巨头的金融支持。相比传统媒体，社交视频在金融经济、文化经济之后，还获得了粉丝经济的支持，具有一定市场潜力。互联网巨头之间的竞争使社交视频的演化和迭代加快了速度，并且与国际流行趋势步调一致，更创造出具有中国本土特色的社交视频文化。

我国的数字影像传播经历了数十年的演变过程，首先是电影、电视剧、综艺节目等传统视听节目被数字化之后在线播出，也就是所谓的长视频；后来出现了 20 分钟以内的短视频，如胡戈的《一个馒头引发的血案》；到 2015 年前后兴起的超长即时视频——移动视频直播，以及当下火爆异常的一分钟之内的超短视频。数字影像的传播平台也从传统的 PC 端转移到移动端，图像模式从横屏到竖屏，传播渠道从网页点播到社交网络。昔日的影像传播巨头如 CCTV、爱奇艺、优酷、腾讯在社交视频领域进退失据，新的视频社交平台在崛起。

社交视频对微博、微信等传统社交媒体产生了一定的替代性效果。微博和微信都是坐拥十亿用户的超级网络平台，近年来几乎没有新的互联网应用能够威胁它们的地位。如果能有，那就是以快手和抖音为代表的社交视频应用。自 2017 年开始，社交视频成为人们打开次数最频繁、使用时间最长的互联网应用。2018 年初，微博和微信对抖音先后进行了封杀，说明抖音及其背后的字节跳动与其存在一定的竞争关系。腾讯、阿里巴巴、京东等互联网巨头也纷纷进军社交视频领域，不仅在自家的 App 里开设直播和短视频功能，同时也投资一些重要社交视频平台。例如腾讯不仅自建了微视，同时也投资快手、虎牙、斗鱼等社交视频巨头，力图保持在社交媒体领域中的比较优势。

以下是我国较具代表性的社交视频软件的情况简介。

（一）抖音

抖音是一款兼顾了短视频和直播的社交视频软件，受到年轻人的青睐。它在 2017 年底迅速崛起，开始对快手的江湖地位进行了挑战。抖音以音乐短视频为特色，内容限制在 15 秒以内。它以 UGC 视频为主，反映用户的日常生活。抖音用户可以通过拍摄快慢、视频编辑、特效（反复、闪一下、慢镜头）等技术使视频画面炫酷，并且与音乐节拍相匹配。抖音是字节跳动旗下产品，其产品形态包括独立 App 和 H5 等，也借助今日头条客户端进行内容分发。抖音在初创期对标 Instagram，目标是成为年轻人爱用的潮流短视频分享社区。[①] 但现在呈现“快手化”的趋势，希望成为国人记录生活的基础性互联网应用。

（二）快手

快手是一款以算法为驱动的短视频软件，它的直播功能较为隐蔽且需要申请。快手创造出独特的视觉文化，也形塑了中国的乡村文化景观。快手用户热衷于上传他们觉得很棒的视频，这些视频由他们自己剪辑，内容通常都是表现普通人的生活，例如吃饭、尬舞、轮滑、旅游。这也体现了大众的自我传播对大众传播的取代，他们不需要社会精英告诉他们什么是好的，点击率就说明了一切问题。唯点击率倾向也使快手的内容过分夸张，特别是对农村的呈现较为扭曲，体现出一种“低级趣味”。快手的算法精准推荐也建立了它的社交优势，能够将相同背景的人连接起来，同时也引导用户在视频的评论区交流，使快手也成为一个社交视频社区。

① 界面：《短视频烧钱大战：抖音营销预算 20 亿，快手春节花掉 10 亿》，http：//www. guancha. cn/economy/2018_ 03_ 07_ 449262_ s. shtml。

（三）美拍

美拍是一款以短视频为主的手机 App，后来开设了直播功能。它具有较强的影像编辑功能，不仅吸引了大量爱美的少女来使用。其母公司美图旗下不仅有手机智能硬件美图手机，还拥有多款针对爱美女性的移动互联网应用，如美图秀秀、美颜相机等，建立了自成一体的女性生活社区。

（四）陌陌

陌陌是中国最著名的一款陌生人社交软件，曾被称为“约炮”利器。2016 年起，陌陌发力社交视频领域，网络视频直播成为它的主要收入来源之一。直播业务为陌陌带来的 2017 年第四季度移动营销业务营收达到 2180 万美元。① 陌陌还在 2018 年春节全资收购了另一款陌生人社交软件探探，在陌生人交友领域占据了主导地位。

表 2　2018 年第一季度主要社交视频软件概况②

产品	定位	日活跃用户（百万）	活跃渗透率（%）	母公司	估值（亿美元）
快手	农村	107.7	25.6	腾讯	30
抖音	音乐	45.6	16.5	字节跳动	200（母公司整体）
美拍	爱美女性	4	4	美图	55.22
陌陌	陌生人社交	15.3	5.5	无	66.97

三　社交视频的社会影响

在智能手机普遍应用的情境下，社交视频内容的生产和消费出现了一体化的趋势，也就是所谓的“产消者”的诞生。用户在观看了他人的视频之后，

① 《直播平台映客赴港 IPO：用户数据下滑，商业化待突围》，《21 世纪经济报道》，http：//www.oeeee.com/html/201803/28/591827.html。

② 月活跃用户、活跃渗透率数据来自极光大数据《2018 年 Q1 移动互联网行业数据研究报告》，数据截至 2018 年 3 月。https：//www.jiguang.cn/reports/195 估值部分来自科技部 2017 中国独角兽榜单。

进行模仿和再创造，加入自己的理解之后上传影像内容到视频平台，实现视频文化的衍生与再生产。因此一旦有爆款视频出来之后，就会有成千上万类似的视频涌现出来，就像病毒一样传播。社交视频的生产依赖于大众的自我传播。用户生产内容大大填补了传统媒体留下的空白，满足了公众的多元化信息需求。社交视频赋权于公众，使普通人也可以运用视频来讲述自己的故事，呈现自我认同的媒体影像。但是社交视频所建构的仿真媒介环境也会使用户产生依赖和麻醉，误以为在社交视频文化空间中的行动逻辑也可以在线下社会中通用，也会对用户和公众造成一些困扰。

（一）创造了新的社会空间

如果说电视是家庭的媒介，使全家人可以围坐在电视周围共享天伦之乐，那么手机则是个体化的媒介，全家都可以各自手持手机分散在家庭的各个角落看视频、抢红包、刷朋友圈而没有任何交流。手机使家庭成员之间的关系变得疏离，强关系变弱，而毫无血缘关系的趣缘社会群体间的弱关系变强。昔日被遮蔽的社会群体通过社交视频发出自己的声音，例如农民、青少年、少数民族等。他们的亚文化或许不够高雅、精致，但是具有情感的鼓动性，能够在一定范围内流行。同时，他们也创造性地使用社交视频来塑造族群的形象，摆脱被定义、被建构的地位。当然，快手所呈现的农村图景也不见得是农民的真实自我表述，它可能滑向了另外一端。

身体是人类存在的第一社会空间，社交视频对身体形象的滥用也是主流社会不能接受它的重要原因。手指舞、海草舞、泰国电门舞、C 哩 C 哩、街舞、健身、广场舞等流行性民间性肢体语言在社交视频传播中百花齐放，丰富性远超传统电视节目中的专业舞者的表演。同时这些身体也在更多元化的空间中展演，我们可以看到原生态的、不事雕琢的身体呈现。这不仅使观众对视频内容更有亲切感，同时也获得了更多的感官体验。但是在中国本土文化中，身体的呈现应该是典雅、得体的，社交视频的身体呈现过于暴露、活泼，不符合主流社会的价值认知。

社交视频生产了新的社会空间，反映了新的社会关系。它尽可能丰富地展现社会各个阶层的生活状态，成为一种影像数据库。若干年后历史学家研究现代的日常生活或许会到社交视频中去寻找线索。快手的目标是成为世界的一面镜子，真实地反映这个世界。而抖音则提出要表现更加美好的生活。有人将快手比喻为广场，大家可以各行其是；而抖音是剧场，大家的目光都聚焦在网络红人身上。社交视频虽然无法完全真实地呈现人们的生活状态，但在某种程度上也反映了当代人的某些情感与心态。

作为一种新媒体文化空间，社交视频也在进行文化的再生产。其最主要的作用是再生产了社会阶层的习性和趣味，在此基础上延续了阶级之间的区隔。农民运用快手习得草根文化，“90 后”和城市白领通过陌陌和抖音来打发无聊的时光。他们沉醉于社交视频这种“精神鸦片”之中。同时，所谓的“斜杠青年”在从事自身行业的同时，也兼职成为网络主播，新的社会阶层也通过社交视频崛起。但是不论是网络主播，还是视频创作者，他们的职业身份都难以稳定下来，一旦互联网的热点发生转移，他们的收入就难以得到保障。

有人将基于社交网络的传播称为“过滤气泡”，算法将用户不感兴趣的东西筛去，推荐其感兴趣的内容。此外，社交视频还出现了垂直化的倾向，快手聚焦于农村生活，美拍针对爱美女性。社交视频虽然展示了丰富多彩的社会面向，但始终局限在一些亚文化圈子之内，很难对外部群体特别是主流社会群体产生文化影响。算法推荐所形成的信息茧房效应、社交网络的同质性、互联网巨头竞争而形成的排他性，都使社交视频平台也容易形成文化孤岛。因此表面上看上去社交视频文化繁荣，题材多样，实质上内容的同质化严重，一些聚合软件对视频内容进行重复推送，影响用户的体验。因此社交视频的繁荣背后也存在着危机，如何持续性地生产有正面意义的优质内容，决定了社交视频的发展空间。

（二）生成了丰富的参与式文化

社交视频突破了用户参与的鸿沟。据 CNNIC《第 41 次中国互联网调查报告》，社交视频软件是消耗流量最多的互联网应用，日活跃用户总量和使用时间也仅次于微信、百度、爱奇艺等超级应用。[①] 抖音在 2018 年甚至成为全球下载量第一的移动互联网应用。社交视频的生产依赖于移动互联网基础设施，

① 《第 41 次中国互联网络发展状况统计报告》，中国互联网络信息中心，http：//www.cnnic.net.cn/hlwfzyj/hlwxzbg/hlwtjbg/201803/P020180305409870339136.pdf。

包括宽带、移动通信和智能手机，这得益于我国通信设施的广泛建设，不论在城市或是乡村，人们都能通过智能手机生产和浏览短视频。社交视频的生产赋予草根阶层能动性，一定程度上弥合了城市与乡村、东部与西部之间的数字鸿沟。农民利用快手来展现日常生活看上去正是数字鸿沟被跨越的表现。

社交视频的创作盛行拿来主义，出现了“文本盗猎”的现象。文本盗猎是一种主动积极的阅读行为。当一个短视频开始流行的时候，就会出现大量的模仿者，加速了这一流行趋势的传播。詹姆斯·拉德威指出，“读者是自由漂移的主体，会从过去文化产品中数不胜数的碎片拣选重组为新的叙述、故事、对象和行为”。[①] 与传统视频的精致、原创相比，社交视频主要采用拒绝、挪用、同构、拼贴的手法来进行内容生产。短视频在一分钟之内生产出一个故事片段，可能没有深刻的寓意和复杂的情节，但是同样需要悬念和桥段。创造者通过模仿他人的作品，产生一种戏谑的效果。在抖音上，78%的创作者是因为看到有趣的作品而激发了创作欲，[②] 在他们的演绎中常常会出现新的亮点，这也引发了一些短视频内容的流行风潮。这种模仿和挪用不仅是“盗猎”经典文本，而且是对这些文本的进一步丰富。

用户的参与式文化被拿来营造一种社区感，增强用户对社交平台的身份认同。在生产视频内容并且通过社交网络分享之后，人们渴望得到他者的关注，刷推荐、看评论、点赞是用户的高频行为。观众的观看与凝视既出于猎奇，同时也是为了寻找自己在社会中的位置，找到具有相似文化认同和兴趣的人。抖音用户看评论的动机之一就是看网友抖机灵。这种需求促使社交视频建立自己特有的风格，还发展出专门的话语体系，形成了社交视频社区。视频创作者追求高点赞率和粉丝数量，借此获得较高的社会临场感。快手用户称观众为“老铁”，寻求自己的作品被“双击666”登热门。抖音的用户自称为“抖友”，发明了抖友专用的联络信号，例如利用汽车喇叭的声音长短、频率来表明自己是抖音的用户。网友还自制了抖音的专用标识，贴在汽车的挡风玻璃上方便相认。

---

① 〔美〕亨利·詹金斯：《文本盗猎者：电视粉丝与参与式文化》，北京大学出版社，2016，第34页。

② 《快手 & 抖音用户研究报告》，企鹅智酷，http：//tech. qq. com/a/20180409/002763. htm。

由于这种参与式的视频内容生产文化侵害了著作权持有人的利益，同时也对我国的意识形态安全和共产党的文化领导权形成了挑战。2018 年 3 月 22 日，国家新闻出版广电总局下发特急文件，要求坚决禁止非法抓取、剪拼改编视听节目的行为，并严格管理包括网民上传的类似重编节目，进一步规范网络视听节目传播秩序。社交视频在图像内容方面一般都是原创，较少受到相关规定的冲击。但抖音这种音乐社区在音乐版权方面可能存在一些问题，这也是抖音快手化的一个重要原因，摆脱对音乐的依赖，更多地展现人们的真实生活状态，建构更为稳固的社交关系。

（三）建构了新的营销场景

有人将大数据、移动设备、社交媒体、传感器和定位系统称为“场景五力”①，社交视频软件恰如其分地运用了这五种元素，建构了基于大数据和社交网络的影像营销平台。社交视频还配合其他的方式展开营销，使人们开始利用短视频拜年、直播答题赚钱、视频购物，创造了很多种新的互联网交互模式，增强了用户黏性。

社交视频营销呈现精准化和全息覆盖的特征。算法可以根据用户的喜好源源不断地推送类似的视频，直到用户厌倦为止。移动互联网使用户可以利用一切时间在车站候车、超市等待结账、乘坐公共交通工具等移动场景下观看视频。一分钟之内的短视频能够在极短的时间内给人极大的感官刺激，且不用动脑，令人沉迷其中不能自拔，经常一看就是半个小时。据报告，22% 的抖音用户每天刷视频超过 1 小时。② 饭后、睡前、上卫生间、通勤时间是用户的主要消费时段，广告商也利用这些碎片化的时间对人们进行营销。

社交视频在为用户赋权的同时也为机构和组织赋权，使政治和商业更好地控制新媒体用户。视频社交的盈利模式主要包括信息流广告、电商导流、用户付费（打赏）三种。视频软件对用户的观看行为进行监控，收集用户的相关数据，并且借助算法进行个性化的推荐。社交视频的算法驱动加剧了广告商对

---

① 罗伯特·斯考伯，谢尔·伊斯雷尔：《即将到来的场景时代》，北京联合出版公司，2014，第 11 页。

② 《亿级新用户红利探秘：抖音 & 快手用户研究报告》，企鹅智酷，http：//mp. weixin. qq. com/s/1mVN – OAJaxnzRRuA_ jFZqQ。

用户的监控，在此基础上也对用户进行分类，并且出现了消费歧视。业界对社交视频内容消费常以日活跃用户为衡量标准。同时也包括软件渗透率、用户黏度（日均使用频率和时长）、下载量、存活率、用户城市等级等。社交视频应用还积极对用户进行画像，借此提高广告推送的精准性。数据对社交视频的重要性也体现了科技与人类社会的互相驯化。

社交视频重构了商业营销的场景，使视频从加电商拓展到视频加一切，人们不仅在社交媒体上展示农村土产、旅游景点，也展示工作和生活。整个社会的运行开始景观化，生活越来越像一种表演。这种趋势提高了整个社会的透明度，也使某些事物的可见性大大增加，各种营销具有了更多的可能性，继微博和微信等“微商”之后，互联网营销开始借用社交视频的力量。美拍推出了“边看边买”功能，淘宝推出了直播购物，于是出现了年收入千万元的农村网红，月入百万元的淘宝主播。

社交视频的场景化使一些实在的地理空间被借用和展示，成为“网红”。2017 年以来，重庆的穿楼轻轨、西安的美食、张家界的玻璃桥，都成为抖音用户的拍摄取景地点。一方面固然是这些地理景观值得一看，另一方面也源于某些地区出于旅游经济的需要刻意进行地方形象营销。通过在抖音上的营销，重庆的长江索道成为旅游景点，许多人专程到重庆去体验“比 30 层大厦还高的立交桥”，去深圳拍“长到 8 层楼高的三角梅瀑布”，借此，这些地方的旅游经济也得到刺激和发展。

在社交视频场景下，人们沉浸在欢乐的海洋里，对广告和营销的警惕和反感心理也大大降低。商业的收编使用户的在线生产和消费变成了一种表演式的劳动，耗费大量时间精力拍摄视频上传到网络，就是为吸引更多注意力，为平台获得更多的广告收入。社交视频创作者与视频平台如何进行广告分成，也是值得研究的问题。抖音和快手上也出现了很多销售假货的视频。此时社交视频平台需要加强监管，对这些不规范的商业行为进行治理。

（四）塑造了媒介文化奇观

德波指出整个现代社会生活表现为一种巨大的景观的积聚，社交视频所建构的媒介景观可谓光怪陆离。社交视频是轻快的、流动的、日常的，完全没有文艺电影的凝重和晦涩，也不像电视那样长篇大论，令人昏昏欲睡。社交视频生产了快感，令人痴迷和沉醉。作为一种流行文化，社交视频引发了网民的集体狂欢，使网民从繁杂的日常事务中抽离出来，得到放松和愉悦。这种即时性的快感使网友对其产生了媒介依赖，暂时地失去了时间感和地方感，有些人甚至通宵达旦地刷抖音。

社交视频强调一种“魔性”的风格，这种风格让人上瘾。初创期的抖音主要局限于室内，依靠滤镜特效、配音和剪辑的“加持”，能够生产出更好玩、更魔性的视频。而快手则更加日常化，“快手的镜头则伸向了田间地头、县城广场、出租屋内、高速路上”。“抖音展示的是年轻人的玩法，而快手更想展示是年轻人的活法”。① 为了获得更加广泛的用户，抖音也在迅速地快手化，在坚持自己的酷炫路线的同时，也将内容触角伸向了更加丰富多彩的室外空间。

社交视频对现实生活的记录使其看上去貌似真实，然而它们只是对真实的一种戏仿。快手中呈现的农村生活充斥着搞笑和欢乐，然而这种看上去的轻松实际上是被拍摄者所操控的，是一种表演。因此，通过社交视频去了解一个真实的中国基本上是缘木求鱼。社交视频的奇观传播迎合了受众的猎奇心理，来获取更多的流量与点赞，背后是资本的力量来对观众的注意力进行争夺。快手用户热衷于表现日常生活。而抖音则显示出全球流动空间的现代性，里约热内卢、仙本那、希腊海岛、丹麦极光、土耳其热气球都成为抖音用户的拍摄对象，显得比快手要更“高级”和全球化。

社交视频作为一种社会权力的运作场域，也体现了社会群体间的监督和凝视。由于身体在直播间中的呈现，使观众的窥视欲得到满足。此时不仅为男性观众消费女主播提供了机会，同时男性小鲜肉也成为女性观众热捧的对象。在这个过程中，网络主播的身体和情感被物化和客体化，成为一种商品。“颜值即正义”使财富、知识和学历在社交视频活动中不再重要，相反，身体符号资本可以转化为经济收入，为来自社会底层的草根主播的身份翻转提供了机遇。在进行视频生产和分享的时候，社交视频用户仿佛在履行一种仪式，通过这种仪式他们进入一个阈限空间，让路人一夜

① 《为什么“娱乐化”的抖音可以逆袭“原生态”的快手?》，钛媒体，http：//www. sohu. com/a/224508824_ 134135。

成名，从底层成为精英。这种“成名的幻象”诱导众多用户前赴后继地成为社交视频的创作者。

四　社交视频存在的问题

社交视频领域的激烈竞争使技术创新层出不穷，提升了用户的使用体验。社交视频迎合大众的口味，营造了参与性的文化，而在价值观引导方面存在缺失。过度的娱乐化和资本化运作，也使社交视频的传播生态失衡和恶化。社交视频出现了商业性压倒公益性，内容浮浅低俗的问题。大部分社交视频都聚焦于产品的营销，而对社会公共问题毫无兴趣。其他的负面的社会影响还包括暴力、侵权、拜金主义和误导未成年人等。具体说来，社交视频领域目前出现了以下问题。

（一）以算法代替人工把关，造成内容的低俗化倾向

为了获得更高的流量和用户活跃度，社交视频平台运用算法对受到观众欢迎的内容进行个性化的推荐，但并未对这些内容的价值观和倾向性进行审核。使未婚孕妈、街头恶搞等低俗、误导青少年的有害视频成为视频营销的噱头。流量为王的指导思想使社交视频得到快速发展，但是其内容建设和审核机制跟不上，也对社会产生了负面的影响。

（二）对未成年人造成了负面影响

大量的网络红人利用短视频恶搞和消费社会弱势群体，传播不恰当的人生观、价值观。在快手直播间出现了大量炒作低龄孕妇的现象，对未成年人造成了不良影响。还有抖音用户模仿视频动作与自己的小孩翻跟头互动，导致小孩头部着地脊髓受损。① 此外，部分社交视频平台并未认真落实用户实名制，对未成年人开设直播和短视频账户未加限制。2018 年 4 月，快手、今日头条等被要求停止新注册用户上传内容的功能，并且对已经上传的内容库中的违规内容进行清理。

---

① 《玩“抖音”出事了！2 岁宝宝被爸爸 180 度翻转，头部着地、脊髓严重受损……太痛心了！》，萧山人民广播电台，http：//www. sohu. com/a/226111050_ 161260。

（三）亚文化泛滥挑战主流社会价值观

社交视频还挑战了现有的政策和法律体系，危害了我国的意识形态安全。社交视频本质上是一种段子文化，虽然内容没有直接涉及国家政治，但是它的泛娱乐化思潮成为亚文化滋生的温床，成为挑战主流价值观的利器。同时还出现了低俗化的倾向，消解了社会主义核心价值观中的正能量文化价值。内涵段子等社交软件还组织了线下集会，形成了群体文化，有自己的“暗语”和标识，具有形成政治性社会团体的潜力，对现有社会秩序形成了挑战。

（四）影像“谣言”更具迷惑性

社交视频还具有仿真性和误导性，社会公众普遍相信眼见为实，实际上社交视频是可以被多次剪辑和加工，大量的不实信息以视频的方式在社交网络中广泛传播，这也导致了“后真相社会”的产生。社交视频时代的网民需要加强互联网视觉传播的素养，能够批判性地理解来自视频和影像中的内容，能够辨别和区分不真实和不客观的事实。

由于社交视频覆盖了数以亿计的用户，具有实时性、网络性传播的特征，具有广泛的社会影响。在此背景下，2018 年春节之后我国格外密集地出台了若干社交视频规制政策。其整治内容主要聚焦于以下三个方面：（1）运营资质，是否具有网络视听服务牌照；（2）有害内容，是否存在低俗、淫秽、盗版内容；（3）保护未成年人权益；（4）主播实名制和黑名单制度。由于网络视频直播具有视听节目和网络表演的双重属性，运用何种标准来认定它决定了针对直播的政策方向。我国的社交视频治理仍然遵循了“九龙治水”的格局，国家广播电视总局、文化与旅游部、国家网信办这三个部门是社交视频的主要监管部门，全国扫黄打非办公室、工商总局等部门也参与到社交视频的治理活动中去。除了传统互联网政策中包含的“九不准”“七条底线”之外，社交视频还需要获得国家网信办、国家广播电视总局和文化与旅游部颁发的相关牌照（见表 3）。

表3　2016~2018年社交视频领域国家政策

时间	部门	政策	内容和原因
2016.9.19	国家新闻出版广电总局	《关于加强网络视听节目直播服务管理有关问题的通知》	须具备《信息网络传播视听节目许可证》
2016.12.6	国家新闻出版广电总局	《关于加强微博、微信等网络社交平台传播视听节目管理的通知》	须具备《信息网络传播视听节目许可证》
2017.1.1	文化部	《网络表演经营活动管理办法》	有害内容、未成年人、版权、须具备《网络文化经营许可证》
2017.2.4	北京市网信办、市公安局、市文化市场行政执法总队	责令梨视频进行全面整改	须具备《互联网新闻信息服务许可证》
2017.5.2	国家网信办	《互联网新闻信息服务管理规定》	须具备《互联网新闻信息服务许可证》
2017.6.22	国家新闻出版广电总局	《国家新闻出版广电总局要求“新浪微博”、“ACFUN”等网站关停视听节目服务》	须具备《信息网络传播视听节目许可证》
2018.1.19	国家新闻出版广电总局	提出“四不用”原则	对党离心离德，品质不高尚的演员坚决不用；低俗、媚俗、恶俗的节目演员坚决不用，思想境界、格调不高的演员坚决不用；有污点、有绯闻、有道德问题的演员坚决不用；文身艺人、嘻哈文化、亚文化（非主流文化）和丧文化（颓废文化）坚决不用
2018.1.28	国家新闻出版广电总局	所有主播昵称和直播标题都不允许带MC、喊麦、文玩、交友、两性、校园等字眼	封杀MC天佑、PG one等问题歌手
2018.2.1	文化部	公布了2016~2017年度全国文化市场十大案件	淫秽表演、侵犯未成年人权益、危害社会公德
2018.2.13	文化部	网络表演市场专项规范整治行动	黑名单制、封禁违法主播
2018.2.14	国家新闻出版广电总局	加强网络直播答题节目管理	导向正确、需具备资质

续表

时间	部门	政策	内容和原因
2018.3.23	国家广播电视总局	《关于进一步规范网络视听节目传播秩序的通知》	禁止非法抓取改编视听节目、恶搞
2018.3.30	北京市工商行政管理局海淀分局	约谈抖音,对今日头条进行了行政处罚	中央电视台财经频道《经济半小时》栏目报道今日头条广告页面存在违规二次跳转的行为
2018.4.4	国家广播电视总局	约谈了“今日头条”“快手”两家网站主要负责人	清查库存、排查账号、先审后播
2018.4.4	国家网信办	约谈“快手”和今日头条旗下“火山小视频”相关负责人	“快手”和“火山小视频”被部分应用商店下架
2018.4.10	国家广电总局	责令“今日头条”永久关停“内涵段子”App 及公众号	导向不正、格调低俗
2018.4.12	全国“扫黄打非”办公室	约谈 YY、斗鱼、花椒、映客、六间房、龙珠和今日头条、快手、爱奇艺、微博、哔哩哔哩、荔枝 FM、金山等 18 家互联网公司相关负责人	要求务必履行企业社会责任,加强内容审核
2018.6.1	国家网信办	约谈美拍,要求全面整改,暂停更新一些频道	传播严重违规信息
2018.7.1	国家网信办	抖音广告被要求整改暂停	缺乏资质
2018.7	国家版权局	剑网 2018 专项行动	短视频版权专项整治
2018.7	国家网信办等五部门	秒拍永久下架,B 站、洋葱视频下架整改	有害内容
2018.8.20	全国扫黄打非工作小组办公室	《关于加强网络直播服务管理工作的通知》	加强网络直播服务许可和备案管理工作;强化网络直播服务基础管理工作;组织开展存量违规网络直播服务清理工作;建立健全网络直播服务监管工作机制

通过这一系列政策我们可以发现，我国社交视频领域的新媒体政策仍然处于应激反应阶段，缺少前瞻性的全盘规划和总体性的法律设计，其优势是非常灵活机动，效果立竿见影，但是无法长期持续。一旦这种运动式治理结束，不

规范的内容运营又会重蹈覆辙。这种模糊治理也有它的优势，就是可以针对最新的市场动向推出新的政策来弥补之前的漏洞，使规制方的行动不受条条框框的约束。总的说来社交视频领域的规制政策越来越细化和系统，但多为部门法规，需要进一步提高立法的阶位和质量。

在政策压力之下，社交视频平台也做出了姿态性的回应。抖音宣布实施“社会责任计划”，主要在两方面开展工作：一是风险提示系统，针对一些高风险高难度的动作，警告用户不要随意模仿；二是时间管理系统，防止用户沉溺于视频内容不能自拔，并且计划上线“时间锁”功能，针对单日观看时间过长的用户行为进行限制。① 抖音的社会责任计划对社交视频的治理具有积极意义，解决诸如盲目模仿、观看上瘾等问题，但是尚未触及一些核心问题，例如抖音视频的背景音乐的版权问题、视频内容的低俗问题等。

快手则宣称其利用算法对视频内容进行实时监控，能够做到所有视频内容先审后发。并且加强了人工审核，同时成立了学者、媒体和公众共同组成的“社区自律委员会”。对于犯规的主播予以删除内容、警告、封号、报警的处罚。但是就在这样看似完善的监控机制之下，也无法完全杜绝低俗的视频内容，资本的逐利本性和公共利益之间进行着激烈的角力（见表4）。

表4　社交视频平台的自我整改措施

时间	平台	举措
2017. 6. 30	斗鱼	建立全国首家网红党支部
2018. 4. 3	快手	CEO 宿华就早孕少女事件向公众致歉，表示将改进算法
2018. 4. 4	西瓜	暂停新注册用户上传视频，建设正能量的视频内容池
2018. 4. 6	快手	清理问题短视频 31 万条，封禁 5. 6 万名用户，清理 6. 5 万个用户名。将在原有 2000 名专职审核人员的基础上，招聘 3000 名本科学历并有较强政治敏感度与鉴别能力的审核员，党员和团员优先
2018. 4. 10	抖音	上线“防沉迷系统”
2018. 4. 11	抖音	抖音表示系统将全面升级，其间直播功能与评论功能将停止使用，待升级完毕后再开通
2018. 4. 12	快手	上线“家长控制模式”

① 《抖音成立“社会责任小组”上线国内首个短视频社会责任计划》，砍柴网，http：//news.ikanchai.com/2018/0320/201918.shtml。

续表

时间	平台	举措
2018.4.16	斗鱼	发布《开展为期3个月不良内容信息自查通告》
2018.4.18	抖音	针对涉嫌违规内容进行了专项整治，共查删视频805个，封禁账号677个，添加违禁关键词67组
2018.4.23	抖音	上线国风频道，倡导传统文化
2018.8.15	美拍	宣布建设“泛知识短视频社区”

五 社交视频治理对策及建议

乍看上去视频平台的自我整改措施的力度不弱，且具有章法和系统性，但是这些互联网企业是否真的意识到自己的错误、心悦诚服还尚不可知。目前我国的意识形态领域情况复杂，在互联网公司常常将数字资本主义和科学技术理性作为主导意识形态，而忽略了对本土文化和政治的素养学习。为此政府出手对其进行敲打，强调社会主义核心价值观在视频文化领域的领导权。一些企业的管理层认为服务好了用户就是尽到社会责任这是错误的，还需要考虑到其新媒体产品的外部性影响，需要从伦理和道德的角度来思考产品的设计和运营。业界对于技术的伦理属性需要有更深刻的思考和认识。对此，字节跳动和快手都聘请了一些传媒专家作为顾问对企业进言献策，希望专家的建议能够克服企业唯利是图的思维惯性，而不仅仅将其作为一种公关手段。

对此，试提出以下对策来治理社交视频的乱象。

（一）建设更加科学、规范的规制政策体系

在社交视频的治理领域，我国需建设更具效率的政策体系。当下的网络短视频承载的“微行动”主要关切于社会事务、身份认同和文化政治，而非传统意义上的国家政治。但是激烈的社会抗争土壤并不因高压管制政策而消失，仅仅是潜藏在甚嚣尘上的娱乐风潮之下，一旦管制放松或者出现重大社会变迁，隐藏的社会矛盾就会重新浮出水面。因此，充分、科学、公正的社交视频管理制度建设必不可少。目前我国对社交视频治理的相关政策网络和法律条文较为随意，存在相互冲突、位阶不高的问题。特别是在“九龙治水”的模式

下，众多部门参与到社交视频的治理中来，无法从根本上摆脱部门利益，最后导致过度规制或者政策失灵。我国在社交视频领域需要积极推进立法工作，并建立科学的政策评估体系，对政策的制定、执行、效果进行持续的跟踪和评价。

（二）推动主流社会机构开设社交视频账号

社交视频作为一个舆论阵地和意识形态高地不能被放弃。因此，政府还鼓励传统主流媒体以及政府机构、企事业单位、人民团体、社会组织等大力开发视频资源，入驻主要网络短视频平台开办账号，或与平台合作开展可视化宣传活动和政策解读，扩大传播效果。① 这与社交视频平台急需扩大在主流社会的影响力的需求一拍即合，继政务微博、政务微信之后，政务视频也将成为中国公众参与国家治理的重要途径，使相关机构与公众能够通过社交视频进行沟通。

（三）落实主播实名制和黑名单制

主播实名制是治理社交视频的重要途径。但是由于各个直播平台的用户数据库并未打通，一旦在一个平台被封禁，涉事网络主播还可以迁徙到别的平台开展直播活动。我国有必要在全网范围内建立网络主播黑名单制度，一旦出现违规行为对相关涉事主播进行全网禁播。严厉的处置手段对社交视频的管理者和创作者都形成了一定的心理震慑，但还是有部分视频平台打“游击战”，在被关闭后改头换面重新上线，甚至有一些平台将服务器放到海外。对于这种情况，相关监管部门就需要依靠公众的监督和举报，对一些违规内容和平台进行追踪式的治理。由于我国的数字身份体系的设计目前还不完善，社交视频的实名制还存在一些漏洞，随着我国的数字身份体系的建立，视频社交的用户实名制和黑名单制度将落到实处。

（四）加强视频创作者的职业素养和责任意识建设

在社交视频野蛮生长的传播生态下，国家与公众需督促社交视频平台进行

① 国家网信办：《要让网络短视频充满正能量》，《网络传播》，http：//www.xinhuanet.com/zgjx/2018－08/24/c_ 137414850.htm。

社会责任治理，对视频内容建立行之有效的实时监控体系，此外还需提高用户的自我规范意识。很多视频创作者并未察觉到自己的作品会产生什么负面的社会影响，他们只是想努力表现自己，吸引大家的注意，或者模仿其他有趣的视频，做出很多出格的举动。但他们没有想到在手机屏幕前面可能有未成年人，会对青少年造成不好的示范效应。因此，建设全民的媒介素养教育体系非常必要。只有社交视频用户都知道自己的作品会产生什么样的社会后果，批判性地理解、传播和接受社交视频的内容，才会使社交视频的生态变得更好。此外，社交视频的职业门槛也有待加强，对从业者进行职业和法律教育，使其了解自己的行为所产生的社会后果，形成职业伦理道德体系。我国需要建立社交视频创作者的身份管理体系，使视频生产者能对自己的网络行为负责。

B.14

移动社交媒体时代网红传播的策略与问题

余秀才　刘一梦*

摘　要： 当前，伴随移动社交媒体蓬勃发展，网红传播热度持续升高，网络红人作为一种网络文化景观与互联网新兴经济受到广泛关注。本文以清博指数2017年12月9日发布的网红榜单中位居前五的网红为例，基于网红传播活动，主要从形象策略、内容策略、媒介策略、受众策略等方面探讨移动社交媒体背景下网络红人的传播策略、问题以及优化建议，以期为提升网络红人传播能力，促进网络红人健康传播提供实践层面的有益借鉴。

关键词： 移动社交媒体　网红　传播策略　传播问题

一　引言

2016年被称为“网红元年”。网红是网络红人的简称，从百度搜索指数结果来看，“网红”一词的搜索量无论是百度PC端还是移动端，都呈现爆发式增长。媒体指数呈现同样的增长趋势，说明网络红人现象受到广泛关注的程度。与传统网红相比，社交网络是当前网络红人最沃腴的成长土壤，受到越来越多年轻人追捧，社交媒体网红的影响力也得到不断提升。

新媒介技术让网络红人的内涵和外延都得到不断拓展。从早期通过互联网

* 余秀才，中南财经政法大学新闻与文化传播学院教授，传播学博士，主要研究方向为网络舆论与新媒体传播；刘一梦，中南财经政法大学新闻与文化传播学院研究生。

论坛、博客等渠道成名的草根个人，到伴随着微博、微信平台及各类垂直社交应用而受到网民关注的网络红人，不同网络技术发展阶段，网络红人也出现不同的传播特征与发展趋势。本文主要从形象策略、内容策略、媒介策略与受众策略等几个方面，分析总结移动社交媒体时代网络红人的传播策略，在此基础上指出其传播策略的不足，并为今后网络红人传播的良性健康发展提供实践层面的经验借鉴。

二　研究对象与方法

（一）研究对象的确定

为更好地探究网络红人的传播策略问题，本文将选取具有代表性与典型性的大众型网络红人与垂直型网络红人为案例样本。根据清博指数 2017 年 12 月 9 日最新发布的网红榜单，本文选取位居前五的网络红人为代表，他们分别是大众型网红 Papi 酱、咪蒙与垂直型网红差评君、同道大叔、占豪，其传播力与影响力见表 1。

表 1　清博指数 2017 年 12 月 9 日网络红人排行榜榜单

排名	网络红人名称	传播力	影响力	网红传播指数①	类型
1	差评君	424.71	441.91	866.62	垂直类
2	Papi 酱	432.92	398.80	831.73	大众型
3	咪蒙	424.09	405.41	829.50	大众型
4	同道大叔	439.44	333.46	772.90	垂直类
5	占豪	423.86	332.34	756.20	垂直类

资料来源：清博指数 2017 年 12 月 9 日网络红人排行榜。

在网红传播策略的分析过程中，本文将涉及网络红人们各社交媒体上的相关指标。同时以 2017 年 11 月到 2017 年 12 月为时间节点，选取咪蒙、

① 网红传播指数：网红指数旨在评估网红在各大网络平台（包括微博、微信、视频、网页等）的综合影响力和传播度，具体包括传播力、影响力、转化力三大维度。

差评君、同道大叔、占豪的微信公众号头条原创作品，及网红 Papi 酱 2016 年 5 月到 2017 年 10 月的 96 个原创视频作品为内容样本进行研究，以较为全面地探究移动社交媒体时代网络红人使自身得以走红所使用的传播策略以及相关策略问题。

（二）研究的类目建构

本文将网红的传播策略主要分为网红形象策略、内容策略、媒介策略、受众策略等几个部分，由此本文的文本研究也主要从以上四个部分展开。

本文网络红人的形象策略，主要是指网红通过个人形象建设，加强与受众的信息传递，以形成受众对网红个人的认知，并唤起受众的注意与兴趣，具体可从网红形象定位、个性化标识以及社交媒体上形象设置等方面考察。本文网络红人的内容策略主要指的是网络红人选择什么样的内容进行传播，在整体内容叙述的表达与呈现方式上具体运用了什么样的方法，可从网红传播内容的选题策略、表达方式与呈现形式等方面探究。本文网络红人的媒介策略主要是指所选媒介的类别，运用到媒介类型。具体到网络红人而言，主要指网络红人选择哪类媒介作为传播平台，选择哪些渠道进行传播内容的投放。本文网络红人的受众策略主要是指针对传播活动中的目标受众，呈现何种受众倾向，本文将从网络红人传播活动中的受众倾向以及受众扮演的角色等方面分析网络红人受众策略特点。

（三）案例选取与资料来源

本文案例数据，来源于清博大数据平台。清博大数据是中国领先的新媒体舆情平台，深耕行业大数据，是中国新媒体大数据评价体系和影响力标准的研究制定者。2017 年清博被国家信息中心评为“十大最具影响力大数据领域社会智库”。因而，从样本选取的发布来源上看，具有一定的可靠性。

同时，为了较大限度地探究网络红人的传播策略问题，本文选取网红榜单中位居前五的网络红人，包括具有一定代表性与典型性的大众型网红与垂直型网红，并选择网红们 2017 年 11 月至 12 月的微信头条文章为样本。

三　移动社交媒体时代网红的传播策略

通过对清博网红榜单中排名前五的网红 2017 年 11 月至 12 月的微信头条文章内容进行分析，发现移动社交媒体时代网络红人的传播策略主要体现在以下方面。

（一）网络红人的形象策略

1. 基于内容优势的形象定位

新媒介环境下，传播内容的价值越来越绑定于内容所依附的人格的价值。[①] 网络红人作为社交媒体平台上的内容生产者，其人生阅历、知识体系、话语风格都会影响内容生产的质量与价值，从而关系个人形象建构。从五位网络红人的学历类型与擅长内容归纳来看，当前网红的知识体系均呈现较高水平，具体见表 2。

表 2　网络红人的学历类型、擅长内容领域一览

网络红人	学历类型	擅长内容、领域
Papi 酱	中央戏剧学院导演系硕士	自编自导自演原创短视频
差评君	悉尼大学商科硕士	科技/互联网
咪蒙	山东大学文学硕士	情感/心灵慰藉
同道大叔	清华大学美术学院学士	动漫/星座
占豪	—	政治/财经

资料来源：根据相关资料整理。

与网红 1.0、2.0 时代相比，移动社交媒体时代的网红们更擅长凭借内容优势与知识体系作为形象定位的基础，通过瞄准目标受众心理空隙，寻找自己与受众关于某些事物、事件的心理共鸣点，将自己打造成为受众的形象标榜或是意见领袖，占据受众的心智空间。

① 徐锐、张青：《视频自媒体的内容生产与运营模式探析》，《中国电视》2016 年第 7 期。

2. 差异化的社交媒体形象设置

首先，从名称与头像设计上看（见表 3），网红们都较好地在社交媒体上表现出自身的易识性，便于网民识别、记忆。例如同道大叔以虚拟卡通图像为头像标识，凸显自身品牌标识，识别力强。网红 Papi 酱、差评君、咪蒙、同道大叔采用的均是虚拟昵称，走红之前未曾出现或流行与之一样的名称，差异化昵称设置具有一定辨识度，识别作用强。

表 3　网络红人部分社交平台头像设计一览

网络红人	微博	微信	大鱼号	头条号	秒拍	小咖秀
Papi酱						
差评君	差	差	差	差	—	差
咪蒙						
同道大叔						
占豪					—	—

资料来源：依据相关账号资料整理。

其次，通过加 V 认证提升账号的辨识度是网络红人形象传播策略中提升自身传播力、影响力的重要手段。微博与微信作为具有传播力的综合类社交平台，网红们均已通过加 V 认证来增强自身识别力。Papi 酱的微博认证信息为“微博原创视频博主”，凸显了自己由原创视频走红的个人特征。同道大叔的认证信息为“知名星座命理博主”，符合其深耕星座动漫领域的身份，有效提升微博网友对网红身份信息的辨识度以及信任感。同时，Papi 酱、差评君、占豪、同道大叔等网红也已获得头条号、大鱼号、百家号等原创内容生产平台的加 V 认证，一定程度上增加了形象传播的机会。

另外，设置差异化的微信自定义菜单（见表 4），也是网络红人进一步强化自身形象传播的方式。

表 4　Papi 酱等网络红人的微信公众号菜单设置一览

网红微信公众号	一级菜单	二级菜单
Papi 酱	Papi 放送	Papi 酱、搞笑 × 吐槽、影视 × 萌绘、汽车 × 搞机、美妆 × 美食
	来找我	想拍视频、来这工作
	合作联系	
咪蒙	加薪课	
	看么	励志、职场、情感、爱情故事、亲子、社会话题、生活方式
	约么	合作联系
同道大叔	天秤座	
	金牛座	
	买买买	商城首页、领 88 元、星座礼物、售后咨询、商务合作
差评君	众测	
	进入黑市	客服订单查询、黑市淘宝店、进入黑市
	往期精选	互联网槽点、卧底黑幕、屌人传记、炫酷科技、实用技巧
占豪	新财迷	每日政经速递
	占豪作品	占豪系列签名书
	合作	转载文章、商务合作

资料来源：依据网络红人相关微信公众号整理。

根据表 4 网络红人的微信自定义菜单设置可看出，网红们除了依据内容设置相关内容链接外，还根据多方需求设置了包括电商平台、粉丝社区、商务合作等多平台链接，形成多信息传播矩阵。通过这种信息传播矩阵，既可以打造多渠道传播路径，又能增强网红自身的传播影响力。

最后，网络红人还会给自己树立个性标签，塑造自身魅力人格体，运用差异化形象传播从而将自身形象品牌化。例如“我是 Papi 酱，一个集美貌与才华于一身的女子”，这是 Papi 酱明确自身定位后形成的个性标签，极易给受众留下颇具特点的个人印象。

（二）网络红人的内容策略

1. 选题巧用热点，贴近青年受众群

通过对网络红人传播作品样本进行分析发现，虽然网红内容生产所涉及的行业、领域有所不同，但是在选题的宏观策略上基本呈现两个特征。一是选题巧用热点，即网红们擅长从自身领域与视角入手，紧紧将内容创作与热点进行巧妙结合，主要包括节日热点、社会热点、财经政治热点、舆论热点等。二是选题贴近青年受众群体，即在内容选择上贴近年轻受众群的工作生活喜好，力图引起年轻人的关注与共鸣，例如情感、生活方式、性格、励志、娱乐等内容（见表5）。

表5　网络红人原创作品选题分析

类型	网红主体	选题内容
大众型网红	Papi 酱	情感、社会现象、热点事件、个人生活、纯娱乐、影视、两性话题
	咪蒙	情感、职场技巧、社会热点、心灵慰藉、励志、吐槽
垂直型网红	差评君	科技知识、科技热点、科技人物、互联网槽点、科技产品广告、差友福利
	同道大叔	星座运势、星座性格、星座情感
	占豪	时事热点、财经热点、国内外政治热点

资料来源：根据网络红人原创作品内容整理。

2. 追逐趣味性的表达方式

喻国明认为传播产品的“好看”对受众接触行为扮演着十分重要的角色，“好看”是形成传播竞争力和吸引力的躯壳。① 移动社交媒体时代，网络红人使传播内容具有“好看”吸引力的包装就是趣味性表达，主要表现为善用网络流行语与热词，内容的故事化表达，用反讽的修辞手法旁敲侧击，以及在标题中凸显疑问、冲突与观点（见表6）。例如在《韩国这个戏精，果然对中国出招给自己加戏了，要不要看完他的表演?》一文中，用“戏精”来形容韩国文在寅政府“演戏很厉害”。

① 喻国明：《受众注意力资源的获得与维系——关于传播营销的策略分析》，《城市党报研究》2004 年第 2 期。

表 6　网红传播作品中的网络流行语及热词

网红主体	传播作品中的网络流行语及热词
Papi 酱	“乱入”“人艰不拆”“233333333……”
咪蒙	“low”“油腻”“尬聊”
差评君	“神烦”“吃灰”“老司机”
同道大叔	“渣男”“白富美”“男神”
占豪	“戏精”“神助攻”

资料来源：根据相关资料整理。

传统思维模式里，人们习惯于中规中矩的说教式评价方式，而相对自由的网络环境中，幽默元素与生气元素更容易轻松唤醒他人情绪，引起受众观赏兴趣与心理共鸣。

3. 短小精悍的呈现形式

在呈现形式上，随着移动设备的普及，网络红人倾向于将传播作品短小精悍化。如同道大叔的原创作品基本为“漫画 + 文字”的形式展现，漫画幽默，文字简洁，受众阅读文本的费力程度不高，文章的可读性颇强。差评君的原创文章主要以文字与图片为载体，文字表述较为口语化，通过截图与表情包等视觉辅助将抽象的科技专业知识转化为具象信息。同时，文章节奏紧凑，一般阅读时间为 5 分钟左右，对于业余科技爱好者而言并不需要过深的专业知识积累就能用较短的时间获得内容信息，迎合了受众碎片化、快速消费内容的习惯。

（三）网络红人的媒介策略

1. 综合性、垂直类社交平台传播

目前，基于综合性、垂直类社交平台的传播是网络红人选择媒介传播的主要策略之一，开通微博与微信公众号已经成为网红进行媒介选择的“标配”。同时，基于兴趣图谱的社交应用呈现垂直化特征，网红们也逐渐结合自身特长活跃在各类垂直型社交平台。如美拍、小咖秀、秒拍是垂直类短视频传播平台，Papi 酱以原创短视频为内容传播形式，运用秒拍、小咖秀等平台发布自己的作品，引起众多年轻受众群体的关注；差评君为打造垂直行业矩阵中的科技模块，除了以综合性社交应用作为传播平台外，也在科技新闻等垂直类平台创建自己的个人频道；同道大叔则是将星座漫画与动画制作相结合，通过秒拍、小咖秀及视频播放平台吸引了众多“星座控”的关注。

2. 多平台联动传播格局的形成

其次，网红们也善于利用自身特长与风格，将内容发布同新兴传播渠道进行有机结合，尽可能地组合多个当前流行平台，运用多平台联动传播的媒介策略给自己造势，最终形成多平台联动的传播格局（见表7）。

表7 网络红人多平台联动传播格局的形成

网络红人	综合社交平台	内容分发平台	大型视频网站	弹幕视频网站	垂直类平台
Papi 酱	微博、微信	一点号、头条号、企鹅号、百家号、大鱼号	腾讯视频、搜狐视频、优酷视频、爱奇艺视频	Ac Fun 弹幕视频网、哔哩哔哩弹幕视频网	美拍、小咖秀、秒拍
差评君	微博、微信	一点号、头条号、企鹅号、百家号、大鱼号	—	—	科技新闻
咪蒙	微博、微信	一点号、头条号、百家号、企鹅号	—	—	—
同道大叔	微博、微信	一点号、头条号、企鹅号、百家号、大鱼号	腾讯视频、优酷视频、爱奇艺视频	哔哩哔哩弹幕视频网	秒拍、小咖秀
占豪	微博、微信	一点号、头条号、企鹅号、百家号、大鱼号	—	—	财来啊

资料来源：依据相关资料整理。

多平台联动传播意在追求整体大于部分之和的传播效果，从而形成集约化的传播规模。以 Papi 酱为例，Papi 酱的传播作品以短视频为主，为实现内容的全覆盖性分发，除了微博、微信外，其作品传播平台还包括美拍、秒拍、小咖秀类自媒体短视频社区。网络红人们通过整合多个传播平台，用多平台联动传播将分属于各个平台的互动性与反馈聚集在一起，形成一个平台联动的传播格局，以产生更为广泛的粉丝效应。

（四）网络红人的受众策略

1. 受众多重利益需求导向策略

基于受众的多重需求，网络红人的传播活动呈现受众需求导向策略。通过满足受众多重利益需求，来获得受众对自身内容的接触行为，稳定与受众的关系，具体表现有以下方面。

首先，提供多元信息，满足受众的信息需求。如 Papi 酱作为大众型网红，其视频选题涉及不同领域，往往能让受众在短时间内获取较为丰富的信息。垂直类型的网络红人则更擅长结合自身优势与特长解读专业领域的信息，例如占豪作为政治财经圈的网红，十分注重对国内外政治财经热点信息的挖掘。

其次，社群化圈层，满足受众的社交需求。社交平台上基于共同的兴趣、价值取向或特定目标而聚集成的“圈子”本质上是一种社群。[①] 网红们以自身原创内容生产为连接点，将具有共同兴趣爱好与价值观的人聚集在一起，形成社群。在社群圈层中成员们分享观点，以增强身份认同与社群的活跃，不仅满足了受众的社交需求，也使粉丝群体能够对网红的认同和归属感得以巩固。

再次，定制内容，满足受众个性化需求。长尾理论认为，网络时代，我们的文化和经济重心正在加速转移，从需求曲线头部的少数主流产品、市场，转向需求曲线尾部的大量利基产品和市场。[②] 网络红人传播热现象的持续攀升，也印证了长尾理论，即我们的文化和经济正在由为数不多的主流市场，逐渐向数量繁多的狭小市场进行迁移。例如大多数对科技有兴趣的网友来说，专业的科技术语阅读起来晦涩难懂，但是差评君用通俗易懂的语言能够将事实翔实、逻辑清楚地传达出来，内容辛辣、独到有趣，这是差评君赋予传播作品的特征或特点。同样对于关注星座的人来说，同道大叔能够将星座与漫画相结合，以幽默的文字解读星座特征，也是其赋予星座或漫画作品的特点。而受众在选择性接触时，往往会选择与自身个性需求相符合的内容，受众感觉它正是适合自己的，迎合了受众多样化、个性化的需求。

---

① 李天昀：《社交应用变迁背景下的“网红”传播与生产机制》，《艺术评论》2016 年第 7 期。

② 〔美〕克里斯·安德森：《长尾理论》，乔江涛、石晓燕译，中信出版社，2012。

最后，观赏性强，满足受众的娱乐需求。对于相当多的受众而言，网络红人是一种观赏性极强的娱乐化群体。网红们传播的视频、搞笑段子等作品及其衍生出的传播热点，常常因内容有趣、新奇，给人以愉悦消遣的感受，使受众群体从紧张压力的环境中得以释放，并通过娱乐使“本我”得到快乐的安抚。如 Papi 酱的短视频用一针见血的吐槽戳中网友笑点，引发共鸣。有网友评论“短短几分钟的视频，让人不禁捧腹大笑，这种满足感并不亚于 100 分钟的喜剧片”。又如同道大叔擅长根据各个星座特点制作漫画图文，网友在其微信公众号评论“射手座是世界上最有趣的一个星座，不接受反驳，哈哈哈……”可见，网络红人通过娱乐化的内容与形式，满足了受众娱乐消遣的需求。

2. 受众互动式参与的培养策略

此外，受众互动式参与的培养策略也是网络红人使用的受众策略之一。通过挖掘社交媒体的互动功能，利用各类互动方式，网络红人们迅速有效地建立与受众的联系。在鼓励受众平等交流、积极表达个人观点的过程中，互动式参与不仅满足了受众的话语权，也成为网红培养受众忠诚度的有效方式。如 Papi 酱在《传说有一个键盘侠，后来他炸了》中吐槽网络“键盘侠”的语言暴力行为，网友微博评论“讨厌键盘侠”“说得真好，简直说出了我的心声”表示对 Papi 酱传播内容的认同。点赞最初来源于网络社区的“赞”功能，受众对作品的点赞次数是对内容喜爱程度的直接反映，有利于网红了解受众爱好倾向。网络红人的传播过程实际是与受众发生互动作用的过程，它着眼于对受众的充分了解，并将传播内容与受众需求互动地联系起来。

四　网络红人的传播策略问题

网红现象泛化的趋势下，网络红人通过自身个性鲜明的内容生产与传播方式获得年轻受众与资本追捧，对网络红人脱离低俗炒作的走红方式具有一定示范作用。但是，从普通人到备受各方瞩目的网红，互联网本身所具有的特性使网络红人成长时间被大大压缩，网络红人的传播策略在应用方面还存在着问题与缺陷。

（一）形象策略方面的问题

移动社交媒体时代，虽然网络红人都为凸显个性特征而积极塑造差异化形象，但是还缺乏对形象设计的深度利用。这主要体现在社交媒体上头像展示不统一、首次问候语功能的运用不足、缺乏对自定义菜单的充分使用等。

从上文对网络红人头像标识的展示来看，除了网红差评君与占豪做到社交平台上已有头像标识统一外，其余网红的头像使用均未能做到微博、微信等传播平台上已有标识的统一。例如 Papi 酱采用 4 种不同的头像标识，同道大叔使用了 3 种不同的头像标识。由网络红人微博、微信首次关注问候语的使用情况分析可知，网红们对微信公众号首次问候语“感谢关注”类的使用不足。同时，五位网红也都没有设置微博首次关注问候语，未能充分运用首次问候语功能强化受众印象与信息的获取，实际上损失了一次进行形象传播的机会。Papi 酱的微信自定义菜单设置较为简洁，注重往期的内容推送，但没有体现出 Papi 酱个性、有趣的传播主体形象；同道大叔的自定义菜单设置则存在分类不够清晰等问题。

此外，话语失范时常引发形象危机。要想铸就具有圈层影响力的个人品牌，甚至具有广泛社会影响力的个人品牌，其个人传达的核心价值观必须符合大众要求的道德和审美诉求。[①] 但是网红们为了吸引年轻受众群体追逐趣味娱乐心理，难免会与出格的套路沾边，出现语言失范与低俗的问题。Papi 酱的原创短视频中曾多次出现“卧槽”“小婊子”等粗俗词语，以表达对某些社会现象的不满，直至被国家广播电视总局勒令整改，引发自身形象危机。为博取受众眼球，咪蒙的文章也频繁出现过与性话题相关的词语，还有诸如“傻逼”“贱人”等侮辱性语言，甚至因过度放大社会冲突、激化社会矛盾，引起过一阵“反咪蒙”的热潮。在日益复杂的网络环境下，Papi 酱、咪蒙等网络红人身上显现出的措辞不严谨、话语失范问题并非孤立。网络红人还需要不断探索如何将自我个性与传播内容分众化的同时，秉持价值取向的主流化，树立符合大众道德与审美诉求的个人形象。

（二）内容策略方面的问题

在内容策略方面，原创内容可持续生产力不足是网红们需要解决的问题。网红 3.0 时代，网络红人优质的传播内容是获得特定受众群体认可、博取受众

---

① 徐浩然、徐玉贞：《重新定义个人品牌》，中国经济出版社，2017。

注意力的基础，而持续、稳定的内容输出则是稳定粉丝群体的关键。但是，当前网络红人原创内容的可持续生产力还有所不足，作品质量缺乏持续的高水准与稳定性。

其次是选题内容的“必读性”欠缺。通过引起受众心理狂欢、趣味地表达使传播内容具有“可读性”，仅仅只是在愈演愈烈的网红竞争中，吸引受众注意力的初步要求。而对于持续维持受众的注意力，“可读性”还远远不够。从当前网络红人的选题内容来看，多是对各类热点与年轻群体兴趣爱好的关注，如 Papi 酱以社会现象、热点事件类、娱乐类的选题数量居多，差评君以科技圈热点事件信息居多，同道大叔则主要是以星座漫画情感为主。他们的选题内容多停留在具有娱乐、搞笑的“可读性”层面，而并不太具备内容实用、重要的“必读性”。长此以往，满足大众的新鲜感之后，在牢固与粉丝群体的关系上还不够可靠。可见，如何使传播内容成为目标受众群体必读的“基本生活资料”与精神消费，其内容选择还需要极大地丰富与开掘。

最后，广告植入不当降低了阅读好感。网络红人获得一定的粉丝追捧，自然会有资本青睐。但受众对网络红人的喜爱来自网络红人的传播内容及个人特质，资本的逐利与介入会使网络红人在商业变现过程中，出现内容质量与受众体验之间不平衡的现象。最主要的表现就是传播作品中插入广告，或直接将广告以内容的形式推出，降低了受众阅读好感。如 Papi 酱曾以公开拍卖短视频贴片广告的方式吸引商业投资。贴片广告是缺乏情景融入的“硬广告”，往往与视频内容关联性不强，明显影响视频的内容风格，降低观感。差评君作为科技圈的网红，结合其 2017 年 11 月至 12 月的选题内容，其中科技产品广告类选题共 11 个，占据选题总数的 20%。但实际上，11 个科技产品广告类文章的点赞数量均在 1000 以下，某种程度上可以说明广告内容并不太受欢迎。

（三）媒介策略方面的问题

目前，网络红人在媒介策略方面的问题主要表现为两点，其一是平台运营情况参差不齐，其二是与传统旧媒体合作传播的缺失。

迎合移动社交应用趋势，网红们善于运用多个平台联动传播，将传播渠道有机结合，以尽可能扩大自身的影响力与传播力，但却没有充分运用好各个平台，使各平台运营情况存在参差不齐的问题。首先体现在平台粉丝数量的较大差异。例如，同样作为综合类社交平台的微博与微信，差评君的微信公众号早在2016年初就已积累近百万粉丝，而目前为止，其微博平台暂且仅获得38万粉丝的关注。其次，基于不同社交平台的特点，未能充分做到有针对性的运营。例如，网红占豪“头条号”内容发布不及时，最近一篇更新还停留在2017年12月4日。又如差评君推送的文章在微博、微信上没有针对性地处理，缺乏表现力与吸引力。实际上，微信用户通常采取订阅公众号的方式获得内容推送，而微博平台则更为开放。因此，在微博平台上要想获得更多关注，就要使内容表现形式更具吸引力。

社交新媒体高效的传播渠道，为网红传播带来大量的受众群体。然而，不可否认的是传统旧媒体在当前传播环境中依旧扮演着重要的传播角色。从网络红人长远发展来看，利用传统旧媒体进行辅助传播，对增加自身的受众基础，扩大传播范围有着重要的作用。网络红人们当前与传统旧媒体的合作传播还存在较大的缺失，仅有Papi酱参与陈可辛导演的电影《妖铃铃》曾引起过一阵热议，再鲜有其他网红与传统旧媒体形成过为众人熟知的合作。

传统旧媒体辅助传播可以体现在两个方面，一是对网络红人各方面的报道，二是与网络红人传播内容的合作。传统旧媒体对网络红人各方面的报道，实际上就发挥着主流媒体的引导作用，对网络红人的传播内容、生存空间以及知名度、美誉度都产生着重要影响。如何与传统旧媒体进行良好合作以提升传播能力，也是当前网络红人需要考虑的媒介策略问题。

（四）受众策略方面的问题

在受众策略方面，网红们存在的问题首先表现为受众获取服务的便利度较差。所谓市场，用现代经济学的观点来看，就是由“有支付能力的需求”所构成，仅仅瞄准人们的需求制作适用的产品往往还不够，还应尽可能降低人们获得这种产品的代价，使产品能够方便省力地为人们所享用和占有。[①] 从网络红人的受众策略上看，虽然网络红人都凸显出以受众需求为导向，但未能以最为便利的方式让受众获取内容服务。如在作品发布时间上，占豪微信公众号的

① 喻国明：《受众注意力资源的获得与维系——关于传播营销的策略分析》，《城市党报研究》2004年第2期。

每日推送时间基本是凌晨两点半，无独有偶，差评君微信公众号的推送时间均在凌晨零点左右。实际上这个时间段大多数人已经休息，选择夜间推送内容，无疑提高了受众获得传播服务的代价与费力程度，降低传播效果。

传播作品的非固化发布同样不利于受众群体固定阅读习惯的培养。例如，作品发布数量的不固定。如 Papi 酱当前每月发布的原创视频数量，已由 2016 年每月 6 个减少到 3 个；“Papi 酱的周一放送”栏目作为每周一固定化的播出，也逐渐趋向不稳定，甚至有些周一并没有短视频作品推送。由此可见，网红也需要依据受众阅读习性权衡好作品发布时间，以提高受众获取内容服务的便利度。

其次，受众参与内容生产的程度不深也是受众策略方面的重要问题。在传播过程中，虽然网络红人都注重于受众的互动，但受众参与内容生产决策的程度不深，更多地停留在评论、点赞的浅层互动层面，并没有形成稳定规范的参与流程，未能强化受众作为参与者及决策者的角色。

受众介入论认为，人们对于亲身积极参与所形成的观点，要比被动地得到的观点容易接受得多且不易改变，让受众参与传播之中正是为了让他们积极接受传播。[①] 实际上，受众对网络红人的关注，在满足了信息、社交、个性以及娱乐需求后，就会产生更高层次的需求，即寻求尊重与自我实现的需要。而受众参与网络红人内容决策的过程，也是受众实现自我价值，寻求自我实现的过程。因此，除了以互动方式调动受众的积极性外，网红们还要思考如何打通受众参与渠道，引导受众参与内容的设计、创作，提升受众主体性从而实现感知传播内容与服务。

五　移动社交媒体时代网红传播策略的优化建议

随着网络红人传播热度持续升高，网红不再仅仅是一种媒介传播现象，也逐渐成为一种网络文化、经济景观普遍存在于我们的社会生活中。通过对移动社交媒体时代的网红传播策略及问题的分析，未来，网络红人要想实现自身的可持续发展，提升自身的传播能力，还需要注重传播策略上的优化。

首先，强化自身形象传播，树立正面的网红形象。社交媒体上网络红人形

① 邵培仁：《传播学》第 2 版，高等教育出版社，2007。

象建设是网红塑造影响力的第一步，网红们要深度利用社交媒体对于自身形象塑造的外在表现功能，提升形象传播效果。对于已经具有渠道和原创内容基础的网络红人来说，更需要通过个人话语去传达积极向上的网络文化精神，打造正面的网络红人形象。

其次，优化内容质量，增强内容的实用性，工具化传播内容。类比马斯诺需求理论的金字塔，受众对内容的需求是层层递进的。网红群体想要拥有可持续发展的竞争力，保持传播内容的稳定性，就应该坚持自身的长板优势，提高内涵竞争。同时，增强传播内容的实用性，将内容“工具化”，尽量扩大与受众之间的“经验域”，争取将传播内容从易耗品，变成受众赖以生存的“工具”。

再次，精细化各平台运营，整合多媒介传播，最大限度地提升媒介传播效果。精细化平台运营就是要依据平台自身的特性功能以及平台用户人群画像，最大限度地提高内容曝光率、转化率，从而提升网红个人的传播力与影响力。对于成名后的网红，要想寻求持续发展空间，则还需要充分利用传统旧媒体进行辅助传播，形成新旧媒体互动传播态势，以获得最大的传播效益。

最后，在与受众的关系上，网红们应秉持便利受众的理念，加强受众体验式参与。移动社交媒体时代，受众的接触成本不再是指传播产品价格，而更侧重于时间上的易得性以及畅通的获取渠道，例如，优化推送发布的时间，固化栏目内容等等。另外，形成受众规范参与的流程，让其参与到提供需求、解决需求的过程中来，使受众实际感知到传播产品与服务，提升受众作为内容生产决策者的参与感。

网络红人作为互联网和新媒体的衍生产品，随着网络技术的发展还可能会出现网红4.0时代、网红5.0时代。流变永远是发展的趋势，但综合来看，只有秉持正面的价值取向，进行积极意义生产，把握新媒介的传播规律，网红才有可能最终实现自身的持续发展。网络红人是近年来学术界研究的热点，当网红传播成为一种不可逆的趋势时，希望通过本文对网络红人传播策略的研究，促进网络红人传播更加良性有序的发展。

参考文献

孙祥飞：《新闻传播学热点专题80讲》，人民日报出版社，2016。

李化来、沈玲玲：《网红现象的传播学解读》，《编辑之友》2017 年第 5 期。
毋冰洁：《内容型网红经济商业模式及其发展研究》，《郑州大学》2017。
百度指数：http//index. baidu. com/。
清博指数：http//www. gsdata. cn/netred/index。
Cleanth Brooks，Robert Penn Warren：《Modern Rhetoric》，Harcourt Brace Jovanorich，1979.

B.15

微博平台中知识型意见领袖的社会责任评价

芦何秋　李翊轩*

摘　要： 本研究以十个典型的知识型意见领袖作为研究对象，对其发布的765条微博信息进行量化统计分析，旨在考察知识型微博意见领袖的社会责任履行情况。研究显示，知识型微博意见领袖的社会责任履行状况还有一定可提升的空间，其社会责任评价得分均值为2.52131（得分率50.42%），刚过满分的1/2。知识型微博意见领袖“信息生产”得分处于中等偏上水平，但在“文化教育”、“社会监督”和“协调关系”的社会责任履行效能方面还需要做进一步的优化。

关键词： 微博　意见领袖　社会责任

过去十年，以微博为代表的社交媒体平台成为网络舆论的主要策源地，大量公共事件在微博平台中被讨论并形成舆论，深刻影响着现实世界。意见领袖是影响舆论的关键人群，他们通过对舆论的导向性影响参与到社会建构中。微博意见领袖群体按照身份类型可分为多个类别，如媒体从业者、政府官员、企业家、知识分子、律师等，其中，知识型意见领袖在近年发生的公共事件中扮

---

* 芦何秋，新闻学博士，华中科技大学新闻与信息传播学院博士后，湖北大学新闻传播学院副教授，主要研究方向为网络传播。李翊轩，湖北大学新闻传播学院2017级研究生。本研究属于博士后第8批特别资助项目“社交媒体意见领袖社会责任的实证研究”（项目编号：2015T80786）、湖北大学研究生案例库建设项目“大数据背景下网络舆情与意见领袖案例库”（项目编号：520－150270）阶段性成果。

演着越来越重要的角色。

知识分子对公共舆论的影响可追溯到法国启蒙运动，针对知识分子与公共舆论的这种紧密关系，逐渐衍生出公共知识分子（Public Intellectual）这一群体。在国内，公共知识分子的正式使用是在2005年，在《南方人物周刊》第七期特别策划“影响中国公共知识分子50人”中，将其描述为：具有学术背景和专业素质的知识者；对社会进言并参与公共事务的行动者；具有批判精神和道义担当的理想者。本研究将公共知识分子中扮演意见领袖的微博用户作为研究对象，选择较有代表性的典型账号及其微博信息作为分析样本，通过新媒体社会责任评价指标体系对其社会责任履行情况进行考察。

一　研究综述

（一）国外研究

国外对于知识分子的研究主要集中于对“公共知识分子”群体的反思讨论。较早提出这个概念的是美国学者拉塞尔·雅各比，其在《最后的知识分子》中指出知识分子的消逝在所难免。雅各比认为公共知识分子由于生存需要而对政府、学校、企业等公共或商业机构产生依赖，其公共言论正逐步丧失公共性和独立性，公共知识分子正走向没落。①

这种对公共知识分子的反思与批判视角成为外国相关研究的主要切入点。有研究者关注于公共知识分子的概念辨析，并对其没落过程与社会影响进行了讨论。理查德·A. 波斯纳从经济学的视角分析公共知识分子，认为其主要是以需求和供给为特征的市场中的一个职业。② 爱德华·W. 萨义德从文学理论出发，认为知识分子“既不是调节者，也不是建立共识者，而是这样一个人：他或她全身投注于批评意识，不愿接受简单的处方、现成的陈腔滥调，或迎合讨

① 〔美〕拉塞尔·雅各比：《最后的知识分子》，洪洁译，江苏人民出版社，2006，第6页。

② 〔美〕理查德·A. 波斯纳：《公共知识分子——衰落之研究》，徐昕译，中国政法大学出版社，2002，第65页。

好、与人方便地肯定权势者或传统者的说法或做法”。[①] 理查德 · A. 波斯纳认为公共知识分子的衰落并非巧合，公共知识分子的出现还会导致市场的失灵问题。[②] 弗兰克 · 富里迪阐述了知识分子对文化与民主所做出的贡献，以及有必要重建一个知识分子与普通民众能够对话的公共领域。[③] 托马斯 · 索维尔从经济、媒体、法律、社会等六个方面来陈述知识分子在舆论引导过程中的影响力，他认为当代知识分子的影响力远胜从前，而且发挥影响力的方式也大有不同。[④]

还有研究者在历史逻辑的语境中对不同类别的知识分子进行了批判分析。雅克 · 勒戈夫通过对中世纪知识分子的研究认为，这一时期的知识分子并未脱离葛兰西模式，在意识形态上，知识分子是教会与国家的忠实仆役。[⑤] 雷蒙 · 阿隆将矛头指向现代的法国左翼知识分子，并由此延伸至苏联集权制度的批判。[⑥] 马克 · 里拉将目光聚集在二次世界大战前后的法德知识分子身上，认为二战时的思想家对极权主义、暴行和国家的恐怖行动视而不见。对他们的公共知识分子身份产生怀疑。[⑦] 约翰 · 凯里以清晰的条理和富于雄辩的论述揭示了现代文学的大人物们身上的阴暗面：他们蔑视和憎恨普通人，甚至达到毁灭人性的地步。[⑧]

国外研究者侧重于对公共知识分子群体的批判性研究，着重分析这一群体所存在的问题。他们对公共知识分子的概念认识或有差异，但都主张知识分子应在专业的背景与优势之下，积极担当社会责任、代言社会正义，在公共意识领域坚守守护者与看守人的职责。

---

① 〔美〕爱德华 · W. 萨义德：《知识分子论》，单德兴译，上海三联书店，2005，第 25 页。

② 〔美〕理查德 · A. 波斯纳：《公共知识分子——衰落之研究》，徐昕译，中国政法大学出版社，2002，第 87 页。

③ 〔英〕弗兰克 · 富里迪：《知识分子都到哪里去了——对抗 21 世纪的庸人主义》，戴从容译，江苏人民出版社，2005，第 146 页。

④ 〔美〕托马斯 · 索维尔：《知识分子与社会》，张亚月、梁兴国译，中信出版社，2013，第 61 页。

⑤ 〔法〕雅克 · 勒戈夫：《中世纪的知识分子》，张弘译，商务印书馆，1996，第 294 页。

⑥ 〔法〕雷蒙 · 阿隆：《知识分子的鸦片》，吕一民、顾杭译，译林出版社，2005，第 108 页。

⑦ 〔美〕马克 · 里拉：《当知识分子遇到政治》，邓晓菁、王笑红译，新星出版社，2005，第 98 页。

⑧ 〔英〕约翰 · 凯里：《知识分子与大众——文学知识界的傲慢与偏见，1880 ~ 1939》，吴庆宏译，译林出版社，2008，第 32 页。

（二）国内研究

国内早期研究集中于对知识分子概念、生成条件等基础性议题的讨论。如许纪霖认为公共知识分子的“公共”是指：面向（to）公众发言；为了（for）公众而思考；涉及的（about）通常是社会中的公共事务或重大问题。① 徐友渔则指出公共知识分子的出现需要满足三个条件：社会存在的公共性问题；有或大或小的话语空间；程度不等的独立经济地位。② 朱苏力于2003年在其《中国当代公共知识分子的社会建构》中将公共知识分子界定为：超出其专业领域经常在公共媒体或论坛上就社会公众关心的热点问题发表自己的分析和评论的知识分子，或是由于在特定时期自己专业是社会热点问题而把自己专业的知识予以大众化并且获得了一定的社会关注的知识分子。③

2003年以后，关于知识分子的研究议题开始变得更加多元，更多的论文得以发表并促成了学界讨论。

1. 整体情况

在中国知网上以相关关键词进行检索，可获得58篇论文结果，时间跨度集中于2003～2016年。其中，论文研究在2011～2013年最为集中，共计19篇。以两微一端为代表的社交媒体在这一时间段中获得了较大发展，社交媒体平台为知识分子参与公共事件提供了多元媒体渠道。相关论文主要发布于新闻传播学和社会学两个学科的期刊，其中《新闻界》《当代传播》《现代传播》发表的论文文献较多。

2. 研究主题

相关论文主要涉及知识分子五方面的研究主题：知识分子特征、知识分子影响、知识分子反思、知识分子媒介关系和其他。

（1）公共知识分子的特征

梅荣政、周志平认为公共知识分子的公共性是独立于公共事件和政府之外，能够超脱于本专业的知识体系面向社会发言。④ 徐艳认为知识分子的公

① 许纪霖：《公共性与知识分子》，江苏人民出版社，2003，第29页。

② 徐友渔：《中国当代知识分子的生成》，《当代中国研究》2004年第4期。

③ 朱苏力：《公共知识分子的社会建构》，《社会学研究》2003年第2期。

④ 梅荣政、周志平：《“公共知识分子”论是怎样一种思潮?》，《高校理论战线》2005年第2期。

共性主要表现在一种社会公共关怀，知识分子应该始终保持批判精神，站在公众的立场，以自己的专业知识为背景为公众发声，从而重建其公共性。①

专业性作为知识分子的外部表征，是构成公共知识分子的另一个基本特征，它是对知识分子在专业领域的学术性要求。陈占彪指出成为一个公共知识分子需要具备知识探求和公共关怀这两个关键因素，如果只有专业性，没有公共性，那是学者，如果只有公共性，没有专业性，那是社会活动家。②

还有研究者对微博知识分子特征进行了总结。微博知识分子是由传统媒体知识分子进化而来，进入互联网时代之后，大批传统知识分子纷纷进驻博客微博，同时也孕育出一批新知识分子，例如韩寒。微博知识分子的特征与公共知识分子大致相同。王英英认为微博知识分子凭借其对社会敏锐的观察力，深厚的学识以及敢于发声的魄力，对微博公共事务进行评论，充当议题的发起人和传播核心。③

（2）知识分子的反思

微观层面上，大多数学者对于知识分子的反思均从其个人角度出发，以其自身的身份建构为起点，分析知识分子的社会角色的缺位。蒋福超阐释了在当代社会急剧转型时期下，大学教师要有意识去思考自身的社会角色，担负起批判性公共知识分子、教育经纪人和有素养公民的社会角色。④ 廉思通过数据调查分析发现当代高校青年教师在面向社会发声、为公众而思考的层面呈现较低的公共性，而在参与政治及公共事务管理的层面则呈现较高的公共性。⑤

中观层面上，部分学者关注于市场等外部环境对知识分子公共性的侵蚀与消解。黄万盛认为由于市场经济的左右，部分公共知识分子成为取悦话语的

① 徐艳：《重建当代知识分子的公共性》，《广西民族大学学报》（哲学社会科学版）2008 年第 S2 期。

② 陈占彪：《论知识分子的专业性与公共性》，《社会科学战线》2008 年第 4 期。

③ 王英英：《公共知识分子微博使用状况研究》，《青年记者》2012 年第 27 期。

④ 蒋福超：《尴尬的教师：当代教师社会角色的迷失》，《当代教育科学》2012 年第 5 期。

⑤ 廉思：《“理念人”的消逝与彷徨——政治与世俗语境下高校青年教师公共性研究》，《中国青年研究》2012 年第 2 期。

“文化太监”。① 王蔚和蒋琳以微博为平台，分别以案例分析了受到市场经济牵制的公共知识分子。她们认为公共知识分子个人身份与外界因素相互牵制，公共知识分子极易受到政治的压力和市场的诱惑，其自由表达的独立性很大程度上会受到外界干扰。②

宏观层面上，还有学者在消费社会理论视角下反思作为文化消费品的“公知”。2009 年是中国新浪微博开通的年份，对公共知识分子的污名化也是由 2009 年起，“叫兽”（教授）、“砖家”（专家）等均赋予了公共知识分子被贬损的特质。文军、罗峰指出，网络新媒体的传播在公共知识分子被污名化的过程中发挥着重要的作用，而这种作用正是通过其带来的大众文化消费社会的强化而实现的。但是同时，公共知识分子的被污名化从消费社会学的视角来说也并非都是坏事，它代表了知识阶层的祛魅，而这种祛魅将加快公众的觉醒，公众在文化消费社会乃至整个社会的影响力得到提升。③

（3）知识分子的影响

传统媒体时代，随着新闻评论的兴起，各个领域的专家学者纷纷登上报纸的评论板块建言立论，对转型之中的中国社会起到一定的影响。石卫岩结合孙志刚事件阐述了公共知识分子在传统媒体新闻舆论监督中扮演着重要角色。④汪振军指出公共知识分子在参与社会公共事务方面发挥出日益重要的作用。⑤进入互联网时代，研究者们开始关注知识分子在各类网络平台中的作用影响。陈旭认为热点事件在舆论酝酿和发展的过程中，网民容易受到公共知识分子“意见领袖”作用的影响。⑥ 苏素以浙江温岭虐童为典型案例分析了在社会争

① 黄万盛：《知识分子困境与公共性危机》，《现代大学教育》2008 年第 6 期。

② 王蔚、蒋琳：《公共性的迷思：微博事件中的知识分子及其社会行动——从名人微博约架谈起》，《新闻大学》2013 年第 5 期。

③ 文军、罗峰：《公共知识分子的污名化：一个消费社会学的解释视角》，《学术月刊》2014 年第 4 期。

④ 石卫岩：《2003 年：公共知识分子参与新闻舆论监督》，《新闻记者》2004 年第 2 期。

⑤ 汪振军：《公共领域、舆论监督与公共知识分子》，《广西社会科学》2004 年第 7 期。

⑥ 陈旭：《公共知识分子的网络意见领袖作用》，《新闻爱好者》2010 年第 18 期。

议性事件中公共知识分子对事件的推进作用。[①] 在自媒体平台勃兴之后，大量知识分子变身自媒体人，他们凭借自身专业的优势成为自媒体意见活跃群体。王惠指出，公共知识分子及其言论在自媒体中被其他网民关注、转发、评论，能够影响青年人内心的价值取向。[②]

（4）知识分子的媒介关系

早期的学术讨论关注于纸质媒体与知识分子之间的关系，认为报纸等纸质媒体拓展了知识分子的影响。如田秋生论述了公共知识分子在报纸的集体登场现象，认为公共知识分子将不断拓展公共言论空间，一个成熟的市民社会和传媒公共领域终将在中国成为现实。

其后，大部分研究在宏观层面探讨知识分子该如何与大众媒介进行良性结合。成然发现在一些热点事件中，大众媒体借助公共知识分子之力发挥了“议程设置”的功能，促使公众对事件感性的认识过渡到理性的反思。[③] 党生翠指出当代公共知识分子与大众传媒之间存在三种关系：即“公共知识分子”、“传媒知识分子”、“节目专家”与大众传媒之间的关系，分析了这三类知识分子对大众传媒的影响。[④] 赵建国认为公共知识分子必须要处理好自己与大众传媒的关系，代表公众利益发声，特别是不能忽视弱势群体的利益。[⑤] 李名亮分析了中国当代公共知识分子在微博空间中行使话语权的能力，以及如何利用微博这一技术赋权的平台来提升自己的影响力。[⑥]

3. 研究述评

在研究对象上，现有文献集中于在中观讨论网络平台中的公共知识分子。虽然有部分研究者开始关注于微博知识分子，但相关论述在系统性、

① 苏素：《公共知识分子在争议性公共议题中的作用与局限——以“浙江温岭虐童事件”的微博表达为例》，《西南交通大学学报》（社会科学版）2014 年第 2 期。

② 王慧：《自媒体时代公共知识分子对青年价值观的影响分析》，《学校党建与思想教育》2016 年第 4 期。

③ 成然：《传媒议程设置与公共知识分子》，《新闻界》2005 年第 6 期。

④ 党翠生：《“公共知识分子”、“传媒知识分子”与“节目专家”——传媒时代知识分子与大众传媒关系探析》，《当代传播》2006 年第 1 期。

⑤ 赵建国：《“公共知识分子”与媒介知识分子》，《新闻界》2007 年第 1 期。

⑥ 李名亮：《微博、公共知识分子与话语权力》，《学术界》2012 年第 6 期。

针对性上还有可提升的空间。在研究主题上，大部分文献聚焦于对知识分子公共性特征等基础性议题的探讨，对于社会责任等实践性议题的关注度还不充分。

二 研究设计

本研究旨在考察微博平台中知识型意见领袖社会责任履行情况，研究步骤如下。第一，以社会影响力、活跃度以及对公共话题关注度为标准，选取具有代表性的知识型意见领袖研究样本，最终选取了10个典型账号作为研究对象。第二，采取构造周抽样法确定研究对象的微博样本，选取研究对象在2017年10月至2018年3月共6个月中的7个构造周，分别为2017年10月8日（周日）、2017年10月30日（周一）、2017年11月21日（周二）、2017年12月20日（周三）、2018年1月18日（周四）、2018年2月9日（周五）、2018年3月24日（周六），发布的所有微博信息作为分析样本，共计得到765条微博分析样本。第三，以新媒体社会责任评价指标体系对研究对象及其微博样本进行实证评价，并针对问题提出建议。

表1 研究对象列表

序号	用户名	地域	粉丝数（人）	关注数（人）	发博数（条）	简介
1	于建嵘	北京	293万	3244	4642	中国社会科学院教授
2	张颐武	北京	820万	869	10481	北京大学中文系教授
3	雷颐	北京	743万	1059	35090	中国社会科学院教授
4	清华孙立平	北京	72万	670	12121	清华大学社会学系教授
5	严锋	上海	480万	1862	29040	复旦大学中文系教授
6	忧国忧民王全杰	山东烟台	26万	592	13843	烟台大学教授
7	习五一	北京	34万	82	12995	中国社会科学院教授
8	刘耕博士	湖南长沙	45万	909	7397	湖南信息学院校长
9	中科大胡不归	北京	116万	610	35694	中国科学技术大学副研究员
10	王小东	北京	181万	733	69050	中华文化学院学者

三　研究发现

表 2　社会责任评价得分

	信息生产	社会监督	文化教育	协调关系	总计
清华孙立平	1. 8683	0. 4423	0. 3351	0. 1828	2. 8285
习五一	2. 2446	0. 1928	0. 2491	0. 1388	2. 8253
雷颐	1. 9854	0. 4451	0. 1954	0. 1351	2. 761
张颐武	2. 0027	0. 1599	0. 3848	0. 168	2. 7154
王小东	2. 1947	0. 1275	0. 1271	0. 0911	2. 5404
于建嵘	1. 7673	0. 4629	0. 1568	0. 1412	2. 5282
中科大胡不归	1. 8203	0. 3886	0. 1224	0. 0955	2. 4268
忧国忧民王全杰	1. 7598	0. 2064	0. 2641	0. 0638	2. 2941
刘耘博士	1. 7914	0. 1304	0. 1162	0. 1817	2. 2197
严锋	1. 8088	0. 0926	0. 1499	0. 1123	2. 1636
平均分	1. 9243	0. 2648	0. 2101	0. 131	2. 5303
一级权重满分	2. 6430	1. 3775	0. 5185	0. 4610	5

整体来看，知识型意见领袖社会责任的总得分均分为 2. 5303，刚过满分的 1/2，社会责任的履行状况还有可提升空间。10 个意见领袖账号中，排名第一的是“@ 清华孙立平”，社会责任得分为 2. 8285，排名第 10 的是“@ 严锋”，社会责任得分为 2. 1636。其中有 6 位意见领袖的社会责任得分都超过了满分的 1/2。微博意见领袖在 4 个一级指标的具体表现从好到差的排列依次为“信息生产”（得分率 72. 8%），“文化教育”（得分率 40. 5%），“协调关系”（得分率 28. 4%），“社会监督”（得分率 19. 2%）（见表 2）。

（一）信息生产责任

从一级指标得分上看，意见领袖比较重视“信息生产”的社会责任，意见领袖在该项的均分为 1. 92433，在满分为 2. 6430 的条件下属于中等偏上的水平（得分率 72. 8%）。排名第一的意见领袖账号为“@ 习五一”，得分 2. 2446，接近满分。其在信息生产一级指标中有“真实”、“权威”和“信息把关”等三个三级指标得分都是满分。

表3　微博意见领袖“信息生产责任”一级评价指标

二级指标	于建嵘	张颐武	雷颐	清华孙立平	严锋	忧国忧民王全杰	习五一	刘耘博士	中科大胡不归	王小东	满分	平均分
信息质量	2.5756	2.9714	2.9225	2.7155	2.6028	2.7126	3.4211	2.774	2.8278	3.4101	4.1665	2.8933
流程控制	0.7677	0.8173	0.8335	0.819	0.8191	0.6166	0.8252	0.615	0.6158	0.7416	0.8335	0.7471

在“信息生产”的二级指标“信息质量”方面，10个微博意见领袖账号的平均得分为2.89334，超过满分的2/3，转换为100分满分条件下得分为72.808，处于中等偏上水平。排名第一的是“@习五一”，得分3.4211（见表3）。

从“信息质量”三级指标看，“深度”、“真实”和“客观”的指标得分较好。10位意见领袖在内容的“深度”上做得较好，均分为0.33304（得分率85.94%）其中“@清华孙立平”达到满分0.3875。说明大部分意见领袖能够提供较好的事件纵深，不少微博都运用长微博或微博故事来进行延伸阅读。如“@习五一”一直都在关注泛清真化的问题，该账号的身份为中国社会科学院马克思主义研究系教授，其立足于自身的专业优势，能够对消息进行理性分析。10个微博账号在“真实”上的平均分为1.9137（得分率95.52%），接近满分，整体处于较好水平。但是作为知识型意见领袖，在这一项上只有三位得到满分2.0035，其他账号均有消息失实的情况，这说明意见领袖对于所发内容消息的核实没有做到位，在信息把关方面有所缺失。如在2018年2月15日，“@一車当先cars”发博称别人家的年夜饭，熊掌、穿山甲等野生动物一应俱全，并附上多张照片。当天晚上某大V未核实消息的真实性就进行转发并评论，而后此条微博的转发数量迅速达到500次。后经国家林业局发布通报，该博主称所发图片源头是微信朋友圈，图片为网上下载后PS而成。部分意见领袖在转发消息之前未认真核实消息的来源，导致假消息快速传播。在“客观”方面，10位意见领袖的平均分为0.4108（得分率80.08%），处于较好水平。意见领袖在发布内容时注重消息来源的交代。

在“全面”上，10位意见领袖的均分为0.297（得分率65.56%），整体来看处于中等水平，但10位意见领袖的差异较大，最低得分0.0783（得分率17.28%），最高得分为0.453（得分率100%）。这种差异可能源自意见领袖不同的教育背景与微博使用习惯。如有的账号在构造周内只发布8条微博，涉及的信源仅为3个，其微博内容非常生活化，对于社会热点事件的关注度与2015年之前相比明显下降。而得分最高的“@王小东”，在构造周内发布了235条微博，信源达到510个。其微博内容不仅涉及硬新闻以及争议性新闻，同时对于网友提问的各类猎奇新闻也会关注并回答，涉猎范围较广。

“时效”、“权威”和“原创”的得分率都在40%以下，具有较大可提升的空间。在“时效”上，10位微博意见领袖的均分为0.2298（得分率32%），微博意见领袖并不强调信息的时效性。近年来，新闻舆论反转事件时有发生，大多由于事件初期媒体或意见领袖基于碎片化的事实贸然发表信息所致，随着自媒体素养的提升，越来越多的意见领袖不再急于发声，而是等待足够充分的信息披露后再进行评论。在“权威”上，10位意见领袖的均分为0.1986（得分率29.8%），其中有两位意见领袖的得分为0。得分较高的“@习五一”能够使用大量传统媒体或党政机关信源，但整体上看，知识型意见领袖的权威信源使用度不高。在“原创”方面，平均分为0.0971（得分率35.96%），10位微博意见领袖得分普遍偏低，最低得分仅为0.0098（得分率3.63%）。知识型意见领袖的微博内容主要来自转发消息，在原创信息上大多是些琐碎的生活日常。如@王小东，其235条微博中有9条原创消息。其账号中内容主要为与网民进行的微博问答。历史学教授@雷颐在所发的44条微博中只有1条为原创，内容涉及国资委回应央企虚增2000亿元“假账”以及统计局回应部分地方GDP注水的事情。

在“信息生产”二级指标“流程控制”方面，10个微博意见领袖账号的平均得分为0.74708，接近满分，得分率为90%。排名第一的是“@雷颐”，得分为0.8335。在三级指标“信息把关”方面，有7位账号信用等级都是极好（满分3.2525），另外3位也是较好，意见领袖的信用等级整体上都处于极好的水平。在“侵权控制”上，大部分账号未发现存在侵权行为，得分较高。在“广告控制”上，有4位意见领袖都是满分0.7895，状况较为良好。

（二）社会监督责任

表 4 微博意见领袖“社会监督责任”一级评价指标

二级指标	于建嵘	张颐武	雷颐	清华孙立平	严锋	忧国忧民王全杰	习五一	刘耘博士	中科大胡不归	王小东	满分	平均分
国家治理	1. 6802	1. 0028	1. 0184	1. 6053	0	0. 5102	0. 6997	0. 2553	1. 1433	0. 2913	2. 4635	0. 8207
社会风险	0	0. 5805	0. 1014	0	0. 3363	0	0	0. 2179	0. 2236	0. 1715	1. 4795	0. 1631
行为失范	0	0	0. 3261	0	0	0. 2392	0	0	0. 0438	0	0. 7175	0. 0609
其他现象	0	0	0. 1697	0	0	0	0	0	0	0	0. 3395	0. 017

在四个一级指标中，微博意见领袖在“社会监督”方面的得分最低，10个微博意见领袖的平均分为0. 26485（得分率19%）。排名第一的是“@于建嵘”，得分为0. 4629（得分率33. 6%）；排名第10的是“@严锋”，得分为0. 0926（得分率6. 72%）。传统意见领袖作为舆论的主导者，经常会在各种舆论监督类事件中发声，针对社会现象中不合理的失范行为进行监督与批评。从知识型微博意见领袖在社会监督方面的得分来看，对社会热点事件的监督程度还有待提升。

在二级指标中，“国家治理”的得分情况相对较好，10位意见领袖平均得分0. 82065（得分率33%）。意见领袖社会监督的关注点集中在“政府管理”和“司法公正”上。关于“政府管理”的微博数量最多，达到177条，占总数的23%，超半数的微博意见领袖都不同程度地发表了相关内容的微博。其中，主要涉及的议题包括制度建设问题、监管力度问题等。例如某意见领袖在看房的时候掉入窨井没有人管，该地产的开发商也置之不理，而后他发布了近万字的微博文章，并且在半个月内持续转发扩散，形成舆论监督效应。

在“社会风险”中，得分最高的是“@张颐武”，为0. 5805（得分率39. 24%）。有4位意见领袖得分为0。在三级指标中，“生产事故”“环境污染”“城市拆迁”这三个指标没有一位意见领袖有所涉及。其余的即便有涉及，发布的条数也都很少，最多的是“@张颐武”在“交通事故”方面发布了3篇相关微博。在“行为失范”中，有7位意见领袖得分都是0。只有“@雷颐”“@忧国忧民王全杰”“@中科大胡不归”三位意见领袖账号共发布了4条关于“官员腐败”的内容。另外两个三级指标“学术腐败”以及“性与婚姻道德”均未涉及。

在“其他现象”中，只有“@雷颐”发布了一条关于体育赛事的微博。“自然灾害”没有一位意见领袖提及的。在2017年至2018年初，自然灾害事件并未淡出我们的视野，如2017年8月的九寨沟地震以及2018年春节假期的海南大雾事件，但在这些事件中意见领袖的声音并不多（见表4）。

整体上，知识型意见领袖在“社会监督”责任履行中存在缺位的情况。在微博影响力鼎盛的2009～2012年，大量意见领袖在微博平台通过社会监督议题树立自身的权威和影响力，其中就包括本研究中的大部分账号。但是，随着国家加大对微博谣言等负面现象的治理力度，特别是部分传谣意见领袖被处理之后，整个意见领袖群体的活跃度开始降低。同时，出于风险控制的考虑，部分意见领袖开始刻意避开某些敏感话题。

（三）文化教育责任

表5　微博意见领袖“文化教育责任”一级评价指标

二级指标	于建嵘	张颐武	雷颐	清华孙立平	严锋	忧国忧民王全杰	习五一	刘耘博士	中科大胡不归	王小东	满分	平均分
塑造共识	0.5792	2.7248	0.9265	2.7795	0.9094	1.0192	0.7515	0.5127	0.5415	0.5819	2.7795	1.1326
文化传承	0.4812	0.5338	0.5063	0	0.0839	1.0752	1.1989	0.1555	0.19	0.1959	1.7685	0.4421
提供娱乐	0.452	0.452	0.452	0.452	0.452	0.452	0.452	0.452	0.4492	0.4481	0.452	0.4513

在四个一级指标方面，“文化教育”的责任履行情况排名第二，平均分为0.21009（得分率40.52%），整体情况不容乐观。

“文化教育”下设三个二级指标：“塑造共识”、“文化传承”和“提供娱乐”。得分最高的是“提供娱乐”，平均分为0.45133（99.85%），十分接近满分0.452分，其中有8位意见领袖都是满分。这说明知识型微博意见领袖相关信息的娱乐健康度较好，能够发布娱乐质量较高的内容来吸引粉丝。得分较高的账号是“@王小东”，其发布的微博里有很多的搞笑笑话、热传段子等，更能吸引粉丝的互动。在“塑造共识”方面，10个意见领袖平均分为1.13262（得分率40.75%）。在下设的两个三级指标“主流价值”和“社会风尚”方面，履行社会责任良好的微博意见领袖是“@张颐武”，其账号在构造周165条微博中涉及社会主义核心价值观有8条。在“文化传承”方面，平均得分为0.44207（得分率25%）。在下设的三个三级指标“传统文化”、“民俗文化”和“红色文化”方面，得分较好的“@习五一”有10条微博与中国传统文化相关，7条涉及民俗文化，另外还有3条关于红色文化。

（四）协调关系责任

表6　微博意见领袖“协调关系责任”一级评价指标

二级指标	于建嵘	张颐武	雷颐	清华孙立平	严锋	忧国忧民王全杰	习五一	刘耘博士	中科大胡不归	王小东	满分	平均分
线上沟通	1.0023	1.8218	1.3207	1.0208	0.7562	0.622	1.4486	1.9708	1.0098	0.9881	2.5	1.1961
线下活动	0.5289	0	0.1443	0.9615	0.4616	0.0704	0.0571	0	0.0256	0	2.5	0.2249

“协调关系”一级指标中得分排名第三，10位意见领袖的平均分为0.13103（得分率28.42%），同样具有较大可提升的空间。排名第一的是“@清华孙立平”，得分0.1828（得分率39.65%）。在下设的两个二级指标中，“线上沟通”相对较好，在“线下活动”方面，有三位意见领袖的账号中都不涉及相关现实中的社会活动信息（见表6）。

在“线上沟通”方面，10位意见领袖得到1.19611分的平均分（得分率47.84%）下设的“公共服务”、“用户体验”和“互动”三个三级指标，平均得分最高的是“用户体验”，10位意见领袖的平均分为1.10921（得分率78.36%）。“公共服务”得分中等，10位意见领袖平均分为1.0055（得分率

37.23%)。“互动”得分最低，平均分为0.27756（得分率31.41%），不及满分的1/3，均处于偏低的水平。选取的10位微博意见领袖构造周中每天的第一条微博进行比较分析，发现10位意见领袖的网友评论数量的差异较大，互动性最好的意见领袖是“@清华孙立平”，7个周期内虽然只有6天有消息发布，但是其评论数量共计有896条，微博平均获得149条评论。但其他意见领袖的抽样样本互动数量都偏低。这种情况主要与意见领袖的话语方式与平台设置有关，部分意见领袖的微博内容过于学术化，不接地气的话语内容较难获得大量互动效果，另外，还有意见领袖的账号设置为不允许网友评论。

在“线下活动”这一方面，涉及此内容的意见领袖均是发布的“非商业性活动”。其中大多数人是因其教授身份而去参加的会议活动。

四　对策展望

（一）提升信息生产传播效能

整体上看，知识型微博意见领袖信息生产的社会责任履行情况较好，在四个一级指标中得分最高。其中“深度”、“真实”和“全面”是做得最好的三个方面，这得益于知识型意见领袖的专业背景，他们比较重视信息的质量，能够对内容进行有效把关。但是，在其他三级指标中，知识型意见领袖都还有可提升的空间。如“时效”、“权威”和“原创”，知识型意见领袖为了减少传播谣言的风险，在公共事件中往往不急于发声，即便说话也采用转发的形式，较少原创。同时，由于部分权威信源的内容和形式还偏于严肃刻板，意见领袖在发言时使用的权威信源数量较少。这种情况虽然使“真实”指标得分较高，但“时效”、“权威”和“原创”的得分相对较低，在公共事件中加剧了信息的不对称，一定程度上削弱了意见领袖的公共性。作为意见领袖，特别是知识型意见领袖，应该积极使用专业领域的话语权与影响力，参与事件的讨论。同时，传统媒体也应当在公共事件中加强报道的深广度，为网络讨论提供充足的素材，与意见领袖一起消除信息的不对称。作为运营商平台，微博在打击谣言等负面现象时，也应该思考如何保障意见领袖合法的话语权利，构建积极健康的网络舆论环境。

（二）积极参与社会监督

当前知识型微博意见领袖的社会监督主要集中在政府管理方面，对于其他方面的监督相对较少。如“生产事故”“环境污染”“城市拆迁”“学术腐败”“性与婚姻道德”“自然灾害”，这六方面社会问题都没有一位意见领袖提及。针对公权力的公共事件往往是社会大众关注的议题，在该类议题中进行批评性发言能够使意见领袖借助舆情热度扩散影响力。同时，知识型意见领袖的发言一般比较谨慎，能够有效规避潜在风险。其他方面的社会监督议题，其风险相对不可控，意见领袖涉足的领域因而较少。这种情况的主要症结还是在于我国缺乏完备系统的网络言论规范与保障体系。管理部门应当在制度层面上对意见领袖言论权利进行保障，推动网络时代舆论法制化建设，保证意见领袖在舆论环境中有声可发。

（三）传承社会正能量

意见领袖在“塑造共识”和“文化传承”方面还有较大可提升的空间。在国内，微博的新闻媒体属性较强，微博平台中关注的是负面的新闻事件、现象和人物，对于社会风尚、价值观、社会文化等方面的关注度还不充分。这就需要意见领袖在引领舆论的过程中，有的放矢地传播社会正能量和核心价值观，促进积极健康网络文化的建构。

（四）线上线下互动发展

相对于知识型微博意见领袖来说，无论是线上沟通还是线下活动，可提升的空间都还比较大。如“线上沟通”中的“互动”，该指标得分较低，说明意见领袖始终还是褪不去正襟危坐的庄重姿态，亲和力有所缺失。他们应该改变话语方式，运用更加接地气的发表方式去阐述严肃的新闻事件，积极融入网民话语场。在线下方面，意见领袖应该积极将其在网络空间的影响力扩散到现实生活中来，拓展各类活动，传播正能量，让大 V 不再遥不可及。

B.16
网络文学社群的内容生产与社会责任分析*

张　屹**

摘　要： 网络文学爱好者基于一定的社群规范而形成的在线讨论社群称之为网络文学社群。网络文学读者是网络文学生产过程中不可忽视的力量，推动着网络文学的在线创作。从起点中文网、17K小说网、纵横中文网三大平台的VIP排行榜来看，受社群成员喜爱的作品比较缺少现实主义的根基，今后网络文学发展走向应该更加注重现实，更多承担社会责任。通过对《赘婿》热帖的内容分析，可以发现网络文学社群评论质量有待提高，应该积极鼓励专业评论家加入网络文学社群，提高网络文学社群质量。

关键词： 网络文学社群　内容分析　社会责任

2018年是中国网络文学诞生20周年，中国网络文学在20年时间里获得了飞跃式发展，不可否认它已经成为中国文化产业的重要组成部分，不仅得到国内读者的热爱，而且走出国门受到众多国外读者的追捧。根据《第41次中国互联网络发展状况统计报告》，截至2017年12月，网络文学用户规模达到3.78亿，较上年底增加4455万，占网民总体的48.9%。手机网络文学用户规

* 本报告为国家社科基金年度项目“网络文学社群的正能量传播研究”（项目编号：16BZW007）阶段性研究成果。

** 张屹，闽南师范大学新闻传播学院副教授，博士，主要研究方向为新媒体传播。

模为3.44亿，较上年底增加3975万，占手机网民的45.6%。[①] 庞大的读者群体是网络文学IP开发、网络文学产业链不断扩大的驱动力。

网络文学读者是网络文学生产过程中不可忽视的力量，他们基于互联网共同讨论某部作品，形成网络文学社群中重要一环。读者与作者的互动，读者在评论区的评论和建议有力推动着网络文学作品的在线创作。虚拟社群最早见于美国学者霍华德·莱茵戈德（Howard Rheingold）《虚拟社群》（*Virtual Community*），他在书中说："虚拟社群是发端于网络的社会集合体。足够多的人就共同话题进行相当长时间公开的讨论，形成人类的情感，从而生成虚拟空间中的个人关系网络。"[②] 国内学者将这一术语引进国内时，翻译不一，有"虚拟社区""在线社群""网络社群""虚拟社群"等不同的译法。概括来看，尽管译法不一致，但是该术语中包括的一些核心特性不容忽视，即：共同的目标或兴趣、讨论、在线。根据这一术语，本报告中将网络文学爱好者基于一定的社群规范而形成的在线讨论社群称之为网络文学社群。

网络文学社群可以分为三种类型：一种是基于网络文学网站的作品专区形成的社群，每一部网络文学作品都设有评论专区，聚集了喜爱该作品的大量读者，作者与读者构成了某部作品的网络文学社群；一种是百度贴吧中关于某部作品的讨论专区；还有一种是有关网络文学的微信群、QQ群等。本报告着眼于网络文学社群的内容生产和社会责任，将集中探讨第一类网络文学社群。

一　研究现状梳理

当前学术界对于网络社群的研究，大体可以概括为三个方面。

一是从社群营销的角度分析网络社群品牌忠诚度的建构，社群成员关系形成机制等。如李智娜在《在线品牌社群的互动关系及相关活动研究——以网页内容分析为视角》[③] 一文中，对汽车品牌论坛成员的互动关系及其活动中产生的心理活动进行分析，为社群运营者进一步促进成员间的互动行为，从而更

① 中国互联网络信息中心：《第41次中国互联网络发展状况统计报告》，2018。

② Rheingold, Howard . *The Virtual Community*. http://rheingold.com/vc/book/3.html.

③ 李智娜：《在线品牌社群的互动关系及相关活动研究——以网页内容分析为视角》，《兰州学刊》2011年第7期。

好地塑造品牌形象提出建议。范志国、柴海静的《在线品牌社群中顾客参与、顾客契合与品牌忠诚的关系研究——感知不确定性的调节作用》[①]，从顾客视角出发，探讨在线品牌社群中顾客参与度对于品牌忠诚的影响和作用机制。

二是从舆情的角度分析网络社群中舆情传播与演化机制、议程设置等问题。如李根强等在《基于有界信任模型的网络社群舆情观点演化研究》[②] 一文中，基于复杂网络视角，提出社会关系强度的舆情演化模型，分析网络社群中舆情的演化机制。潘芳等在《基于 BP 神经网络的微博网络社群突发舆情的预警监控》[③] 一文中建构了微博舆情预警监控模型，以有效应对微博舆情。万旋傲、谢耘耕在《网络社群对新闻媒体的议程设置力研究》[④] 一文中，通过对 2010～2013 年 1232 起重大公共事件进行实证分析，认为：网络社群议程和新闻议程具有高度融合性，网络社群对新闻媒体发挥着议程引导的作用。周璟瑜在《基于网络社群的科学传播模式》[⑤] 一文中，以“科学松鼠会”的网络社群为例，探讨社群的科学传播过程与模式。

三是某一特定领域的网络社群的研究，如旅游在线社群、在线科研社群等。与本报告论题相关的网络文学社群角度的研究，这方面的成果颇少。与网络文学相关的研究成果可谓是蔚为壮观，多是对网络文学理论的建构、网络文学作品的分析与批评、网络文学经典的建构等。但是从网络文学社群的角度进行的研究不足 5 篇。较有代表性的论文有：雷惠玲《网络小说社区“迷文化”研究》[⑥]，作者以百度网络小说贴吧为例，探讨网络小说社区中“迷文化”的独特性。葛涛的博士论文《互联网上的“作家迷”虚拟社区研究》[⑦]，从“迷”文化的角度，以“鲁迅论坛”和“金庸茶馆”为中心，分析网友在论坛

---

① 范志国、柴海静：《在线品牌社群中顾客参与、顾客契合与品牌忠诚的关系研究——感知不确定性的调节作用》，《财经论丛》2017 年第 7 期。

② 李根强等：《基于有界信任模型的网络社群舆情观点演化研究》，《情报科学》2017 年第 6 期。

③ 潘芳等：《基于 BP 神经网络的微博网络社群突发舆情的预警监控》，《情报杂志》2014 年第 5 期。

④ 万旋傲、谢耘耕：《网络社群对新闻媒体的议程设置力研究》，《新闻记者》2015 年第 3 期。

⑤ 周璟瑜：《基于网络社群的科学传播模式》，《青年记者》2018 年第 3 期。

⑥ 雷惠玲：《网络小说社区“迷文化”研究》，《贵州民族大学学报》（哲学社会科学版）2014 年第 2 期。

⑦ 葛涛：《互联网上的“作家迷”虚拟社区研究》，北京语言文化大学博士学位论文，2005。

中发表的帖子并访谈网友之间的互动情况，在此基础上探讨亚文化的形成。

从以上的分析来看，网络文学社群的研究现状远远跟不上网络文学迅速发展的现实需要。2015 年 10 月 3 日《中共中央关于繁荣发展社会主义文艺的意见》提出要大力发展网络文艺。① 网络文学社群以网络文学作品的生产为中心，在社群中成员之间进行互动、社群成员与作者进行互动，是推动网络文学在线写作不可忽视的重要力量。

二　政策措施分析与研究设计

近年来网络文学的快速发展，离不开国家相关部门政策的制定和执行，因此有必要分析网络文学社群内容生产的外围环境，也就是相关政策和措施。

（一）政策措施

自 2014 年 4 月中旬至 11 月，全国范围内统一开展打击网上淫秽色情信息"扫黄打非·净网 2014"专项行动。2014 年 3 月中旬至 9 月在全国组织开展打击假媒体、假记者站、假记者的"扫黄打非·秋风 2014"专项行动。在有关部门的领导和部署下，专项行动取得了明显的成效，全面清查网上不良信息，严惩制作和传播不良信息的相关人员；保护数字版权，合理规范转载现象，惩处侵权盗版，打击非法新闻媒体。

为了维护网络作者的合法权益，国家相关部门制定了网络文学版权保护的相关政策。如 2015 年 4 月国家版权局发布《关于规范网络转载版权秩序的通知》②，规定了互联网转载、报刊单位转载必须要遵守转载的法律法规等相关规定，不得侵犯著作权人依法享有的其他权益，还规定了版权管理部分要加大版权监管力度等措施。2015 年 10 月国家版权局又发布《关于规范网盘服务版权秩序的通知》③，要求网盘服务商严格遵守、执行这一通知。同时要求版权

① 《中共中央关于繁荣发展社会主义文艺的意见》，《人民日报》2015 年 10 月 20 日，第 2 版。

② 国家版权局：《关于规范网络转载版权秩序的通知》，http：//www. ncac. gov. cn/chinacopyright/contents/483/249606. html，2015 年 4 月 22 日。

③ 国家版权局：《关于规范网盘服务版权秩序的通知》，http：//www. ncac. gov. cn/chinacopyright/contents/483/266843. html，2015 年 10 月 20 日。

行政管理部门要对网盘服务商加强监管，依法查处网盘服务商违反著作权法的行为。2016 年 9 月由阅文集团、掌阅科技股份有限公司、阿里巴巴文学网等 33 家单位发起成立中国网络文学版权联盟，各大网络文学网站也纷纷在网站首页发布并要求网络用户遵守《自律公约》。2016 年 11 月国家版权局下发《关于加强网络文学版权管理的通知》，该通知对网络文学作品版权加强管理，并且进一步规范网络文学作品版权秩序，明确要求各级版权行政机关加大网络文学作品版权执法监管力度，依法查处网络文学作品侵权盗版行为，保障网络文学作品版权秩序。①

2016 年 7 月至 11 月国家版权局、国家互联网信息办公室、工业和信息化部、公安部联合开展“剑网 2016”专项行动，重点整治网络文学侵权盗版问题，经过连续 5 个月的专项治理，网络文学版权环境得到进一步净化，行动取得了显著工作成效。②

据艾瑞《2016 年中国网络文学版权保护白皮书》：一方面，盗版市场得到一定的抑制。在行业规模显著增长的情况下，2016 年盗版损失总额（79.8 亿元）基本与 2015 年（79.7 亿元）持平。另一方面，盗版市场出现向移动端转移的趋势。2016 年全年，盗版至少使 PC 端付费阅读收入蒙受 29.6 亿元的损失，移动端蒙受 50.2 亿元的损失。③

2017 年 6 月 26 日，国家新闻出版广电总局对外发布了《网络文学出版服务单位社会效益评估试行办法》④，明确提出对从事网络文学原创业务、提供网络文学阅读平台的网络文学出版服务单位进行社会效益评估考核。

（二）研究设计

网络文学社群众多，本报告着重考察网络文学网站中基于特定网络文学作

① 国家版权局：《关于加强网络文学作品版权管理的通知》，http：//www.ncac.gov.cn/chinacopyright/contents/483/308182.html，2016 年 11 月 11 日。

② 艾瑞咨询：《2016 年中国网络文学版权保护白皮书》，http：//www.199it.com/archives/581527.html，2017 年 4 月 12 日。

③ 艾瑞咨询：《2016 年中国网络文学版权保护白皮书》，http：//www.199it.com/archives/581527.html，2017 年 4 月 12 日。

④ 国家新闻出版广电总局：《关于印发〈网络文学出版服务单位社会效益评估试行办法〉的通知》，http：//www.gapp.gov.cn/sapprft/contents/6588/338296.shtml，2017 年 6 月 14 日。

品形成的网络文学社群。这类社群围绕着作者创作的小说进行讨论、打赏并提出建议，作者和读者共同构成了网络文学社群，可以说社群成员之间的互动给予作者进行持续创作的动力。如果没有社群其他成员和作者的互动，没有点击率，网络文学作者也就不会有继续创作的热情。

1. 样本选取

根据 ALEXA 网站排名、日均 PC 端活跃用户数前五大网络文学网站以及网络文学平台日更新作品数量占比，本报告选取起点中文网、纵横中文网、17K 小说网三大网络文学网站作为社群平台。其次，本报告将在每一平台选取 VIP 作品在排行榜中排名前十的作品，通过分析排行榜中的作品的题材类型、连载时间、故事特点等，了解这些上榜作品的特点。

由于网络小说动辄上百万字，目前还没有精准的网络小说相关的机器学习工具。故在以上分析的基础上，笔者将根据 2018 年 4 月 29 日至 5 月 12 日两周观察期内一直蝉联 24 小时销量冠军的作品起点中文网《赘婿》为例，用内容分析法分析《赘婿》网络文学社群的互动情况。

《赘婿》主要讲述了主角以现代金融巨头的身份穿越回到武朝末年，进入武朝一个商贾家庭没有地位的赘婿身体后，发生的一系列家国天下事。在《赘婿》的作品评论区有社群成员的 38990 条评论（截至 2018 年 5 月 12 日 24 点），由于相当数量的评论仅有简短的“支持”或者“写得好”等几个字，分析价值不大，因此本报告选取热门评论区的全部主帖为样本，除去内容重复的同一人帖子之外，共获得 211 条热帖，热门主帖发布时间为 2018 年 5 月 2 日至 5 月 12 日共计 10 天。

2. 类目建构

由于样本需要判断其中包含的情绪类型、评论主题等，机器学习目前还未有比较准确的识别方法，因此样本输入采用人工录入方式。

在仔细阅读所有评论文本的基础上，本报告对社群成员的互动内容建构了一系列变量。这些变量主要包括：帖子主题（1 = 催更，2 = 写作建议，3 = 广告，4 = 否定或批评，5 = 肯定或支持，6 = 其他），小说的影响力（1 = 正向影响力，2 = 负向影响力，3 = 未涉及影响力），情绪类型（1 = 正向情绪，2 = 负向情绪，3 = 中性情绪），帖子回帖数（1 = 小于或等于 20 条回帖，2 =21 条至 50 条回帖，3 =51 条以上回帖数），评论者等级（参考网站等级设置规则 0 =

见习，1 = 学徒，2 = 弟子，3 = 执事，4 = 舵主，5 = 堂主，6 = 护法，7 = 长老，8 = 掌门，9 = 宗师，10 = 盟主）。

本报告编码录入由两名经过培训的本科生完成，后根据随机抽取的 50 条主帖进行独立编码检验，编码员的信度均在 91% 以上。本研究数据分析采用 SPSS21.0，主要采用频次分析法。

三 研究发现

（一）三大平台 VIP 作品排行榜

网络文学社群是以具体作品的讨论为基础而形成的，因此在探讨网络文学社群的内容生产时应该对网络文学作品予以关注。由于各平台对于网络文学类型题材划分不完全一致，网络文学排行榜设置也各有不同，因此本文将着重于收费 VIP 作品排行榜的观察，对于三大平台排行榜的选取如表 1、表 2 和表 3 所示。

表 1 17K 小说网周订阅榜

排名	作者	小说名	小说类型	字数（万字）	小说状态	上架时间
1	伪戒	正道潜龙	都市激战	106.4373	连载中	2017 年 12 月 18 日
2	失落叶	天行	游戏竞技	154.4581	连载中	2017 年 11 月 27 日
3	平凡魔术师	九星霸体诀	玄幻奇幻	711.8161	连载中	2015 年 9 月 1 日
4	梦入洪荒	至高使命	都市小说	247.2634	连载中	2017 年 5 月 3 日
5	寂寞的舞者	女总裁的全能兵王	都市小说	499.8493	连载中	2016 年 4 月 1 日
6	老施	校花的全能保安	都市小说	401.4207	连载中	2017 年 4 月 13 日
7	步千帆	超级兵王	都市小说	2005.0594	连载中	2011 年 6 月 1 日
8	暗夜幽殇	武道至尊	玄幻奇幻	1158.8565	完本	2011 年 12 月 2 日
9	风青阳	龙血战神	玄幻奇幻	1216.7384	连载中	2012 年 9 月 14 日
10	皇甫奇	人皇纪	玄幻奇幻	358.4849	连载中	2016 年 7 月 4 日

表 2　纵横中文网月票榜

排名	作者	小说名	小说类型	字数(万字)	小说状态	上架时间
1	沙漠	锦衣春秋	架空历史	323.0569	连载中	2016 年 5 月 18 日
2	十阶浮屠	绝命毒师	都市娱乐	116.8908	连载中	2017 年 11 月 30 日
3	乱世狂刀	圣武星辰	奇幻玄幻	209.1822	连载中	2017 年 7 月 2 日
4	烽火戏诸侯	剑来	武侠仙侠	178.1117	连载中	2017 年 9 月 7 日
5	一叶青天	帝道独尊	奇幻玄幻	72.3234	连载中	2018 年 4 月 22 日
6	覆手	医等狂兵	都市娱乐	218.7664	连载中	2017 年 8 月 2 日
7	潇铭	近身狂兵	都市娱乐	772.8793	连载中	2015 年 8 月 8 日
8	一夕烟雨	大夏王侯	奇幻玄幻	395.358	连载中	2015 年 3 月 31 日
9	曳光	天刑纪	武侠仙侠	314.3883	连载中	2015 年 9 月 8 日
10	绝品杜少	超品仙医	都市娱乐	151.261	连载中	2017 年 6 月 25 日

表 3　起点中文网 24 小时热销榜

排名	作者	小说名	小说类型	字数(万字)	小说状态	上架时间
1	愤怒的香蕉	赘婿	架空历史	403.58	连载中	2011 年 5 月 23 日
2	会说话的肘子	大王饶命	都市生活	168.39	连载中	2017 年 8 月 18 日
3	宅猪	牧神记	东方玄幻	229.02	连载中	2017 年 6 月 20 日
4	圣骑士的传说	修真聊天群	都市生活	574.15	连载中	2015 年 10 月 15 日
5	辰东	圣墟	东方玄幻	379.02	连载中	2016 年 10 月 31 日
6	蝴蝶蓝	全职高手	虚拟网游	535.01	完本	2011 年 2 月 28 日
7	迪巴拉爵士	带着仓库到大明	两宋元明	479.92	连载中	2016 年 10 月 12 日
8	忘语	凡人修仙之仙界篇	神话修真	90.17	连载中	2017 年 11 月 1 日
9	我吃西红柿	飞剑问道	古典仙侠	107.71	连载中	2017 年 9 月 21 日
10	跃千愁	道君	幻想修仙	265.6	连载中	2017 年 2 月 14 日

由以上三大平台 VIP 排行榜可以看出，读者喜爱的付费网络文学作品题材集中于玄幻、都市娱乐、架空历史、网游类四种类型。其中，玄幻类（包括幻想修仙、古典仙侠、神话修真、东方玄幻、玄幻奇幻类）的作品有 12 部，都市类（包括都市娱乐、都市激战、都市生活）11 部，历史类 3 部，网游类作品 2 部，武侠仙侠类 2 部。这四类题材都不是现实类题材，即使是都市生活

题材的小说作品，虽然有都市生活的影子，但仍然是以虚构都市生活为主。上榜的小说中有28部作品都正在连载中，小说字数动辄百万字，即使是连载不到一个月的小说《凡人修仙之仙界篇》，也已经连载了90.17万字。排行榜中字数最多的作品是步千帆《超级兵王》，字数已达2005.0594万字，从2011年6月1日上架至今仍在连载。连载时间最长的小说当属愤怒的香蕉《赘婿》，从2011年5月23日上架至今还在连载，连载已有7年多时间。

（二）热门主帖文本的内容分析

表4 热门主帖文本的评论主题

单位：%

		频率	百分比	有效百分比	累积百分比
评论主题	1. 催更	11	5.2	5.2	5.2
	2. 写作建议	5	2.4	2.4	7.6
	3. 广告	6	2.8	2.8	10.4
	4. 批评	15	7.1	7.1	17.5
	5. 肯定或支持	94	44.5	44.5	62.1
	6. 其他	80	37.9	37.9	100.0
	合计	211	100.0	100.0	

由表4可知，从211条热门主帖评论主题分布情况来看，有94条主帖表示肯定或支持作者，在所有评论主题分类中该类占比最高达到44.5%，催促作者更文的主帖有11条占比5.2%，给作者提供写作建议，比如情节设置或者小说人物的走向的主帖有5条占比2.4%，对作者提出批评的主帖有15条占比7.1%，不属于以上类别的归入其他类的有80条主帖，占比37.9%。

表5 热门主帖文本的情绪类型

单位：%

		频率	百分比	有效百分比	累积百分比
情绪类型	1. 正向情绪	107	50.7	50.7	50.7
	2. 负向情绪	32	15.2	15.2	65.9
	3. 中性情绪	72	34.1	34.1	100.0
	合计	211	100.0	100.0	

由表5可知，在所有样本中有107条主帖含正向情绪，在三类情绪中占比最高，达到50.7%。含有负向情绪的主帖有32条占比15.2%，没有明显的情绪类型的主帖有72条占比34.1%。社群中的正向情绪占比更高可以起到引导和示范的作用，扩大正向情绪的影响力。

表6　热门主帖的回复数

单位：%

	频率	百分比	有效百分比	累积百分比	
主帖的回复数	1. 小于或等于20条回复	134	63.5	63.5	63.5
	2. 大于20条小于或等于50条回复	55	26.1	26.1	89.6
	3. 大于50条回复	22	10.4	10.4	100.0
	合计	211	100.0	100.0	

由表6可知，所取样本中有134条主帖的跟帖或回复是小于或等于20条占比63.5%，这也说明了即使是热帖，社群成员的跟帖数量也比较少；大于20条小于或等于50条回复的主帖有55条占比26.1%；有22条主帖的跟帖数或者回复数大于50条占比10.4%。

表7　热门主帖中的小说的影响力

单位：%

	频率	百分比	有效百分比	累积百分比	
小说的影响力	正向影响力	47	22.3	22.3	22.3
	负向影响力	6	2.8	2.8	25.1
	未提到影响力	158	74.9	74.9	100.0
	合计	211	100.0	100.0	

由表7可知，所取样本中有47条主帖占比22.3%，涉及了小说的正面的影响力，影响力有的是指小说对于自己的影响，比如对于自己工作态度的积极影响，有的是对于社会价值观的正面影响。所取样本中有158条主帖占比74.9%，并未提到小说对于自己或者对于社会的影响力，有6条主帖占比2.8%，提到小说的负面影响力，比如小说作者为了圈钱等。

表 8　热门主帖回复数和情绪类型交叉制表

			情绪类型			合计
			1. 正向情绪	2. 负向情绪	3. 中性情绪	
热门主帖回复数	1. 小于或等于 20 条回复	计数	66	20	48	134
		情绪类型中的%	61.7%	62.5%	66.7%	63.5%
	2. 大于 20 条小于或等于 50 条回复	计数	23	12	20	55
		情绪类型中的%	21.5%	37.5%	27.8%	26.1%
	3. 大于 50 条回复	计数	18	0	4	22
		情绪类型中的%	16.8%	0.0%	5.6%	10.4%
合计		计数	107	32	72	211
		情绪类型中的%	100.0%	100.0%	100.0%	100.0%

从表 8 可以看出，107 条正向情绪的热门主帖中有 66 条主帖的跟帖或回复是小于或等于 20 条的，占比 61.7%，大于 50 条跟帖的热门主帖有 18 条占比 16.8%，有 23 条主帖的跟帖大于 20 条小于等于 50 条占比 21.5%；20 条含有负向情绪的热门主帖的跟帖小于等于 20 条占比 62.5%，12 条主帖的跟帖有大于 20 条小于或等于 50 条，占比 37.5%，没有大于 50 条回复的负向情绪热门主帖；有 48 条中性情绪的热门主帖的跟帖是小于等于 20 条回复占比 66.7%，有 20 条热门主帖的跟帖是大于 20 条小于或等于 50 条占比 27.8%，中性情绪的热门主帖获得超过 50 条回复仅有 4 条。这也说明该社群成员的正向情绪的主帖更能激发其他成员参与讨论的热情。

表 9　评论者等级

单位：%

	频率	百分比	有效百分比	累积百分比	
评论者等级	0. 见习	75	35.5	35.5	35.5
	4. 舵主	41	19.4	19.4	55.0
	5. 堂主	13	6.2	6.2	61.1

续表

	频率	百分比	有效百分比	累积百分比	
评论者等级	6. 护法	9	4.3	4.3	65.4
	10. 盟主	73	34.6	34.6	100.0
	合计	211	100.0	100.0	

从表9所取样本的评论者等级来看，发帖数量最多的社群成员等级是见习等级的成员，发表75条热帖占比35.5%，其次是盟主等级成员发表73条热帖占比34.6%，接下来依次是舵主发表41条热帖占比19.4%，堂主等级成员发表13条热帖占比6.2%，护法等级成员发表9条热帖占比4.3%。盟主是社群成员等级最高的，粉丝积分达到100000才可以成为盟主。起点中文网规定每消费1个起点币转化为1个粉丝积分，1元等于100起点币。如果用户在一本书得到100000粉丝积分（大约需要100000起点币，也就是1000元人民币），用户就可以成为这本书的盟主。盟主就相当于一本书的意见领袖，网站和作者可以采取措施鼓励盟主在社群成员讨论中发挥意见领袖的引导和支持作用。除了表9中所见的社群成员发表热帖，其他等级类型的社群成员没有在社群中发表评论。如果想要进一步增加社群活力，一方面是发挥盟主的引领作用，另一方面是激发其他等级成员发表评论的热情，尤其是那些没有发表热帖主帖的社群成员。

表10　评论者等级和情绪类型交叉制表

			情绪类型			合计
			1. 正向情绪	2. 负向情绪	3. 中性情绪	
评论者等级	0. 见习	计数	22	17	36	75
		情绪类型中的%	20.6%	53.1%	50.0%	35.5%
	4. 舵主	计数	24	5	12	41
		情绪类型中的%	22.4%	15.6%	16.7%	19.4%
	5. 堂主	计数	9	0	4	13
		情绪类型中的%	8.4%	0.0%	5.6%	6.2%

续表

			情绪类型			合计
			1. 正向情绪	2. 负向情绪	3. 中性情绪	
评论者等级	6. 护法	计数	5	1	3	9
		情绪类型中的%	4.7%	3.1%	4.2%	4.3%
	10. 盟主	计数	47	9	17	73
		情绪类型中的%	43.9%	28.1%	23.6%	34.6%
合计		计数	107	32	72	211
		情绪类型中的%	100.0%	100.0%	100.0%	100.0%

从表10来看，社群成员等级最高的盟主发表正向情绪的热门主帖47条，在正向情绪的主帖中占比43.9%，其次是舵主发表24条正向情绪的热门主帖占比22.4%，等级为见习的成员发表22条包含正向情绪的主帖，占比20.6%。见习等级成员所发表的包含负向情绪的热门主帖有17条，在32条负向情绪的主帖中占比53.1%，是负向情绪主帖发表数量最多的，盟主发表负向情绪的热门主帖有9条占比28.1%，堂主没有发表负向情绪的热门主帖。72条中性情绪的主帖中见习成员发表36条占比50%，其次是盟主发表主帖17条占比23.6%。

表11　评论者等级和评论主题交叉制表

			评论主题						合计
			1. 催更	2. 写作建议	3. 广告	4. 批评	5. 肯定或支持	6. 其他	
评论者等级	0. 见习	计数	5	2	0	10	19	39	75
		评论主题中的%	45.5%	40.0%	0.0%	66.7%	20.2%	48.8%	35.5%
	4. 舵主	计数	1	0	0	5	20	15	41
		评论主题中的%	9.1%	0.0%	0.0%	33.3%	21.3%	18.8%	19.4%
	5. 堂主	计数	0	1	0	0	10	2	13
		评论主题中的%	0.0%	20.0%	0.0%	0.0%	10.6%	2.5%	6.2%

续表

			评论主题						合计
			1. 催更	2. 写作建议	3. 广告	4. 批评	5. 肯定或支持	6. 其他	
评论者等级	6. 护法	计数	0	1	0	0	5	3	9
		评论主题中的%	0.0%	20.0%	0.0%	0.0%	5.3%	3.8%	4.3%
	10. 盟主	计数	5	1	6	0	40	21	73
		评论主题中的%	45.5%	20.0%	100.0%	0.0%	42.6%	26.3%	34.6%
合计		计数	11	5	6	15	94	80	211
		评论主题中的%	100.0%	100.0%	100.0%	100.0%	100.0%	100.0%	100.0%

从表11来看，在94条肯定或支持作者的热门主帖中有40条是盟主发表的占比42.6%；盟主没有发表批评主题的主帖，在15条批评主题的主帖中有10条是见习等级的成员发表，其余5条是舵主发表；热门主帖的主题为写作建议的一共只有5条，见习者发表2条，堂主、护法和盟主各自发表1条主帖；在11条催更主题的主帖中有见习者和盟主分别各自发表5条，占比均为45.5%，其余1条主帖是舵主发表；6条广告主题的主帖均为盟主发表。

表12　评论者等级和主帖回复数交叉制表

			帖子回复数			合计
			1. 小于或等于20条回复	2. 大于20条小于或等于50条回复	3. 大于50条回复	
评论者等级	0. 见习	计数	52	19	4	75
		帖子回复数中的%	38.8%	34.5%	18.2%	35.5%
	4. 舵主	计数	29	10	2	41
		帖子回复数中的%	21.6%	18.2%	9.1%	19.4%
	5. 堂主	计数	11	2	0	13
		帖子回复数中的%	8.2%	3.6%	0.0%	6.2%

续表

			帖子回复数			合计
			1. 小于或等于20条回复	2. 大于20条小于或等于50条回复	3. 大于50条回复	
评论者等级	6. 护法	计数	6	2	1	9
		帖子回复数中的%	4.5%	3.6%	4.5%	4.3%
	10. 盟主	计数	36	22	15	73
		帖子回复数中的%	26.9%	40.0%	68.2%	34.6%
合计		计数	134	55	22	211
		帖子回复数中的%	100.0%	100.0%	100.0%	100.0%

从表12可以看出，大于50条回复的热门主帖中有15条占比68.2%为盟主所发，见习等级成员发表的4条主帖回复数量超过50条；大于20条小于等于50条回复的主帖有55条，其中盟主发表的主帖有22条占比40%，其次是见习者发表的19条主帖占比34.5%，舵主发表的主帖有10条占比18.2%；134条主帖的回帖或者回复小于等于20条，其中52条主帖是见习者发表占比38.8%，其次较多的是盟主发表的36条主帖占比26.9%，舵主发表29条主帖占比21.6%，其余为堂主发表11条占比8.2%，护法发表6条占比4.5%。

表13　评论者等级和情绪类型相关系数

			评论者等级	情绪类型
Spearman的rho	评论者等级	相关系数	1.000	-0.280**
		Sig.（双侧）	0.0	0.000
		N	211	211
	情绪类型	相关系数	-0.280**	1.000
		Sig.（双侧）	0.000	0.0
		N	211	211

** 在置信度（双测）为0.01时，相关性是显著的。

由表13可知，评论者等级和情绪类型的相关系数是－0.280，对相关系数的检验的双侧P值小于0.001，可以认为评论者等级和情绪类型两变量间的负相关是有统计学意义的。

表14　评论者等级和帖子回复数相关系数

			评论者等级	帖子回复数
Spearman 的 rho	评论者等级	相关系数	1.000	0.194**
		Sig.（双侧）	0.0	0.005
		N	211	211
	帖子回复数	相关系数	0.194**	1.000
		Sig.（双侧）	0.005	0.0
		N	211	211

** 在置信度(双测)为0.01时,相关性是显著的。

由表14可知，评论者等级和帖子回复数的相关系数是0.194，对相关系数的检验的双侧P值小于0.001，可以认为评论者等级和帖子回复数两变量间的正相关是有统计学意义的。

以上分析是以《赘婿》的热帖文本为例进行的分析，由此可以管窥网络社群中社群成员的互动情况，包括热门主帖的主题分布情况、评论者等级、情绪类型等，也可以分析评论者等级与帖子回复数、评论者等级与情绪类型变量间的关系。

四　结论与建议

国家新闻出版广电总局在2014年12月18日推出《关于推动网络文学健康发展的指导意见》中提出：目前网络文学也存在数量大质量低……侵权盗版屡打不绝，市场主体参差不齐……引导网络文学创作植根现实生活，为人民抒写、为人民抒情、为人民抒怀；倡导网络文学创作塑造美好心灵、引领社会风尚，使网络文学价值引导、精神引领、审美启迪等方面作用得到充分发挥。①

① 国家新闻出版广电总局：《关于印发〈关于推动网络文学健康发展的指导意见〉的通知》，http：//www.gapp.gov.cn/news/1663/236795.shtml，2015年1月5日。

在“净网”“剑网”以及多项有关网络文学发展的政策陆续推出之后，网络文学目前迎来了良好的发展机遇，网络文学网站重视版权开发和保护，保护网络文学作者权益，侵权盗版现象获得了一定的抵制。

然而，从本报告分析的三大平台排行前十的 VIP 作品来看，玄幻奇幻、都市娱乐、网游类的作品更受社群成员的喜爱，这些作品缺少现实主义的根基，今后网络文学发展走向应该更加注重现实。这是网络文学应该承担的社会责任，也是中国文学自古以来就承担的“铁肩担道义”的责任意识在当今时代的传承。

（一）网络文学社群平台应采取措施激励网络文学作品走向现实

为了进一步鼓励作者创作出植根于现实生活的、具有生动生活气息的作品，网络文学社群的平台应该承担起相应的社会责任，为社会为社群成员输出更多优秀现实主义的作品。如：网络文学服务商在设置作品排行榜时，在网站首页推荐网络文学作品时应注意突出现实主义作品的推荐。同时，网络文学社群平台还可以举办现实主义作品创作大赛，设置奖金，这也将带动一些创作者深入现实感悟现实，写出现实主义的作品。我们可以看到 17K 小说网于 2018 年 1 月至 5 月 31 日举办超级都市 IP 大赛，并为大赛设置了专门的网页，制定大赛赛制、大赛指南和大赛奖励等措施。同样，各大网络文学社群平台也可以参照这种方式举办网络现实主义作品创作大赛。关于当下网络文学界需要创作更多现实主义的作品，这一点在 2018 年 5 月 15 日“中国网络文学周”开幕式上也得到印证。中国文联主席、中国作协主席铁凝在开幕式上表示，“网络文学不应该是金钱的文学……要更加深刻地认识文学与时代、与人民、与中华民族伟大复兴事业息息相关的联系，把社会价值、社会效益放在首位，这是中国网络文学继续繁荣发展的根本前提”。①

（二）更好地发挥网络文学社群的正向激励作用

网络文学社群给予网络文学生产以动力和支持。这表现在三个方面：其

① 黄琳：《首届中国网络文学周“搅动”杭州》，http://data.chinaxwcb.com/epaper2018/epaper/d6754/d3b/201805/87755.html，2018 年 5 月 22 日。

一，反对盗版，支持正版的社群成员个人意愿的表达。就本报告取样的全部热门主帖的文本来看，高频词“盗版”出现了13次，“正版”出现了7次，这也反映了社群成员支持正版、反对盗版的版权意识的加强。如在热门主帖中有社群成员提到“叫身边的朋友都一起看正版”“进入正版充钱渠道”“之前都是看盗版，刚刚顶着本月吃土的信念全订了尽自己的一份力吧”等。其二，网络文学社群成员在热门主帖中表达的正面情绪的评论更多，就样本中包含的情绪类型来看，正面情绪的主帖总数大于负向情绪和中性情绪主帖数量之和。其三，网络文学社群成员的打赏、送月票等支持作者的行为也给予作者以激励，这种激励措施有助于作者坚持不断更文。

（三）网络文学社群评论质量有待提高

就本报告对于社群成员热帖的内容分析来看，网络文学社群成员评论质量有待提高。能够为作者提供有价值的写作建议的社群成员较少，社群成员可以在作者作品中情节设置、人物形象刻画、结局走向、人物关系演化等方面提出建议，这样也有利于网络文学作品在写作的过程中能得到进一步的完善。就目前网络文学社群中成员等级最高的盟主来看，他们在一部书的写作中有一定的号召力和影响力。但是，就本报告中分析的盟主在热评中的作用未能被充分地调动和激发。

（四）鼓励文学研究者、网络文学评论家加入网络文学社群

基于本报告中对于网络文学社群成员热帖的分析，我们发现这些评论的质量不高，社群成员之间也缺少对于作品细节以及情节设置、人物形象刻画等方面的讨论和互动。为了提高网络文学作品创作的质量，网络文学社群平台的提供者应该鼓励文学研究者、网络文学评论家深入网络文学作品的生产现场，通过在评论区发表有质量的评论，给作者写作以指导，同时也可以帮助其他网络文学社群成员提高文学鉴赏水平和评论水平。另外，网络文学研究者自身也应该发挥自己的主观能动性，主动走进网络文学生产场域，与社群成员进行良性互动，发挥引导和带动其他社群成员的作用。

（五）进一步完善社群规范和相关体制

为了推动网络文学社群的良性发展和更好地进行互动，网络文学社群平台

应进一步完善社群分类和管理制度对网络文学社群加强规范和引导。目前就各大网络文学社群来看，社群成员在讨论区的讨论缺少必要的管理，也缺少明确的规章制度。如17K小说网在讨论区没有设置管理员，这样就不能对于社群成员评论进行有效及时的监管。

当前网络文学各大平台对于社群成员管理还存在着明显的缺陷。如社群分类不能仅仅依凭粉丝值来给予等级，可以考虑发表评论的数量、质量以及在社群成员中的影响力来划定社群成员的等级。网络文学平台还可以采取措施，设法提高社群成员参与社群活动并发表高质量评论的积极性，发挥等级比较高的社群成员作为意见领袖的引领作用。

参考文献

中国互联网络信息中心：《第41次中国互联网络发展状况统计报告》，2018。

Rheingold, Howard. *The Virtual Community*. http://rheingold.com/vc/book/3.html.

李智娜：《在线品牌社群的互动关系及相关活动研究——以网页内容分析为视角》，《兰州学刊》2011年第7期。

范志国、柴海静：《在线品牌社群中顾客参与、顾客契合与品牌忠诚的关系研究——感知不确定性的调节作用》，《财经论丛》2017年第7期。

李根强等：《基于有界信任模型的网络社群舆情观点演化研究》，《情报科学》2017年第6期。

潘芳等：《基于BP神经网络的微博网络社群突发舆情的预警监控》，《情报杂志》2014年第5期。

万旋傲、谢耘耕：《网络社群对新闻媒体的议程设置力研究》，《新闻记者》2015年第3期。

周璟瑜：《基于网络社群的科学传播模式》，《青年记者》2018年第3期。

雷惠玲：《网络小说社区"迷文化"研究》，《贵州民族大学学报（哲学社会科学版）》2014年第2期。

葛涛：《互联网上的"作家迷"虚拟社区研究》，北京语言文化大学博士论文。

《中共中央关于繁荣发展社会主义文艺的意见》，《人民日报》2015年10月20日，第2版。

国家版权局：《关于规范网络转载版权秩序的通知》，http://www.ncac.gov.cn/chinacopyright/contents/483/249606.html，2015年4月22日。

国家版权局：《关于规范网盘服务版权秩序的通知》，http：//www. ncac. gov. cn/chinacopyright/contents/483/266843. html，2015 年 10 月 20 日。

国家版权局：《关于加强网络文学作品版权管理的通知》，http：//www. ncac. gov. cn/chinacopyright/contents/483/308182. html，2016 年 11 月 11 日。

艾瑞咨询：《2016 年中国网络文学版权保护白皮书》，http：//www. 199it. com/archives/581527. html，2017 年 4 月 12 日。

国家新闻出版广电总局：《关于印发〈网络文学出版服务单位社会效益评估试行办法〉的通知》，http：//www. gapp. gov. cn/sapprft/contents/6588/338296. shtml，2017 年 6 月14 日。

国家新闻出版广电总局：《关于印发〈关于推动网络文学健康发展的指导意见〉的通知》，http：//www. gapp. gov. cn/news/1663/236795. shtml，2015 年 1 月 5 日。

黄琳：《首届中国网络文学周“搅动”杭州》，http：//data. chinaxwcb. com/epaper2018/epaper/d6754/d3b/201805/87755. html ，2018 年 5 月 22 日。

B.17

检视在线语音直播的新媒体社会责任

——荔枝 FM 和基于喜马拉雅 FM 的内容分析

贺建平　庄学勋　朱慧英*

摘　要：　在线语音直播是指人们可以通过网络收听到远端正在进行的音频实况，已成为当下人们沟通互动的一种新方式。本文以新媒体社会责任为理论视角，通过内容分析法检视荔枝 FM 和喜马拉雅 FM 两大在线语音直播平台的社会责任。研究发现：两大在线语音直播平台直播主题以音乐、娱乐为主，过于单一，且均出现了媒介暴力问题；从新媒体社会责任的履行情况上看，两大平台在信息生产、社会监督、提供娱乐、协调关系四个指标上的得分较为接近且偏低，新媒体社会责任履行情况均不理想。本文对在线语音直播的媒体社会责任的检测增加了媒介暴力的新问题。

关键词：　在线语音直播　社会责任　媒介暴力　荔枝　喜马拉雅

一　引言

在线语音直播是指人们可以通过网络收听到远端正在进行的音频实况，比如课堂教学、歌唱、闲聊等，且两端能够实现实时互动。根据《2017 年中国在线语音直播市场专题研究报告》相关数据显示，2016 年在线语音直播市场的用

---

* 贺建平，西南政法大学新闻传播学院教授，主要研究方向为传播理论与应用；庄学勋，西南政法大学新闻传播学院 2016 级研究生；朱慧英，西南政法大学新闻传播学院 2017 级研究生。

户规模为0.69亿，且进一步扩大，预计2020年将拥有2亿用户。[①] 用户不断增长，其参与信息发布积极性得到激发，用户自生产内容已成为新媒体平台最重要的信息源。[②] 作为一种以用户自生产内容为导向的新兴直播平台，语音直播较视频直播更难对其内容进行把关，加大了网络监管的难度，其内容生产可能对用户形成不良的道德引导[③]，这在一定程度上涉及新媒体的社会责任履行。在线直播引起的社会问题不断被曝光，直播行业面临众多危机，直播乱象的出现严重危害了当前的网络生态[④]，在线语音直播的社会责任问题也不容忽视。

荔枝FM和喜马拉雅FM是目前用户认知度排名首位的在线语音直播平台，本研究旨在对当前两个在线语音直播平台的直播内容进行量化比较分析，并根据相关新媒体社会责任指标对在线语音直播平台进行评估，以了解当前整个在线语音直播市场的内容生产和社会责任履行情况。同时，本文对研究在线语音直播的社会责任增加了媒介暴力的新问题。

二　新媒体社会责任文献回顾

新媒体社会责任是传统媒体社会责任在新媒体时代的发展和延伸。[⑤] 媒体社会责任广义上强调媒体职业道德伦理范畴上的“责任”，包括社会、政治、经济、文化、伦理道德等公共道德伦理范畴上的“责任”。数字信息技术使传播具有主体的多元性、互动性、开放性等创新特点，同时也暴露诸多问题，新媒体社会责任受到新一轮的考验。近几年，国内外对新媒体的社会责任，多从信息生产、社会监督、文化教育和协调关系[⑥]等方面来检视。

第一，信息生产。新媒体作为一种新兴传播媒介，同样进行信息的生产和传播。在内容生产方面，新媒体对信息的病毒式传播，加上对其管控不严，使

① 艾媒咨询：《2017年中国在线语音直播市场专题研究报告》，2017年10月16日。

② 党东耀：《WebN.0演化路径与新闻形态创新》，《中国记者》2015年第10期。

③ 李巧玲：《在线语音直播的兴起与发展探析》，《新闻研究导刊》2018年第7期。

④ 林欢欢：《传播学视域下网络直播乱象的治理》，《视听》2018年第2期。

⑤ 钟瑛等：《论新媒体社会责任》，载《中国新媒体社会责任研究报告（2014）》，社会科学文献出版社，2014，第2页。

⑥ 钟瑛等：《论新媒体社会责任》，载《中国新媒体社会责任研究报告（2014）》，社会科学文献出版社，2014，第4页。

各种在传统媒体被禁止传播的信息能够在互联网、数字媒体上大量传播。谣言、赌博、鼓励犯罪等信息在新媒体上的爆炸性传播，对社会及用户也产生了诸多不良的影响。① 有学者针对当前新媒体通过用户生产内容进行新闻生产提出质疑②，认为新媒体用户的隐私权、名誉权也受到严重的侵犯③，新媒体利用在传播方面的强势，对受众及其他社会成员造成了暴力侵害。在现代化社会，“施暴”的媒体成为很多人恐惧的问题。④ 因而，人们认为在社交媒体少发表个人隐私信息就可避免被侵权，但学者提出用户要有关于侵权的法律意识才能更好地保护个人权益⑤，网络环境如何在各方面保障主体的权益值得进一步探讨。⑥ 美国有学者认为，应该把了解新媒体生产和传播信息的社会责任纳入青少年的新媒介素养教育中。⑦

第二，社会监督。大众传播被认为具有社会规范强制功能，即通过大众传播的公开性监督违反规范的行为。⑧ 新媒体已成为人们获取信息、了解世界变化的重要渠道，其社会监督责任却未履行到位。Allcott（奥尔科特）等研究发现2016年美国大选的虚假信息在社交媒体上的高暴露度在很大程度上影响了此次大选结果⑨；Mejias（梅西亚斯）等则发现新媒体强化了俄罗斯和乌克兰冲突事件中

---

① D King., P Delfabbro., M Griffiths.（2010）. The Convergence of Gambling and Digital Media: Implications for Gambling in Young People. *Journal of Gambling Studies*, 26（2）: 175 – 187.

② D. U. Patton, J. S. Hong, M. Ranney, S. Patel, C. Kelly, R. Eschmann, T.（2014）. Washington: Social media as a vector for youth violence: a review of the literature. *Computers in Human Behavior*,（2）: 1 – 6.

③ 徐晚雪、艾则孜：《UGC对新闻生产的影响——以“今日头条”为例》，《视听》2018年第5期。

④ 郝雨、王祎：《媒介暴力：类型、效应及控制》，《新闻记者》2009年第6期。

⑤ Sarikakis. K&Winter. L.（2017）. Social media user's legal consciousness about privacy. Social Media and Society,（3）: 1 – 14.

⑥ 陈威霖：《脸书数据门所折射的道德危机》，《新媒体研究》2018年第7期。

⑦ Sarikakis. K&Winter. L.（2017）. Social media user's legal consciousness about privacy. *Social Media and Society*,（3）: 1 – 14.

⑧ L Sekaarasih., K Nayar., D O'Malley., C Olson.（2016）. Entertaining audiences, ensuring inclusivity, and considering media influence: Sixth graders'understanding of media proudcers'responsibility. *The Communication Review*, 19（2）: 128 – 152.

⑨ H Allcott., & M Gentzkow.（2017）. Social media and fake news in the 2016 election. *Journal of Economic Perspective*, 31（2）: 211 – 236.

不实消息的传播力。[①] 人们愈依赖社交媒体作为信息来源，则愈相信其所传递的虚假信息。[②] 传统媒体的衰落和社交媒体的崛起，社交化传播、碎片化阅读的新传播情景正在冲击传统新闻业，调查性新闻和深度报道式微，情绪成为驱动传播的最大动力，在“后真相”时代，重建媒体的公共性应提上日程。[③]

第三，文化教育。新媒体是否对不同文化如传统文化、红色文化的正面传播作用[④]，成为考量其社会责任的重要指标。有学者对新媒体形式下生产流行文化表示担忧，认为青少年大量接触娱乐流行文化，严重影响了他们的识字能力训练。[⑤] 新媒体平台中文化娱乐化恶俗化日益严重，对公众造成极大的负面影响。[⑥] 日新月异的新媒体技术是当前知识、文化传播的重要渠道，但也面临悖论：新媒体形式下知识传输的超载与受众知识接受的欠载、技术消减传播阻隔与技术设置无形障碍、异质性的知识传播与同质化的知识获取、知识传播主体的多元化与知识传播增量的不确定等[⑦]，新媒体的知识传播面临考验，其相应的文化教育责任也应不断重新考量。

第四，协调关系。近年有研究关注新媒体与政府各类职能部门或与其他公共服务平台相结合的实践与效果，如政务微信有效促进社会管理，全媒体平台与大学生义教志愿服务的对接满足社会服务需求，公共图书馆的健康信息服务在社会化媒体上的传播内容与方式需进一步提高等。[⑧] 在新媒体与医疗健康公

---

① U. A. Mejias. , & N. E. Vokuev. (2017) . Disinformation and the media: the case of Russia and Ukraine. *Media*, *Culture and Society*, 39 (7): 1027 – 1042.

② S. Y. Bae. (2017) . The social mediation of political rumors: Examining the dynamics in social media and belief in political rumors. *Journalism*, 1 – 17.

③ 李凌凌：《重建媒体的公共性——“后真相”时代的传播危机》，《当代传播》2018 年第 2 期。

④ 谭宇菲：《新媒体场域中传统文化传播仪式建构研究——以〈我在故宫修文物〉为例》，《中国广播电视学刊》2017 年第 9 期；王禹军：《新媒体时代菏泽红色文化传播策略》，《青年记者》2017 年第 26 期。

⑤ V. V. M. , &Neelamatar. M. (2018) . Utilization of social media platforms for educational purposes among the faculty of higher education with special reference to Tamil Nadu. *High Education for the Future*, 5 (1): 4 – 19.

⑥ 曹馨月：《“娱乐至死”时代中媒介的社会责任》，《视听新闻与传播》2017 年第 2 期。

⑦ 王波伟：《新媒体时代知识传播面临的悖论及消解》，《编辑之友》2017 年第 12 期。

⑧ 刘孜君：《基于社会管理视域分析政务微信的优化途径》，《新闻传播》2017 年第 6 期；郑钻科、蔡志海等：《关于对接大学生义教志愿服务与社会服务需求的全媒体平台》，《新闻研究导刊》2017 年第 7 期；任熙、石艳霞：《基于社会化媒体的公共图书馆健康信息服务现状调查与分析》，《图书馆学研究》2018 年第 7 期。

共卫生领域，有研究发现专家对不实信息矫正的传播效果滞后，提议专业卫生组织及机构应采用社交媒体作为矫正健康信息的首要渠道;[①] 新媒体所拥有的健康卫生的相关数据可帮助评估和改善人们的卫生健康行为，并且可以帮助完善健康相关的政策等。[②] 新媒体的公共服务性质一方面赋予公众发表公共事务议题、参与到社会事务的权力，但从另一方面，也有可能导致权力的滥用，在一定程度上使记者行业遭受危机。[③] 如何全面履行新媒体的协调关系责任，可继续探讨的方面仍在不断更新。

本研究从信息生产、社会监督、文化教育、协调关系四个方面对新媒体的社会责任进行检视。在线语音直播平台是一个具有代表性的研究对象，这种代表性体现在其影响力以及其未来发展趋势上。

本研究要回答如下问题：第一，荔枝 FM 与喜马拉雅 FM 的在线语音直播的内容，在主播性别、直播主题、媒介暴力等方面的具体情况怎样？

第二，作为新媒体，荔枝 FM 与喜马拉雅 FM 对社会责任履行状况如何？反映出什么问题？

三　研究方法

本研究采用内容分析法，将样本平台的内容做系统的量化统计分析，对所反映的社会责任现况进行全貌描述并加以分析。

（一）样本与分析单位

根据艾媒咨询权威发布的《2017 年中国在线语音直播市场专题研究报告》[④] 显示（每年 10 月发布 1 次）：2016 年在线语音直播用户规模为 0. 69 亿，增长率为 62. 3%，2020 年预计突破 2 亿用户，其用户规模将不断扩大，影响

① Vraga E. K. , &Bode L. (2017) . Using expert sources to correct health misinformation in social media. *Science Communication*, 1 – 25.

② X. Ji. , S. A. Chun. , P. Cappellari. , J. Geller. (2016) . Linking and using social media data for enhancing public health analytics. *Journal of Information Science*, 1 – 25.

③ D. Freedman: "Public Service" and the journalism crisis: Is the BBC the answer? *Television and New Media*, 2018, pp. 1 – 16.

④ 艾媒咨询：《2017 年中国在线语音直播市场专题研究报告》，2017 年 10 月 16 日。

力相继扩大，因此将其作为研究对象具有价值；相关数据显示，我国在线语音直播市场中，荔枝 FM 和喜马拉雅 FM 的用户认知度分别排第一、第二，获得较高认知度，在一定程度上反映当前在线语音直播市场的情况。

本研究取样时间段为 2018 年 4 月 1 日至 5 月 10 日共 40 天，将荔枝 FM 和喜马拉雅 FM 平台上“热门推荐”（每个小时）的在线语音直播间内容（每条 10 分钟）收集完毕后，采取随机抽样方法，从两个样本中各抽取 300 条直播内容，共 600 条作为分析样本，以条作为分析单位。

（二）类目建构

经过两位作者的反复讨论，将平台直播内容操作化为以下 7 个类目。

1. 主播性别

有学者提出人类在传播使用的各类符号（语言符号和非语言符号）往往会因为性别差异带来极大的不同。[①] 从“MC 天佑”说唱“吸毒”后感受[②]被全网封杀再到“斗鱼一姐”陈一发儿[③]调侃抗日历史被禁播可见，主播性别也是一个观察直播平台承担社会责任的重要指标。荔枝和喜马拉雅的在线语音直播平台分属于两大不同的语音平台中，荔枝平台的受众群多为“90 后”“95 后”女性；[④] 喜马拉雅平台的用户性别均衡，年轻、中高消费人群是主力军。[⑤] 受众群存在差异，不同平台上主播在吸引听众时采用的语言符号表达也会存在差异，在此两平台主播在性别上是否存在差异？因而设置此类目，划分为两类：①男；②女。部分直播间存在两人及以上人连麦共同主播的行为，以主窗口的性别记录。

2. 直播主题

直播主题即直播间内接收到的内容进行划分。根据前期观察，大致可以分为以下 10 项：①直播间动态（主播在直播间一直讨论的当前直播间或

---

① 钟首民：《非语言符号传播中的性别差别》，《湖南文理学院学报（社会科学版）》2005 年第 1 期。

② 《〈焦点访谈〉谈直播乱象：天佑用说唱描述吸毒感受》，腾讯网，2018 年 2 月 13 日。

③ 《直播热潮下底线的下降——主播陈一发儿被封背后的故事》，今日头条，2018 年 8 月 3 日。

④ 《音频公司荔枝完成 5000 万美元融资兰馨亚洲领投 EMC 跟投》，《华尔街见闻》，雷帝触网，2018 年 1 月 3 日。

⑤ 《中国移动音频市场年度综合分析 2018》，易观分析，2018 年 4 月 24 日。

者荔枝 FM 上的动态，如互动用户有多少、谁在线、是否上热榜等与平台的相关内容)；②直播间广告（以直接的方式如抽奖、红包等招揽受众、拜托用户送礼物，用直接方式促使用户消费)；③音乐（即听到均与音乐有关，如主播唱歌、聊音乐相关内容、只放背景音乐等)；④情感（如主播聊自己的私人感情生活、主播念情感故事、给用户做情感解析等)；⑤段子、搞笑（刻意营造搞笑的氛围，如主播说网络段子、脱口秀)；⑥知识和教育（如某国历史；健康教育知识；散文；学方言、日语、韩语，等等）⑦亚文化（喊麦；二次元文化；星座)；⑧娱乐（如在直播间玩配对游戏、聊搞笑视频、pia 戏：类似于广播剧，即兴招人，对照剧本，主播和连麦主播用语音做角色扮演，形成对话等)。⑨日常生活（生活琐碎、私人信息)；⑩其他。

3. 媒介暴力

媒介暴力被定义为“个人故意对他人造成伤害”的媒介描述，这意味着媒介叙述的任何角色都可能参与这种侵略行为，包括电视、电影、音乐和电子游戏的任何内容都有可能涉及媒介暴力。[①] 在 1937 年至 1997 年近 10000 小时的美国广播节目中，有 61% 的节目涉及了人际关系暴力，其中大部分是以娱乐性或诱导的方式进行的。[②] 在新媒体环境下，这种媒介暴力现象越发频繁，如“人肉搜索”、水军跟帖炮轰、信息泄露等，严重损害了使用者的权益，对社会造成了严重的不良影响。根据媒介暴力对现实行为产生影响的可能性，将其划分为两种类型：一是显性暴力，即受害者遭受身体上的痛苦和折磨；二是隐性暴力，指在媒体中被合理化的暴力行为。这种暴力更多地出现在娱乐节目中，人们往往因习以为常或以宣泄情感为由而漠视它的影响。[③] 媒介暴力行为包括三个方面，一是大众媒介传播的暴力内容，即“媒介化的暴力”；二是大众媒介作为实施者实行的暴力行为，即“暴力化的媒介”；三是高科技条件下大众媒介搭建的虚拟环境中的游戏化暴力，即“虚拟化暴力”。[④]

① Anderson, C. A., & Bushman, B. J. (2001). Effects of violent video games on aggressive behavior, aggressive cognition, aggressive affect, physiological arousal, and prosocial behavior: A meta-analytic review of the scientific literature. Psychological Science, 12: 353 –359.

② Federman J. (1998). National Television Violence Study. Thousand Oaks, CA: Sage.

③ 〔美〕丹尼斯·麦奎尔：《麦奎尔大众传播理论》，学林出版社，2009，第 333 页。

④ 马小璐、蒲莳等：《媒介暴力问题研究笔谈：关于媒介暴力的界定》，《今传媒》2007 年第 3 期。

本文的媒介暴力现象是指语音直播平台上出现的暴力内容，基本是隐形的、造成潜在心理伤害的媒介暴力，根据观察可划分以下三种：第一种是主播作为施暴方对受众进行的暴力，形式包含语言、文字、图片，分为两项：①主播语言暴力，即直播通过语音传递暴力信息对受众造成心理上的潜在伤害；②主播图文暴力，即主播通过直播间展示或者在弹幕传递暴力信息对受众造成心理潜在伤害；第二种是受众作为传播者一方，发表弹幕在图文上给其他受众带来的暴力，即③受众图文暴力；第三种是系统为主播打广告形成消费信息泛滥而造成的暴力，即④广告暴力。

4. 信息生产

通过对直播间主题的观察，在线语音直播平台上的用户生产内容多为音乐、娱乐等，极少涉及新闻信息内容，因此过往研究中的新媒体社会责任指标不适用本研究。信息生产这一项仅选择广告控制：①存在广告控制；②不存在广告控制。

5. 社会监督

社会监督责任包含：①国家治理（司法公正、政府管理、涉外关系）；②社会风险（生产事故、环境污染、食品安全、校园事故、交通事故、城市拆迁、警民冲突）；③行为失范（官员腐败、学术腐败、性与婚姻道德）；④其他现象（体育赛事、自然灾害）。

6. 文化教育

文化教育包含：①塑造共识（主流价值、社会风尚）；②文化传承（传统文化、民俗文化和红色文化）；③提供娱乐（即娱乐健康度）。

7. 协调关系

协调关系主要指的是：①公共服务，即关注的是直播内容是否涉及了公共服务内容；②用户体验，即关注的是直播间对于受众吸引力的持久性如何；③互动，即关注的是直播间的互动情况如何。

（三）编码及信度检验

本研究的编码工作由两位硕士研究生担任，编码员在正式编码前受过编码训练，用以培养对各个类目的共识。编码完成后采用复证的方法来检验信度，即两位编码员重新分配任务，对同一个样本进行第二次编码，以全部

600 个语音直播样本作为抽样框进行随机抽样，获取样本 60 个。编码员根据 Holsti（1969）的信度公式检测后得出的归类一致性指数如下：主播性别 1；直播主题 0.87；媒介暴力 0.93；信息生产 1；社会监督 1；文化教育 1；协调关系 1。

四 数据统计分析

（一）主播性别

数据统计分析显示：从主播性别来看，荔枝和喜马拉雅在线语音直播平台主播在性别上存在显著差异（$\chi^2 = 61.053$，$df = 1$，$p < 0.001$）。荔枝的男性主播共 246 位，高达 82%，而女主播仅 54 位，占 18%，喜马拉雅的主播性别则较为平均，男主播 152 位，占 52.0%，女主播 148 位，占 48.0%（见表 1）。

表 1　荔枝 FM 与喜马拉雅 FM 主播性别 N = 600

主播性别	客户端		合计
	荔枝	喜马拉雅	
男	82.0(246)	52.0(156)	67.0(402)
女	18.0(54)	48.0(144)	33.0(198)
合计	100.0(300)	100.0(300)	100.0(600)

注：括号外为所占百分比，括号内为直播间数。

（二）直播主题

直播主播反映的是内容的类别，在直播主题方面（见表 2），荔枝平台上直播主题占比较高的是音乐、娱乐、直播间动态、直播间广告，分别为 28.0%、22.0%、12.0%、9.0%，在喜马拉雅平台上直播主题占比较高的是音乐、直播间动态、段子、搞笑、直播间广告，分别为 31.0%、13.7%、13.7%、13.0%。经卡方检验分析后发现，荔枝和喜马拉雅平台在直播主题方面有着显著性的差异（$\chi^2 = 35.867$，$df = 9$，$p < 0.001$）。两平台音乐主题占比都是最高，但比较各主题在不同平台的占比上是存在显著差异的：在娱

乐、情感、日常生活主题上，荔枝平台的呈现占比高于喜马拉雅平台；在直播间动态、直播间广告、段子、搞笑、亚文化主题上，喜马拉雅的呈现占比高于荔枝平台。从总体来看，两在线语音直播平台的直播主题都倾向于音乐主题、直播间动态和直播间广告主题，都忽略了文学教育和其他主题的呈现。

表 2　荔枝 FM 与喜马拉雅 FM 直播主题 N = 600

直播主题	客户端		合计
	荔枝	喜马拉雅	
直播间动态	12.0(36)	13.7(41)	12.8(77)
直播间广告	9.0(27)	13.0(39)	11.0(66)
音乐	28.0(84)	31.0(93)	29.5(177)
情感	7.3(22)	3.7(11)	5.5(33)
段子、搞笑	6.3(19)	13.7(41)	10.0(60)
文学教育	2.0(6)	0.3(1)	1.2(7)
亚文化	4.3(13)	7.0(21)	5.7(34)
娱乐	22.0(66)	10.3(31)	16.2(97)
日常生活	8.0(24)	7.3(22)	7.7(46)
其他	1.0(3)	0.0(0)	0.5(3)
合计	100.0(300)	100.0(300)	100.0(600)

注：括号外为所占百分比，括号内为直播间数。

（三）媒介暴力

在媒介暴力方面，根据相关数据统计分析得出，关于是否出现主播语言暴力上，荔枝和喜马拉雅直播间具有显著性差异（$\chi^2 = 22.183$，$df = 1$，$p < 0.001$），荔枝直播间出现主播语言暴力的数量明显高于喜马拉雅直播间，分别占比为 25.0% 和 10.3%；关于是否出现主播图文暴力，荔枝和喜马拉雅直播间具有差异（$\chi^2 = 6.421$，$df = 1$，$p < 0.01$），两平台直播间出现主播图文暴力的数量都较少，分别占比 4.3% 和 1.0%，其中荔枝直播间的出现占比数高于喜马拉雅直播间；关于是否出现受众图文暴力方面，荔枝和喜马拉雅直播间具有显著差异（$\chi^2 = 37.431$，$df = 1$，$p < 0.001$），荔枝直播间出现的受众图文暴力的数量占比明显要高于喜马拉雅直播间，分别占比为 22.7% 和 5.3%；关于

是否出现广告暴力方面，荔枝和喜马拉雅直播间具有差异性（$\chi^2=9.135$，$df=1$，$p<0.01$），其中喜马拉雅直播间出现广告暴力的数量占比要高于荔枝直播间，分别占比为57.7%和45.3%。从总体来看，关于是否出现媒介暴力，荔枝和喜马拉雅直播间没有显著性差异（$\chi^2=0.693$，$df=1$，$p>0.05$），进一步可看出，两平台上出现过媒介暴力的直播间数量都较高，分别占比高达72%和75%（见表3）。

表3　荔枝FM与喜马拉雅FM媒介暴力（N=600）

	客户端		合计		
	荔枝	喜马拉雅		df	χ^2
主播语言暴力	25.0(75)	10.3(31)	17.7(106)	1	22.183***
主播图文暴力	4.3(13)	1.0(3)	2.7(16)	1	6.421**
受众图文暴力	22.7(68)	5.3(16)	14.0(84)	1	37.431***
广告暴力	45.3(136)	57.7(173)	51.5(309)	1	9.135**
媒介暴力	72.0(216)	75.0(225)	147.0(541)	1	0.693

注：（1）括号外为所占百分比，括号内为主播位数；（2）媒介暴力包含广告暴力、受众图文暴力、主播图文暴力、主播语言暴力，每个直播间可能没有媒介暴力，也可能出现几种暴力，因此合计百分比超过100%；（3）** <0.01，*** <0.001。

在网络空间中，由于个人身份的匿名性和多样性，常滋生暴力，且实施者会脱离一般社会制约，变得更为非理性。① 荔枝FM和喜马拉雅FM作为在线语音直播平台用户认知度第一、第二位的平台，尽管两者都在平台呈现内容上存在明显差异，但两者直播间都以不同形式引发了媒介暴力现象。有研究提及，网络技术保证了众人参与、迅速传播、空间（话语）无限等，导致了话语暴力的泛滥和流行，给他人和社会带来伤害。②

通过平台内容的信息呈现和媒介暴力的回归分析可探知哪些平台信息呈现影响媒介暴力的实施，根据数据可知（见表4）：

① 刘雨花：《“暴力”的新媒体环境下媒介使用者的权利边界》，《声屏世界》2017年第7期。

② 江根源：《青少年网络暴力：一种网络社区与个体生活环境的互动建构行为》，《新闻大学》2012年第1期。

表 4　平台内容与媒介暴力的回归分析（N = 600，*df* = 7）

	主播语言暴力	主播图文暴力	受众图文暴力	广告暴力
主播性别	-0.047	0.019	-0.092 *	0.086 *
直播主题	0.006	-0.040	0.101 *	-0.027

注：* < 0.05，** < 0.01，*** < 0.001。

从受众图文暴力方面来看，主播的性别（$\beta = -0.092$，df = 7，$p < 0.05$）、直播主题（$\beta = 0.101$，df = 7，$p < 0.05$）对受众图文暴力有一定程度的影响，主播是男性的直播间比主播是女性的直播间更易产生受众图文暴力，直播主题不同影响受众实施图文暴力；从广告暴力方面来看，主播性别（$\beta = 0.086$，df = 7，$p < 0.05$）对广告暴力的出现有正向影响，主播性别的不同对广告暴力的出现也有一定程度的影响。

（四）社会责任指标考量

本文参考 2015 年新媒体社会责任指标与权重①，针对荔枝和喜马拉雅在线语音直播平台的内容的权重进行计算得出荔枝和喜马拉雅直播间在信息生产、社会监督、文化教育、协调关系上的得分。

荔枝直播平台在文化教育责任上要高于喜马拉雅直播平台，而喜马拉雅在信息生产、协调关系上要稍稍高于荔枝直播平台，两直播平台在社会监督责任上皆为严重缺失，在文化教育责任上，荔枝和喜马拉雅直播平台离满分都有差距。从总体上看，荔枝平台的总分为 0.4523，喜马拉雅平台的总分为 0.3962，荔枝直播平台的新媒体社会责任履行情况要稍好于喜马拉雅直播平台，但两平台的新媒体社会责任的履行情况都非常低，总分值离满分（2.6579）还是有很大的距离（见表 5）。

1. 信息生产与社会监督

信息生产的评价仅取了二级指标“流程控制”中的广告控制这一三级指标，计算两平台的指标的得分状况可发现，荔枝直播平台（0.0231 分）的广

① 钟瑛等：《中国新媒体社会责任研究报告（2015）》，社会科学文献出版社，2015，第 13 ~ 14 页。

告控制得分要低于喜马拉雅直播平台（0.0242分）。而在社会监督方面，荔枝得分为0，而喜马拉雅也接近0分，可看出两者都没有履行好社会监督责任。

表5　荔枝FM与喜马拉雅FM社会责任一级指标得分与满分

单位：分

一级指标	客户端		满分
	荔枝	喜马拉雅	
信息生产	0.0231	0.0242	0.1579
社会监督	0	0.0004	1
文化教育	0.1814	0.0383	1
协调关系	0.2478	0.3333	0.5
总分	0.4523	0.3962	2.6579

2. 文化教育

从两平台在文化教育责任指标的得分情况来看，可明显看出荔枝在传统文化、红色文化上为零分，而喜马拉雅除了提供娱乐，基本没有对外传播文化教育，因此可知，两平台在文化教育责任的履行上是缺位的，值得警惕（见表6）。

表6　荔枝FM与喜马拉雅FM文化教育指标得分

单位：分

三级指标	客户端	
	荔枝	喜马拉雅
主流价值	0.0103	0
社会风尚	0.0061	0
传统文化	0	0
民俗文化	0.0009	0
红色文化	0	0
娱乐健康度	0.7733	0.4233
总分	0.7906	0.4233

3. 协调关系

通过各个指标得分可看出，喜马拉雅在涉及公共服务、用户体验和互动指标上都高于荔枝直播平台，因而，总体上，喜马拉雅在履行协调关系责任上，要高于荔枝直播平台（见表7）。

表7　荔枝FM与喜马拉雅FM协调关系指标得分

单位：分

三级指标	客户端	
	荔枝	喜马拉雅
公共服务	0.0072	0.0612
用户体验	0.1387	0.2510
互动	0.1737	0.1767
总　分	0.3196	0.4889

（五）新媒体社会责任与媒介暴力

两大在线语音直播平台出现媒介暴力现象，对受众会造成一定伤害，本文进一步将媒介暴力现象纳入新媒体社会责任的考量。在新媒体社会责任与媒介暴力的回归分析中可见（见表8）：在信息责任履行方面，主播语言暴力（$\beta=-0.151$，$p<0.001$）、广告暴力（$\beta=-0.410$，$p<0.001$）都对信息生产责任履行呈现显著负向影响，主播语言暴力越多、直播间广告暴力越多，则其信息生产履行责任就越差，受众图文暴力对信息生产责任履行具有一定程度的负向影响（$\beta=-0.129$，$p<0.05$），受众图文暴力越多，一定程度上越可能阻止其履行信息生产责任；从协调关系履行责任来看，广告暴力对其具有负向显著性影响（$\beta=-0.142$，$p<0.001$），广告暴力越多，则协调关系责任履行越差。总体来看，两大平台呈现的媒介暴力中直播语言暴力、受众图文暴力、广告暴力和直播平台社会责任履行中的信息生产、协调关系责任存在影响作用，对社会监督和文化教育责任的履行没有发现有统计意义上的显著性。

表8　新媒体社会责任与媒介暴力的回归分析（N=600，df=4）

	主播语言暴力	受众图文暴力	广告暴力
信息生产	-0.151^{***}	-0.129^{**}	-0.410^{***}
协调关系			-0.142^{***}

注：** <0.01，*** <0.001。

五　结论与讨论

（一）结论

通过对荔枝直播平台和喜马拉雅直播平台的内容统计分析及对两个在线语音直播平台的社会责任直播的评价，在此对前面所提的两个问题进行回应。

1. 两平台直播间性别存在差异，但直播主题单一，皆滋生媒介暴力

在主播性别方面，荔枝直播平台以男主播为主，而喜马拉雅平台的男女主播数量较为平均；在直播主题方面，荔枝直播平台以音乐主题为主，其次是娱乐、直播间动态主题，而喜马拉雅直播平台也是以音乐主题为主。从媒介暴力方面来看，喜马拉雅直播平台的媒介暴力要多于荔枝直播平台，两大平台皆主要是广告暴力，主播语言暴力为次；喜马拉雅平台的广告暴力多于荔枝直播平台，而荔枝直播平台的主播语言暴力要多于喜马拉雅直播平台。印证了随着每一种新媒介的出现，对其暴力传播效果的担忧都会出现的结论。①

从主播性别来看，男主播比女主播更容易出现媒介暴力问题，而受害者涉及所有听众。一方面，男主播往往在谩骂的时候会以评价女性器官或辱骂女性的词语施暴，而被辱骂对象进行回击时会被掌握了直播间话语权的男主播以禁言处置；而女主播在直播过程中常常会以各种呻吟、“舔耳”或者拍打身体某个部位所发出的声音对听众进行诱导。这些主播利用其对直播间的掌握权在潜移默化地塑造年轻人的态度和行动，变成了年轻人的教育者、榜样和信息的主要来源。这种影响对听众是极为恶劣的，听众长期接触这些话语描述会导致越来越接受以施暴或出卖身体作为解决问题和实现目标的适当手段，从而影响现实社会。②

从直播主题来看，音乐主题是在线语音直播平台主要的直播内容。然而，

---

① 李岩：《网络话语的暴力效果——以福柯话语理论解读网络暴力的生成》，《当代传播》2014 年第 5 期。

② Council on Communications and Media. （2009）. Media Violence. Pediatrics. 124 （5）：1495 – 1503.

青少年的音乐也变得更加暴力，尤其是说唱音乐。[①] 在所观察的直播间里，各个主播所播放的BGM（背景音乐）或演唱的音乐中，说唱音乐出现的频率较高，而这些音乐的内容常常涉及色情与暴力的内容（如主播为了吸引粉丝，经常演唱的《我是你的谁》《小蛮腰》等歌曲）。这些音乐的播放使听众长期处于暴力的状态中，会使受众（尤其是儿童和青少年）很容易对暴力行为敏感，做噩梦以及害怕受到伤害。[②] 同时，这些音乐宣泄性的歌词也给予了受众发泄自己情绪的出风口，但长此以往也会使受众极具侵略，使"虚拟"社会对现实生活产生负面影响。

从媒介暴力来看，广告暴力与语言暴力均是主要的方面。以荔枝为例，通过观察可以发现部分主播会在直播过程中要求"关注""守护""刷礼物"，如若受众没有按照要求操作会被主播或该直播间的粉丝以"白嫖""全网追杀"等话语进行侮辱或威胁。除此之外，荔枝平台本身在各个直播间会悬挂各种广告挂板或活动广告（如"粉丝炮弹"活动，"我方造成伤害""补充元气"的粉丝间"打战"信息在直播间不停流动）。

2. 两平台新媒体社会责任履行均差

首先，两个平台在信息生产责任方面的履行情况并不理想。在广告控制方面，两个平台大多数的主播在直播过程中花费大量时间在为自己拉关注、请求粉丝打赏礼物。而且，两个平台在直播的页面均设置了小广告，广告的数量不一，但是广告设置的时间会从直播的开始持续到结束的时候；其次，两个平台在社会监督方面的内容完全缺失。本研究将其所有指标纳入考量，而这一项得分基本为0，在所抽取的直播间没有任何关于这些话题的内容；再次，两个平台忽视了文化教育的社会责任，以传统文化和红色文化来看，两个直播平台的得分均为0分；最后，两个平台在履行协调关系社会责任方面也出现了问题，从公共服务来看：两个直播平台也没有以涉及公共服务为内容的直播间。

在线语音直播平台上的媒介暴力，包括主播语言暴力、受众图文暴力、广告暴力对新媒体社会责任履行会产生影响作用。福柯认为，权力以网络的形式

① Joesph R.（2008）. Should Music Lyrics Be Censored for Violence and Exploitation?. Detroit, MI：Greenhaven Press.

② Council on Communications and Media.（2009）. Media Violence. Pediatrics. 124（5）：1495－1503.

运作，每个人都处于相互交错的权力网中，并且在权力的网络中不停地运动，既可能成为被权力控制、支配的对象，又可能同时成为实施权力的角色。[①] 新技术的发展，革命性地改变了传播权力的版图，但新的权力所有者却未意识到，或未承担起相应的社会责任[②]，在此，新媒体滋生了媒介暴力，媒介暴力就是一种对话语权的控制[③]，新媒体社会责任履行由此受到威胁。

（二）讨论

其一，在社会责任的指标测量上，所选取的部分指标是否能够代表整体的社会责任指标，如信息生产指标，本文只选取了广告控制一项，略有不妥，关于其他指标选取如何更为科学，还需要后续考察；其二，将直播的社会责任操作化后，衡量的标准是否全面尚待考证；其三，在媒介暴力类型划分上，只考虑了主播与受众所施的媒介暴力，未将平台设置本身所隐含的媒介暴力列入，针对当前在线语音直播平台，不同的平台设置是否影响到新媒体的社会责任履行，可进一步探讨；其四，从媒介暴力的角度分析在线语音直播所需要承担的社会责任，发现受众也是其中的施暴者，那么如何引导甚或阻止受众参与其中，也是直播平台需要考虑的。因而在考虑新媒体的社会责任时，是否需要将引导用户（受众）也纳入考量也应该是个值得深入考虑的问题。

在线语音直播平台是当前的一种新兴媒体平台，本文通过实证方法对比了当前两大在线语音直播平台的社会责任，对研究新媒体社会责任状况提供了一个新的方向，即面对新兴媒体平台的出现，其信息内容、呈现方式、功能设置与参与群体会相应发生变化，该媒体的社会责任与之息息相关，如何使评价指标赋值更为科学，则还需不断探索从而进一步优化。

根据上述对在线语音直播社会责任现状的问题发现，我们对其社会责任的履行状况颇感忧虑。尽管自 2016 年至 2018 年，国家就开始对网络直播实施一定的管制：先后颁布了《关于加强网络视听节目直播服务管理有关问题的通

① 米歇尔·福柯：《规训与惩罚》，三联书店，2007。

② 芮必峰、张冰清：《新的传播权力呼唤新的社会责任——以“合肥少女毁容案”的网络传播为例》，《新闻记者》2012 年第 4 期。

③ 邵培仁、范红霞：《媒介暴力、信息伦理与传播民主的议题建构》，《浙江传媒学院学报》2011 年第 6 期。

知》《互联网直播服务管理规定》，对网络直播乱象开展集中整治行动，依法关停了“夜车直播”“月光秀场”等70款涉黄涉赌直播类应用程序。但就目前所整治的内容来看，大部分集中在网络视频直播，对于在线语音直播的监管还没有落到实处。因而，我们呼吁国家和政府要加强对在线语音直播平台的监管。

随着市场细化，在线语音直播平台的竞争愈演愈烈，为了吸引更多的听众与投资，在线语音直播平台在制度上松于管理，在直播内容上缺乏把关，使直播平台忽视了对社会的责任。因而，在线直播语音平台不能再将经济效益视为成功与否的唯一标准，也要提高直播的社会效益。为了保障直播内容的健康，可从网络主播从业资格认证制度、劳动关系保护制度、纳税监管制度、“互联网+”隐私权确认制度等方面建立网络主播行业监管制度等。[1]

① 陈纯柱、刘娟：《网络主播监管中的问题与制度构建》，《探索》2017年第6期。

B.18

利用国际化会议讲好中国故事

——基于中国“两会”的国际传播力实证分析*

王　井**

摘　要： 中国“两会”作为中国政治生活中最重要的活动，具有受关注大和信息量大的特点。中国“两会”在扩展中国的对外经济、文化、政治交流的同时，也不断扩大了中国的国际影响力、塑造中国形象和国际传播。本文对中国“两会”举办后，世界主流新旧媒体关注中国“两会”的程度、焦点、议题、评价态度等方面进行跟踪研究，设置三个多语种关键词Two sessions、NPC、CPPC，研究者在谷歌和推特平台上抓取每日浏览量超过2000人数的文本信息，其分别代表国外的传统机构媒体和网友自媒体发布，设置时间为2016年1月1日至2018年3月20日，采用大数据技术辅助网络挖掘及内容分析法，运用Data Miner大数据挖掘平台，共搜集759条样本信息，并构建了3级指标体系，通过对比中国“两会”境外新旧媒体宣传力度、主题、框架、效果进行汇总分析与评估，分析中国“两会”国际传播力，以此总结提升中国国际口碑。

关键词： 中国“两会”　国际传播力　大数据辅助内容分析　网络挖掘　研究缘起

---

* 国家社科基金青年项目“地方政务微博受众影响力研究”（项目号为15CGL074）成果。

** 王井，中共浙江省委党校社会学文化学教研部副教授，博士；浙江省委党校社会学文化学教研部副教授，科学发展观与浙江发展研究中心讲师，研究方向为网络传播。

2018 年 3 月，中华人民共和国第十三届全国人民代表大会第一次会议（简称十三届全国人大一次会议）和中国人民政治协商会议第十三届全国委员会第一次会议（简称全国政协十三届一次会议）（简称中国“两会”）成功举办。国际会议是讲好中国故事最好的平台。党的十九大以来，党中央一直高度重视国际传播能力的建设，这是一种国家软实力的体现，习近平总书记在多个场合都强调要着力打造融通中外的新概念、新范畴、新表述，要学会讲好中国故事，传播好中国声音。利用一些影响力传播力比较大的国际化会议来隐性地传播中国故事，能够起到事半功倍的效果。2018 年举办的中国“两会”，对于提升我国网络空间国际话语权，树立我国网络大国良好形象具有重要意义。通过全面分析前三届国内外新“旧”媒体与对中国“两会”的报道，以此探索在国际化会议中如何更好地传递中国声音。近年来关于讲好中国故事方面的研究主要集中于中国故事的文化内涵研究即“讲什么”、中国故事的传播主体研究即“谁来讲”、中国故事的传播渠道与受众研究即“给谁讲”和中国故事的传播策略研究即“如何讲”四个方面。

中国国际话语权提升取决于多重维度：第一，必须建立相关传播要素、传播资源的能力匹配；第二，必须拥有良好国际关系所赋予的话语发表权利；第三，必须拥有针对国际政治经济秩序的话语控制力。透过讲好中国故事提升中国国际话语权，必须围绕上述维度下足功夫。Fina（2003）将国家叙事和叙事语境之间的潜在联系梳理为三个层面：（1）故事范式：传播内容，认同体现为叙事者对特定文化叙事资源（如神话、传说、传奇等）的契合运用；（2）话语范式：传播话语规则，认同体现为基于叙事的话语规则的协商，叙事者赞同或反对某个外在定义的社会角色时，起到建立、反思或否定社会关系的效果；（3）文化范式：传播场景实现，认同体现为基于叙事语境的群体归属的表述和协商，群体归属感作为分类标签，界定对价值观、信念和行为方式的遵从状况，讲故事为叙事者提供了一个评价和归类他们的特性和行为的机会。归结起来，叙事不仅帮助我们界定自我、寻求群体归属，还会引导他人修改我们的现有角色定位，进而打破现有社交关系格局。因此基于以上国家叙事与语境的关系，如何从国家叙事层面梳理“讲故事—话语权—软实力”的对话机理、互文性逻辑关系、叙事结构和叙事语义。必须首先将廓清“国家叙事内容”、“国家叙事规则”和“国家叙事语境”的三维度。

我国国内研究者提出建立国际话语交流体系是当务之急，如孙敬鑫指出关键词在讲好中国故事，进行国家化传播中具有十分重要的作用，所以要把中国故事的核心理念、准确性、可读性等作为构建国际话语体系的考量指标；有学者指出讲好中国故事要创新议题设置，重视讲故事的艺术，如周鑫宇谈到要具备创新思维，无论是话语范畴还是议题设置均要有国际化视野，以此引导国际舆论方向，房宁指出进行国际传播时，讲故事往往比讲道理更重要，特别是那些针对中国道路存有误解甚至偏见的西方受众时，更要讲究讲故事的语言艺术；有学者认为减少“文化折扣”能够更好地实现有效传播，如陈雪飞指出因为中外文化的差异和语言的不通，有可能造成“传而不通，通而无效”的局面，因此要尽可能实现等价表述；还有学者指出中国故事的生产者、传播者以及受众都是活生生的人，因此要加大国际新闻传播人才队伍建设，如高晓红等建议需要形成由党和政府主导、主流媒体和新闻院校联手办学的模式。综上所述，本文提出以下类目建构。

一　研究流程及研究方法

本研究采用大数据技术辅助网络挖掘与内容分析的研究方法，结合机器学习及内容挖掘获取整体大数据样本，以获悉话题整体趋势结果。进一步针对具体议题及意向态度的分析判断，使用随机抽取样本的方式，通过机器自动分析、网络挖掘结合人工在线内容分析方法，得到准确并具有价值的深度分析结果。

（一）研究流程

本研究采用以 Data Miner ©数据挖掘平台为主要研究工具的大数据技术辅助网络内容挖掘与分析研究方法，经过全网抓取、编码及质量控制、结果呈现三个主要流程完成本次研究。基于上述研究流程，本次针对全球主要语种国家关于中国“两会”的新闻报道和网民议题，重点收集来自美国、欧洲、阿拉伯语种、日韩等主流新闻媒体的新闻报道，并通过网络挖掘和机器学习技术采集、清理相关媒体上关于中国“两会”的信息，分析整体数据来显示舆情信息的整体的趋势，以及整体信息报道中提及中国“两会”的主要新闻机构和推特主页。另外以随机抽取部分样本的方式，进行人工分析在线内容分析，进一步挖掘变量间的差异和关系，快速并深度挖掘国际新旧新闻媒体对于中国“两会”的舆情信息。

本研究数据范围覆盖2016年1月1日至2018年3月20日，为期三年。在全球的新闻媒体中，采集到与中国“两会”相关的消息总量共759篇（见表1）。

表1　中国“两会”样本总量分布

年份	谷歌传统新闻	推特	总计
2016	64	89	153
2017	133	105	238
2018	289	79	368
总计	486	273	759

（二）类目建构

内容分析法的类目构建是从“说了什么”和“怎么说”两个方向来进行设置（Berelson，1952）。其中“说了什么”的类目主要指传播主体、传播内容，而“怎么说”的类目包括态度和评价。本研究的类目设置基于以上的构建思路，观察全球新旧新闻媒介中关于“两会”的报道，并侧重于挖掘“两会”所涉及的重点议案来改善或调整设置类目。另外，从整体态度来构建“怎么说”的类目中，进一步探索全球媒体对“两会”的情绪。本研究共设置13个主要类目：（见表2）

表2　新闻报道研究指标体系

一级指标	二级指标
发布时间	播出年份
	播出月份
	播出日期
发布力度	新闻报道版面位置
	新闻报道标题的准确文本字数
	正文包含相关议题数
	相关议题佐证案例数

续表

一级指标	二级指标
关注重点领域	
消息框架	框架 A
	框架 B
消息涉及地区	英语
	非英语
消息类型	文字
	图片
	超链接
	视频
	有两种及以上
消息来源	国内
	国外
消息语气态度	正面
	中立
	负面
消息类别	1. UGC 原创
	2. 转载新闻
	3. 两者皆有
消息级别	领袖或机构领导人
	从业者及一般人员评论
消息涉及机构	国内政府组织
	国内非政府组织
	国际政府组织
	国际非政府组织
发布平台	新闻媒体
	社交媒体

二　整体数据概况

（一）新闻报道量时间趋势

观察 2016 年 1 月 1 日至 2018 年 3 月 20 日的国际对中国“两会”的总新

闻报道量时间趋势，中国“两会”的整体消息发布量呈持续递减趋势，其中谷歌传统新闻报道量持续上升，推特信息发布量在2018年出现下降，总计呈现上升趋势。

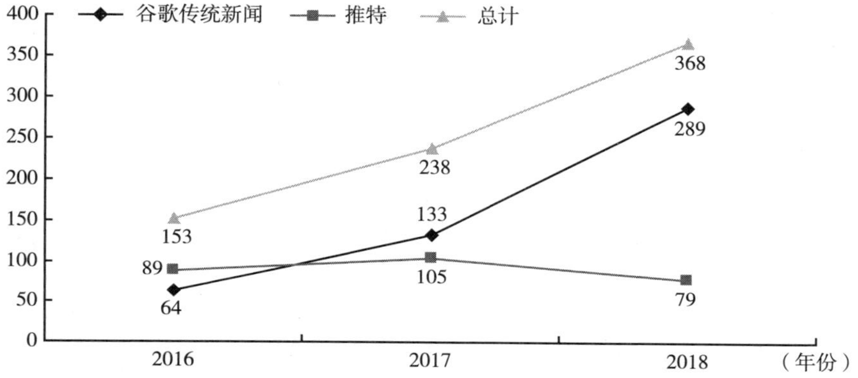

图1　谷歌传统新闻与推特信息量分布

（二）社交平台中国“两会”消息发布的前10位

社交平台中国“两会”消息发布的前10位机构和自媒体可以看出，中国官方媒体例如新华社、中新网、中国网等，在新媒体平台很好地起到舆论引导的作用，借助中国“两会”成功地宣传了中国的大国形象（见表3）。

此外，像环球时报等机构的高频关注表明西方国家认同中国将借助中国“两会”对世界发展做出贡献。此外，关注度最高的南华早报则一直是香港、内地以至亚洲最具公信力的报章，其关注将成功宣传中国的国际化形象。

表3　社交平台中国“两会”消息发布的前10位

机构	自媒体
South China Morning Post　南华早报	@ maniac_cn
Gbtimes 环球时代（芬兰 坦佩雷）	@ BeijingReview
GBTIMES	@ DanGarrett97
Xinhua　新华社	@ RMB_Investor
CCTV	@ ChinaDailyUSA

续表

机构	自媒体
Global Times 环球时报	@ PDChina
BBC News	@ ElaineReyesTV
Ecns. cn 中新网	@ Guangming_Daily
China. org. cn 中国网	@ IIF
SupChina. net 华美董事创办	CGTN America (blog)
Reuters 路透社	The Beijinger (blog)
Daily Times 巴基斯坦 DT	@ XHNews
MFA China 外交部	@ cgtnamerica
Shine News (press release)	@ chinaorgcn
The Diplomat	@ shanghaimoment
China Briefing	@ BychkovLaoshi
China Digital Times	@ Gac_Motor
Financial Times	@ china_news88
美国之音	@ chinafrica1
Forbes	@ BonnieGlaser
盖世汽车新闻 (press release)	@ CGTNDCproducers
News Ghana	@ Edourdoo
	@ NorthPoint_1
	@ RachaelRuble
	@ SBBeacon
	@ SusSuidae
	@ ayubsumbal
	@ baketsurukakubu

（三）焦点热词

利用词云图，初步观察新闻媒体及社交媒体对中国“两会”战略整体的讨论焦点和关注态度（见图 2）。

以上词云图显示，新闻媒体及社交媒体最为关注我国发展等主题保持了浓厚的兴趣。其中，中国“两会”主要集中在社会、建设、改革、经济、企业、工作等主题，促进国家的发展成为主要目标。

图 2　新闻媒体中国“两会”相关示意

三 研究发现

这一部分从整体数据和抽样数据两部分呈现，首先从整体数据中获知中国“两会”在媒体中报道的总体概貌。其次，以查重清洗后的样本为分析对象，以人工在线内容分析法针对中国“两会”所涉及的主要合作探讨领域、议题框架来源、报道力度态度、报道涉及地区、新闻级别和调整措施、建议、意向态度，以及各议题之间的交叉关系进行分析，以期从具体的议题及议题之间的关系回答本研究的研究问题，试图呈现全球媒体对中国“两会”的报道和看法，挖掘舆情热点，及相应的改善措施，为后面中国“两会”召开提供参考。

（一）关注重点领域及议题框架

对世界而言，中国的大国外交、进一步深化改革以及依法治国都将对世界的发展产生重要影响而成为关注的重点。路透社表示，改革将是 2018 年中国“两会”的焦点议题之一。中国适应新形势下中国经济和社会管理等现实需要，改革将吸引世界目光。

1. 重点领域

通过对 759 条报道进行分析发现，除开其他选项，国际对中国“两会”报道关注度前三分别为大国外交、改革开放和依法治国。关注的重点领域及所占比重如表 4 所示。

2. 议题框架

在重大新闻之间的报道中，媒体报道什么样的信息，以什么样的方式报道，不同媒体对新闻不同的议题建构，形成什么样的舆论，都关系公众对新闻事件的认识，国外媒体在报道该区域重点涉及的议题框架可以了解国外媒体对中国“两会”的认识，根据对收集到的信息进行分析，形成如表 5 所示的国外媒体在报道区域重点涉及的议题框架。如图 5 所示，国外媒体主要关注政治、经济、社会、文化、生态五个方面，关注度依次为中国、北京市、香港、上海和广东。在政治方面，共有 390 条新闻报道，关注的地区主要包括中国以及北京、香港、山东省、台湾；经济方面，共有 210 条报道，关注度依次为中国以及北京市、香港、上海和广东；社会方面，共有 78 条报道，关注度依次为中国以及北京市、上海市、香港和浙江。

表 4　新闻态度与重点领域

关注重点或领域	中立		支持		反对		总数	
其他	226	56.10%	168	41.70%	9	2.20%	403	100.00%
大国外交	37	38.50%	54	56.30%	5	5.20%	96	100.00%
改革开放	33	39.80%	50	60.20%	0	0.00%	83	100.00%
依法治国	10	21.70%	36	78.30%	0	0.00%	46	100.00%
金融风险	21	51.20%	14	34.10%	6	14.60%	41	100.00%
文化自信	24	60.00%	16	40.00%	0	0.00%	40	100.00%
环境保护	11	39.30%	16	57.10%	1	3.60%	28	100.00%
脱贫攻坚	11	47.80%	11	47.80%	1	4.30%	23	100.00%
反腐败斗争	7	31.80%	15	68.20%	0	0.00%	22	100.00%
社会治安	4	36.40%	5	45.50%	2	18.20%	11	100.00%
住房制度	7	70.00%	3	30.00%	0	0.00%	10	100.00%
一国两制	4	40.00%	6	60.00%	0	0.00%	10	100.00%
社会保障	3	37.50%	4	50.00%	1	12.50%	8	100.00%
医疗改革	1	14.30%	6	85.70%	0	0.00%	7	100.00%
民族团结	0	0.00%	5	83.30%	1	16.70%	6	100.00%
教育改革	3	60.00%	1	20.00%	1	20.00%	5	100.00%
乡村振兴	2	40.00%	3	60.00%	0	0.00%	5	100.00%
收入分配	1	20.00%	3	60.00%	1	20.00%	5	100.00%
就业	2	66.70%	1	33.30%	0	0.00%	3	100.00%
养老	0	0.00%	2	100.00%	0	0.00%	2	100.00%
食品药品安全	0	0.00%	1	100.00%	0	0.00%	1	100.00%
总　数	407	47.60%	420	49.10%	28	3.30%	855	100.00%

表 5　国外媒体在报道区域重点涉及的议题框架

地区	政治	经济	社会	文化	生态	总数	百分比(%)
中国	209	130	43	35	9	426	54.9
北京市	134	46	17	11	8	216	27.8
香港	18	10	2	2	0	32	4.1
上海市	2	7	6	4	0	19	2.4
广东省	2	7	1	2	1	13	1.7
江苏省	3	1	0	4	0	8	1.0
山东省	4	1	1	1	0	7	0.9
台湾	4	1	1	1	0	7	0.9
浙江省	0	1	2	2	2	7	0.9

续表

地区	政治	经济	社会	文化	生态	总数	百分比(%)
河北省	0	2	0	1	1	4	0.5
四川省	1	0	1	1	1	4	0.5
新疆维吾尔自治区	3	0	0	0	0	3	0.4
甘肃省	2	0	0	1	0	3	0.4
陕西省	0	1	0	2	0	3	0.4
天津市	1	0	1	0	1	3	0.4
广西壮族自治区	0	1	1	1	0	3	0.4
安徽省	1	0	1	1	0	3	0.4
河南省	0	0	0	2	0	2	0.3
湖南省	2	0	0	0	0	2	0.3
黑龙江	0	2	0	0	0	2	0.3
重庆市	1	0	1	0	0	2	0.3
青海省	0	0	0	1	0	1	0.1
西藏区	0	0	0	1	0	1	0.1
宁夏回族自治区	0	0	0	1	0	1	0.1
云南省	1	0	0	0	0	1	0.1
海南省	1	0	0	0	0	1	0.1
江西省	0	0	0	1	0	1	0.1
澳门特别行政区	1	0	0	0	0	1	0.1
总　数	390	210	78	75	23	776	

3. 报道涉及地区

中国“两会”期间，西方媒体针对“两会”进行的报道内容所涉及的地区，可以了解西方国家希望通过西方媒体了解中国这些地区的现状。通过对西方媒体报道内容进行语义分析，生成如表 6 所示的内容所涉及的中国地区表，从表中可知，有 426 条报道内容涉及中国，比重达到 54.9%，西方媒体的关注度依次为北京市、香港、上海市、广东省和江苏省，其比重分别达到 27.8%、4.1%、2.4%、1.7% 和 1.0%。

4. 报道涉及机构

报道涉及机构主要有以下几种形式：党委机构、政府机构、事业机构、企业、其他；通过对所得报道进行分析生成，生成如图 3 所示的报道涉及机构图，其他所发布的条数345 条，比重达到45. 5%；其次是政府机构，所发布的条数 321 条，比重达到 42. 3%。

表 6　内容所涉及的中国地区

序号	地区	数量	百分比(%)
1	中国	426	54. 9
2	北京市	216	27. 8
3	香港	32	4. 1
4	上海市	19	2. 4
5	广东省	13	1. 7
6	江苏省	8	1. 0
7	山东省	7	0. 9
8	浙江省	7	0. 9
9	台湾	7	0. 9
10	河北省	4	0. 5
11	四川省	4	0. 5
12	甘肃省	3	0. 4
13	新疆维吾尔自治区	3	0. 4
14	陕西省	3	0. 4
15	天津市	3	0. 4
16	广西壮族自治区	3	0. 4
17	安徽省	3	0. 4
18	河南省	2	0. 3
19	湖南省	2	0. 3
20	重庆市	2	0. 3
21	黑龙江	2	0. 3
22	青海省	1	0. 1
23	西藏自治区	1	0. 1
24	宁夏回族自治区	1	0. 1
25	云南省	1	0. 1
26	海南省	1	0. 1
27	江西省	1	0. 1
28	澳门特别行政区	1	0. 1
总　数		776	

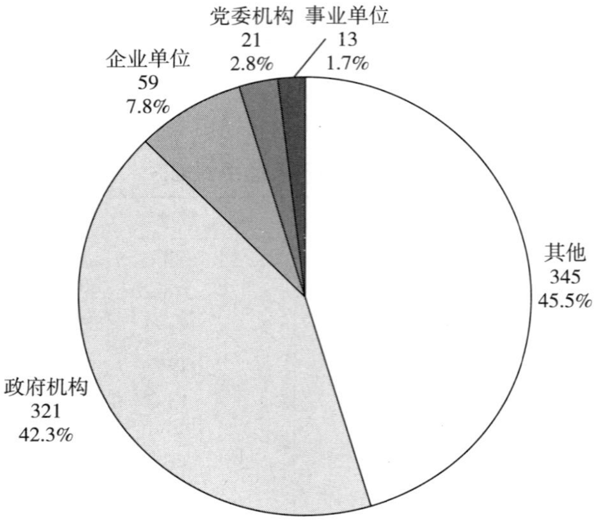

图 3　报道涉及机构

（二）态度分析

支持度主要考察对中国“两会”的评价态度，本文将上述数据按正面新闻，中立新闻和负面新闻分列。其归类标准主要看报道的内容和用词是否有利或有损于中国的政治形象。介于正面和负面之间的没有突出褒贬意图的新闻报道则归为中立报道。从整体上看，新旧媒体的整体态度比较正面中立。在 759 条国内外对中国“两会”的报道样本中，保持正面态度的占 49. 8%，报道内容呈现中立的报道有 46. 8%，为大多数。而持负面态度的有 3. 4%（见图 4）。

对不同地区的报道和新闻态度反映出西方媒体对这些地区的关注度和态度，表 5 所示展现出西方媒体在中国“两会”期间对这些地区的关注度和态度。如表 5 所示，支持的共有 410 条，占态度的 52. 8%；中立的共 339 条，占态度的 43. 7%；反对的共 27 条，占态度的 3. 5%；由表 7 可知，无论是中立、支持还是反对，未提及、北京市、香港、上海市、广东省为关注度较高的地域。

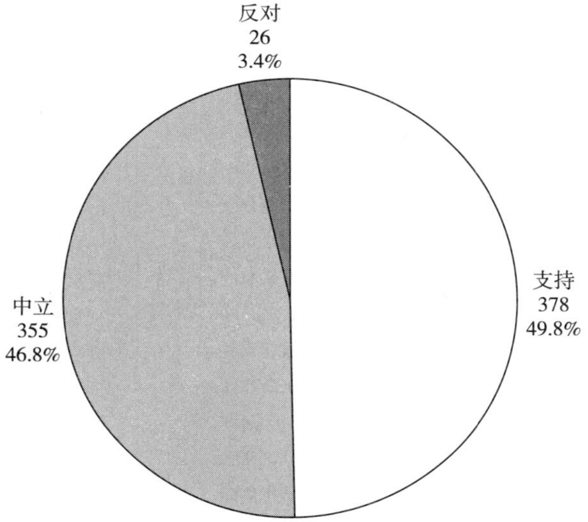

图4　支持度分析图

表7　地区与新闻态度

	中立		支持		反对		总数	
未提及	280	65.70%	131	30.80%	15	3.50%	426	100.00%
北京市	19	8.80%	191	88.40%	6	2.80%	216	100.00%
香港	15	46.90%	17	53.10%	0	0.00%	32	100.00%
上海市	6	31.60%	13	68.40%	0	0.00%	19	100.00%
广东省	3	23.10%	9	69.20%	1	7.70%	13	100.00%
江苏省	0	0.00%	8	100.00%	0	0.00%	8	100.00%
浙江省	1	14.30%	6	85.70%	0	0.00%	7	100.00%
山东省	5	71.40%	2	28.60%	0	0.00%	7	100.00%
台湾	2	28.60%	5	71.40%	0	0.00%	7	100.00%
四川省	1	25.00%	3	75.00%	0	0.00%	4	100.00%
河北省	2	50.00%	2	50.00%	0	0.00%	4	100.00%
广西	0	0.00%	3	100.00%	0	0.00%	3	100.00%
甘肃省	1	33.30%	2	66.70%	0	0.00%	3	100.00%
新疆	0	0.00%	1	33.30%	2	66.70%	3	100.00%
陕西省	0	0.00%	2	66.70%	1	33.30%	3	100.00%
安徽省	1	33.30%	2	66.70%	0	0.00%	3	100.00%

续表

	中立		支持		反对		总数	
天津市	1	33.30%	1	33.30%	1	33.30%	3	100.00%
湖南省	0	0.00%	2	100.00%	0	0.00%	2	100.00%
重庆市	0	0.00%	2	100.00%	0	0.00%	2	100.00%
河南省	1	50.00%	1	50.00%	0	0.00%	2	100.00%
黑龙江	1	50.00%	0	0.00%	1	50.00%	2	100.00%
青海省	0	0.00%	1	100.00%	0	0.00%	1	100.00%
西藏	0	0.00%	1	100.00%	0	0.00%	1	100.00%
宁夏	0	0.00%	1	100.00%	0	0.00%	1	100.00%
云南省	0	0.00%	1	100.00%	0	0.00%	1	100.00%
海南省	0	0.00%	1	100.00%	0	0.00%	1	100.00%
江西省	0	0.00%	1	100.00%	0	0.00%	1	100.00%
澳门	0	0.00%	1	100.00%	0	0.00%	1	100.00%
总数	339	43.70%	410	52.80%	27	3.50%	776	100.00%

（三）内容及传播主体分析

通过对中国“两会”报道的类别进行分析可知，类别主要有三类：PGC（专业机构生产内容）、UGC（用户生产内容）和两者皆有。

1. 两会传播主体分析

从图5可知，PGC的数量为514，占总量的67.7%；UGC的数量为230，占总量的30.3%；而两者皆有的数量为15条，仅占总比例的2.0%；所以关于中国“两会”的内容基本还是以专业新闻机构生产为主。

2. 内容分析

新闻报道的内容有以下七种形式：大标题加网址链接式、图片式、文字式、图文式、视频式、动图式，以及以上皆有。通过对报道的内容进行分析，生成如图6所示的内容类型分析图，从图6可知，文字式的报道共有436篇，占比高达57.4%；其次是图文式221篇，占比29.1%；这两种内容形式共占比86.5%，由此可以说明报道的内容一般以文字和图文式为主，传播形式比较陈旧。

3. 消息来源

对转载新闻的来源进行分析，可以分为以下几类：国外网站、国外社交媒

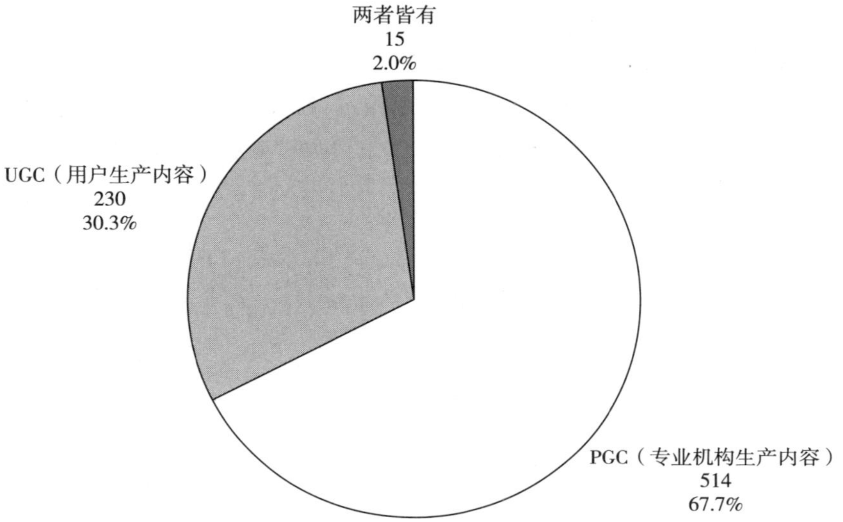

图 5　类别分析

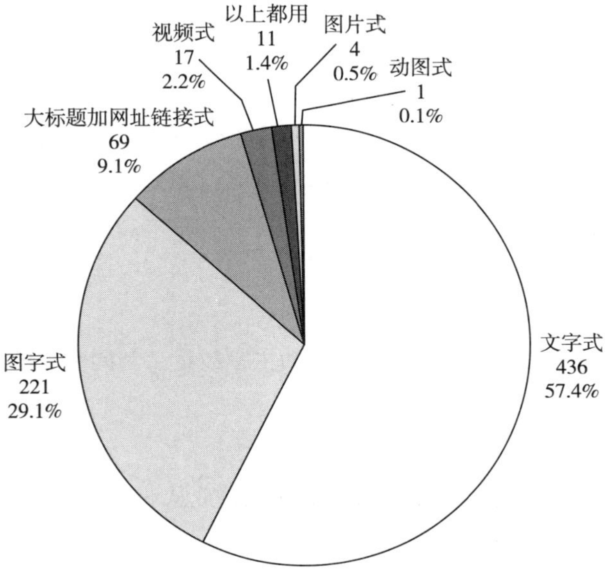

图 6　内容类型分析

体平台（Facebook、YouTube 等）、国外报纸、国内社交媒体平台（微信，微博、论坛等）、国内报纸、国内政府新闻网站（如浙江在线）、国内商业新闻网（如腾讯、大浙网、凤凰网、新浪、搜狐）。通过对数据进行分析，生成如图 7 所示的转载新闻来源分析图。由图可知，国外网站专业机构生产最多，其次是国外社交媒体平台和国外报纸。

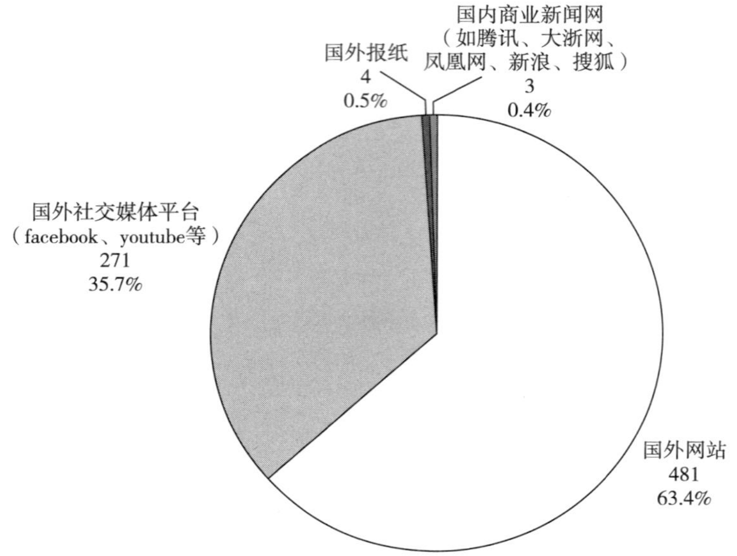

图 7　转载新闻来源分析

（四）相关报道深度

通过新闻发布主体、新闻内容涉及的主题数量、新闻观点的作证深度、推特每天发布的条数来分析报道的深度。

1. 发布主体

发布主体主要有政府部分官员发言、相关行业从业人员发言、记者发言和委员发言四种形式，通过对数据进行分析，生成如图 8 所示的发言主题类型及所占比重。从图 8 可知，在所有发言中，记者评论最多为 404 条，比重达到 53. 2%；其次是政府部门官员发言，条数为 217 条，比重为 28. 6%；其他发言如业内人士、学界人士和代表委员发言比重都比较少；可以说明发布的主体是比较权威和专业的。

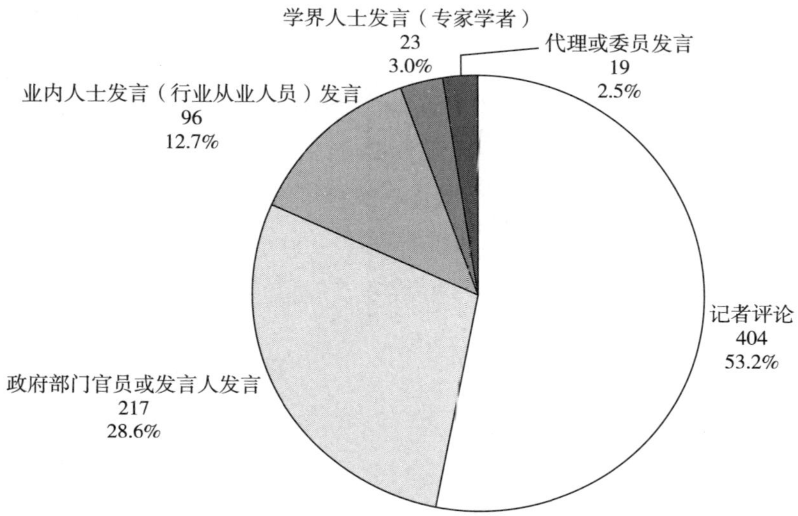

图 8　发布主体分析

2. 新闻内容涉及的主体数量

新闻内容涉及的主题数量主要有以下几种形式：1 个主体（政府官员）、2 个主体（政府官员、专家）、3 个主体（政府官员、专家学者、网民）、4 个主体以上（政府官员、专家学者、网民、记者、评论员等）；通过对所得报道进行分析生成，生成如图 9 所示的新闻内容涉及的主体数量图，1 个主体（政府官员）所发布的条数 589 条，比重达到 77. 6%；其次是 2 个主体（政府官员、专家），所发布的条数 140 条，比重达到 18. 4%。

3. 新闻观点的佐证深度

佐证深度主要有以下几种形式：1 次、2 次、3 次、4 次及以上；通过对所得报道进行分析生成，生成如图 10 所示的新闻观点的佐证深度图，1 次所发布的条数 424 条，比重达到 55. 9%；其次是 4 次及以上，所发布的条数 137 条，比重达到 18. 1%。

4. 新闻级别

报道涉及机构主要有中央和地方两种形式；通过对所得报道进行分析生成，生成如图 11 所示的报道涉及机构图，中央发布的条数 665 条，比重达到 87. 6%；地方所发布的条数 94 条，比重达到 12. 4%。

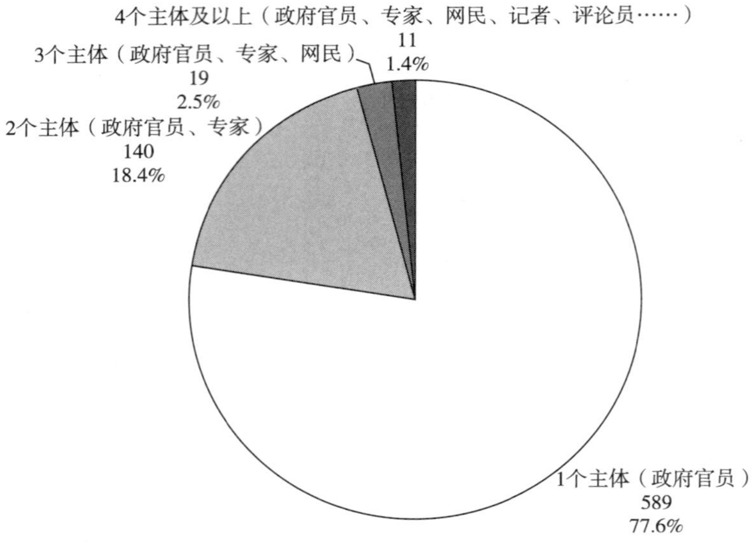

图 9　新闻内容涉及的主体数量

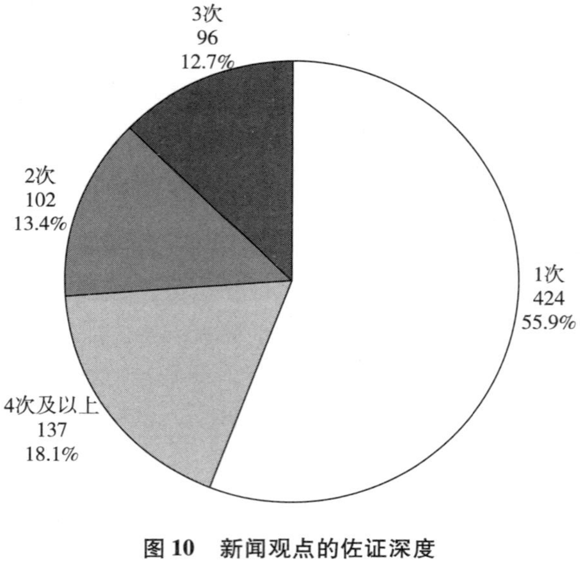

图 10　新闻观点的佐证深度

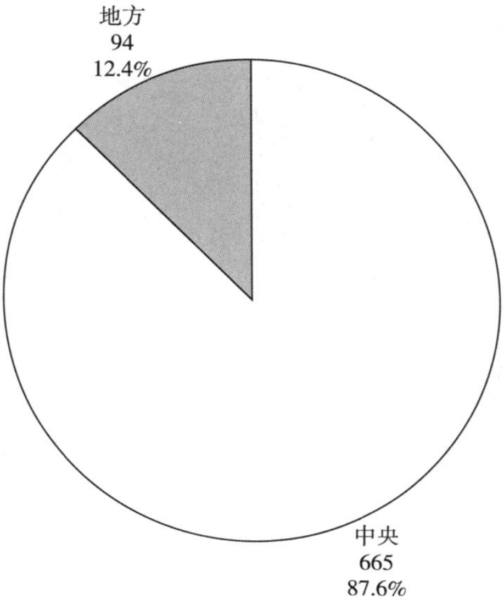

图 11　报道涉及机构级别

5. 报道力度

媒体报道引导社会、引领时代，通过报道力度影响社会。西方媒体对中国“两会”的报道力度直接影响西方国家对中国的态度。在中国“两会”中，推特每天发布条数主要有以下几种形式：5 条以内、5 ~ 10 条、10 条以上；通过对所得报道进行分析生成，生成如图 12 所示的推特每天发布条数图，5 条以内所发布的条数 435 条，比重达到 57. 3%；其次是 5 ~ 10 条，所发布的条数 270 条，比重达到 35. 6%。

6. 报道涉及级别

报道涉及级别主要有中央和地方两种形式：通过对所得报道进行分析生成，生成如表 8 所示的报道涉及级别表，涉及中央的共有 665 条，比重为 87. 60%；涉及地方的共有 94 条，比重达到 12. 4%；可以说明西方媒体针对报道涉及的级别主要关注还是中央级别的机构。

7. 内容涉及主要会议形式

报道内容涉及主要会议形式主要有以下几种：预备会、开幕会、小组

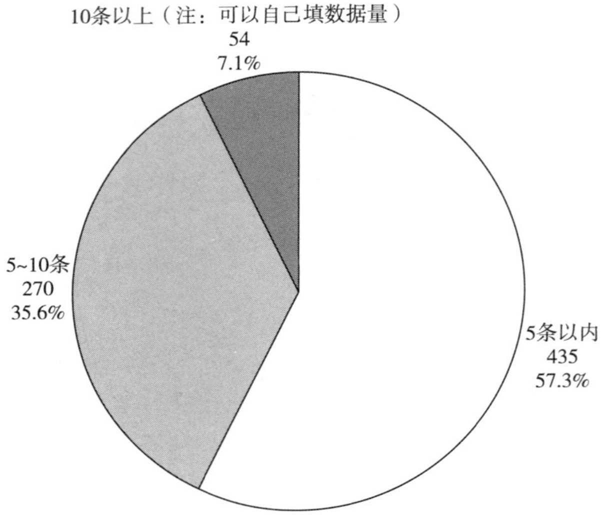

图 12　推特每天发布条数

（以界别为单位）会议、界别联组会议、主席团会、主席团常务主席会议以及选举大会、闭幕会、新闻发布会、其他；通过对所得报道进行分析生成，生成如图 13 所示的内容涉及主要会议形式图，其他会议形式发布的条数 523 条，比重达到 68.9%；其次是小组形式所发布的条数 110 条，比重达到 14.5%。

表 8　报道涉及级别

报道涉及机构级别	中央		地方		总数	
其他	311	90.10%	34	9.90%	345	100.00%
政府机构	298	92.80%	23	7.20%	321	100.00%
企业单位	29	49.20%	30	50.80%	59	100.00%
党委机构	20	95.20%	1	4.80%	21	100.00%
事业单位	7	53.80%	6	46.20%	13	100.00%
总数	665	87.60%	94	12.40%	759	100.00%

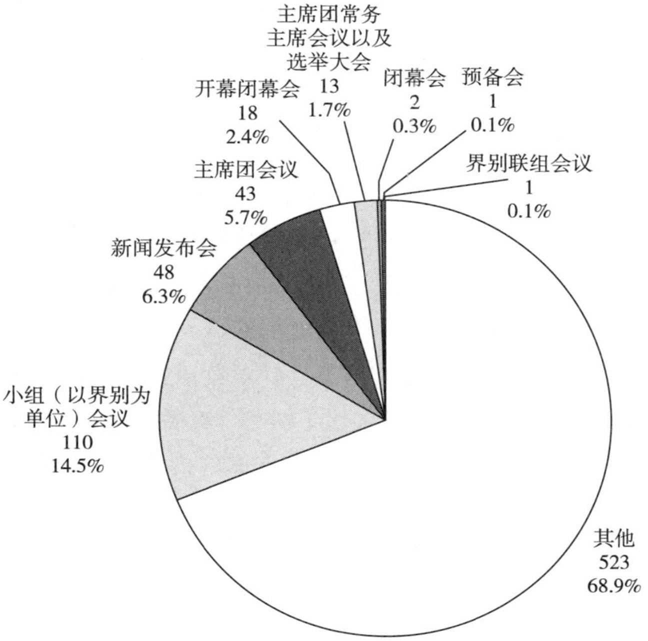

图 13　内容涉及主要会议形式

结论与展望：利用中国“两会”讲好中国故事，提高影响力的路径

（一）中国“两会”已经成为传播形象的“新”名片

通过对全球新媒体与传统媒体连续跟踪的内容分析，从 2016 年迄今，中国“两会”成为全球传播领域的一个高频词，在全球新媒体与传统媒体上交织着冲击着人们的视线，成为表征中国国家形象的独具特色的“新”名片。

（1）中国“两会”吸引了全球的目光，在国家形象传播中具有新的文化表征，提升了国际传播的能见度，并极大促进了中国国家形象内涵的纵深化和表象的丰富化发展。

（2）中国“两会”国际传播的辐射性充实了中国的传播内涵。中国“两会”的国际传播虽然以“两会”为中心，但自然地向与中国“两会”相关的其他地域辐射，多元的文化符号共同绘制出一个国家的文化蓝图。

（二）媒体战略：大力提升中国“两会”国际传播渗透力

在上文对中国“两会”新闻态度和语气的影响因素分析中，可以发现英语报道和非英语报道、新媒体（推特）和传统媒体在同一因素背景下具有不同的影响效果，因此可以针对它们之间各自的特点，制定出各自适用的对外宣传策略。首先，针对非英语报道易受报道框架 A（即主体性框架和情节性框架）影响的特点，可以多采用此类框架；针对英语报道态度语气易受报道位置和报道内容影响的特点，可将新闻置于图片、直播和视频中，同时多安排人物访谈、观点讲述、民生内容和新技术等方面的内容；针对新媒体（推特）对新闻报道位置和报道框架 B 敏感的特点，可将新闻置于正文、头版和简讯等报道位置，同时采用报道框架 B（即人文社会科学和技术框架）；针对传统媒体受报道内容和报道框架 B（即人文社会科学和技术框架）的影响较大的特点，可投其所好，争取在内容上呈现人物访谈、观点讲述、民生内容和新技术等方面的内容。同时采用人文社会科学和技术框架，从而全方面打造出灵活机动有效的对外宣传策略。

1. 着眼世界、 拓展渠道，采取更为主动的传播策略，进一步提高中国“两会”传播的国际化水平

第一，鼓励开设海外账号抢占国外新媒体传播阵地，大力提升传播实效性和有效性。新媒体的快捷化、多维度、交互性优势逐渐在各类新闻传播路径中崭露头角，利用好各类新媒体的优势，借助 YouTube 播发的新闻视频、各大报纸刊登的新闻以 Twitter、Face book 等社交媒体中展示，形成推介“组合拳”。

第二，加强多语种海外传播，扩大传播广度。随着传统主流报刊与通讯社在各大社交应用平台上推出铺展，目前已经初步形成了多国家、多语种、多频道的海外传播体系，在此基础上，我们应加强针对德国、法国、俄罗斯、日本韩国、泰国、越南等世界主要大国和我国主要周边国家的传播。

2. 多元传播、打造口碑，制定更细致的针对性传播方式，提升传播效果

第一，针对不同的媒体、不同的地域，要有针对性的传播方式。例如，针对新媒体，推送形式要多元化，目前我们提供的专门性视频报道还较少，而新

媒体进入视频社交媒体时代，要加强微视频的制作。此外，图片内容也要多元化。

第二，加强前期的铺垫性传播。目前的报道主要集中于中国“两会”期间，而平时的铺垫性传播不多，这就造成我们难以充分发挥中国“两会”的辐射性和连续性效应，对此，从现在开始，我们就筹备制作与中国“两会”相关的文化传播内容，为下一届中国“两会”进行铺垫性传播。

第三，丰富细节性传播。从海内外媒体的传播框架来看，宏大主题相对较多，细节性报道还不够丰富，建议具体年的报道进一步丰富细节传播，以淡化海外媒体的政治化色彩，并吸引新媒体用户对中国“两会”的关注。

3. 立足本地、充分借力，充分发挥办会宣传部门和媒体的主场优势，大力提升定向传播和推广水平

健全中国“两会”期间传播及服务机制，充分利用国际新闻敏感源和新闻媒体平台，大力提升定向推广水平和中国“两会”文化品牌。在以往的中国“两会”的推广及相关服务中存在社交媒体运用不够充分灵活，定点推广还未能全面执行，对外提供的咨询材料不够周全等问题，在下一届中国“两会”举办前期，我们应该重点解决这些方面的问题，建议提前制作与中国“两会”相关的咨询材料和宣传册，加强新媒体及数字服务机制，加强与全球网民的互动等。

（三）品牌战略：借力中国“两会”传播国家形象

1. 高度重视中国“两会”对国家形象传播的辐射性和连续性品牌效应，制定专门的中国“两会”国际传播战略

通过对这三届中国“两会”的海内外传播大数据分析，可以看到，中国“两会”已经成为中国的传播名片，对国家形象的海内外传播产生极大的正面效应。在下一届中国“两会”到来之前，我们制定专门的系统的国际传播战略，进一步发挥中国“两会”在国际传播中的辐射性和连续性效应。因此，建议中宣部等相关政府机构共同制定中国“两会”国际传播战略，从顶层设计出发，通盘谋划借力中国“两会”国际传播平台，讲好中国故事，传播中国声音。

2. 深入挖掘中国“两会”的文化表征资源，提升国际传播穿透力

实施“两会”名片提升工程，借力科技优势向生产力转化的公共议题，推进“两会”传统文化与前沿科技深度融合，提升“两会”国际传播穿透力。借力科技优势向生产力转化的公共议题，新闻话题的传播活力一定程度上取决于议题的高度，或者是共同关注度，功能效用狭隘的话题辐射的范围相对较窄，而致力于解决绝大部分人公共问题的议题则能受到广泛的关注与萃取。在新闻媒体的国际化传播过程中，科学技术向生产力转化方面的议题一直是人们走向未来的重要关注点。“两会”的国际化传播还需要继续深挖科技对生产的促进作用。因此“两会”的前期报道需要紧靠科技生产力这一新闻传播“台风眼”，提升传播穿透力。

参考文献

王义桅：《表达中国融通世界》，《人民日报》2015 年 9 月 1 日。

穆占劳：《中国故事、中国精神、中国智慧与文化自信》，http：//www. wenmingcc. org/index. php/cms/item – view – id – 13005. shtml，2017 年 1 月 5 日。

胡晓明：《如何讲述中国故事？——“中国文化走出去”的若干理论与实践问题》，《华东师范大学学报》2013 年第 5 期。

徐占忱：《讲好中国故事的现实困难与破解之策》，《社会主义讲究》2014 年第3 期。

蔡名照：《讲好中国故事传播好中国声音——深入学习贯彻习近平同志在全国宣传思想工作会议上的重要讲话精神》，《对外传播》2013 年第 11 期。

吴瑛、张洁海：《中国智库传播中国声音——基于国际媒体引用视角的评估》，《国际观察》2015 年第 3 期。

刘彤、于宁：《从“大时代”到“微时代”看中国故事的群众表达》，《四川戏剧》2014 年第 7 期。

张妍：《多策并举讲好中国故事》，《中国社会科学报》2015 年 4 月 22 日。

周根红：《讲述中国故事与影视叙事的话语建构》，《中国广播电视学刊》，2015 年第 9 期。

李宏策：《G20：讲好“中国故事”的契机》，《科技日报》2016 年 9 月 25 日。

李子祥：《新形势下讲好中国故事的路径探索》，《前沿》2014 年第 8 期。

张岩：《习近平讲述的中国故事》，《中国报道》2016 年第 5 期。

郭尧：《讲好中国故事提高国际话语权——专访中国传媒大学副校长、博士生导师胡正荣》，《国家治理》2015 年第 26 期。

李德顺：《对其说“不”并非高明》，《人民论坛》2014 年第 4 期。
孙敬鑫：《借“中国关键词”讲好中国故事》，《对外传播》2016 年第 2 期。
周鑫宇：《用“新”讲好中国故事》《中国教育报》2013 年 12 月 27 日。
房宁：《讲好中国故事的“舍”与“得”》，《光明日报》2015 年 11 月 14 日。
陈雪飞：《讲中国故事要有受众意识》，《社会观察》2015 年第 6 期。
高晓红、赵晨、赵希婧：《中国特色国际新闻传播人才培养模式与创新》，《对外传播》2015 年第 6 期。

B.19
我国短视频发展乱象：表现、成因及治理*

刘利芳　李青青　上官张科**

摘　要： 短视频在外部环境和内驱力共同作用下高速发展，伴随而来的问题也层出不穷，包括内容信息低俗化、同质化、虚假信息多以及信息安全、侵权等问题。2018 年我国政府密集出台了多项规章制度以规范短视频传播乱象并取得立竿见影的效果，本研究从经济、心理、管理等多个维度分析短视频发展乱象背后的原因、梳理当下短视频的治理现状、剖析短视频的治理困境，进而提出管理、政策、行业、传者、受众、平台、技术多方监管、多元共治的治理之道。

关键词： 短视频　治理困境　多元共治

短视频是以新媒体为传播渠道，时长控制在五分钟以内的视频内容，是继图文和传统视频之后新兴的一种内容传播载体，承载短视频的线上平台主要包括独立的短视频平台（如抖音、火山、快手等）和综合类平台（如在社交平台、新闻资讯平台、传统视频平台上的短视频内容分发）。①

---

* 本文为湖北省教育厅项目“社交媒体风险生成机制与治理研究”（项目编号：17Y051），湖北省教育厅项目“互联网 +”模式对舞蹈教育的影响及价值研究（项目编号：17Q061）阶段性成果。

** 刘利芳，华中科技大学新闻与信息传播学院博士生，长江大学新闻系教师，研究方向为新媒体与网络传播；李青青，武汉纺织大学传媒学院讲师，研究方向为网络传播；上官张科，长江大学艺术学院讲师。

① 艾瑞咨询：《2017 年中国短视频行业研究报告》，2018。

据艾瑞咨询统计，截至2017年底，我国短视频用户已超过4.1亿人，比2016年同期增长116.5%。经过几年的持续性探索，短视频2017年迎来了全面增长，在外部环境（行业生态的逐步调控，用户行为的视频偏好，移动网络和智能终端的普及，商业模式的潜在空间）和内部驱动力（内容生态趋势，用户增长，新平台出现）的共同作用下快速发展，外部环境促进其规模发展，内部驱动吸引用户的注意力。随着泛娱乐和劣质内容的出现，短视频行业发展出现诸多问题，给互联网治理带来了一系列新的挑战。

有关短视频的概念，学界和业界侧重有所不同。代表性观点如下：（1）36氪研究院将其界定为“是指以新媒体为传播渠道，时长在五分钟以内的视频内容，具有生产成本低、传播速度快、生产者和消费者之间界限模糊等特点”。[①]（2）艾瑞咨询将其界定为“播放时长在五分钟以下的网络视频，具有社交属性强、创作门槛低、观看时长和场景便捷等特征，基于PC端和移动端传播的视频内容形式”。[②]（3）一下科技给出的定义是，“以明星、网红、PGC、UGC生产的内容为主，时长在5分钟以内”。在这些定义中短视频的时长都不超过5分钟，但在第一财经《2017短视频行业大数据洞察》的报告中将短视频的时间上限拉到15分钟，“短视频是指视频长度不超过15分钟，主要依托移动智能终端实现快速拍摄和美化编辑，可在社交媒体平台上实时分享和无缝对接的一种新型视频形式”。[③] 学界将短视频定义如下：是一种视频长度以秒计数，主要依托移动智能终端实现快速拍摄和美化编辑，并且可以在社交应用平台上实时分享和无缝对接的一种新型视频形式。[④] 本研究认为短视频是长度以秒计数，以明星、网红、PGC、UGC生产的内容为主，依托于移动智能终端实现快速拍摄和美化编辑，可在社交媒体平台上实时分享和无缝对接的一种新型视频形式，具有社交属性强、创作门槛低、生产者和消费者间界限模糊等特点。

---

① 36氪研究院：《短视频行业研究报告》，http：//36kr.com/p/5111159.html，2018年1月4日。

② 艾瑞咨询：《2017年中国短视频行业研究报告》，http：//www.199it.com/archives/670553.html，2017。

③《第一财经商业数据中心》,《2017短视频行业大数据洞察》, http://www.sohu.com/a/190870283_99900352，2017。

④ 张梓轩：《传播学视角下短视频App用户的个体表达——以小咖秀为例》，《中国记者》2014年第2期。

一　发展现状：短视频行业的多维分析

（一）发展概况：短视频行业格局演变

短视频用户规模发展向好。用户的注意力是短视频各个平台的主要竞争点，短视频的碎片和平台内容丰富性增长了用户黏性，拉长了用户使用时长。2017 年短视频使用占移动互联网总使用量的 5.5%，用户使用时长从 2016 年的 808.0 分钟增加到 2017 年的 3724.6 分钟，增长率高达 360.5%。[①] 短视频用户行业的行业使用时间显著增加；用户的人均使用率有较高的增长率，成为主要的娱乐场景之一。对曾经使用过多个短视频应用的用户的调查发现，超过 75.5% 的用户只使用一个短视频应用。因此，如何在用户形成观看习惯之前吸引和留住用户成为短视频平台最重要的竞争点。

短视频平台内容生产力有赖于 UGC，在短视频发展垂直、细分、专业的驱使下，内容生产方式逐渐开始倾向于 PUGC。现阶段短视频的主要创作动机是有趣内容刺激的创作欲望和记录生活。用户使用短视频的主要动机是打发空闲时间，最受欢迎的内容是趣味性和机能性的内容。内容的趣味性之上，颜值、食物、萌宠等都是引流的附加值。短视频持续快速发展的动力还有赖于内容生产者，现阶段的内容生产多是基于个人兴趣，通过个人或小团体创建内容，缺乏稳定性和业务转换能力，长期持续稳定的内容创作和商业收益促使短视频从 UGC 到 PUGC 的转化趋势，个体向组织发展。

BAT 强化短视频行业格局，由百度、阿里和腾讯构成的“BAT”已然成为短视频行业的硬核和绝对主体。伴随着短视频平台的快速崛起发展，BAT 纷纷入局。2017 年短视频平台数量迅速增加到 60 多个，其中包括秒拍、美拍、快手等早期进入行业者，还有今日头条在 2016 年推出的头条视频、抖音、火山小视频和梨视频。2017 年 2 月，今日头条收购美国的 Flipagram。2017 年 3 月，土豆转型为短视频平台，腾讯领投快手新一轮 3.5 亿美元的融资，今日头条与芒果 TV 合作，分发其内容。2017 年 6 月头条视频变身为西瓜视频。BAT

---

① 《2017 年中国移动互联网年度报告》，Quest Mobile，2018。

重塑短视频行业格局，此外，由于短规频具有较强的用户黏性和用户活跃度，除了独立的短视频平台，视频门户、社交平台和新闻资讯 App 也以内嵌形式积极分发短视频内容，成为短视频综合平台。[1]

短视频行业的快速发展是外部环境和内驱力共同作用的结果，外部环境促进短视频规模化发展，内部驱动力吸引用户关注。短视频行业外部环境体现在以下三个方面：监管力度逐渐加大，行业规范慢慢形成；智能终端和无线网络的普及，为短视频发展提供条件；用户的内容习惯从图文逐渐过渡到视频。内部驱动力表现如下：逐步规范的传播生态驱动短视频优质内容的生产；平台不断涌现从而刺激产业链的发展；用户规模迅速增长，推动流量红利。

（二）传播生态：短视频传播特征分析

伴随短视频等一系列新的媒体形式的出现，我国传播生态变得空前复杂。短视频造就了新的社会交往空间，重塑了内容生产和营销场景，用户获得了更多地参与和表达权，媒体场域中的行动主体更为多元，不仅包括内容生产者和用户，还包含了基于人工智能算法推荐的内容传播偏向。在智能算法推送的背景之下，用户将内容在社交媒体平台进行多次传播，带来巨大流量。短视频传播生态发生改变，主要从内容、用户、渠道、模式等方面有所体现。

1. 内容发展趋势：领域垂直细分且 PGC 更具潜力

短视频时长短、传播快、迎合当下用户的碎片化阅读习惯。生产流程简单，准入门槛低（编排、拍摄技巧和设备的要求都比较低），普通用户均可参与制作，具有强大的用户群。在短视频发展之初，内容生产方式主要包括 PGC 和 UGC，基于 UGC 的内容生产模式具有较大用户基础和内容来源，但 PGC 具有强大的流动性和商业潜力。短视频平台从现在的泛娱乐场景逐步向垂直、深度、娱乐方向过渡。垂直短视频内容仍处于初期阶段，还有很大的增长空间；垂直领域的内容创作者能够提供高质量的内容，且在制定短视频的消费习惯后，消费者对垂直细分市场的内容有更多的需求。

2. 用户特征：角色模糊，呈金字塔分布

短视频的用户群体量庞大，且具较高使用黏性，2017 年，短视频用户使

---

① 《2017 年中国移动互联网年度报告》，Quest Mobile，2018。

用总时长同比增速322.3%。[①] 短视频行业身份界限模糊，内容生产、使用、传播人群高度重合，内容吸引力从精致度向多样性倾斜，具有强互动性和丰富的内容承载量。用户角色模糊，往往取决于用户使用App的何种功能，上传视频时扮演“传者”角色，观看视频时扮演“受众”角色。作为内容生产者的用户主要有普通用户、平台专业用户和专业机构用户三类，分别对应着UGC、PUGC、PGC三种内容生产方式。UGC由于成本低、门槛低具有很强的社交属性，处于用户金字塔的底层，数量庞大；PUGC积累大量的流量，具有一定的商业价值，处于金字塔中部；处于金字塔顶端的PGC内容制作精良，需要专门的制作团队，对资金、专业和技术有较高要求，商业价值高。短视频内容生产者由个人化向组织化转变：一方面，短视频平台方与海量的内容生产方直接对接合作并不现实；另一方面众多内容生产方遭遇发展瓶颈，无法形成稳定的商业模式。

3. 渠道：社交渠道成为争抢的重要阵地

短视频传播渠道主要有内部渠道和外部渠道。内部渠道包括转发、评论和弹幕等形式；外部渠道包括在线视频渠道、资讯客户端、社交平台、短视频渠道和垂直类渠道。社交渠道是短视频互相争抢的重要阵地，其重要意义不仅内容传播，更是方便用户的精准搜索。

4. 模式：信息循环裂变式

循环更新传播模式是指用户通过弹幕、评论、转发等形式对原视频内容进行多次的再创，形成一种无限循环更新的模式之中，体现出短视频应用的无限内容创造性。裂变式信息传播特点，用户作为裂变环节的一个节点，承担着传者和受众的双重角色，在传播的网状结构中发挥自己的影响和作用。

（三）全面爆发：短视频相关研究趋热

伴随短视频的发展，相关理论研究成果也日渐丰富。我国关于短视频的研究呈增长趋势，在2011年之前（萌芽期，PC时代的短视频诞生阶段），有关短视频的文献寥寥；2011～2015年（探索期，各类移动端短视频逐渐上线），

---

① 36氪研究院：《短视频行业研究报告》，http://36kr.com/p/5111159.html，2018年1月4日。

有关短视频的文献在年 5～40 篇，此阶段随着移动互联网的普及和用户碎片化使用习惯的养成，各类短视频产品纷纷上线，其中秒拍、美拍、快手等突围；2016 年（快速成长期，短视频产品密集面世），2016 年 7 月“一条”获 1 亿元人民币融资，9 月抖音上线，11 月梨视频上线。互联网巨头布局该领域，短视频不再是长视频的补充，在内容形式、创作者属性和运营方式上都与长视频形成明显的分水岭。2016 年有关短视频的文献数达 96 篇，此阶段优质的内容是吸引用户注意力的根本，市场更贴近用户需求，软植入激发二次传播，短视频市场规模快速增长；2017～2018 年（渐趋成熟期），短视频社交属性、创作低门槛和碎片化特征凸显，问题也不断暴露，监管力度加大，发展趋向成熟。[①]

有关短视频的研究的主题维度从单一到多元，主要集中在以下维度：(1) 短视频的发展现状，如赵昱等人总结了短视频发展现状；[②] (2) 短视频的传播机制（用户、传播内容、传播渠道、传播效果、传播模式），用户方面，季亚萍从传播心理学的角度归纳短视频传者个体表达的三种心理原因：慕名心理、从众心理和自己人效应。[③] 内容方面，周银总结短视频的内容偏向。[④] 渠道方面，赵小显在“生产性受众”理论视域下研究短视频的二次传播。[⑤] 传播效果方面，Baptist 发现短视频在创作后的几个小时关注度达到最大值，随后关注量会急速下降。[⑥] 模式方面，王晓桦从短视频的内容生产、社交互动和信息扩散三个环节概括；[⑦] (3) 短视频资本运作方面，朱旭光总结短视频的三类广告投放形式：热门榜单直推短视频广告，创意植入广告精准推送，制造话题带动广告病毒式传播；[⑧] (4) 问题和对策，王玉风总结短视频由于“眼见为实”

---

① 数据基于中国知网数据库检索。

② 赵昱：《短视频的传播现状分析》，《新媒体》2015 年第 9 期。

③ 季亚萍、万棋民：《传播学视角下短视频 App 用户的个体表达——以小咖秀为例》，《新闻研究导刊》2016 年第 7 期。

④ 周银：《移动短视频社交应用的发展研究》，《南昌大学》，2016。

⑤ 赵小显：《基于社交平台的移动短视频传播研究》，《重庆工商大学》，2017。

⑥ Baptist Vandersmissen , etal. The Rise of Mobile and Social Short-Form Video: An In-depth Measurement Study of Vine. Ghent University, 2014.

⑦ 王晓桦：《基于社交媒体的短视频传播模式及问题研究》，《新媒体研究》2017 年第 8 期。

⑧ 朱旭光：《短视频社交产品的融合发展路径》，《新闻传播》2016 年第 4 期。

更加真假难辨，娱乐类的视频内容中恶搞、色情、暴力出现较多；[①]（5）有关短视频趋势预测的研究，周银认为移动营销和新闻报道应用是短视频未来发展方向。[②]

二 短视频发展乱象的表现

1. 信息内容低俗化，引发社会成员行为失范

短视频具有“亲娱乐”属性，内容倾向泛娱乐化。快手更是带着“低俗”的标签闯进公众视野。2018 年 3 月 31 日，央视针对快手、火山小视频等平台上大量的未成年孕妇现象进行报道。2018 年 4 月 2 日，《新闻 1 + 1》再次点名快手、火山小视频中以“未成年少女做妈妈”“全网最小二胎妈妈”为内容的视频，武汉一男子因模仿抖音上热门翻跟头，致幼儿严重受伤，这些视频还被标注“官方推送”的字样，触犯道德和法律。

短视频内容多为模仿视频，充斥各种美女颜值、吐槽搞笑等猎奇、低俗、恶趣味信息，此类信息迎合用户好奇心，带来流量，从而具有商业价值。但是大量的明星绯闻、隐私窥探、伪科学和假知识等误导性信息充斥平台，各种粗俗、丑态和毫无营养的“奶头乐”式内容大行其道，内容侵蚀用户的价值观和精神世界，尤其是对缺乏自制力的青少年带来极大的负面影响。大部分的短视频内容没有信息价值与知识价值，仅仅是作为闲暇的消遣，但却让青少年深陷其中。

2. 信息内容同质化和推荐重复性，造成用户审美疲劳

短视频内容同质化：一是源于国内短视频平台内容分类较相似；二是源于短视频内容空洞，知识价值和信息价值非常少，大部分短视频内容是在某视频火了后，单纯地翻拍、模仿，毫无新意，所以同质化严重；三是因为技术原因（不同于文字，机器对短视频的识别技术还有待突破，当下只能识别场景），加之短视频平台的社交属性，用户将其转发后会被更多人看到同样的内容，从而影响大数据技术根据用户需求的推荐，造成短视频内容的同质化。从最初的

---

① 王玉风：《社交媒体短视频乱象及治理》，《新闻论坛》2017 年第 4 期。

② 周银：《移动短视频社交应用的发展研究》，南昌大学，2016。

小咖秀视频模仿开始，模仿一直是短视频创作的第一动力，分别有77.8%的抖音用户和50.9%快手用户发视频的动机是“看到别人拍的视频有趣，忍不住尝试”。除却内容，短视频平台界面和设计也高度一致，国内短视频还一度被质疑模仿国外，美拍跟美国Vine高度相似，抖音也被质疑抄袭美国短视频平台musical.ly。从用户角度，用户对同质化内容的感知受UGC内容的丰富度和推荐算法共同影响，当用户使用一段时间后，熟悉了短视频中笑点的套路，新鲜感逐渐丧失，存在大量的用户流失的风险。

3. 信息内容缺乏真实性，影响用户认知

短视频内容呈现形象、生动、直观，对用户有很强的感染力，容易让用户产生身临其境的感受从而信以为真。通过各类蒙太奇剪辑处理后的视频呈现在用户眼前，用户信以为真的内容可能并非真实发生。短视频平台很好地实现了观点的自由市场，其“分权”特性使人人均可成为传播主体，部分视频上传者为赢得注意力，制造有噱头和煽动性的视频，呈现作秀式造假现象。平台为了盈利更是对虚假和低俗内容以最大限度的放纵和容忍，甚至刻意为之。较多传者抱着缺少监管和法不责众的心理，肆无忌惮地制造和传播谣言和虚假信息，造成短视频平台上的内容真假难辨，甚至影响到用户的认知。

4. 信息内容泄露，道德法律问题频发

“一键拍摄”“一键上传”已成为年轻人的生活习惯，在公共场所拍短视频的隐私边界成了争执的焦点，在他人不知道的情况下，拍摄并上传他人视频已经侵犯了隐私权。而且用户在短视频应用上传、观看、点赞、转发等行为都会留下一连串的私人信息，这些数据信息反映用户个人特征，平台会对这些数据进行分析并用来盈利，在经济利益的驱动下，售卖用户信息时有发生。短视频中个人信息被暴露在所有用户的视野之下，走红视频主人公也存在被“人肉”的风险。目前对于短视频用户隐私保护的措施和政策少之又少，基本都是“事后审核”，短视频的多渠道使事后删除于事无补，用户的相关信息仍旧会残存在网络空间。更有甚者，短视频信息内容未经当事人许可擅自发表传播，严重侵犯他人隐私权，如经常爆出来的不雅视频，2018年6月，抖音平台小女孩拍妈妈洗澡全过程上传到抖音，并被抖音平台推荐到首页，引起朋友圈疯传，严重侵犯当事人隐私，对当事人和社会造成极大影响。

三　短视频发展乱象的原因分析

1. 经济因素：市场化倾向驱使内容单纯追逐眼球

短视频平台属商业性企业，[①] 追逐利润是其遵循的普遍商业逻辑，导致平台为迎合市场需求，争夺流量，盲目追逐眼球经济。麦克尔·哥德海伯指出，目前正在崛起的以网络为基础的“新经济”其本质是“注意力经济”，在现在的社交平台上，越是反常、不走寻常路的内容越容易斩获受众的注意力资源。某些短视频 App 为了在用户争夺战中杀出重围，甚至主动给自己打上“三俗”“耸人听闻”的标签，刻意迎合受众的低俗趣味。这些平台不但对低俗、格调低下的内容不加干涉，甚至给予最大程度上的放纵与展示，为短视频乱象推波助澜。

2. 心理因素：用户的娱乐和窥视心理是内容低俗的动力源

短视频传播链中，用户的心理卷入程度越高传播效果越好，用户的参与受到诸如窥视猎奇、娱乐和虚荣心理的影响。（1）窥视是人与生俱来的一种欲望，用户对短视频平台上低俗、无聊的内容有较高的窥视欲。人们在高压和规范的现实生活环境没能得到喘息和宣泄的机会，在短视频平台中可以光明正大地窥视平台上的各类私人信息和吸引眼球的内容，满足人们的好奇心和猎奇心，将窥视权利合法化。所以，人们的窥视心理和猎奇心理促使短视频内容低俗化倾向。（2）娱乐心理：尼尔·波兹曼在《娱乐至死》中说过：“一切公众话语日渐以娱乐的方式出现，并成为一种文化精神，我们的政治、宗教、新闻、体育、教育和商业都心甘情愿成为娱乐的附庸，毫无怨言。甚至无声无息，其结果我们成为一个娱乐至死的物种。”[②] 在快餐和碎片化时代，短视频刚好满足人们打发无聊排遣寂寞的心理，且排遣式的娱乐需求，决定用户在短视频平台追逐的并非知识性或信息性资讯，而是轻松、有趣甚至低俗的内容。（3）短视频平台具有身份隐匿性，各种心理，甚至是黑暗心理在短视频平台被放大。青少年群体是快手的主要用户群，他们出于对社会未知的好奇阶段，

---

① 米尔顿·弗里德曼：《资本主义与自由》，张瑞玉译，商务印书馆，2011，第 144 ~ 145 页。

② 〔美〕尼尔·波兹曼：《娱乐至死》，广西师范大学出版社，2004，第 34 页。

尚未形成稳定的三观，容易受到传播内容的影响。匿名性选择使用户更肆无忌惮，大量虚假、低俗信息盛行（模仿大V、为博流量偷拆奔驰车车标等），当前很多短视频都是以讲段子、博得眼球为主，低俗观念、不良内容频繁出现。

3. 管理因素：制度设计限制内容的有效管控

首先，根据中国现行管理制度，只有新闻单位（含其控股的单位）或新闻宣传部门主管的单位才有可能取得互联网新闻信息采编发布服务许可，未经许可被禁止通过互联网各种应用形式向社会公众提供互联网新闻信息服务。①因此为规避政策和法律风险，短视频平台主动回避相应话题，主要呈现娱乐内容。我国的法律规制虽然已经基本构建起了互联网信息管理框架，但是针对短视频方面的法律法规还比较缺乏。其次，平台缺乏有效监管。平台自身为了追求关注度，在信息方面把关不严，短视频数量庞大且技术上难以完全实现技术审查，给监管带来很大难题。再加上有的平台为了追逐流量，给予低俗短视频以最大限度的放纵和容忍，这无疑为短视频的不文明传播现象推波助澜。再次，平台的推荐算法存在技术漏洞，存在价值观上的缺陷，算法考虑的只是"准不准"，而不管"对不对"。算法的背后只是流量，创作者为流量造成低俗、劣质内容的泛滥。

四　现阶段短视频治理现状及多元共治之道

（一）现阶段短视频治理现状及困境

监管的缺失会导致行业失范，短视频行业一度出现乱象丛生的局面。政府监管力度不断加大，从平台、内容、内容生产者等多方切入，约束内容乱象。2018 年我国政府密集出台了多项规章制度②以规范短视频传播乱象，主要聚焦于以下方面：运营资质方面；不良信息的规制，是否存在低俗、淫秽、侵权内容；未成年人保护；实名制等。我国短视频治理受多个部门监管，包括国家广

① 国家互联网信息办公室：《互联网新闻信息服务管理规定》，http：//www.cac.gov.cn/2017-05/02/c_1120902760.htm，2017 年 5 月 2 日。

② 内容见附录一。

电总局、文化与旅游部、国家网信办、全国扫黄打非办公室、工商总局等。我国有关短视频的政策密集出台，短视频平台的自我整改措施频发，但缺乏长效的治理体系，具体分析如下。

1. 多运动性治理，缺乏系统的规章制度

对短视频的规制，缺少全盘规划和高级的法律文件。在治理手段上，不管是对社会化媒体、直播还是当下的短视频，多采用运动性治理。运动式治理作为一种治理机制，通过叫停原科层制常规过程并以政治动员取而代之，治理具有灵活性①，有利于整治网络顽疾，运动式治理也是治理资源贫弱下的理性选择，能够集中有限的资源解决突出的问题②，这在短视频治理中也有一定程度的合理性。通过运动进行治理是对传统的资源加以简化利用而做出的权宜性的行为选择③，符合当前政府面对复杂多变的网络信息内容环境时的应对策略。但这种“短、快、平”的治理模式，并不能从根本上解决问题。只是在现有治理环境、治理条件、治理资源的限制下的一种选择。特别是问题突出且高发，旧的问题还未得到根本性解决，新的问题层出不穷，日益累积的网络治理压力需要快速机制迅速做出回应时，运动性治理毫无疑问是不可或缺的。运动性的治理举措存在弱势和弊端，运动式治理强调突破常规，集中资源和注意力来预防组织失败和危机，具有间歇、短期的特点④，长此以往会陷入运动而非常规、监管而非治理、应付而非实抓、反复而非长效的“运动式”治理的困境。因此并不能作为短视频内容治理的主要模式。

长期有效的规章制度和监管体系缺位，加之资本的利益驱动，低俗信息问题并未得到根本解决。我国已出台多部关于约束互联网行为的法规，但多为行政法规、规章性文件等，未曾出现统一法律文件，对于短视频中违法乱纪、危害网络安全的行为，政府应制定详细缜密的法律文件，将运动式治理与常态治

① 周雪光：《权威体制与有效治理：当代中国国家治理的制度逻辑》，《开放时代》2011 年第 10 期。

② 唐皇凤：《常态社会与运动式治理——中国社会治安治理中的“严打”政策研究》，《开放时代》2007 年第 3 期。

③ 狄金华：《通过运动进行治理：乡镇基层政权的治理策略——对中国中部地区麦乡“植树造林”中心工作的个案研究》，《社会》2010 年第 3 期。

④ 周雪光：《运动型治理机制：中国国家治理的制度逻辑再思考》，《开放时代》2012 年第 9 期。

理并用，在逐步推进常态治理的同时针对危机处理采用运动式治理。

2. 多部门治理，平台自治弱

我国政府对短视频的监管效率还有待提高，管理主体多，网信办、公安部、文化部、国家广播电视总局等都在对其进行监管，政出多门的监管方式没有明显的权责分离，势必影响监管效果。短视频治理的常规思路多为出现乱象—政府采取治理手段—平台跟进，平台缺乏自身的具体规范。政府推出一系列政策后取得一定的效果，如抖音上线风险提示系统和防沉溺系统；快手则加强自身审核机制，成立学者、媒体和公众共同组成的“社区自律委员会”，利用算法对内容实时监控，对犯规主播进行处罚。但仍存在平台审查的滞后现象，导致不符合规范的视频在通过审查前已经流出，加之受众的二次创作和分享，视频信息一经发布产生裂变式的传播效果。

3. 多应激治理，缺乏长效的治理规范

第一，短视频平台的治理主要以事后治理为主，平台的建立与内容传播缺乏系统的规范，并且一度成为低俗和纯娱乐内容的传播载体；第二，平台对短视频的监管主要集中在内容部分的应激治理，分别针对造成用户流失的内容同质化和政府管制的内容低俗化进行整治，但是对于侵犯版权和隐私权等监管还较少；第三，短视频平台举报渠道不畅，用户是短视频内容的生产者、传播者和观看者，也是内容的最强监督者。网信办规定健全社会投诉举报渠道，设置便捷的投诉举报入口，及时处理举报案件或是有奖举报制度。但短视频平台设置的举报途径比较有限，无法起到社会监督的作用；第四，对于不良内容主要采用删除、对部分不良内容上传者封号处理，处罚力度较小，并未造成足够的威慑力。

（二）多方共同监督，促进短视频平台多元共治

1. 管理层面：健全多元管理机制

政府可立足短视频乱象，制定更加详细的规章制度，为平台和用户提供明确的标准，深化各个主体对短视频中的问题认知，有效规避发展乱象，也为执法部门监督提供依据，避免模糊性处理。同时健全平台管理机制。一是对于发布不良信息者予以相应的处罚，利用防火墙技术、关键词过滤技术、搜索引擎技术，过滤低俗视频；二是严格准入门槛；三是建立用户信用等级，与平台权

限挂钩；四是加大对违规违法行为的处罚力度；另外，开放用户对内容提供者的信用评价权限，设定相应的信用等级标准和评价规则，对用户信用等级评分较低的账号处以适当处罚。

2. 政策层面：建立长效的政策体系，完善法律规章

短视频平台兼具公共利益和商业利益，二者之间存在矛盾性。追逐商业利益是短视频企业的本质需求，但是作为公众信息传播载体，公共利益也是其必须履行的社会责任，两种利益之间存在竞争关系，使外在的政策约束成为一种非常必要的手段。我国目前对短视频治理的相关政策和法律不具备系统性，且政策相互之间存在交叉，政策位阶不高，众多不同级别的部门参与到短视频的治理中，治理效率不高。在政策层面需积极推进立法，对建立科学的政策评估体系，对政策的制定、执行、效果进行持续的跟踪和评价。

3. 行业层面：倡导行业自律，促进治理多元化

短视频治理仅依靠政府管理是远远不够的，尤其是在技术问题和监管难点方面，需建立行业自律机制。建立起一个具有统筹功能的行业协会，制定完整的运行机制和相关政策制度，以行业自律作为政府管理补充的同时，借助互联网行业的“自净化”功能，切实担负起社会责任。短视频行业在准入门槛、账号资质、内容评价等方面缺乏一个适用于全行业的指导性标准，无法从根本上约束与引导行业的日常运营，也就无法保证行业的安全与健康。成立行业组织，形成行业自律，制定行业内部规范，制定统一的规范标准，有效监管短视频平台内容信息同质化、低俗化等现象。同时对平台内容进行统一的分类分级，保证短视频行业规范有序运行。此外，还应重视专家、网络领袖、用户与平台之间的关系，形成短视频平台行业规范实施的外部监督机制，促进治理多中心化。

4. 传者层面：推进实名 + 黑名单制度，健全内容发布规则

短视频用户具有身份隐匿性，不具社会角色的束缚，难以追责，加之猎奇心理需求，用户行为失范成本低。推进实名制和黑名单制度，行为失范被追责，让其充分发挥法律和道德的约束作用。在全网范围内建立实名制，一旦确认违法侵权，可在全国范围内进行追责，以震慑内容创作者，从而规范其行为。“黑名单”制度是在实名制基础上，通过对上传的短视频内容进行审查，依据违规内容的程度，对上传者实行警告、限制或者加入黑名单等措施。短视

频平台对虚假、低俗、违法的视频内容进行分级分类划分，对违反不同类别和级别的内容上传者，施以不同的处理方法。

短视频发展的根本在于用户的需求，对乱象治理的根本目的是保证优质的内容，而不是为了限制而限制。低俗的内容虽然可以吸引眼球，但是真正引发用户共鸣的往往还是优质内容。社交平台的分享、转发等功能能加快优质内容的快速传播，并且优质内容的精准推送可以有效地增加效益。扶植优质内容才是促进短视频发展步入正轨的根本所在。当下短视频在朝分众化、垂直化方向发展。解决内容低俗化问题的同时，建立创新、鼓励机制打造优质内容，净化内容生态。

（三）受众层面：提升用户素养，以分权理念促进用户监督

除了对平台内容进行有效监管，受众媒介素养提高，也是解决短视频乱象的重要途径，缘于用户的媒体素养决定短视频的发展方向。平台和内容创作者为迎合受众的窥视、猎奇等心理，会刻意呈现低俗化的内容，同时这些信息又考验受众的媒介素养。受众面对媒介提供的各种信息有效选择、理解、质疑、评估、解读和思辨，可自觉抵制暴力低俗信息，从源头上解决短视频乱象问题。在提升自身媒介素养的同时，对监管不到位的不良信息积极举报，对不法违规内容进行上诉。海量的短视频内容对平台监管带来极大的技术挑战，但如果通过分权，动员受众参与到内容监管，平台建立健全举报投诉受理机制，为网民的举报投诉提供便捷的通道，对内容监管便事半功倍。

附录：

表 1　2017～2018 年颁布的与短视频相关的政策

序号	名称	发布主体	发布时间	施行时间
1	关于进一步规范网络视听节目传播秩序的通知	国家新闻出版广电总局	2018 年 3 月 22 日	2018 年 3 月 23 日
2	互联网新闻信息服务单位内容管理从业人员管理办法	国家互联网信息办公室	2017 年 10 月 30 日	2017 年 12 月 1 日

续表

序号	名称	发布主体	发布时间	施行时间
3	互联网新闻信息服务新技术新应用安全评估管理规定	国家互联网信息办公室	2017年10月30日	2017年12月1日
4	互联网用户公众账号信息服务管理规定	国家互联网信息办公室	2017年9月7日	2017年10月8日
5	互联网群组信息服务管理规定	国家互联网信息办公室	2017年9月7日	2017年10月8日
6	网络视听节目内容审核通则	中国网络视听节目服务协会	2017年6月30日	2017年6月30日
7	关于进一步加强网络视听节目创作播出管理的通知	国家新闻出版广电总局	2017年6月1日	2017年6月1日
8	网络产品和服务安全审查办法(试行)	国家互联网信息办公室	2017年5月2日	2017年6月1日
9	互联网新闻信息服务许可管理实施细则	国家互联网信息办公室	2017年5月22日	2017年6月1日
10	互联网新闻信息服务管理规定(2017)	国家互联网信息办公室	2017年5月2日	2017年6月1日
11	互联网信息内容管理行政执法程序规定	国家互联网信息办公室	2017年5月2日	2017年6月1日
12	关于推动数字文化产业创新发展的指导意见	文化部	2017年4月	2017年4月
13	关于调整《互联网视听节目服务业务分类目录(试行)》的通告	国家新闻出版广电总局	2017年3月10日	2017年3月10日
14	关于促进移动互联网健康有序发展的意见	中共中央办公厅、国务院办公厅	2017年1月	2017年1月
15	网络表演经营活动管理办法	文化部	2016年12月13日	2017年1月1日
16	中华人民共和国网络安全法	第十二届全国人民代表大会	2016年11月7日	2017年6月1日

表 2　2017～2018 年短视频相关的治理行动

序号	行动事项	时间	参与部门
1	针对恶俗短视频治理： (1)4 月 4 日，国家广播电视总局约谈“今日头条”“快手”两家网站； (2)快手回应从七个方面重点整改，CEO 宿华就早孕少女事件向公众致歉，表示将改进算法。4 月 6 日，快手清理问题短视频 31 万条，封禁 5.6 万名用户，清理 6.5 万个用户名。将在原有 2000 名专职审核人员的基础上，招聘 3000 名本科学历并有较强政治敏感度与鉴别能力的审核员，党员和团员优先； (3)抖音 4 月 10 日上线“防沉迷系统”，4 月 12 日上线“家长控制模式”，4 月 18 日针对涉嫌违规内容进行了专项整治，共查删视频 805 个，封禁账号 677 个，添加违禁关键词 67 组	2018 年 4 月	国家广播电视总局
2	约谈微博、今日头条、腾讯、一点资讯、优酷、网易、百度等网站，责令整改，各网关闭一批违规账号	2017 年 6 月	北京市网信办
3	责令梨视频进行全面整改	2017 年 2 月	北京市网信办、市公安局、市文化市场行政执法总队

案 例 篇

The Case Part

B.20 自媒体公众号的情感卷入策略与责任问题研究

——以“江歌案”和“红黄蓝幼儿园虐童事件”为例

徐明华　江可凡*

摘　要： 基于营利性的考量，自媒体公众号往往通过唤醒负面情绪的方式来增强公众点赞、评论、转发的欲望；而在网络热点事件的传播中，自媒体这一“情感卷入”行为恰好起到舆论动员的作用。本研究以“江歌案”和“红黄蓝幼儿园虐童事件”为例，运用话语分析法，旨在探究自媒体公众号“情感卷入”策略及其存在的问题。研究发现，自媒体公众号通过“二元对立”的身份和“影像化”的情境，划分集体边界；再借助于标题、关联故事及归因策略营造叙事氛围，从而构

* 徐明华，华中科技大学新闻与信息传播学院副教授，硕士生导师；江可凡，华中科技大学新闻与信息传播学院硕士研究生。

建集体认同感。然而，在当前热点事件的传播中，自媒体公众号未能完全肩负好舆论动员这一媒体责任，这一方面要求自媒体在面对公共事件时，牢记媒体人身份；同时，也需要专业媒体对传播环境进行全盘监测，以保证事件处于正常的发展轨道。

关键词： 自媒体　微信公众号　情感卷入　社会责任

一　研究背景

自媒体的发展扩大了民众的话语权，这不仅激起了个体参与公共事务的热情，也使民众成为新的舆论实践主体。在自媒体平台中，传统意义上的“弱势群体”获得了话语空间，这使其有能力在不依靠专业媒体的基础上，借助自媒体渠道，发表意见或伸张诉求；同时，社交媒体平台上每个公众都成为信息的接受者和发布者，个体的诉求也因此得以迅速传播，并最终演变为社会热点事件。

近年来，自媒体微信公众号在社会热点事件中表现出强大的传播影响力。匡文波（2013）认为，“微信传播容易导致社会舆论的扩大”。[①] 这是由于一方面“朋友圈”场域封闭且依赖强关系传播，因而能够推动舆论的快速发酵且易使舆论在观点和情绪上走向极端化；另一方面，微信公众平台上的自媒体具有较强的用户黏性，因而其信息传播的到达率高且用户更易被说服。如今，部分微信公众号所拥有的粉丝量、单条文章的转发和点赞以及评论量都远高于微博自媒体账号，“10 万 +”公众号文章的频繁出现更彰显了自媒体微信公众号的传播影响力。

值得注意的是，在社会热点事件的传播中，自媒体公众号往往试图将公众情绪卷入进负面状态中。之所以产生这一现象，是由于自媒体的营利性使其在

---

① 匡文波：《微信 PK 微博：谁更“凶猛”?》，《人民论坛》2013 年第 22 期。

传播中不是以服务、引导用户为己任，而是试图迎合用户的兴趣和需求，从而增强用户黏性。多数热点事件涉及社会不公、"弱势群体"利益受侵犯等问题，因而"愤怒""怀疑""失望"等负面情绪占据着舆论主导地位。现有的研究已经表明负面信息在舆论传播中具有"魔弹"效应①，负面情绪化表达越强则被评论转发数量越多，也更能激发人们的关注和支持。② 因而，自媒体基于营利性的考量，试图通过"唤起"用户的负面情绪以达到扩大传播影响力的效果。

现有关于"舆论动员""情感动员"等方面的研究已经认识到其所存在的双重效应，但一方面大部分研究基于理论视角，缺乏对实际案例的分析；另一方面，研究对象多为微博平台上的自媒体或被笼统概括的新媒体，而忽视了自媒体微信公众号所拥有的传播力。由于微信公众号和微博在话语结构、用户特征、舆论传播方式等方面都有着一定的差异，因而，更有必要深入探究自媒体公众号"情感卷入"策略。

基于此，本研究从 2017 年两个热点案例出发，以自媒体微信公众号为研究对象，旨在了解自媒体公众号情感卷入策略及存在的问题，从而为自媒体公众号肩负好"舆论助推力"这一媒体责任提出建议。

二　文献综述

（一）情感卷入的研究现状

情感卷入，是指个体某一情感的唤醒程度，卷入程度越高，则唤醒程度越高③。目前，情感卷入这一概念被广泛运用于心理学和市场营销学的研究中，如有学者研究不同认知和情感卷入下理性/感性广告的传播效果（徐益，

---

① 杨军：《论网络热点事件负面信息的"魔弹"效应——以"李刚门"事件为例》，《江西社会科学》2012 年第 2 期。

② 党明辉：《公共舆论中负面情绪化表达的框架效应——基于在线新闻跟帖评论的计算机辅助内容分析》，《新闻与传播研究》2017 年第 4 期。

③ 徐益：《情感广告和理性广告：不同认识和情感卷入下的传播效果研究》，南京大学硕士学位论文，2011。

2011）；受众卷入对广告传播效果的影响（金志成和周象贤，2007）[①] 等。自媒体作为营销账号，其在信息传播过程中往往利用“情感卷入”的方式唤醒公众的负面情绪，从而增强公众转发、点赞、评论的欲望。然而，在社会热点事件的传播中，自媒体这一“情感卷入”的行为往往转变为舆论动员的重要力量。

近年来，国内学者越发重视“情感”在社会热点事件的传播中所产生的影响。在已有的研究中，论者往往使用不同的概念来加以探讨，比如“情感动员”“情感卷入”“舆论动员”“媒介动员”等，其本质上都是在探讨媒体通过情绪的表达与宣泄，以唤起、激发或改变公众对事物的认知、态度和评价的过程。[②]

（二）媒体情感的动员研究

“情感”在早期西方社会运动的研究中被视为非理性因素，只作为资源动员论和政治过程论的补充。勒庞认为群体中的个人情感是冲突、多变且急躁的，对社会的秩序易造成极大的破坏性；[③] 奥尔森从经济学分析视角，将无论是经济人还是政治人，都假设为运用着“理性选择”的个体，这使理性因素成为社会运动的重要基础。[④] 然而，在 20 世纪 80 年代以后，文化分析在社会研究领域的兴起让“情感”因素得到重视。克拉德认为造反不能仅依靠于组织资源，更需要体制外的抗议活动，在这个阶段，情感路径成为“弱势群体”反抗社会不公的关键力量。基于互联网的网络运动的出现，让研究者们更加意识到文化和情感因素在网络事件中扮演了核心的角色。

国内关于媒体情感动员的研究起步较晚，目前已搭建起研究的基本框架，包括基础理论研究、动员过程、策略及影响研究等。由于本文旨在探析自媒体公众号的情感卷入策略及产生的社会影响，因而第二节着重整理并分析了现有

① 金志成、周象贤：《受众卷入及其对广告传播效果的影响》，《心理科学进展》2007 年第 1 期。

② 易前良、孙淑萍：《共意性运动中的媒介动员：以“南京梧桐树事件”为例》，《新闻与传播研究》2013 年第 5 期。

③ 〔法〕古斯塔夫·勒庞：《乌合之众》，冯克利译，广西师范大学出版社，2013，第 59 页。

④ 高春芽：《理性人假设与奥尔森的集体行动理论》，《云南行政学院学报》2008 年第 4 期。

研究中媒体是如何利用情感手段实现舆论动员及其产生了何种影响。

第一，策略研究。社会运动依赖大众媒体实现组织目标，即利用媒体资源引起社会对事件的关注和热议，从而争取社会的集体认同感，在社会舆论的压力下促成事件的快速解决。情感共鸣是获取社会集体认同感的催化剂，因而，无论是传统媒体还是新媒体，其在情感上的动员策略对舆论的推动都有着重要的意义。

在传统媒体的情感动员研究中，孙玮（2008）通过对重庆“钉子户”事件的媒介报道的内容分析，阐释了媒体在构建“集体认同感”和“集体行动框架”中所做的贡献，该策略的使用使事件得到广泛的舆论支持；① 易前良（2013）在研究中也表明传统媒体和网络媒体在情感的动员中发挥着互补作用，传统媒体通过“归因”和“表意”的手段，一方面找寻社会事件的根本原因；另一方面阐释事件的意义，从而为公众的抗争行为提供依据。②

网络媒体的情感动员策略是当今的研究热点。有学者认为悲情和戏谑是网络事件中两种重要动员策略，通过这两种手段的运用，可以更好推动集体行为的发展（杨国斌，2009）。③ 学者郭小安（2013）认为媒体最常用的情感动员逻辑是谣言，他将谣言这一策略分为两个阶段，一是初始动员阶段，即通过建构身份与情境来划分集体边界，对立社会事件中的不同阶层；二是再次动员阶段，即通过修辞等手段进行悲情和愤怒的营造，通过过滤、删除和强化某些信息，从而达到集体认同感的构建。④ 同时，白淑英（2011）通过对新浪微博情感动员研究，发现了个人和群体诸多的情感动员策略。⑤

除了对媒体文本内容的分析外，新闻框架也对情感的唤醒产生一定的影响。党明辉（2017）通过对网易新闻跟帖评论进行计算机辅助内容分析，发现最多负面情感框架、感知框架设定下的社会新闻具有最大的负面情绪化评

① 孙玮：《转型中国环境报道的功能分析——新社会运动中的社会动员》，《国际新闻界》2009 年第 1 期。

② 易前良、孙淑萍：《共意性运动中的媒介动员——以南京梧桐树事件为例》，《新闻与传播研究》2013 年第 5 期。

③ 杨国斌：《悲情与戏谑：网络事件中的情感动员》，《传播学社会学刊》2009 年第 9 期。

④ 郭小安：《网络抗争中谣言的情感动员：策略与剧目》，《国际新闻界》2013 年第 12 期。

⑤ 白淑英、肖本立：《新浪微博中网民的情感动员》，《兰州大学学报》（社会科学版）2011 年第 5 期。

论。这一研究表明框架效应理论在负面情绪化表达方面是有适用性。这也为媒体情感动员研究扩宽了思路。①

第二，影响研究。舆论事件中情感因素对社会的影响一直难以准确衡量。一方面，人们利用情感的传递和宣泄，来争取“底层群体”的话语权。杨国斌（2009）认为情绪化的言论表面上违背伦理，但实际上反映了特定历史条件下的道德和价值观的冲突，而不应该冠以“网络暴力”的名号。同时，自由发表情绪化的言论有助于真正意义上公共领域的构建和公民意识的崛起。郭小安（2013）也表示谣言折射出的公众情感和社会生态是真正具有价值性的，社会转型所带来的民主法治、监督渠道的不畅通使“谣言”等形式的社会言论成为社会抗争的重要力量。白淑英（2011）指出网络情绪不仅推动了事件的发展，同时起到社会安全阀的作用，以此有效排解社会不安定的情绪。

另一方面，过多的网络情绪易增强人们对社会的刻板印象，同时网络暴力、舆论审判等问题也层出不穷，“多数人的暴政”在当今舆论事件中也常有存在。严利华（2015）认为有害信息和言论容易被群体情绪感染或同化，公众原本的自律和理性可能毁于一旦，甚至导致群体失控。② 刘建明（2014）在研究中也表明负面情绪化的公众意见多带有话语暴力色彩，公众舆论应当回归理性，尊重事实和推理分析。③

基于现有的文献不难发现，媒体情感的动员策略研究和影响研究已有颇多成果，但研究对象更多集中在对专业媒体、微博平台自媒体的分析，而忽视了对自媒体微信公众号的研究分析。然而，在舆论事件中微信的传播影响力逐渐扩大，其公众平台的自媒体账号也拥有庞大的粉丝数量；同时，自媒体公众号其文本结构、话语模式和微博账号仍有较大的差别，因而，现有研究需弥补自媒体公众号这一对象的缺失。

---

① 党明辉：《公共舆论中负面情绪化表达的框架效应——基于在线新闻跟帖评论的计算机辅助内容分析》，《新闻与传播研究》2017 年第 4 期。

② 严利华、高英波：《从个案激情、话语互动到公共理性——基于突发事件中的网络舆论分析》，《当代传播》2015 年第 1 期。

③ 刘建明：《公众舆论的对峙、理性与话语暴力》，《新闻爱好者》2014 年第 6 期。

三　研究设计

（一）研究思路及方法

在社会动员的过程中，国内外学者都认识到形成集体认同感的重要性。郭小安（2013）① 在分析谣言传播策略时，将谣言的动员分为两个阶段，情境与身份话语的构建和“造势”与“舆论审判”。由于本研究的对象为自媒体微信公众号，部分公众号基于“流量”的追求，存在有运用夸张、歪曲以及片面选取信息的手段来唤起公众负面情感的现象，因而“谣言”的传播策略对本研究具有一定的借鉴价值。

研究参考郭小安的谣言动员理论，将自媒体公众号的情感卷入分为两步：划分集体边界和构建集体认同感；同时借助梵迪克的新闻话语分析理论，从主题结构和语言风格两个层面对所选取的公众号文章进行系统分析，探析其如何利用文本实现公众负面情绪的唤起。其中主题结构主要包括文章的主题、段落结构、标题、句子以及词汇的组合等；语言风格的分析层次主要包括文本中的修辞策略、细节描写、故事化的表述策略等。

除此之外，本研究还对自媒体公众号情感卷入所存在的问题做进一步分析，以期望自媒体在热点事件传播中肩负好“舆论助推力”这一媒体责任。研究思路见图 1。

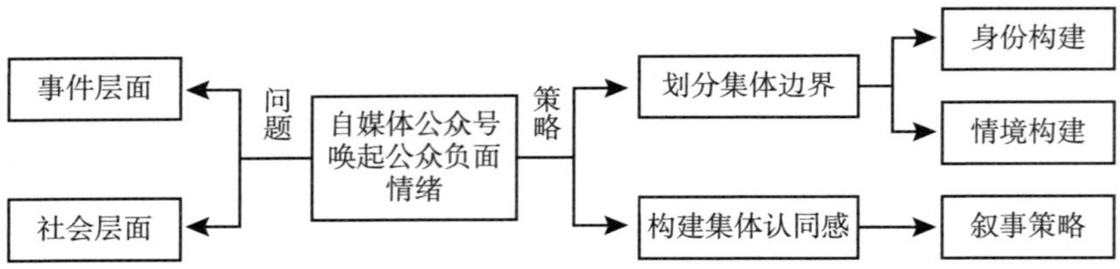

图 1　研究思路

① 郭小安：《网络抗争中谣言的情感动员：策略与剧目》，《国际新闻界》2013 年第 12 期。

具体而言：研究分为两个部分。

第一，策略研究。自媒体公众号情感卷入策略主要分为两步：一是“划分集体边界”，为了构建接下来的集体认同感，必须首先解决“谁是朋友”“谁是敌人”的问题。自媒体通过构建身份和情境，从具体的事件中剥离出阶层对立、道德对立、情感对立等事实，以此迅速点燃公众的负面情绪。二是“构建集体认同感”，这为维持网民负面情绪，推动社会事件向集体行动方向发展打下了情感基础。自媒体公众号通过运用修辞手法、巧妙设定文本结构等方式，营造悲情弱势、愤怒不满等叙事氛围。

第二，问题研究。现有研究已经认识到情感动员在网络事件中的作用及其存在的弊端，但大部分研究基于理论视角，缺乏对实际案例的分析。因而，本研究通过探析 2017 年两个热点案例，从中发现自媒体公众号在“情感卷入”中存在的问题。

（二）研究对象

根据《2017 年中国互联网舆情研究报告》中社会热点事件的舆情统计（见表 1），2017 年社会热点事件主要涉及时事政治、民生权益、教育舆情、公共安全等话题。而追其根本，事件背后反映了“官与民”、“穷人与富人”的阶层对立、“善与恶”的道德对立、“制度与人”的对立，等等。本研究选取了“江歌被杀案”和“红黄蓝幼儿园虐童事件”作为研究对象，其分别是 2017 年热点事件中道德议题和阶层议题的代表。

表 1　2017 年社会热点事件（前 10）

序号	2017 年社会热点事件
1	“红黄蓝”幼儿园虐童事件
2	“4・1”泸县事件
3	“蓝色钱江”保姆纵火案
4	北京“低端人口”风波
5	国家“乒协”风波
6	西安航空“前 11 排座位”事件
7	陕西榆林产妇坠楼事件
8	江歌被杀案

续表

序号	2017 年社会热点事件
9	携程亲子园虐童事件
10	“杨舒平”言论风波

资料来源：《2017 年中国互联网舆情研究报告》，中国网，http：//zjnews. china. com. cn/yuanchuan/2018 -01 -04/138792. html。

（三）样本选取

本研究以自媒体微信公众号为研究对象，针对“江歌案”和“红黄蓝幼儿园事件”选取 8 条阅读量达 100000 以上的公众号作为分析样本，具体样本情况见表 2、表 3 所示。

表 2　“江歌案”自媒体公众号文章

序号	标题	文章来源	发布时间
1	刘鑫江歌案：法律可以制裁凶手，但谁来制裁人性？	咪蒙	2017. 11. 12
2	江歌，你替刘鑫去死的 100 天，她买了新包包染了新头发	她刊	2017. 11. 12
3	江歌遇害案：煽动三十万人联名杀人，江歌妈妈的残忍，才是人间最后的温情	国馆	2017. 11. 14
4	江歌遇害一周年：刘鑫，你能不能说句实话！？	视觉志	2017. 11. 13
5	刘鑫，江歌带血的馄饨，好不好吃？	东七门	2017. 11. 11
6	为闺蜜挡刀而死的江歌，你妈妈终于当面问了那个人：你还有良心吗？	新闻哥	2017. 11. 10
7	刘鑫，带血的馄饨好吃吗？ 江歌遇害 376 天	十点读书会	2017. 11. 13
8	陈世峰只判了 20 年！ 江歌，你妈妈真的快挺不住了……	她刊	2017. 12. 20

表 3　“红黄蓝幼儿园虐童事件”自媒体公众号文章

序号	标题	文章来源	发布时间
1	这一次，我真的骂不动了	咪蒙	2017. 11. 24
2	红黄蓝：善良限制过我们的想象力，但这一次绝不会限制我们的勇气！	她刊	2017. 11. 24
3	对不起，我的孩子！ 这一次我不会再让步！	她总	2017. 11. 24
4	孩子那么善良，你怎么忍心伤害她？	视觉志	2017. 11. 24

续表

序号	标题	文章来源	发布时间
5	红黄蓝:人间失格	一点也不八卦的 show 一点	2017. 11. 23
6	善良限制了你的想象力:红黄蓝究竟有多恶?	新闻哥	2017. 11. 24
7	虐童事件的背后,是一辈子的噩梦	十点读书会	2017. 11. 24
8	你的奴性,还想让红黄蓝倒闭? 做梦去吧!	一只特立独行的猫	2017. 11. 27

（四）案例概述

1. 江歌被杀案

2016 年 11 月 3 日，留日学生江歌在公寓门外遇袭，与其同住的女孩刘鑫报警，当地警方抵达后受害人江歌已被捅数刀，倒地昏迷，并在送往医院不久伤重不治而亡。日方在 24 日确定犯罪嫌疑人为刘鑫前男友陈世峰。江歌母亲表示陈世峰在案发当日是来找前女友刘鑫的，但在案发期间刘鑫因害怕将自己反锁在门内，江歌在门外被陈世峰重伤后试图开门进屋时，却无法打开门，致使江歌最终被捅至死；而刘鑫一方表示自己并未锁门，在屋内也并不知道门外人是否为陈世峰，她在警察来之后才知道江歌在门外被捅死。2017 年 5 月 21 日，江歌母亲曝光刘鑫及父母私人信息，5 月 23 日刘鑫父亲电话告知江歌母亲，准备起诉她侵犯隐私权；8 月 23 日，刘鑫第一次和江歌母亲见面，并讲述了江歌案发时的细节问题。11 月 4 日，江歌母亲征集“判决陈世峰死刑签名”；12 月 20 日，陈世峰被判有期徒刑 20 年；12 月 30 日，江歌母亲在记者发布会上表示回国后将起诉刘鑫。

2. 红黄蓝幼儿园虐童事件

2017 年 11 月 22 日晚开始，8 名北京红黄蓝幼儿园新天地分园，国际小二班的家长到朝阳区管庄派出所报案，称幼儿园园长和老师涉嫌猥亵，他们的孩子遭遇老师扎针、喂不明白色药片。事件一经报道，迅速引起媒体及社会各界的广泛关注。2017 年 11 月 28 日，公安机关公布调查结果：幼儿园教师刘某某涉嫌虐待被看护人罪已刑事拘留；女童人身检查均未见异常，儿童均按照规定服用保健药物；监控摄像已有损坏，目前已恢复的 113 个小时视频里未发现有人对儿童实施侵害；网传猥亵事件并不属实，相关人员因骚扰公共秩序已被行政拘留。11 月 29 日，红黄蓝教育机构针对红黄蓝新天地幼儿园事件发布道歉信，承诺对幼儿园监控系统进行全面升级，确保做到无死角不间断实时监控。该事件从事发到结果公布，整个过程引起了公众强烈的舆论关注。

四 策略分析

（一）划分集体边界

1. “二元对立”的身份构建

二元对立是结构概念的基础。在语言符号中，二元对立观念普遍存在。人的思维结构在极端化处理事物的过程中即会产生“二元对立”的思维。另外，“二元对立”中存在有“正项”、“异项”以及“中间项”，其中“正项”和“异项”相对立，“中间项”则为标准。[①] 当前中国社会正处在改革开放的转型期，群体间的差异逐渐拉大，“弱势群体”易产生较强的相对剥夺感，包括物质相对剥夺感和非物质相对剥夺感。因而，这导致公众在舆论事件中易出现“仇恨”的情绪状态，例如“仇富”“仇官”“仇恶”“仇体制”等等。在社会热点事件中，公众对“异项”群体（即权力者、恶人等）易生出强烈的排斥感，这使媒体在情感动员的过程中利用划分集体边界的方式，区分“异项”和“正项”，从而迅速点燃公众的情绪。

文本和图片是自媒体公众号构建“二元对立”身份的主要载体。在文本内容上，自媒体公众号通过命名、关系和性质三个部分，构建起“正项”和“异项”身份的对立。[②] 在“江歌案”中，自媒体塑造了“善与恶”的二元对立。自媒体在文章的首段或前两段便将江歌命名为“善良又无辜的女孩”，而室友刘鑫则被命名为“人渣”“吃带血馄饨的人”，陈世峰被命名为“凶手”“生性残暴的人”。这使公众在尚未了解事情全貌前便形成了初步的好恶判断。其次，文章中对涉事多方的关系进行了说明，刘鑫和江歌关系被定义为“好

① 李红、董天策：《符号学分析：网络公共事件研究的新路径》，《新闻大学》2012 年第 1 期。
② 李红、董天策：《符号学分析：网络公共事件研究的新路径》，《新闻大学》2012 年第 1 期。

朋友”“身处异国的同乡好友”“好心收留刘鑫居住的朋友”等，关系的说明为后续事件的展开作铺垫。因而，作为与江歌关系仅为“凶手与被害人”的陈世峰，直到案件中期都不是舆论关注的焦点，研究样本中也仅有一篇文章关注了陈世峰。最后，自媒体将“江歌案”的性质定为“人性的大恶”。

在“红黄蓝幼儿园虐童事件”中，自媒体塑造了“弱势群体”与“权力阶层”的对立。在命名上，涉事的受害方是幼儿园的孩童，这个群体本身就代表着弱势，而加上“被虐待”的修饰限定后，更加深了其“弱势群体”的定位；除此之外，孩童家长、关注事件的公众、自媒体都被命名为“无力的弱者”；而与之相对应的园方、政府、公安以及未知身份的“爷爷和叔叔”，其身份直接代表了“权力阶层”。在关系上，涉事双方是“托付关系”和“教导关系”，这种关系背后代表着信任、尊重和关爱。因此，和“江歌案”一样，自媒体在文章中特意强调了家长对幼儿园教育的期待，甚至对幼儿教师“谄媚”的态度，以期望孩子可以得到悉心的教导和抚养。在性质上，自媒体将其定性为“超越认知能力”“无法想象”的恶性事件。

在图片内容上，自媒体多采用对比的形式，来凸显“善与恶”“官与民”的对立关系。例如，在“江歌案”的报道中，媒体通过江歌生前和家人一起“幸福”的照片和民众“抚慰”江歌母亲的照片来凸显“善”的主题；而通过刘鑫在江歌遇害后仍在社交网站“晒自拍”和江歌母亲“悲痛欲绝”的照片进行对比，以此凸显“恶”的主题。

2. “影像式”的情境构建

自媒体在塑造情境时，力图以“影像式”的方式将公众带入事件的情境中。一方面，自媒体在文章中通过大量细节描写，包括动作、语言以及神态等，将被害者“受虐”过程详细展示给公众，以唤起情感共鸣；另一方面，通过在文章中穿插大量涉事图片，帮助公众进行场景想象，同时，图片也起到“证据”的作用，加大了事件的真实力度。

“暴力”“性”等情境的构建最能激活公众的兴奋点。[①] 在“江歌案”中，媒体详细描写了江歌被害的全过程，从陈世峰“找上门来”“堵在门口”，到江歌被“捅了十几刀”“大声呼救”“倒在血泊中”，再到最后描写江歌“满

① 郭小安：《网络抗争中谣言的情感动员：策略与剧目》，《国际新闻界》2013 年第 12 期。

身是伤的尸体”“嘴巴歪着”的惨状。这一系列“暴力且血腥”的描写将公众迅速带入事件情境中；同时，文章中穿插着江歌母亲采访时的截图，江歌母亲在采访时“面露痛苦”，并表示“我做不到，我不想走出来，因为我痛苦的时候，那是江歌在想妈妈”。通过文字和图片的两相结合，构建了整个事件“暴力”“残忍”“悲痛”的情境。

而在“红黄蓝虐童事件”中，孩子们被“脱光衣服”“罚站”“强制喂不明药片”“扎针”，甚至于被“光溜溜的叔叔和爷爷‘检查身体’”；而穿插的图片展示了孩子被扎针的针眼，孩童描述细节的视频截图，这些细节的描述让公众可以清晰感受到“虐童”和疑似“性侵”的情境。

总体而言，无论是道德议题还是阶层议题，自媒体在划分集体边界的时候，采取的策略基本一致。都是先通过“二元对立”的方式区分身份，再通过“影像式”的情境描写加深公众的对立情绪。

（二）构建集体认同感

定义任何一场新社会运动包括三个主要方面：认同、敌人和目标①，媒体首先通过集体边界的划分分清了“敌人”和“朋友”；其次则需要借助叙事策略来达到集体认同感的构建。不同的议题所采用的叙事策略各有不同，自媒体通过文章标题的选取、关联故事的运用以及归因策略，营造不同的叙事氛围。本研究选取了道德议题和阶层议题的案例，分析可知，自媒体对此分别采用了愤怒嘲讽的叙事策略和悲情无奈的叙事策略。

1.“情绪化”的标题

梵·迪克曾从话语文本维度对新闻报道进行了分析，他认为新闻话语的主题可以通过标题进行暗示和表达②，除去标题里面的修饰词，标题里的主旨信息可以揭露整篇报道的主题内容。而通过对样本的分析，研究发现自媒体公众号的新闻标题并非传达“主题”，而是传达“情绪”。

媒体标题讲求“对象”和“事件”要清晰表露，而自媒体标题仅“对象”

① 孙玮：《“我们是谁”：大众媒介对于新社会运动的集体认同感建构——厦门省 PX 项目事件大众媒介报道的个案研究》，《新闻大学》2007 年第 3 期。

② 胡春阳：《传播的话语分析理论》，复旦大学博士学位论文，2005。

明确，“事件”隐藏在文章内容中。其主要策略在于通过“祈求”“讽刺”“怒骂”等对话形式调动公众情绪，从而吸引公众点击阅读。在道德议题中，自媒体的标题多呈现“俯视”视角，以“正义”姿态，用“怒骂”“嘲讽”等对话形式营造愤怒讽刺的叙事氛围；而在阶层议题中，自媒体呈现“仰视”视角，以“弱者”姿态，用“祈求”“悲痛”的方式营造悲情无奈的叙事氛围。

具体而言，在“江歌案”中，自媒体文章首先用“刘鑫江歌案”“江歌遇害案”等词明确对象。其次，标题《……刘鑫，你能不能说句实话!?》《刘鑫，江歌带血的馄饨，好不好吃?》《江歌，你替刘鑫去死的100天，她买了新包包染了新头发》采用“怒骂”“嘲讽”的方式，假设和涉事方处在对话场景。而在“红黄蓝虐童事件”中，文章用“红黄蓝”“虐童事件”等词明确对象，用标题《这一次，我真的骂不动了》《孩子那么善良，你怎么忍心伤害她?》摆明弱者无奈、祈求的姿态，甚至运用反讽的手段，如标题《你的奴性，还想让红黄蓝倒闭？做梦去吧!》，表面讽刺公众的“无用”，来凸显权力阶层的强势。

2. 关联故事的补充

自媒体在事件叙事中往往会补充关联故事，以此加强公众的情感共鸣，主要有以下两种方式。一种方式是通过相似故事的补充，起到类比作用，比如自媒体在叙述中将阿曼达·诺克斯案件作为江歌案的补充，把联合男友性侵、暴力殴打女室友的阿曼达和刘鑫相类比；将电影熔炉事件作为红黄蓝虐童事件的补充，把电影里性侵聋哑儿童的校长和红黄蓝的涉事人员相类比。这种故事性的补充巩固了公众的负面情绪。

然而，另一种方式是将案件和自身及身边的人或事相连接，这种方式使人们由单纯的“愤怒不满”转向“恐惧担忧”，红黄蓝事件即是典型代表。咪蒙在文章中提及“许多家长回家后反复盘问自己孩子在幼儿园的状况”，“甚至有朋友的家长确实得知了孩子在学校受欺负的事实”，这种“身边”故事的补充，减少了事件和公众之间的距离感，也加剧了“恐惧”“悲痛”的叙事氛围。

3. 归因策略

媒体在新闻报道中往往采用归因的方式来解释他人行为产生的原因，主要包括三个维度：内/外因维度、稳定性维度、可控制性维度；一般而言，将某个行为的产生归于“个体特征”，则表明其是内部的、稳定的、不可控制的；而将行为归于“社会环境”，则是外部的、不稳定的和可控制的。① 媒体归因一方面为公众的负面情绪和抗争行为提供了合理化的解释；另一方面，不同维度的归因也营造了不同的叙事氛围。

在道德议题中，媒体一般将问题的根源归咎为“个体特征”。例如，自媒体在报道中表示“江歌案”之所以存在是因为社会中存在少数“人渣”。这些“人渣”不是以一个有组织、有权势的群体形式聚集在一起的，因而，对整个社会安全和稳定不存在过多的“威胁”，在这个归因视角下，公众对于事件的情绪多呈现愤怒、同情的特征。然而，在阶层议题中，媒体将问题的根源归咎于“社会环境”。“红黄蓝虐童事件”被媒体归因为“幼儿教育体制、法律的不完善”“官商勾结”等社会根源问题。这一方面增强公众的社会不信任感和相对剥夺感；另一方面，也营造了一种弱势群体对抗有组织、有权势阶层的无力感。

五 问题分析

现有的研究基于理论分析的视角，一方面认为媒体“情感动员”对社会热点事件的发展、社会不安定情绪的排解起到重要的作用；另一方面，就现实环境中存在的公众舆论审判、网络暴力、社会刻板印象等问题表明了对“情感动员”的担忧。

本研究基于对实际案例的分析，发现自媒体公众号的“情感卷入”行为，虽在事件的发展期和高潮期起到“情感动员”的作用，但其对事件的关注度持续期短，当事件尚未解决且遇冷时，自媒体未能及时发声以激发公众的持续关注；同时，自媒体过多地传递负面情绪也容易导致整个社会陷入“应激障碍”，公众对社会问题易产生“高唤起”或者“逃避”“麻木”等心理症状。具体而言如下。

第一，自媒体在事件“遇冷”时缺乏持续引导。网络舆情的发生过程一

① 邓建国：《行为者与观察者：西方媒体对华报道中的基本归因错误原因分析及对策》，《新闻大学》2008 年第 2 期。

般经历五个阶段：发生期、发展期、高潮期、振荡期和回落期。① 而社会事件的良性发展过程应是：在发生和发展期，自媒体和公众应在社交媒体平台上借助“情绪”的力量唤起人们对事件的关注；专业媒体开始展开对事件全面客观的调查；在高潮期，专业媒体和相关部门公布调查结果，稳定公众情绪，推动事件的快速解决；在振荡期，自媒体应保持对事件的高关注度，防止利益集团干预问题的解决；在回落期，专业媒体、政府部门、相关涉事方应对事情的解决给予满意的答复，修复公众信任，稳定社会情绪。

研究发现，在事件的发展期和高潮期，自媒体公众号做到及时发声并利用自身传播影响力有效调动公众情绪，唤起情感共鸣；然而，新媒体时代下信息更新速度之快使公众的注意力易被分散，自媒体在事件遇冷时，未能做到及时动员，以拉回公众对事情的关注度。

具体而言，根据“江歌案”舆论走势图可知（见图 2），“江歌案”在 2017 年 11 月 9 日进入事件发展期，11 月 13 日至 15 日进入高潮期，而在 11 月 19 日之后又迅速遇冷，等到 12 月 11 日案件在日审判至 20 日公布审判结果，舆论才进入第二个高潮期。从样本分析可知（见表 2），自媒体公众号对该事件的发生期集中在 11 月 10 日至 14 日，恰好处在事件的发展期和高潮期，这对事件的发展起到推动作用；而在 19 日之后，事件开始“遇冷”，22 日之后，公众对其的关注度被“红黄蓝虐童事件”所分散；江歌母亲之所以广泛发动舆论力量，是希望可以促使当事人刘鑫出庭作证，而此时“江歌案”还未进入审判期，自媒体公众号已经转移关注点，舆论“遇冷”不利于江歌案的妥善解决。

“红黄蓝虐童事件”（见图 3）发生于 11 月 22 日晚，11 月 23 日事件进入发展期，11 月 24 日达到高潮期，而在 24 日之后，事件关注度急速下滑，逐渐进入回落期。从研究样本可知（见表 3），公众号多集中在高潮期（24 日）发表文章；同理，在事件遇冷后，自媒体公众号并未及时发声以唤起公众的持续关注。但不可忽视的是，“红黄蓝虐童事件”涉及的利益集体结构复杂，因而传播阻力较多，致使事件的话语空间被大大压缩。

---

① 白羽、武文颖：《基于数据挖掘的网络新闻舆情分析——以新浪网“方寸之间，世纪之战”专题为例》，《新闻研究导刊》2016 年第 14 期。

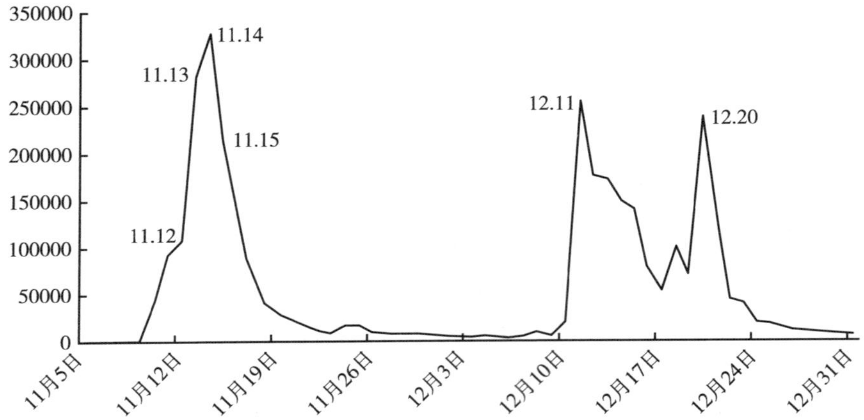

图2 “江歌案”舆论走势图（2017年11月5日至12月31日）①

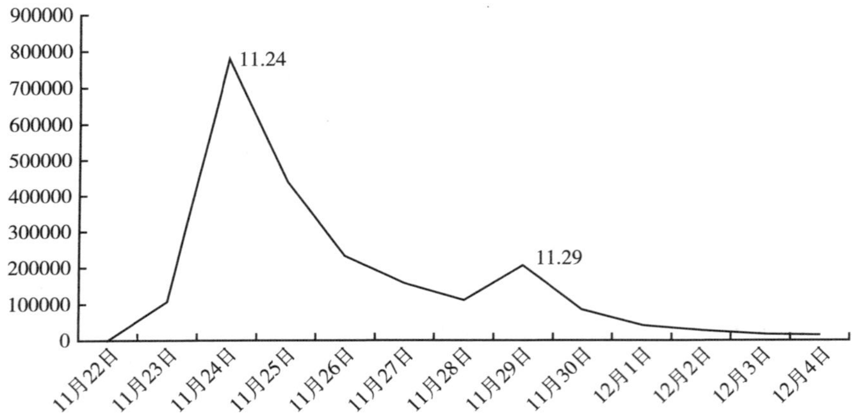

图3 “红黄蓝虐童事件”舆论走势图（2017年11月22日至12月4日）②

第二，过多负面情绪的传递易造成公众的“应激障碍”。创伤后应激障碍是只对创伤性等严重应激因素的一种非正常的精神反应，其症状主要有三组：持续的警觉性增高症状群、反复发生的闯入性再体验症状群、反应性麻木症状群。③

① 资料来源：百度指数。

② 资料来源：百度指数。

③ 李璐寰、童辉杰：《创伤后应激障碍研究进展》，《社会心理科学》2008年第1期。

李松蔚认为“红黄蓝虐童事件”反映了社会负面情绪对公众的持续性影响，其造成了整个社会的“应激障碍”，具体表现为公众的信任系统在事件后处于失灵状态。

公众对于某一事件或现象易产生“高唤起”症状，即过度警觉，并始终伴随着焦虑和怀疑的心理。例如在相继发生携程虐童案、红黄蓝虐童案后，人们对于整个幼儿教育都表现出极度的不信任，部分家长在事件发生后反复盘问孩子在园情况；而在西安交通大学“博士自杀事件”、武汉理工大学“陶崇园事件”、北京大学“沈阳 & 岳昕事件”频繁爆出后，公众对大学教育和师资素养也产生了严重质疑。

除了“高唤起”症状，公众如果长期处在社会负面情绪的环境中，易产生对社会事件的“回避”和“麻木”的心理症状。一个社会热点事件爆出后，类似的社会事件会借助热点事件的舆论力量谋求关注。如在“江歌案”后，“李俊杰案”也浮出水面，同一类型的社会事件汹涌而出，加剧了人们对某一领域的不安全感，甚至出现“回避”和“麻木”的状态。这不仅增强了公众的社会不信任感，同时，也使一些类似事件难以获得舆论的帮助。

六　提出建议

在社会热点事件的传播中，自媒体肩负着舆论动员的媒体责任，这就要求其站在媒体人的身份视角上，密切关注事件的发展走势，在事件发展初期和“遇冷”期，及时唤起公众对事件的关注度，从而倒逼“涉事方”及时出面解决问题。

但同时，自媒体也是一个营利性的机构，其在传播过程中存在传播夸张或虚假信息、过度“情绪化”表露等问题，这一方面需要专业媒体加强对传播环境的监测，及时纠正自媒体传播的错误信息、全面客观地还原新闻真相，在事件达到一定的舆论关注度后促使公众情绪趋于冷静；另一方面，也要求专业媒体坚守新闻的本质，保持对事件的关注度，不断问责以保证事件可以得到合理解决，从而减少公众对社会的不信任感和不安全感。具体如下。

第一，在面对公共事件时，自媒体应从经营者身份转向媒体人身份。在2018 年的新榜大会上，咪蒙将自媒体比作产品，认为相较于媒体身份而言，公众号更应将其定位为内容产品。① 这种思维定式使其在选择报道话题、框定报道内容时以公众的内在情绪为基准；因而，在报道社会热点事件时，往往会迎合公众“惩恶扬善”“保护弱小”“反抗权势”的朴素情感逻辑。虽然自媒体与新媒体平台上的专业媒体和传统媒体在新闻报道职责上有所不同，但由于自媒体在热点事件的传播过程中对公众情绪、事件发展乃至社会环境都产生了较强的影响，因而其需要由原先的经营者身份转向媒体人身份，在社会热点事件中保持持续的关注度，在事件处在“振荡期”时及时进行“情感动员”，以重新唤起公众注意。

第二，专业媒体应从单一的新闻报道者转变为顾全大局的传播环境监测者。随着自媒体的不断发展，自媒体和专业媒体在社会热点事件中形成了联动效应，一方面，自媒体扩大了事件关注度，加速舆论热潮的形成；另一方面，专业媒体承担起客观报道事实、追踪事件真相的责任。然而，受制于专业能力和素养，自媒体在传播中存在报道虚假信息等问题，例如，在“江歌案”中，自媒体通过打码的方式将刘鑫多年前的照片伪造成案件后的新照片，以激起公众的愤怒情绪；同时，自媒体过多的负面情绪引导也易导致网络暴力、舆论审判、社会刻板印象等问题的出现。这就要求专业媒体肩负起监督传播环境的责任，对虚假信息进行及时更正、对非理性的行为进行及时引导，从而保证事件处在正常的发展轨道。

参考文献

匡文波：《微信 PK 微博：谁更“凶猛”?》，《人民论坛》2013 年第 22 期。

杨军：《论网络热点事件负面信息的“魔弹”效应——以“李刚门”事件为例》，《江西社会科学》2012 年第 2 期。

党明辉：《公共舆论中负面情绪化表达的框架效应——基于在线新闻跟帖评论的计算机辅助内容分析》，《新闻与传播研究》2017 年第 4 期。

徐益：《情感广告和理性广告：不同认识和情感卷入下的传播效果研究》，南京大学硕士学位论文，2011。

---

① 《咪蒙方法论：我们的感觉 90% 是错的，用户洞察不能靠猜》，搜狐网，http：//www. sohu. com/a/219356490_ 758476。

金志成、周象贤：《受众卷入及其对广告传播效果的影响》，《心理科学进展》2007年第1期。

易前良、孙淑萍，《共意性运动中的媒介动员：以“南京梧桐树事件”为例》，《新闻与传播研究》2013年第5期。

〔法〕古斯塔夫·勒庞：《乌合之众》，冯克利译，广西师范大学出版社，2013，第59页。

高春芽：《理性人假设与奥尔森的集体行动理论》，《云南行政学院学报》2008年第4期。

孙玮：《转型中国环境报道的功能分析——新社会运动中的社会动员》，《国际新闻界》2009年第1期。

杨国斌：《悲情与戏谑：网络事件中的情感动员》，《传播学社会学刊》2009年第9期。

郭小安：《网络抗争中谣言的情感动员：策略与剧目》，《国际新闻界》2013年第12期。

白淑英、肖本立：《新浪微博中网民的情感动员》，《兰州大学学报（社会科学刊）》2011年第5期。

严利华、高英波：《从个案激情、话语互动到公共理性——基于突发事件中的网络舆论分析》，《当代传播》2015年第1期。

刘建明：《公众舆论的对峙、理性与话语暴力》，《新闻爱好者》2014年第6期。

李红、董天策：《符号学分析：网络公共事件研究的新路径》，《新闻大学》2012年第1期。

孙玮：《“我们是谁”：大众媒介对于新社会运动的集体认同感建构——厦门省PX项目事件大众媒介报道的个案研究》，《新闻大学》2007年第3期。

胡春阳：《传播的话语分析理论》，复旦大学博士学位论文，2005。

邓建国：《行为者与观察者：西方媒体对华报道中的基本归因错误原因分析及对策》，《新闻大学》2008年第2期。

白羽、武文颖：《基于数据挖掘的网络新闻舆情分析——以新浪网“方寸之间，世纪之战”专题为例》，《新闻研究导刊》2016年第14期。

李璐寰、童辉杰：《创伤后应激障碍研究进展》，《社会心理科学》2008年第1期。

B.21
我获益还是我损失？你获益还是你损失？
——公益广告框架的情绪唤起实验研究

张雯 魏强*

摘 要： 媒体通过公益广告履行社会责任。厘清影响公益广告效果的要素及其作用路径是提高媒体传播效率，进一步优化传播效果的有效方式。本研究考察了健康公益广告中最常用损益框架如何被损益主体与受众风险感知水平所调节，研究设计2（框架类型：损失/得益）×2（得益主体：自己/他人）×2（风险感知水平：高/低）的完全组间实验（N = 173），统计结果显示三者的交互有效显著被试情绪唤起水平，控制变量“广告态度”调整此效应。具体来说，损益框架与损益主体的交互效应仅发生在高风险感知组，低风险感知组内不显著；在高风险感知组内，“我”损失唤醒的情绪水平显著高于“我”得益框架，“他人”得益唤起的情绪水平显著高于“他人”损失框架。研究深化了损益框架的效果研究，并提出改善健康传播效果的意见和建议。

关键词： 损益框架 损益主体 风险感知 情绪唤起 第三人效应

健康传播的社会实践源于社会发展中普及公共卫生知识的需要。然而学者发现掌握健康知识并不能确保人们的健康行为，因此在传播实践中，健康传播

* 张雯，传播学博士，中南财经政法大学新闻与文化传播学院讲师，研究方向为风险传播、网民行为；魏强，工学博士，江汉大学教育学院心理学系副教授，研究方向为认知神经。

的目的具有多样性，除了单纯的“知识传播”，致力于公众采纳健康行为的各种说服理论成为学科的理论核心。① 如何提高健康传播效果一直是媒体传播的重点，也是媒体应履行的责任。其中，公益广告是向公众宣传流行疾病知识及预防措施的主要手段之一，也担当着“危险提醒器”的角色。广告内容的不当不仅无法唤起公众健康意识、重塑健康行为，还可能导致公众风险感知偏差，甚至引发模仿不健康行为。值得注意的是，公益广告的健康传播策略及效果研究在国内受到的关注还远远不够，制约了其健康传播作用的发挥，影响了媒体社会责任的履行。本文将考察健康传播中最常用的损益框架效果，研究不同变量水平下的广告是否能有效唤起居民的情绪。作为效果研究，对探索健康公益广告、提高媒体传播效率具有理论和现实意义。

“损益框架”（gain-loss frame）是健康传播中常用的说服技巧，② 强调不同文本对同一风险的符号化再现如何影响受众的风险感知、政策偏向与健康行为。其最具代表性的理论认为，对同一风险行为描述，如果行为结果为获利，则人们倾向于保守行为，如果为遭遇损失，则人们倾向冒险行为。③ 因此，媒介在健康传播中常常使用恐惧诉求，倾向强调不健康行为后果，说服受众采纳健康行为。但随着健康实践的深入，这一论断目前尚有争议，部分研究认为损益框架对行为、态度影响无显著差异。④ 情绪中介效应研究的展开为损益框架说服效应相悖提供了解释可能。

框架说服效应产生的关键在于说服过程中唤醒的情绪反应，⑤ 特别是负面情绪：越恐惧或越令人厌恶的信息越能激起受众高水平的情绪反应（恶心或

① 贾鹤鹏、苗伟山：《科学传播、风险传播与健康传播的理论溯源及其对中国传播学研究的启示》，《国际新闻界》2017 年第 2 期。

② O'Keefe, Daniel J, Wu. “Gain-Framed Messages Do Not Motivate Sun Protection: A Meta-Analytic Review of Randomized Trials Comparing Gain-Framed and Loss-Framed Appeals for Promoting Skin Cancer Prevention”. *International Journal of Environment Research and Public Health*, Vol. 9, 2012, pp. 2121 – 2133.

③ Tversky A, Kahneman D. The framing of decisions and the psychology of choice. *Science*, Vol, 211, No. 4481 1981, p. 453

④ O'Keefe, D. J., & Jensen, J. D. (2006). The advantages of compliance or the disadvantages of noncompliance? A meta-analytic review of the relative persuasive effectiveness of gain-framed and loss-framed messages. *Communication Yearbook*, Vol 30, 2006, pp. 1 – 43.

⑤ Andrews J. C., Netemeyer R., Kees J., Burton S. How graphic visual health warnings affect youngsmokers' thoughts of quitting. *J Marketing Res* No. 5, 2014, pp. 165 – 183.

者厌恶)，越使个人改变行为。① 认知功能模型指出框架一旦激起了特殊情绪，这种情绪就会影响到随后的信息处理、感知、记忆甚至行为。② 因此，理解损益框架如何影响情绪是解释损益框架说服机制的关键。虽然大量研究论证了媒介框架对个体情绪激活效应及差异,③ 比如在政治和风险传播的研究中，情绪都被证明是影响行为与决定的重要因素，并且产生于行为之前。④ 但仅有少数研究测量了受众对损益框架的情绪反应，而且这些研究仅仅检验了损益框架对情绪的直接效应，忽略了其他能调节损益框架效应的变量，比如不同损益主体唤起的情感是否有差别？风险感知存在差异的个体对损益的理解是否相异？回答这些问题不仅能从理论上解释损益框架不同情境中的效应差异，还能够细化损益框架理论，并在健康传播或风险传播领域提供行之有效的说服策略。本研究设计完全组间实验拟检验损益主体、风险感知与损益框架是否存在三因素交互作用，共同调节损益框架在情绪上的唤醒效应。

一 文献回顾

（一）损益框架效果

框架概念起源于社会学与心理学，1980 年整合后运用于新闻大众传播学。⑤ 1974 年，社会学家戈夫曼指出框架是协助个体组织、解释日常事件的工具。⑥

---

① Kees J. , Burton S. , Andrews J. C. , Kozup J. Understanding how graphic pictorial warnings work on cigarettepackaging. *J Public Policy Mark* no. 29, 2010, 265 – 276.

② Nabi, R. L. , "Exploring the framing effects of emotion: Do discrete emotions differently influence information accessibility, information seeking, and policy preference," *Communication Research*, no. 30, 2003, pp. 224 – 247.

③ Nabi, R. L. , "Anger, fear, uncertainty, and attitudes: A test of the cognitive-functional model," *Communication Monographs*, *no.* 69, 2002, pp. 204 – 216.

④ Nabi, R. L. , "A cognitive-functional model for the effects of discrete negative emotions on information processing, attitude change, and recall," *Communication Theory*, no. 9, 1999, pp. 292 – 320.

⑤ D'Angelo, P. , "News framing as a multi paradigmatic research program: A response to Entman," *Journal of Communication*, no. 52, 2002, pp. 870 – 888.

⑥ Goffman, E. , *Frame analysis: An essay on the organization of experience*, (Boston: Northeastern University Press, 1974, pp. 21 – 40.

恩特曼指出："框架涉及选择、凸显、框架一件事，就是选择所感知的现实的某些方面，并使之在传播文本中更加突出，用这样的方式促成一个独特问题的界定、因果解释、道德评价以及如何处理的忠告。"①

因为个人无法完全理解世界，所以他们会运用图来对信息分类解释。② 大量经验研究证明了框架对受众信息处理、③ 态度认知、④ 行为倾向⑤产生影响。因为个体所做决定和行为会被逻辑上相同但语意上不同的信息所改变，⑥ 产生框架效应。⑦

为检验框架效应，效果研究中常常将框架按照效价分类，⑧ 即是支持框架还是反对框架，分别强调事件正面和负面。通过这种划分，可以清晰地测量人们的态度与行为是否取决于媒体框架。⑨ 损益框架被视作效价相反的典型框架，常用于风险传播和健康传播，解释相同风险信息不同呈现方式导致人们大相径庭的风险感知与行为的心理机制。

然而，研究者并未对损益框架说服效果达成一致结论。有研究者认为损益框架在说服效应上并不明显或两者间差异不显著。O'Keefe 和 Jensen 通过对

---

① Entman, R. M., "Framing: Toward clarification of a fractured paradigm," *Journal of Communication*, no. 43, 1993, pp. 51－58.

② Entman, R. M., "Framing: Toward clarification of a fractured paradigm," *Journal of Communication*, no. 43, 1993, pp. 51－58.

③ Valkenburg, P. M., Semetko, H. A., & de Vreese, C. H., "The effects of news frames on readers' thoughts and recall," *Communication Research*, 26 (1999): pp. 550－569.

④ Druckman, J. N., & Nelson, K. R., "Framing and deliberation: How citizens' conversations limit elite influence," *American Journal of Political Science*, 47 (2003): pp. 729－745.

⑤ Schemer, C., Wirth, W., & Matthes, J., "Value resonance and value framing effects on voting intentions in direct-democratic campaigns," *American Behavioral Scientist*, 56 (2012): pp. 334－352.

⑥ Kahneman, D., & Tversky, A., "Prospect theory: An analysis of decisions under risk," *Econometrica*, no. 4, 1979, pp. 263－291.

⑦ Entman, R. M., "Framing: Toward clarification of a fractured paradigm," *Journal of Communication*, no. 43, 1993, pp. 51－58.

⑧ Chong D, Druckman J N. Framing Theory. *Annual Review of Political Science*, vol. 10, no. 1, 2007, 103－126.

⑨ Chong D, Druckman J N. Framing Theory. *Annual Review of Political Science*, vol. 10, no. 1, 2007, 103－126.

165篇经验研究的元分析发现，损和益的表述形式没有产生显著说服效果差异。[①] 随后他们又对32个经验研究（共11814名被试）的元分析依然未发现两者间存在显著差异。[②] 但也有研究表明损益框架说服效果显著不同。[③]

为解释相悖的研究结论，研究者开始考察影响损益框架效应的调节变量。推荐行为的特性是研究者关注的焦点，并发现当被试感知行为难以执行时，框架间差异不显著，如果行为看起来较容易实行，那么损益框架间的说服差异便能显现。健康传播研究者进一步指出，如果是疾病预防（disease prevention）行为（比如健康锻炼、防晒等），框架间差异明显，得益框架的说服效果好于损失框架。[④] 而疾病检测（disease detection）行为（如癌症筛查）则框架间无显著差异。除此以外，包括并发症想象难易度，[⑤] 被推荐行为效能感知，[⑥] 健康动机，[⑦] 描述后果言语效价。[⑧] 然而，以上研究虽然解释了损益框架说服效应差异的部分原因，但仅仅关注了框架对行为或者意愿产生的直接效应。实际

① O'Keefe, D. J., & Jensen, J. D. (2006). The advantages of compliance or the disadvantages of noncompliance? A meta-analytic review of the relative persuasive effectiveness of gain-framed and loss-framed messages. *Communication Yearbook*, Vol 30, 2006, pp. 1 – 43.

② Daniel J. O'Keefe, & Xiaoli Nan. (2012). The relative persuasiveness of gain-and loss-framed messages for promoting vaccination: a meta-analytic review. *Health Communication*, 27 (8), 776 – 783.

③ van 't Riet, J., Ruiter, R. A. C., Werrij, M. Q., & de Vries, H. The influence of self-efficacy on the effects of framed health messages. *European Journal of Social Psychology*, no, *38*, 2008, 800 – 809. wvan 't Riet, J., Ruiter, R. A. C., Werrij, M. Q., & De Vries, H. Self-efficacy moderates message-framing effects: The case of skin-cancer detection. Psychology and Health, no. 25, 2010, pp. 339 – 349.

④ Rothman, A. J.; Salovey, P. Shaping perceptions to motivate healthy behavior: The role ofmessage framing. *Psychol. Bull.* 1997, 121, 3 – 19.

⑤ Broemer, P. (2004). Ease of imagination moderates reactions to differently framed health messages. *European Journal of Social Psychology*, 34, 103 – 119.

⑥ Bartels, R. D., Kelly, K. M., & Rothman, A. J. (2010). Moving beyond the function of the health behaviour: The effect of message frame on behavioural decision-making. *Psychology and Health*, 25, 821 – 838.

⑦ Nan, X. (in press). Communicating to young adults about HPV vaccination: Consideration of message framing, motivation, and gender. *Health Communication*.

⑧ O'Keefe, D. J., & Jensen, J. D. (2006). The advantages of compliance or the disadvantages of noncompliance? A meta-analytic review of the relative persuasive effectiveness of gain-framed and loss-framed messages. *Communication Yea*.

上，心理学家正在探索面对健康风险时受众潜在心理结构对行为的影响，① 认为行为的发生并非依靠数理知识计算风险发生概率以及对潜在损失冷静地判断，情绪唤醒是行为发生的前置环节。② 那么，损益框架说服效应是否取决于信息唤起的情绪效价和水平？厘清损益框架情绪效应是解释损益框架行为效应的前提。

（二）损益框架与情绪

情绪被认为是“心理状态的感情过程中的激烈的搅乱，是短暂且直接指向外部刺激的”。③ 心理学家将情绪看作一个系统，是多成分组成、多维度结构和多水平整合，并为有机体生存适应和人际交往而同认知互交作用的心理活动过程和心理动机力量。情绪的二维理论框架将情绪划分为效价（正面/负面）以及唤醒度（由弱到强）两个维度。④ 框架研究者证明了框架既能影响情绪效价或类型，同时能唤醒不同水平的情绪。比如片段式框架或者冲突框架比其他框架更能唤起紧张且高水平的情绪，⑤ 强调二手烟负面影响的主题框架引发更强的负面情绪。⑥

情感理解理论（affective intelligence）以及评价理论（appraisal theory）经常被用来解释框架在情绪层面产生的效应。情感理解理论认为，人们行为和习惯产生基于两个情感系统——倾向和观测系统。倾向系统监视行为与习惯，当遭遇未知领域的时候，启动观测系统，两者共同决定行为过程。评价理论指出

---

① Slovic P, Risk perception. *Science*, Vol. 236, 1987, pp. 280 – 285.

② Kühne, R., & Schemer, C., “The emotional effects of news frames on information processing and opinion formation,” *Communication Research*, 42 (2015): pp. 387 – 407.

③ Nabi, R. L., “Exploring the framing effects of emotion: Do discrete emotions differently influence information accessibility, information seeking, and policy preference,” *Communication Research*, no. 30, 2003, pp. 224 – 247.

④ Lang, P. J. 1980. Behavioral treatment and bio-behavioral assessment: Computer applications. In J. B. Sidowski, J. H. Johnson, & T. A. Williams (Eds.), *Technology in mental health care delivery systems*. Ablex: Norwood, NJ.

⑤ Aaroe L. 2011. Investigating frame strength: The case of episodic and thematic framing. *Political Communication*, 28 (2), 207 – 226.

⑥ Goldman, L. K., & Glantz, S. A. (1998). Antismoking advertising campaigns for youth—reply. *Journal of the American Medical Association*, 280 (4), 323 – 324.

情绪状态的发展依赖个人对事件的主观评价，产生何种情绪取决于人们对事件的评价。① 无论是哪一个理论均否认了将认知和情绪分离的传统两分做法，情感过程是人们面对情境做出决定中的关键步骤。②

大量研究论证了媒介框架对个体情绪激活效应及其差异，但只有很少的研究考察了损益框架对受众情绪的影响。Lu（2015）对环境问题引起的海星萎缩病的报道进行了实验，发现损失框架将引起悲伤情绪，从而改变受众的信息查找行为和政策支持态度。③ 一般而言，损失框架会带来负面情绪，得益框架则会激起正面情绪。政治传播的经验研究也论证了损失框架会引发愤怒、恐惧或者焦急的负面情绪，从而产生负面或消极政治行为。④ 而获益框架则会激发希望、满意以及热情等正面情绪，引发积极的政治参与行为。⑤ 在情绪唤醒度上，研究者认为在文字交流中，人们会更加偏向于损失框架，并且引发更高水平的情绪。人们无法认出积极框架并且评价积极情绪为中立，但更注意消极情绪，且对自己这种偏见无意识，新媒体交流中也发现同样现象存在。⑥

以上研究都证明了一个基本假设，即认为损或者益会显著影响个人情绪，但尚不清楚损益主体的变化是否调节情绪唤醒水平。评价理论指出当客观事物或情境不符合主体需要和愿望时，会产生更强烈的情绪。如果人们对自己损益和他人损益抱有主观认知偏见的话，针对不同损益主体唤起的情绪水平则可能

---

① Gross, K. 2008. Framing persuasive appeals: Episodic and thematic framing, emotional response, and policy opinion. *Political Psychology*, 29, 169 – 192.

② Lecheler, S. , Schuck, A. R. T. , & Vreese, C. H. D. (2012) . Dealing with feelings: positive and negative discrete emotions as mediators of news framing effects. *Meeting of the International Communication Association*, *Sheraton Phoenix Downtown*, *Phoenix*, *Az*, *May*. International Communication Association.

③ Lu H. The Effects of Emotional Appeals and Gain Versus Loss Framing in Communicating Sea Star Wasting Disease [J] . Science Communication: Linking Theory and Practice, 2016, 38 (2): 143 – 169.

④ Huddy, L. , Feldman, S. , & Cassese, E. 2007. On the distinct political effects of anxiety and anger. In W. R. Neuman, G. E. Marcus, & A. N. Crigler (Eds.), *The affect effect*: *Dynamicsof emotion in political thinking and behavior* (pp. 202 – 230) . Chicago: Chicago University Press.

⑤ Brader, T. 2005. Striking a responsive chord: How political ads motivate and persuade votersby appealing to emotions. *American Journal of Political Science*, 49, 388 – 405.

⑥ Walther JB. , & D'Addario. K (2001) The impacts of emotions on message interpretation in computer-mediated communication, *Social Science Computer Review*, 19 (3), 324 – 347.

出现差异。

那么，人们对不同主体是否存在损益概率偏见呢？第三人效应理论相关研究为此提供启示。经典第三人效应指出人们倾向认为传播信息对他人的影响高于对自己的影响，[①] 因为人类本能倾向感知自己高人一等，比他人聪明，且更好运。[②] 这种自我美化偏见使人们认为他们更能抵抗媒介。进一步的研究发现具有负面情绪特征的信息或者不符合社会赞许的信息，第三人效应会更加明显；而如果媒介内容是有益的，或获得回报，则人们认为该媒介内容对自己影响比他人更大，发生第一人效应。[③] Neil D Weinstein 将此效应归因于人们的乐观偏见，即人们认为负面事件（损失）更容易发生在别人身上，而积极事情（获益）更容易发生在自己身上。[④]

基于以上第三人效应与评价理论，本文推测损益主体调节损益框架在情绪层面的效应。当损益与“我”相关的时候，损失框架比获益框架激发的情绪更强，当信息与他人相关的时候，获益框架比损失框架唤醒情绪水平更高（H）。这一假设背后的逻辑是，人们情绪的唤起水平取决于信息内容与主观认知间的差异。与之相关的研究已证明新闻框架与受众认知间的差异是影响民众情绪的关键因素。[⑤] 当信息与自己相关时，人们主观认为积极的事情更容易发生在自己身上，损失框架更不符合认知，损失框架产生的认知差更大，唤起更高情绪水平。反之，如果信息与他人相关，获益框架产生的认知差则更大，因为与损失相比，获益发生在他人这一情境更不符合主观认知，获益框架反而唤起更高的情绪水平。实际上，疫苗接种研究发现为当宣传广告中的主角是孩子时，损失框架更能激发接种行为的发生，因为广告展现的损失

---

① Perloff, Richard M. (2009), "Mass Media, Social Perception, and the Third-Person Effect," in Media Effects: Advances in Theory and Practice, Jennings Bryant, and Mary Beth Oliver, eds., New York: Routledge, 252 –68.

② Gunther A C, Mundy P. Biased Optimism and the Third-Person Effect [J]. Journalism & Mass Communication Quarterly, 1993, 70 (1): 58 –67.

③ Hoorens, V., & Ruiter, S. (1996). The optimal impact phenomenon: beyond the third person effect. *European Journal of Social Psychology*, 26 (4), 599 –610.

④ Weinstein, Neil D. (1980). Unrealistic optimism about future life events. *Journal of Personality and Social Psychology*, 39 (5), 806 –820.

⑤ 余红、张雯：《媒体报道如何影响风险感知：以环境风险为例》，《新闻大学》2017 年第 6 期。

与本以为疾病不会发生在自己孩子的本能认知之间的差距唤醒高水平恐惧情绪。①

除了损益主体与损益框架在情绪影响上可能存在交互作用，风险感知同样被证明是影响情绪的重要变量，不仅具有单独效应还和其他变量产生交互效应。Sitkin 等把风险感知定义为个体评估情境有多大风险性，包括评估情境不确定性程度的概率估计、不确定性有多少可控制性以及对这些估计的信心度。② 受众对风险事件的评价是带有个人性的，对待同一种风险，个体间风险感知存在差异。③ 风险感知与情绪之间存在显著相关性。④ 风险感知越高，个人觉得越无法控制风险，唤起更高负面情绪（恐惧，厌恶）水平；风险感知低的人，则认为自己有能力控制风险，情绪唤起水平较低。有学者研究了风险感知水平对框架效应的调节水平。Steafania 研究大灾难报道，发现负面框架和正面框架对恐惧情绪的唤起效应受到个人风险感知的影响。⑤ Terpstra（2014）研究了泛洪风险，发现当人们处于高风险感知时，风险框架唤醒的负面情绪导致积极风险信息寻找行为；而处于低风险感知时，框架效应并不显著。⑥ 这与部分学者认为框架效应不会发生在风险感知较低的被试上的结论一致。⑦ 在损益框架的说服研究中，研究者同样发现面对高风险疾病的检测行为，损失框架

① O'Keefe, Daniel J, Wu. "Gain-Framed Messages Do Not Motivate Sun Protection: A Meta-Analytic Review of Randomized Trials Comparing Gain-Framed and Loss-Framed Appeals for Promoting Skin Cancer Prevention". *International Journal of Environment Research and Public Health*, Vol. 9, 2012, pp. 2121 - 2133.

② Sitkin, S. B., & Weingart, L. R. Determinants of risky decision-making behavior: A test of the mediating role of perceptions andpropensity. Academy of Management Journal, 1995, 38: 1573 - 1592.

③ the role of emotion.

④ an emotion based model of risk perception and stigma susceptibily.

⑤ Balzarotti, S., & Ciceri, M. R. (2014). News reports of catastrophes and viewers' fear: threat appraisal of positively versus negatively framed events. *Media Psychology*, 17 (4), 357 - 377.

⑥ Terpstra T, Zaalberg R, de Boer J, Botzen WJW. You havebeen framed! How antecedents of information need mediatethe effects of risk communication messages. Risk Analysis, 2014; 34 (8): 1506 - 1520.

⑦ Rothman AJ, Bartels RD, Wlaschin J, Salovey P. The strategic use of gain-and loss-framed messages to promote healthy behavior: How theory can inform practice. Journal of Communication, 2006; 56 (Suppl.): 202 - 220.

说服效果显著高于得益框架。① 可以推测，高风险感知和低风险感知的个体面对损益框架的情绪反应有所不同。

二　研究假设与问题

情绪是影响行为和态度的重要变量，情绪唤醒水平越高，越容易改变态度和行为，激活水平越低，则越难以发生改变。一些研究单独论证了损益框架、风险感知对受众情绪的影响。② 仅有少数研究考察了损益框架与损益主体、损益框架与风险感知的交互效应。几乎没有研究考察三者在情绪层面的交互作用。本研究拟通过检验受众的风险感知高低以及损益主体如何影响损益框架在情绪变量的作用，更深一步解释损益框架效应的发生机制。本研究主要回答：

受众风险感知高低和损益主体是自己还是他人如何共同调节损益框架在情绪上产生的效应？

具体来说，拟验证以下假设（见表1）。

假设1：对高风险感知的被试，与他人损失框架相比，他人的获益框架更容易激活高水平情绪。

假设2：对高风险感知的被试，与自己获益框架相比，自己损失框架更容易激活高水平情绪。

根据风险感知的定义，具有高风险感知的被试认为风险更加可怕、难以控制，以及带来损失严重，并且更加注意损失框架。第三人效应理论指出风险损失更不可能发生在“我”身上，而获益更容易发生在“我”身上，“我”损的框架比“我”益的框架产生更大的认知的差距，唤起更强的情绪水平。然而，当风险与他人相关的时候，获益框架比损失框架唤醒情绪水平更高，因为比起损失，获益发生在他人身上更不符合主观认知。

---

① O'Keefe, D. J. , & Jensen, J. D. (2006) . The advantages of compliance or the disadvantages of noncompliance? A meta-analytic review of the relative persuasive effectiveness of gain-framed and loss-framed messages. *Communication Yearbook*, Vol 30, 2006, pp. 1 –43.

② Salovey P, Schneider TP, Apanovitch AM. Message framing in the prevention and early detection of illness. Ppp. 391 –406 in Dillard JP, Pfau M (eds) . The Persuasion Handbook: Developments in Theory and Practice. Thousand Oaks, London, New Dehli: SAGE Publications, 2002.

然而对于低风险感知，并未发现损益框架间存在对情绪的显著效应。因此：

假设3：对低风险感知的被试，损益框架与损益主体在情绪上的交互效应不显著。

表1 研究假设

研究假设	风险感知	损益主体	损益框架	情绪水平
H1	高感知	“他人”	损失	低
			得益	高
H2		“我”	损失	高
			得益	低
H3	低感知	“他人”	损失	无显著差异
			得益	无显著差异
		“我”	损失	无显著差异
			得益	无显著差异

三 研究方法

（一）被试

本次实验选取180名全日制在读本科生作为被试，年龄范围在19～22岁（M = 19.51，SD = 1.50）。其中男性102名，女性78名。被试有着不同的学科背景，包括传播学、机械、物理与信息、体育学以及经济学。所有被试均为右利手，身体及身心健康状况良好，无脑部损伤病史，视力或矫正视力正常，无色盲或色弱。所有的被试都来自江汉大学，均自愿无偿参加实验。

（二）实验材料

本次实验选用四段不同类型的禁烟主题的公益广告视频片段作为刺激材料，并在每段公益广告播放之前插入一段从同一部内容中性、不易引起被试较大情绪波动的风景纪录片中剪辑出的视频片段使被试调解状态，保证被试处于自然平静状态下观看广告视频。

刺激材料视频的剪辑分为以下几个步骤：首先，由三名大学本科生组成一组，主要从网络公益广告素材库中选出 28 个最初的刺激（共四种类型，每种类型各 7 个片段）。然后，这些刺激被另外三名大学本科生进行独立评估，使用李克特五点量表对视频的框架进行评分。每一种评分最高的前 3 个刺激被选为备选材料，最后得到 12 个刺激。之后，根据被试评估者的建议，再选出 4 个额外的公益广告视频剪辑（四种类型，每种类型片段各一个）。另由不同的五名学生对这一共 16 个刺激进行评分，选出框架主体和损益认知度最接近的 12 个视频剪辑。对于每一种视频剪辑，选择了对应认知度最高等级的一个视频剪辑，共 4 个视频剪辑。所有评估者均为来自江汉大学心理系的学生，他们对情绪唤醒度概念具有良好的背景知识（见表 2）。

表 2　实验材料

条件	获益框架	损失框架
内容为对第三人的影响	无烟环境对他人的好处	二手烟对他人的危害
内容为对自己的影响	不吸烟对自己的好处	吸烟对自己的危害

本次实验中选取了四个以“禁烟”为主题的公益广告视频作为公益广告的代表来作为实验素材，其一是为了进行控制变量，确保实验所产生的变化不是因为广告主题内容等无关变量因素导致的；其二是由于目前已有的关于“禁烟”主题的公益广告本身较为适合分为不同损益主体及框架类别，符合实验的要求；其三是由于现实条件所限，短时间内无法找到更多的被试来进行其他主题的公益广告宣传效果的实验。

本次实验中所选取的所有公益广告均为所有被试之前未曾看过的广告，以保证实验结果的准确性。（四个视频片段如图 1 至图 4 所示）

（三）实验过程与设计

此次实验为 2 × 2 × 2 的被试间实验设计，三个自变量分别是（1）框架（损失框架 vs 获益框架）；（2）损益主体（自己 vs 他人）以及（3）风险感知（高感知 vs 低感知）。因变量是情绪唤起水平。其中前两个自变量的每一个水平对应一个公益广告视频剪辑片段。

图 1　内容为自己损失资料来源

图 2　内容为他人得益

图 3　内容为他人损失

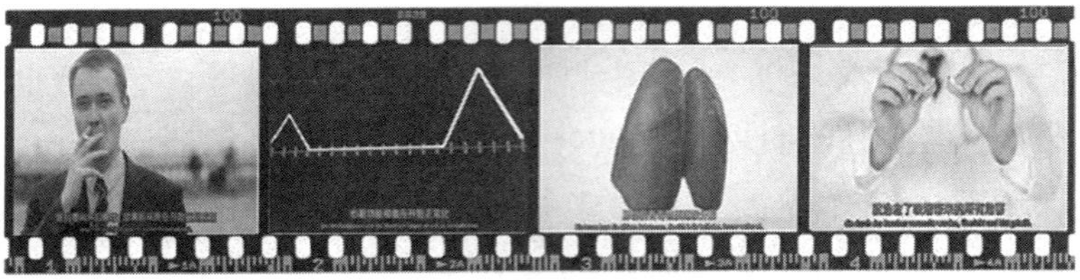

图 4　内容自己得益

被试共分为四组，每组被试观看一个视频片段，每个片段包括一段风景纪录片和一种类型的公益广告。当被试看完视频片段时，将被要求填写一份关于所观看广告视频片段的问卷，问卷采用李克特五点量表的形式，要求被试报告对于刚刚所观看的广告视频进行相关评判，并对自己的行为意愿做出表述。

（四）变量测量

风险感知的测量参考风险感知的测量参考斯洛维克的研究，由 4 个题项组成，分别为直觉该风险的可怕性、可控性、致命性和灾难性程度，被试需要在 5 点量表上指出他们的同意程度（1 = 完全不同意，5 = 非常同意）。感知量表的克朗巴哈信度系数为 0. 88。

情绪操作为广告激起被试的情绪反应。情绪测量参考 Kühne 和 Schemer、Nabi 的情绪量表结合实验刺激设计了 5 个题项。被试需要在 5 点量表上指出他们的同意程度（1 = 完全不同意，5 = 非常同意）。情绪量表的克朗巴哈信度系数为 0. 78。

对广告的态度作为控制变量，设计了两个问题询问被试对广告的兴趣与好感度，需要他们在 5 点量表上指出他们的同意程度（1 = 完全不同意，5 = 非常同意）。情绪量表的克朗巴哈信度系数为 0. 86。

问卷的最后，要求被试对人口变量（性别、年龄）进行报告，并询问了他们对实验目的的猜测。

（五）统计分析方法

使用方差分析检验风险感知、损益主体和框架类型对被试的情绪影响是否存在交互效应。自变量为风险感知水平、框架类型以及损益主体，广告唤起情绪水平为因变量。另外，性别与对广告的态度被视作控制变量同时纳入模型。为检验假设，将对八种条件进行事后检验。

四　结果

（一）对情绪唤起水平的影响

结果显示框架类型、损益主体与风险感知的三因素交互显著调节受众对广告的情绪，并且受众对广告的态度显著影响其情绪，框架类型与损益主体的交互效应边缘显著影响情绪，如表3所示。

统计检验结果表明自变量框架类型、损益主体和风险感知结合显著影响受众对广告的情绪。控制变量性别、广告态度校正效应，控制变量中，只有广告态度显著影响情绪，并且对广告态度越正面，则唤醒的情绪水平越高。F（33.15，1）=31.037，P<0.000，偏 $\eta^2=0.06$

表3　框架类型、损益主体、风险感知对情绪影响的三因素方差模型（N=173）

自变量	F	P	偏 η^2
性别	1.526	.218	.009
广告态度***	31.037	.000	.060
框架类型	.657	.419	.004
损益主体	2.126	.147	.013
风险感知	1.431	.233	.009
框架类型*损益主体@	2.747	.099	.017
框架类型*风险感知	.028	.867	.000
损益主体*风险感知	.000	.995	.000
框架类型*损益主体*风险感知**	6.996	.009	.041
$R^2=.262$			
调整 $R^2=.222$			
N=173			

（二）假设检验

图5展示了框架类型、损益主体与风险感知对受众广告的情绪的影响。高风险感知和低风险感知组的框架类型与框架对象对情绪影响的检验模型如表4，表5所示，表6呈现了事后检验的结果。

根据假设1，高风险感知的被试当观看以他人为主体的影片时，获得框架对情绪的影响高于损失框架对情绪的影响。事后检验证实了这个假设，获得框架对情绪的影响显著高于损失框架。

假设2同样被证实，对于高风险感知被试，当观看以自己为主体的影片时，损失框架对情绪的影响显著高于获得框架。

被试共分为四组，每组被试观看一个视频片段，每个片段包括一段风景纪录片和一种类型的公益广告。当被试看完视频片段时，将被要求填写一份关于所观看广告视频片段的问卷，问卷采用李克特五点量表的形式，要求被试报告对于刚刚所观看的广告视频进行相关评判，并对自己的行为意愿做出表述。

（四）变量测量

风险感知的测量参考风险感知的测量参考斯洛维克的研究，由 4 个题项组成，分别为直觉该风险的可怕性、可控性、致命性和灾难性程度，被试需要在 5 点量表上指出他们的同意程度（1 = 完全不同意，5 = 非常同意）。感知量表的克朗巴哈信度系数为 0. 88。

情绪操作为广告激起被试的情绪反应。情绪测量参考 Kühne 和 Schemer、Nabi 的情绪量表结合实验刺激设计了 5 个题项。被试需要在 5 点量表上指出他们的同意程度（1 = 完全不同意，5 = 非常同意）。情绪量表的克朗巴哈信度系数为 0. 78。

对广告的态度作为控制变量，设计了两个问题询问被试对广告的兴趣与好感度，需要他们在 5 点量表上指出他们的同意程度（1 = 完全不同意，5 = 非常同意）。情绪量表的克朗巴哈信度系数为 0. 86。

问卷的最后，要求被试对人口变量（性别、年龄）进行报告，并询问了他们对实验目的的猜测。

（五）统计分析方法

使用方差分析检验风险感知、损益主体和框架类型对被试的情绪影响是否存在交互效应。自变量为风险感知水平、框架类型以及损益主体，广告唤起情绪水平为因变量。另外，性别与对广告的态度被视作控制变量同时纳入模型为检验假设，将对八种条件进行事后检验。

四　结果

（一）对情绪唤起水平的影响

结果显示框架类型、损益主体与风险感知的三因素交互显著调告的情绪，并且受众对广告的态度显著影响其情绪，框架类型与损益主体的交互效应边缘显著影响情绪，如表 3 所示。

统计检验结果表明自变量框架类型、损益主体和风险感知结合显著影响受众对广告的情绪。控制变量性别、广告态度校正效应，控制变量中，只有广告态度显著影响情绪，并且对广告态度越正面，则唤醒的情绪水平越高。F（33.15，1）=31.037，P<0.000，偏 η^2=0.06

表 3　框架类型、损益主体、风险感知对情绪影响的三因素方差模型（N=173）

自变量	F	P	偏 η^2
性别	1.526	.218	.009
广告态度***	31.037	.000	.060
框架类型	.657	.419	.004
损益主体	2.126	.147	.013
风险感知	1.431	.233	.009
框架类型＊损益主体@	2.747	.099	.017
框架类型＊风险感知	.028	.867	.000
损益主体＊风险感知	.000	.995	.000
框架类型＊损益主体＊风险感知**	6.996	.009	.041
R^2=.262			
整 R^2=.222			
73			

假设检验

框架类型、损益主体与风险感知对受众广告的情绪的影响。高

知组的框架类型与框架对象对情绪影响的检验模型如表

了事后检验的结果。

知的被试当观看以他人为主体的影片时，获得框架

情绪的影响。事后检验证实了这个假设，获得框

感知被试，当观看以自己为主体的影片

获得框架。

节受众对广

381

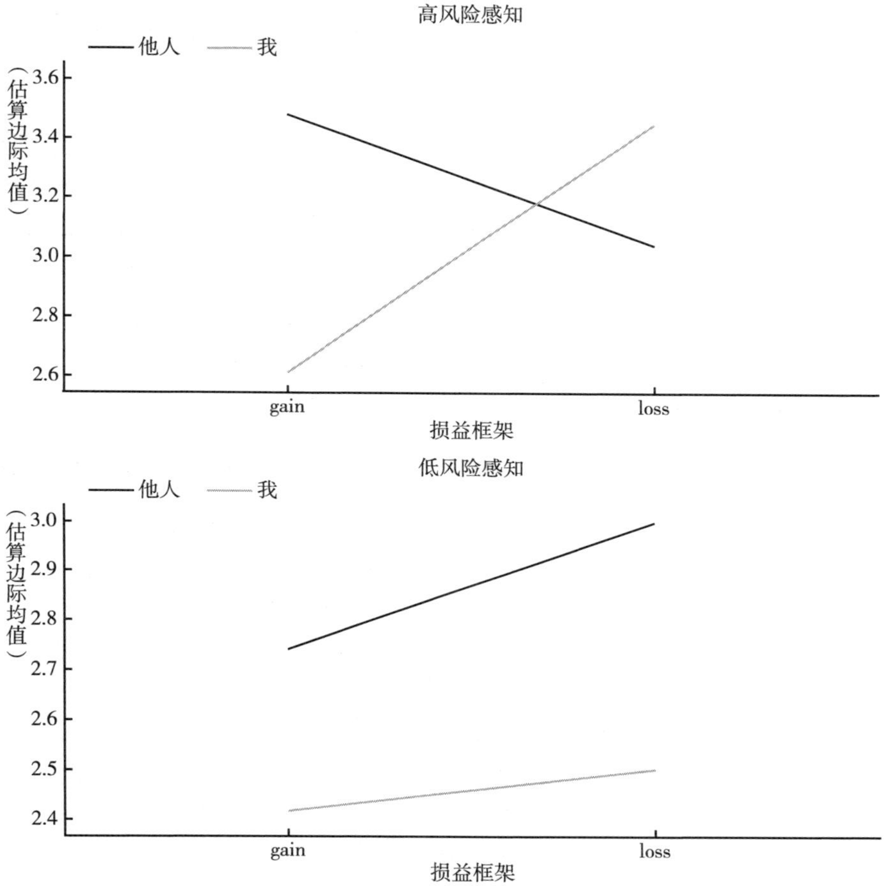

图 5　两水平风险感知下的损益主体与框架类型的交互

假设 3 也被证明，即对于低风险感知被试，框架类型与损益主体并不产生交互作用。

表 4　高风险感知下损益主体与损益框架对情绪影响的两因素方差模型

自变量	F	P	偏 η^2
性别	.500	.496	.005
广告态度 ***	17.802	.000	.165
框架类型	.530	.469	.006

续表

自变量	F	P	偏 η^2
损益主体	.772	.382	.009
框架类型×损益主体***	10.981	.001	.109
R^2 =.235			
调整 R^2 =.193			

表 5　低风险感知下损益主体与损益框架对情绪影响的两因素方差模型

自变量	F	P	偏 η^2
性别	1.280	.226	.018
广告态度***	12.601	.001	.151
框架类型	.117	.733	.002
损益主体	1.490	.226	.021
框架类型×损益主体***	.489	.487	.007
R^2 =.205			
调整 R^2 =.149			

表 6　事后两两检验

风险感知	损益主体	框架类型	M	SD	P
高风险感知	他人	损失框架	2.968	0.215	***
		得益框架	2.537	0.226	
	自己	损失框架	3.505	0.210	***
		得益框架	2.598	0.247	
低风险感知	他人	损失框架	2.959	0.267	no. sig
		得益框架	2.677	0.234	
	自己	损失框架	2.443	0.355	no. sig
		得益框架	2.536	0.219	

五　讨论与解释

框架合理使用是提高公益广告效果的关键。近年来，情绪在框架说服作用中扮演的角色越来越受到重视。① 本研究沿此脉络考察损益框架的情绪唤起效应以加深对损益框架效果的理解。以框架类型（损失/获益）、损益主体（自己/他人）和风险感知水平（高/低）为自变量，采取完全组间实验检验三者的交互如何影响损益框架的情绪唤起效果。结果显示（1）传播信息中的框架类型、损益主体和受众风险感知水平对受众情绪唤起的影响上存在三因素交互作用。进一步检验表明（2）对于风险感知水平高的受众，损益主体调节损益框架的情绪唤醒效应；而对于风险感知水平低的受众，损益主体和框架类型的简单两因素交互作用不显著。简单单独效应分析结果显示（3）对于具有高风险感知水平的受众来说，自己损失信息唤起的情绪显著高于自己获益唤起的情绪，而他人获益信息唤醒的情绪显著高于他人损失唤起的情绪。假设均被证明。

损益框架的情绪唤起效应水平依赖于损益主体以及受众风险感知水平的高低程度，因此考察损益框架效应时，必须考虑到其他因素的不同水平。在一定程度上解释了损益框架说服效应研究中相悖的原因。

首先，受众个体风险感知差异显著影响损益框架效应。实验结果表明损益主体对框架效应的调节效应仅仅显著作用于高风险感知的个体，这一结论与前人的结论相一致并理论上基于前景理论可以推出。前景理论成立的前提在于对风险的认知，如果受众并不认为某一行为有风险或并不认可风险，那么关于这一行为带来的损益信息也难以被接受，自然不会产生显著框架效应；而对于风险感知高的个体则相反。除此以外，这一结论进一步解释了为什么个体特征能调节损益框架效应。前人研究证明了不同个体之间对同种风险存在巨大的感知差异，受到性别、收入、年龄、学历、宗教信仰等人口统计因素的影响。比如女性、年长者以及教育水平低的个体往往比男性、年轻者以及有着高水平教育的个体有着更高的风险感知。② 那么，风险感知可能是个人因素与损益框架效应之间的中介变量。Daniel 在考察损益框架在皮肤癌风险的防晒预防说服效应时发现受众性别显著调节损益框架效应，女性被试的框架效应显著，而男性被

① Gross, K. 2008. Framing persuasive appeals: Episodic and thematic framing, emotionalresponse, and policy opinion. *Political Psychology*, 29, 169 - 192.

② 余红、张雯：《媒体报道如何影响风险感知：以环境风险为例》，《新闻大学》2017 年第 6 期。

试则不然。[①] 可以推测，对于皮肤癌这一日照风险，女性比男性有更高的风险感知，调节了损益框架的效应。因此，在考察个人因素对框架效应影响的时候需要考虑到个人因素与风险感知的关系。另外，这一结论可以从侧面解释损益框架对某些接种说服行为或者某些类别的风险是有效的，而对某些无效。研究者发现损益框架对人乳头瘤病毒（HPV）接种说服行为更有效，而对流感则无效，推测人们对于流感的风险感知更低，降低了损益框架的效应。[②]

其次，对风险感知高的受众，损益主体显著调节损益框架情绪唤起效应。在损益主体为“自己”这一水平上，损失情绪唤起水平显著高于获益。这一结论和大部分以高风险健康行为为对象的损益框架研究结论相同。当人们面对损失的时候，有风险行动，面对得益的时候，呈现保守的风险规避行为。另外，较少有研究在损益主体为他人这一水平上进行研究。本研究结论在这一水平上提供了显著的结果，他人获益的信息比他人损失的信息唤醒更高的情绪水平。这一结论与少量接种说服行为的研究结论相反，当接种对象为孩子（他人）的时候，损失框架（“如果不接种，你的孩子将可能面临疾病困扰”）的说服效果显著高于获得框架（“如果接种，你的孩子将免于疾病困扰”）。我们认为出现差异的原因在于父母与孩子的关系，和自己与第三人之间的差别。父母对孩子有天然的特殊的责任感，因此，当孩子受到伤害的时候，会唤醒父母高度的内疚、后悔的情绪，[③] 这种情绪更容易引起行为的改变。而个体对于第三人（他人）比起责任感而言，更希望去保护他人，如救世主般，因此获益框架（“如果不抽烟，降低了老人患心血管和癌症的概率”）可能比损失框架（“二手烟增加了老人患心血管和癌症的概率”）更容易唤醒人们保护了他人的自豪情绪。因此，受众与损益主体间关系影响损益框架激发的情绪类别和强度。

---

① O'Keefe, Daniel J, Wu. “Gain-Framed Messages Do Not Motivate Sun Protection: A Meta-Analytic Review of Randomized Trials Comparing Gain-Framed and Loss-Framed Appeals for Promoting Skin Cancer Prevention”. *International Journal of Environment Research and Public Health*, Vol. 9, 2012, pp. 2121 – 2133

② Daniel J. O'Keefe, & Xiaoli Nan. (2012). The relative persuasiveness of gain-and loss-framed messages for promoting vaccination: a meta-analytic review. *Health Communication*, 27 (8), 776 – 783.

③ Daniel J. O'Keefe, & Xiaoli Nan. (2012). The relative persuasiveness of gain-and loss-framed messages for promoting vaccination: a meta-analytic review. *Health Communication*, 27 (8), 776 – 783.

六 对策展望与不足

健康传播目的在于促进健康信息的传播和健康行为的采纳。（科学）如何通过媒介信息说服公众采纳健康行为是健康传播的初衷和旨趣之一，更是媒体的责任。目前我国的健康公益广告在健康传播策略中还存在很多不足，研究发现可以通过以下几个方面改进公益广告的传播效果。

第一，加强对低风险感知人群的针对性传播，纠正风险感知偏差。虽然大量的经验研究认为，损失框架引发的负面情绪，特别是恐惧情绪能使受众产生压力，进而会采纳健康行为消除恐惧心理，或者收益框架激发的乐观情绪能促使受众行动。① 但如果受众个体对风险的感知较低或者此风险并未被受众充分认识的话，说服宣传可能不但没有效果，还会诱导模仿行为，带来相反效果。② 因此媒体在创制公益广告时，首先应该对健康风险进行充分说明，纠正普遍存在的错误观念和认知偏见，保证低风险感知人群对疾病或者行为风险有全面认知。实际上，公益广告往往没有明确的目标人群，低风险感知人群如男性、年轻者等不太容易被广告所打动，减弱广告效果。

第二，损益框架和损益主体的合理搭配。虽然健康传播中，损失框架往往被证明比得益框架效果更好，媒体倾向采用恐惧诉求进行说服宣传。但并不是在任何情况下损失框架都有最好的情绪唤起效应，而且有时唤起的负面情绪反而使受众无动于衷。③ 损益主体是调节损益框架效果的重要变量。如果损失主体是“自己”，使用损失框架更能唤醒情绪，激发“保护自己”的健康行为；如果损失主体是“他人”，那么使用获益框架能唤起更高的情绪。特别是如抽烟、酒驾等有明确行为对象的行为，行为主体（抽烟者或酒驾者）往往有较低的风险感知，认为风险发生在自己身上的概率低，因此可以考虑他人获益框架的使用。当然框架对行为的影响还需进一步检验。

---

① Chadwick, A. E., "Toward a theory of persuasive hope: Effects of cognitive appeals, hope appeals, and hope in the context of climate change," *Health Communication*, 30 (2015): pp. 598 – 611.

② 陶鹤山：《第三人效应理论：传播效果研究的新视角》，《国际新闻界》2001 年第 4 期。

③ Chadwick, A. E., "Toward a theory of persuasive hope: Effects of cognitive appeals, hope appeals, and hope in the context of climate change," *Health Communication*, 30 (2015): pp. 598 – 611.

本研究同时存在一些局限性。首先，个体风险感知差异与损益框架间的关系需要更细致考察。本研究虽然证明了风险感知水平的高低调节损益框架效应，且高风险显著调节损益框架效应，这虽然与前人研究基本一致，但也有学者指出中等风险感知对框架效果的调节最为显著。因此未来研究需要将风险感知进行更多水平的划分，因为其与框架效应的关系可能为倒 U 曲线，风险感知高于某一阈值后，人们产生行为无助认知，损益框架效应可能并不显著。

其次，受众与损益主体间的距离如何调节损益框架效应需进一步验证。受众与损益主体之间的距离是损益框架情绪唤起的关键。本文论证了当距离为零的时候（损益者为本人）与距离较远的时候（损益者为他人），损益两种类型框架的情绪唤醒效应不同。而疫苗接种的前人研究中，当受众为父母的时候，如果接种者为孩子，损失框架效应显著高于获益框架，父母与孩子的距离也非常近。所以推测面对高风险时，当受众与损益对相间的距离近的时候，损失框架效应高于获益框架，反之则获益框架效应高于损失框架。这需要未来研究去验证并解释心理机制。

最后，本文主要考察框架在情绪层面的效应如何被调节，未来研究需要考察框架—情绪—行为（态度）的完整路径，特别在情绪变量上，除了唤醒水平以外，情绪的类别也许纳入模型，更全面的情绪分析能更清晰地解释损益框架说服效应，为未来健康传播提供策略。

B.22

博弈论视角下中国控烟运动的媒体策略

——基于郑州“电梯劝烟猝死案”的媒体考察

马 旭 余 红*

摘 要： 控烟运动在中国语境中是一个处境尴尬的话题。在国际形象、公共健康与经济利益的天平上，各级政府、烟草企业、控烟组织、媒体和公众等多元主体参与形成了复杂的博弈场。其中媒体往往被认为是博弈平台或动能有限的角色。而新媒体信息生态和社会网络结构的转变给媒体带来了新的权力空间。新旧媒体通过互激循环和联结动员等策略，实现了控烟议题从“私”到“公”的话语转变，并通过同义反复的词条传播，将控烟议题相关案件固化为文化模因（meme），从而将控烟议题置于更加广泛的公共领域讨论中。本文以“电梯劝烟猝死案”为例，探讨了媒体的行动逻辑，以及在推动控烟运动中发挥的作用，提出非正式社会控制与正式社会控制合纵联盟的可能性。

关键词： 博弈论 社会控制 控烟运动 媒体策略

* 马旭，华中科技大学新闻与信息传播学院博士生，研究方向为网络与新媒体，健康传播。余红，华中科技大学新闻与信息传播学院教授，博士生导师，主要研究方向为风险传播、新媒体与社会、网络舆情。

一 问题的提出

作为世界上最大的烟草生产国和消费国，中国的烟草产量约占全球的40%，消费量约占全球的1/3。每天有超过3亿中国公民在吸烟。我国室内工作场所二手烟暴露比例为63.3%，7.4亿不吸烟者也正遭受着二手烟的危害，是WHO评估中无烟环境执行情况的最后一名。[①] 尽管“吸烟有害健康”已经成为公认常识，且中国政府早在2003年签署了世界卫生组织《烟草控制框架公约》，但由于烟草行业是中国政府最大的税收来源之一，且与地方政府、相关机构利益攸关，中国的控烟运动进程一直处于一种缓慢而渐进的状态中。

不难看出，在中国当下的现实语境中，控烟运动是一场复杂的利益角力。在这种情境下，引入博弈理论对于理解各方动机、行动，预测运动发展趋势，具有现实意义。博弈论是“研究决策主体的行为在直接相互作用时，人们如何进行决策以及这种决策如何达到均衡的问题”（张维迎，2012）。用日常话语来讲，博弈论是研究在不同情境下的策略选择的一种理论（孙立平，2006）。在中国控烟运动的博弈中，参与者众多，从中央政府到地方政府，从国家部委到基层处室，从烟草经营集团到控烟非政府组织，还包括新媒体空间赋权的精英和公众，看似平凡的一支烟，从生产消费到治理管控，牵动着整个国家无数人的神经。由于地位和能量的悬殊，政府机构、烟商集团、非政府组织之间关于“控烟”态度、言论和行动差异算不上是实力相当的博弈。

媒体作为博弈的一方，往往被各方力量拉扯牵制，其立场和动能值得推敲。在同一张报纸上，可以同时看到烟草行业要闻与控烟宣传，而烟草公司冠名的活动也偶尔会以“擦边球”的方式在新闻中得到呈现。媒体角色往往让人质疑为“骑墙派”。但在新的网络信息生态中，尤其是经历着传媒体制改革和技术形态变迁所带来的“双轨”变迁的背景下，媒体的主体性或可得以重构，呈现连续性的行动逻辑。

本文将以2017年11月至2018年3月被阶段性热议的郑州“电梯劝烟猝

① 科学松鼠会：《二手烟，伤害就在身边》，《南方周末》，http：//www.infzm.com/content/82238。

死案”为例，考察媒体是如何在社交网络环境中通过动员与调和，推动控烟运动从个人健康议题转换为社会公德议题和法律政策议题，进而让控烟从日常生活中非正式社会控制的规训，转变为具有法治框架依据的秩序规范。

2017年5月，郑州一名医生在小区电梯内劝一名老人不要抽烟后，二人产生争执，老人情绪激动心脏病发离世。后老人家属将杨先生告上法庭，要求四十余万元的赔偿。2017年9月4日，金水区人民法院对此事做出一审判决，认为被告的行为与老人的死亡没有必然的因果关系，酌定杨先生向老人家属补偿1.5万元。后家属再次上诉，11月1日，二审于郑州中院驻经开区综合审判庭开庭。11月2日，本地媒体《大河报》以“电梯里劝阻吸烟 被劝老人突发病”为题首次报道了这个案件，随后经@澎湃新闻和@人民日报在新浪微博中的报道传播，引发了更多的公众和媒体的关注和讨论，网络舆论一度发酵。2018年1月23日，该案二审公开宣判。法院撤销该案一审判决，驳回死者家属的诉讼请求，并由死者家属承担一审二审共计1.4万余元的诉讼费用，并称此判为最终判决。判决经报道后在社交媒体上引起了范围更广的讨论，后续产生了一系列的社会影响。

近年来，中国的控烟运动往往是由专门的倡导组织发起，有关控烟运动研究中，媒体往往作为报道者、呈现者或者动员倡议者的形象出现，在传播健康知识、构建控烟意识上产生了积极作用，但是在本事件中，媒体的报道，对大众舆论的影响，在一定程度上改变了事件原本的走向①。从控烟宣导的层面上，本文研究旨在回答：媒体在采用了怎样的组合策略，让本案议题从“私”到“公”，产生了怎样的影响？又是如何将控烟从非正式社会控制的劝说教育转换为具有正式社会控制性质的法律判例和公共秩序？

在回答这些问题之前，需要对以往的研究做出归纳和总结。

二　文献回顾

1. 控烟运动中的媒体角色

大众媒体是控烟话语建构的重要主体、渠道和平台，呈现控烟的社会现实

① 史舒元：《社会舆论干预司法问题研究——以实务案例为视角》，《法制与社会》2018年第11期，第101～102页。

图景，也主动设置控烟议程。① 但无论研究对象是确定舆论方向与走向的中央党报（袁军，杨乐，2010），还是地方媒体（周恒宇，2008），抑或反映社情民心的都市报（杨奕，2012），都呈现报道量相对较少，主题狭窄，控烟报道类型单一，反控烟信息泛滥等。还有学者认为控烟报道使用信息测量的类型较为单一，恐惧诉求水平低，未能达到最佳说服效果（陈虹，郝希群，2013）。还有学者进行了全媒体平台的抽样调查（胡百精等，2012），也发现控烟报道议题板结化，缺乏进入公共讨论议程的价值。台湾地区的控烟运动相对大陆较早，但学者研究显示台湾烟害报道多出现在硬性新闻版，以纯新闻方式呈现，消息来源主要是政府单位、官员及医疗学术单位为主，同样存在评论功能相对弱势的问题（詹定宇、龚昶元、金海涛，2006）。可以看到，以往的研究中都显示出媒体报道中有关控烟的议题“逐渐板结，缺乏进入公共讨论议程的价值”（黄彪文，2016）。尽管没有文献直接阐明，但可以推测出，在各个利益主体的力量牵制下，媒体在控烟运动中的角色被定型且边缘化。

在媒体演进的过程中，新媒体尤其是社交媒体给媒介生态带来的变革是革命性的。不少研究肯定了社交媒体中的互动交流和共同创造对反吸烟运动的促进作用（Kang Namkoong et al.，2017；Romy A. M. van den Heerik et al.，2016），认为交互式沟通催化参与者的信息搜索行为从而增加媒体使用②，在改变他们对吸烟行为的态度和社会规范以及最终减少吸烟意图方面起着至关重要的作用。③ 还有学者评估了新浪微博上中国控烟媒体宣传活动（Shaohai Jiang & Christopher E. Beaudoin，2016），发现最有说服力的内容特征是感知风险，其次是主观规范和自我效能。感知风险和自我效能感信息正向影响在线观众的参与度，而主观规范信息是一个不显著的预测因子。但也有研究在新浪微

① 胡百精、黄彪文、冯雯婷：《大众媒体控烟传播对策探讨：媒体话语、意见领袖与控烟文化》，《中国健康教育》2012 年第 28 期。

② Kang Namkoong, Seungahn Nah, Rachael A. Record & Stephanie K. Van Stee (2017) Communication, Reasoning, and Planned Behaviors: Unveiling the Effect of Interactive Communication in an Anti-Smoking Social Media Campaign, Health Communication, 32: 1, 41 - 50, DOI: 10.1080/10410236.2015.1099501.

③ Romy A. M. van den Heerik, Charlotte M. J. van Hooijdonk, Christian Burgers & Gerard J. Steen (2016) "Smoking Is Sóóó... Sandals and White Socks": Co-Creation of a Dutch Anti-Smoking Campaign to Change Social Norms, Health Communication, 32: 5, 621 - 62.

博上选取了7个具有5000名粉丝及以上的烟草业微博账号①，发现中国烟草业使用微博推广品牌，规范吸烟行为，颠覆了中国对WHO烟草控制框架公约的承诺（Wang F，et al.，2014）。

2. 媒体策略

在以往的研究中，媒体（媒介）策略包含了两层意思，一是其他主体利用媒介的策略（程曼丽，2007；曾繁旭，2006、2007；英纳斯·默格尔，2012；白红义，2017），重点强调将媒体作为一种重要的政治资源或宣传手段；二是媒体自身的策略选择，侧重于强调媒体的主观能动性，以及应对之策（张自力，2005），更多地体现在“术”的层面。

有学者总结了中国社会抗争运动中的媒体策略，提出“互激模式”（黄煜，曾繁旭，2011），即“co-empowerment model”指媒体与社会抗争在某一议题上形成密切的关系形态，使社会抗争成为一个地区媒体环境甚至整个媒介体系的舆论焦点，不断得到强化与升级，并促使行动者调整目标诉求，进而影响媒体的报道内容和报道方式。通过参与式观察，学者们认为互激模式推动了社会运动的议题转换及市民社会的发展。周裕琼，杨云康（2017）研究了40起环保征地事件，总结出社会抗争的行动者在早期的共识动员、中期的行动动员、晚期的社会动员分别采用媒介化抗争、联结性领导力、媒介互激与循环三大媒介策略的明智选择。邵培仁，王昀（2016）总结比较了互联网抗争政治中，公共空间联结性的形成，认为社会抗争在互联网话语情境中体现的联结性动力，提供了政治权利与公众对话的新出路。

控烟运动作为公共健康运动的一种，具有社会运动的相关性质，但也与社会抗争有着本质的区别，故本文研究的媒体策略偏向于博弈论中对“策略”的定义，即博弈的要素之一，是参与者的一个相机行动计划（张维迎，2017），规定了行动的规则，具有一定的完备性。本文将两层意思结合运用，探讨具有主观能动性的媒体是如何在控烟运动中采取行动。

3. 框架分析

框架理论源于1955年贝特森，作为该理论的“原创思想者”（王彦，

① Wang F，Zheng P，Yang D，Freeman B，Fu H，et al.（2014）Chinese Tobacco Industry Promotional Activity on the Microblog Weibo. PLoS ONE 9（6）：e99336. doi：10.1371/journal.pone.0099336.

2016）他认为框架是“有限定的阐释性的语境”①，而后经由欧文·戈夫曼《框架分析：经验组织论》将其引入社会科学；20 世纪 80 年代，框架理论被引入新闻传播研究领域。由于框架理论存在跨学科性和表达上的混沌性，学者们对于框架理论的总结和整合也在不断深入。

郭小安，滕金达（2018）总结了不同学者对于“框架”研究的分歧和侧重，一是将框架作为动词，侧重于建构；二是将框架做名词，认为框架结构是一种“语言及意义符号”；三是作为复合词的框架。框架理论在多学科中都有延伸，如在心理学意义上的认知结构、社会运动中的行动框架、政治学中多元权力主体的框架竞争与博弈等。王彦（2016）梳理了框架概念从“泛框架论”到“窄框架论”的传播过程，界定了框架研究的史前史，并将框架研究学者分为以贝特森为代表的原创思想者，以戈夫曼、恩特曼、甘姆森等为代表的行动思想家和以徐美苓等为代表的应用思想家；在提炼框架理论的主流观点后，提出框架研究应“嵌入文化中并重新联结人类总体传播的建构主义研究路径；打破过去‘媒体—受众’二元分类的线性模式，超越单纯文本分析的单向度框架研究，建构跨学科的框架理论三维研究场域”。孙彩芹（2010）总结了国内外框架分析的研究路径，即以范戴克为代表的“批判论述”分析取向、甘姆森等的“诠释包裹”取向、坦克特的“框架清单”分析取向，以及潘忠党与克思基提出的“论述结构”分析取向。

回到本文的研究语境，重点在于考察文本（甘姆森，1992），话语（潘忠党，2006）②，并在此基础上结合社交网络结构探索媒体互动过程中的意义生产。所以研究对象一部分是新闻文本，另一部分是微博文本，结合 Tankard 的“框架清单”（孙彩芹，2010）和 S. Iyengar 的主题式结构框架与片段式结构框架（张明新，2009），对文本进行了编码和处理。

4. 正式控制与非正式控制

在回答社会学中的核心问题“社会秩序何以成为可能”时，爱德华·罗斯认为社会控制机制具有核心作用，即社会要通过各种规范、制度对个人的行

① 杨璀璀、蒋忠波：《“框架”概念再辨析——兼论近年国内外的框架研究》，《新闻爱好者》2015 年第 5 期。

② 杨璀璀、蒋忠波：《“框架”概念再辨析——兼论近年国内外的框架研究》，《新闻爱好者》2015 年第 5 期。

为进行约束，从而达到维持秩序的目的。① 社会控制分为正式控制和非正式控制，前者是将社会控制的功能赋予国家机构、法律等制度化的主体，后者则强调习俗等民间规范的运作，以及社会成员所运用的非正式手段（王鹏，2014）。非正式社会控制是社会结构与文化交互作用产生的结合体（王启梁，2010）。

刘文楠（2015）研究了近代中国的控烟运动中的三次“不吸纸烟运动”（1910 年左右、辛亥革命前夕、1934 年“新生活运动”），认为在当时的现实环境中，不吸纸烟无法通过法律、法规等制度性力量，制约人们吸纸烟的行为，很大程度上依赖的是“非正式社会控制”，即“宣传言论、大众媒体、教育以及社会团体的自我约束等社会力量，使社会规范在人群中内化，让人们自觉戒烟，互相督促规劝，最终形成反对吸烟的社会风气”。② 尽管在当下中国，至少已有 20 个城市相继出台了公共场所禁止吸烟的地方性法规，覆盖了全国 11% 的人口。③ 但由于法规禁令执行主体不明、执法无力、法条空置等重重阻力，难以做到令行禁止。且烟草文化根深蒂固，在很长一段时间内，国家政策都将发展烟草业与经济增长和人民生活水平提高联系在一起。

所以当前的控烟运动迫切需要非正式社会控制与正式社会控制双重取向的措施和进路。在本文研究案例中，将重点探讨媒体在维护个人私权和尊重公共秩序及法律条文的平衡与切换中，是如何借力于两种控制方式的。

三 研究设计

研究通过中国重要报纸全文数据库以关键词“电梯劝烟猝死案”搜索选取 2017 年 11 月 1 日至 2018 年 5 月 31 日相关的纸质媒体文本，共得到主流媒体（党委机关报）报道 31 篇，河南省本地都市报媒体和重异地监督且当地出台控烟政策的城市日报《新京报》6 篇。对报道进行主体框架、文章基调编码，并进行关键词频分析。

---

① 〔美〕詹姆斯·克里斯著，《社会控制》，纳雪沙译，电子工业出版社，2012，第 35 ~ 53 页。

② 刘文楠：《近代中国不吸纸烟运动研究》，社会科学文献出版社，2015，第 5 页。

③ 张尼、冷昊阳：《聚焦无烟日：国家控烟立法“最后一公里”引期待》，中国新闻网，http：//www. xinhuanet. com/yuqing/2018 –05/31/c_ 129883675. htm.

选择新浪微博作为社交媒体研究的主要对象，以“电梯劝烟”“电梯劝烟猝死案”等关键词对所有认证用户进行搜索，经过对无效数据的清洗，得到博文样本578篇。由于同样对上述文本及博文附带影像进行了编码分析（编码操作说明见表1）；依照Tankard在编码前通过浏览样本，对博文主题进行总结归纳，在编码中以出现频率更高的框架计算①；并对转发关系进行梳理。

表1　编码说明

编码类型	编码依据	信度(斯科特 *pi* 系数)
个人健康框架	对吸烟和二手烟的危害进行了阐述，或从健康的角度对事件进行了评论、倡议	0.93
公共道德框架	从社会责任和公民道德的角度来阐述本案例	0.85
法律政策框架	从法律或法理角度对案件进行剖析和解释本案件，或从宏观政策出发对案件进行分析，或将判例引申到其他事件	0.94
事实陈述框架	仅对事实进行了陈述，未发表观点，或观点相对隐晦	0.88
正面基调	认为该案形成了比较积极的社会影响，对该案的涉事人进行赞扬或正面评价	0.9
中立基调	对涉事双方并无明显价值或道德评判，比较客观地陈述事实过程，评价该事件	1.0
负面基调	认为该案造成了一定的不良影响，对事件的发生和涉事人具有不满、质疑等负面态度	0.82

四　研究结果分析

1. 新旧媒体互激模式的循环

根据收集媒体材料，最早对该事件进行报道的媒体是《大河报》（2017年

① 如澎湃新闻2018年1月23日博文“#专家点赞‘电梯劝烟猝死案’改判：让人依然有勇气挺身而出#1月23日，备受全国关注的‘电梯劝烟猝死案’在河南郑州市中级人民法院驻经开区综合审判庭二审公开宣判，驳回了死者家属田女士的诉讼请求，此前一审中判决杨先生补偿田女士1.5万元的判决结果也被纠正。这个判决一经披露，引起强烈反响，许多专家学者认为，这个案件的改判具有引导社会公平正义、价值判断、社会道德”。内容存在多个主题框架，但主题式结构框架是从社会责任和公民道德角度阐述本案，故编码为“公共道德框架”。对于新闻文本的编码同理。

11 月 2 日，二审开庭后第二天），在传统纸质媒体中，报道时间比较集中的两个阶段分别是 2018 年 1 月 24～25 日（二审宣判后），对该事件报道最多的媒体是《人民法院报》，其次为《新京报》。而在社交媒体中有几次讨论高潮，比较集中的时间段分别是 2017 年 11 月 15 日和 2018 年 1 月 23 日（见图 1）。

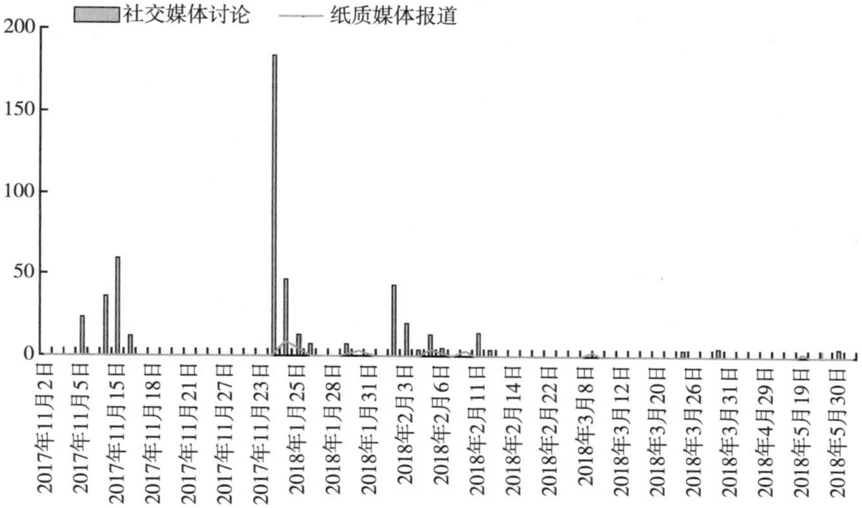

图 1　媒体报道时间线

通过对社交媒体样本的观察，可见 11 月 2 日已有认证用户在微博上发声，对事件进行讨论，并征集看法，11 月 4 日，@澎湃新闻发布微博，并附 2 分 28 秒的采访视频，该视频随后被@人民日报转发，得到更大范围的扩散。“电梯劝烟致死”一词广为传播，或许由于采访的易得性和媒体立场，在 11 月初的大部分讨论中都是以“电梯劝烟致死当事人”视角展开话题，与之匹配的话语是“我没错，认捐不认赔”。随着参与讨论的机构和公众越来越多，@央视网、@北京时间等纷纷制作了相关采访视频，该话题于 11 月 15 日出现第一次讨论热潮。

2018 年 1 月 23 日，二审宣判引起了更加广泛的关注，社交媒体第一时间对宣判结果进行报道，当日的话题讨论在认证用户中达到 184 条。此时“电梯劝烟猝死”的固定搭配是“案”，话语主体也更加多元，法院成为强势信源。

随后的社交媒体讨论中，除了对本事件的探讨，也有借本案引申其他劝烟事件。

综合观察新旧媒体报道时间线，可以显见的是，传统媒体首先对本事件进行了报道，而引发关注和讨论则是通过社交媒体的动员和扩散。在社交媒体引发热议之后，或多或少也影响着事态的发展。而在案情有进一步结论时，传统媒体又进一步跟进，尤其是《人民日报》对本案判决的评论，为该事件的报道传播提供了合法性，引发了社交媒体新一轮的传播。这种互激循环的模式，让一个个人层面的意外事件，通过“争议性”上升到公共领域的讨论中来，而主流媒体的发声，赋予了本事件讨论的合法性，让其实现从“私”到“公”的话题语境转换。新旧媒体的联盟，对于本事件的演化扩散具有决定性的重要作用。

除此之外，社交媒体上各媒体机构对于附件视频的反复传播，也推动了本事件成为舆论焦点。研究对 285 条媒体微博及其附属链接进行了分析，仅有 20.2% 的微博是纯文字，故对微博视频链接进行了聚类分析。结果发现，传播度最广的是 6 分 27 秒版的“北京时间”，1 分 35 秒的“封面新闻”和 2 分 28 秒的澎湃新闻。对这三则视频进行简略内容分析对比（见表 2）。三则视频都是以当事人为首要采访对象，视频内容除了经当事人之口对事件经过的还原之外，没有过多的评论，但倾向性十分明显。

表 2　视频内容分析

视频源	发布时间	镜头	场景	画外音	主要采访对象(时间)
澎湃新闻	2017. 11. 4	监控画面	1. 电梯 2. 小区广场	无	当事人(70″) 当事人律师(17″) 老人家属(5″)
北京时间	2017. 11. 14	当事人 监控画面	1. 近景采访当事人 2. 小区空镜 3. 监控画面 3. 电话采访	当事人	当事人(303″) 物业人员(40″) 当事人律师(35″)
封面新闻	2017. 1. 23	监控画面	1. 电梯 2. 小区广场	当事人	当事人(80″)

视频的广泛传播，一方面省去了过多的文字叙述、转述，更为简化地让话题得到扩散；另一方面，通过视频影像，对社交媒体用户产生更加直观的刺激，让议题事件在舆论场得到更强烈的情感共鸣，加强了共识动员，从而进一步促进话题进入公共领域的讨论。

2. 框架转换与话语博弈

框架是我们理解世界的一种方式。通过对样本内容进行前期考察，研究以四种基本框架进行编码分析。社交媒体中整体框架随时间的流变，见图 2。纸媒报道中一篇文章中可能存在多个框架，故框架转换并不明显。

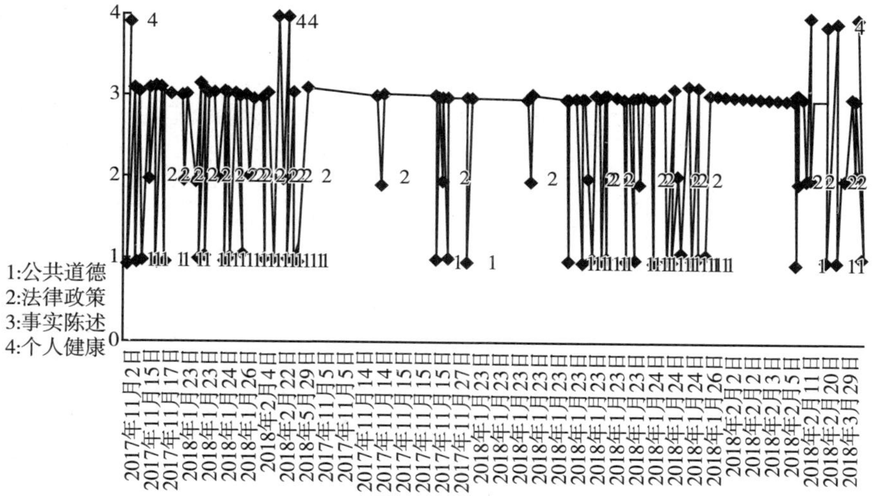

图 2　博文框架

从时间的连续性上看，在陈述事实之外，关于公共道德的讨论和法律政策的讨论分别是两次讨论高潮的主导框架，而随着时间的推移，健康框架变得更加密集。从文字意义中分析，当本文案例浓缩为“电梯劝烟致死案”且形成固定词条时，个人健康的意义已经被削弱，更多的是公共领域层面突发事件引起的道德和法律的讨论。但随着事件到讨论的平复期，其健康属性又重回大众视野，这个隐藏的脚本既是本事件的起点，也是中国控烟运动可以利用的重要支点。

抽烟是个人层面的事情，抽烟引起的健康风险，影响的是抽烟者本人及与其接触的一部分人，当个人吸烟问题被赋予了道德的意蕴，与公德良序联系在一起，并因为意外身亡而演化成了法律问题。健康风险事件就转变为道德讨论甚至是法律案件，社会控制的性质也从非正式社会控制变成了正式社会控制。态度暧昧，姿态柔软的规劝动员变成了严肃的法律规训。

尽管在框架流变中并没有严格的演化趋势，那么不同的群体是否存在其偏好的框架呢？这种主导的框架是否能印证其在这场讨论中的立场呢？通过对博主类型和博文框架进行卡方检验（$\chi^2 = 115.192$，$df = 12$，$p < 0.05$），证实了研究的猜测。

表 3　博主类型和博文框架交叉表

博主类型和博文框架 交叉表 $\chi^2 = 115.192, df = 12, p < 0.05$			博文框架			
			公共道德框架	法律政策框架	事实陈述框架	个人健康框架
博主类型	非政府组织机构	计数	4	3	16	2
		占比	16.0%	12.0%	64.0%	8.0%
	个人认证用户	计数	33	25	79	4
		占比	23.4%	17.7%	56.0%	2.8%
	公司机构	计数	4	3	14	0
		占比	19.0%	14.3%	66.7%	0.0%
	媒体机构	计数	23	7	254	1
		占比	8.1%	2.5%	89.1%	0.4%
	政府机构	计数	12	19	59	16
		占比	11.3%	17.9%	55.7%	15.1%

根据表 3，尽管 5 个类型的博主运用最多的是事实陈述框架，但不同的框架中，博主的占比还是有所区别。相比之下，个人认证用户更青睐运用道德框架，政府机构偏向运用法律政策框架和个人健康框架，媒体则是事实框架的最佳拥趸。同样地，研究对不同博主的博文基调也做了交叉统计（$\chi^2 = 54.032$，$df = 8$，$p < 0.05$），发现 5 类博主采用频率最高的都是中立的基调，但负面基调和正面基调博文中都是个人认证用户占比最高，分别为 86.7% 和 47.7%。即公开发表对该事件呈负面态度的博主都是个人用户，对这部分文本考察后发现，仅有极少博文质疑判决的公正性，更多的博文都是对所谓“道德滑坡”“人情淡薄”的担忧和喟叹。然而正如上文对视频内容的分析，框架分析主要

是针对博主的文字内容，不排除其附带的链接、图片、视频或许有更加强烈的立场表达和情感倾向。

社交媒体场域中的媒体看似中立地推动了这场舆论风暴，事实上，结合传统纸质媒体的报道，对媒体话语进行文本分析则可显见媒体立场与导向。通过对报道中各方主体的修饰词做词频分析，发现劝烟当事人的主要身份是“医生”，他的修饰词是“理性”“平和”“冷静克制”“仗义执言”“严肃”“沉重”“正义”的；死者是“老人”，他是“情绪激动”“生气”“好面子”的，且这场悲剧是“令人痛心和惋惜”的；与死者家属相关度最高的词是“蛮横”、“怀疑”、“不服”和“值得同情”；另外与法院和二审法官的高度相关的词是“公平”“正义”“有担当”“守护者”“明辨是非”等。

在综合上述报道后，涉事双方被简化为电梯内抽烟、心脏病突发死亡的“老人”和劝阻抽烟并积极参与抢救的“医生”，而在以往的社会公共事件中（如彭宇案等），老人及其家属的社会口碑已被异化为“自私、蛮不讲理、倚老卖老”等，同时，由于近年来医患矛盾激化中，医生被无辜伤害的报道，让本事件中挺身而出的医生具有“正义”和“专业人士”的双重加持，尽管在中国的语境中认为“死者为大”，“医生”在对方“强势”的对比下，“弱者”的属性又有所凸显。媒体立场显而易见。对于受众而言，这种联想和定型，是长期阅读媒体报道后的固定思维和情感投射，在这种话语表达和反复中，舆论的走向不言而明。

3. 文化模因的复制与传播

模因（meme）本意是模仿或复制，由遗传学家理查德·道金斯提出，被认为是通过仿制在模因池中自我繁衍的文化传承的单元（窦东徽，刘肖岑，2013），是为解释文化信息传递模式而创造的概念。随着网络社会的发展，网络模因成为学者们的研究富矿。对网络模因的研究显示，其传播的心理需求是社会认同，传播的过程与基因的生命周期相似，是复制、保持、变异、消退与再生。

在对样本的研究中可以发现，本文研究的案例本是一场有些复杂的故事，但是在社交媒体的传播中渐渐固化成“电梯劝烟猝死案”，一个 7 字短语概括了整个故事的梗概。而在这之后，有关本案例的讨论得到更加快速的复制和传播，同时也开始从两方面延伸，一是劝烟事件，如2018年2月2日宁波发生的电梯内劝烟被打事件，以及后续其他公共场合劝烟事件引发冲突的报道；二是具有相似性或可比性的案件，如与彭宇案等进行比较。尽管，案例的落脚点是法律判例，但从控烟运动的角度出发，为公共场合劝阻吸烟，控制二手烟的侵害，提供了一个可供参考的秩序标杆和法律依据。后期随着新话题的涌入，该话题的讨论进入衰退期，但“电梯劝烟猝死案”却被保留，成为社交网络场域道头会尾的“常识词汇”。由于短语具备概括整个事件的能力，并具有色彩鲜明的冲突性，尽管在修辞上没有夸张和比喻，但借由事件的发酵，已经具备了网络流行语模因扩散、突变、传播的基本特征。

模因涉及信息传递，其基本思想混合了人与人之间的信息交流与遗传物质，在这种传输过程中也会出现突变。事实上，“劝烟”一词具有双重含义，歧义点在于“劝”字，既有劝阻的意思，也有劝勉的意思①，在20世纪70年代以前②，“劝烟”与“劝酒”一样，意思偏向劝人接受、食用烟草、酒精，以交流感情，加深联络。但是随着我国政府自1979年开始推行控制吸烟政策，烟草与健康知识不断普及，“劝烟”的意义开始发生转变。在百度百科中，仍可见“劝酒”被作为中国民间习俗而保留③，但在大众文化传播中，“劝烟”一词已经成为劝阻吸烟，劝诫戒烟的意思。尤其是在本事件发生之后，“劝烟”的文化意蕴更加固定，以“劝烟”为关键词搜索，“电梯劝烟猝死案”具有十分靠前的综合搜索排名。“劝烟”一词已基本完成模因传输中的突变，并将在复现和重整中得到更广泛、更持续的传播。

由于案例存在的争议性和典型性，“电梯劝烟猝死案”这一短语和“劝烟”一词将在相互关联和映射中，不断固化和深化控烟文化，在健康传播的意义空间形成一种模因进化。

---

① 李毅：《“劝烟员”值得商榷》，《咬文嚼字》2011年第12期。

② 1979年2月卫生部等4部门联合发布《关于宣传吸烟有害与控制吸烟的通知》，标志控烟问题开始进入政府议程。

③ 百度百科，“劝酒”，https：//baike. baidu. com/item/%E5%8A%9D%E9%85%92/1119639，2018年8月访问。

4. 连结性力量

在数字媒体带来的变革面前，兰斯·班尼特和亚历山德拉·塞格博格提出，连结性行动是数字化网络行动的核心，而“与以往的集体性行动相异，连结性行动从一开始就是完全自发的（尽管并不一定以自我为中心），通过在社交网络中分享已经内化或个人化的观点、计划、形象或资源来进行自我激励”。（史安斌，杨云康，2013）

连结性行动的关键是作为其要素的“分享”——即网民运用个人化手段使行动和内容通过社交网络被广泛传播。传播技术使社交网络不断拓展，同时使其结构保持稳定。以技术作为中介促进不同语境下的“分享”的机制取代了集体性行动中的“搭便车”逻辑，从更广义的层面上看也取代了拥有丰富资源的组织所拥有的核心地位。

按照连结性行动逻辑，通过分享观点和行动而获得自己和他人认可。连结性行动网络中没有“中心”，也没有任何组织或个人来“领导”，而是以技术为重要的中介手段来实现自我组织，以观点为支撑，建构既开放又一致的行动框架。

在本文研究的案例中，社交媒体上，媒体的博文数量为49.3%，半数以上用户参与到事件的讨论是自发的，在关注、转发、评论、分享观点的过程中，以事件为支点，形成扁平化的网络结构，而社交网络通过技术支持，实现了资源动员，形成了舆论热潮。

如图3所示，通过对核心观点的总结和聚合，发现最广泛分享传播的标签是“电梯劝烟猝死案，二审改判劝烟者无责不用赔钱”、对当事人发言的引用“我没错，认捐不认赔”以及“‘电梯劝阻吸烟猝死案’改判，劝阻不当行为值得鼓励”。这三个标签分别是对本案的陈述，代入当事人的发声以及对本案宣判的评论。分享这些标签的博主分属不同类别，因为统一观点的分享而被聚集，形成了既有“私人关联”又有内在逻辑一致性的网络组织，在舆论的聚焦、演化和裂变过程中发挥了重要作用。值得注意的是，回溯这些网络标签，首次发表上述标签的依旧是媒体（@封面新闻、@时间视频、@澎湃新闻），即媒体在浓缩观点、联结各方力量的过程中，完成了生产、打捞和聚合的功能（周裕琼、杨云康，2017），成为“幕后玩家”。

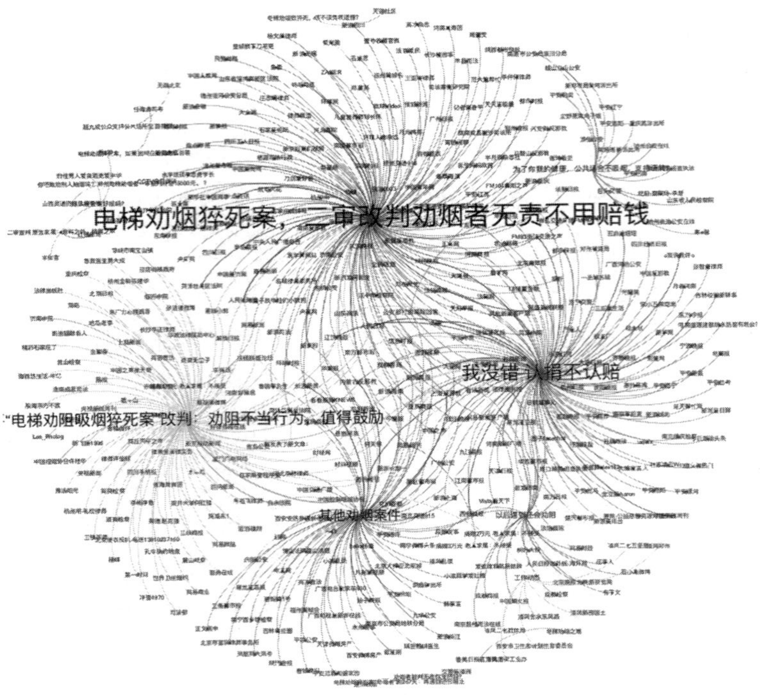

图3　社交媒体核心观点聚合

五　讨论

吸烟并不是理性人的行为，其日常消遣和社交功能与其对健康和经济的损耗相比，不值一提。而控烟之难，落脚点却不仅仅是促进公众健康，规范个人行为。在我国，烟草具有双重属性，一方面是轻工业的重要产业、利税大户，另一方面又是侵蚀人民健康的“瘾品”。但由于烟害的滞后性，对政府和社会而言，短期内，控烟的“大动作”必定与经济利益和社会稳定背道而驰。

尽管全球控烟运动的开展如火如荼，也有不少国际资本力量资助中国的控烟运动，但长期以来，改革开放前经济物资匮乏仍在民众的集体记忆中，烟草消费表征着人民生活水平（刘文楠，2015），控烟博弈，积难重重。

无论是拥有核心力量的中央政府，还是日常生活中被二手烟侵害的公民，在控烟博弈中，每个博弈主体都只具有有限的控制能力。在理性决策后，博弈主体会根据情境及对方策略做出最“利己”的选择，尽管各主体的最后收益未必是最佳收益，但这种动态平衡达成了所谓“纳什均衡”。也就是说，博弈各方的“出牌”是最佳应对，是博弈的结果（多次重复），但不一定是社会最优。

可以推测，中国的控烟运动已经形成多主体多次博弈之后的动态平衡。由于博弈多方的力量牵制，这种均衡短期内难以改变。媒体作为控烟运动中具有一定社会资本的主体，因其立场所制，也在不同场景中扮演着不同的角色。然而在本文所述研究案例中，新媒体力量的介入一定程度地打破了这种微妙的平衡。

“抽烟”引起的个人层面健康的争议被放大到公共层面道德的辩驳中，进而在法律的正式介入下，成为具有一定社会影响力的控烟运动的典型案例。传统纸质媒体与社交媒体在报道中，采用了积极的竞合策略，在不同阶段通过新旧媒体互激、框架转换、模因构建和联结调和等方式，发挥“政策倡议者”的作用，组成博弈赛局中的占优策略。结盟法律，将控烟运动中常用的非正式社会控制手段诉诸正式社会控制，道德之外，强调“秩序”，透露出铁腕控烟的信号。

当然每个博弈者最关心的是自己的回报，作为呈现者、动员者和调和者，媒体的表述也不尽然是“控烟”，而是与道德话语联系起来，肯定“劝阻吸烟”的正当性，从个人健康引申到社会公德，进而落脚在法律主张。在这种报道基调的转向中，控烟的造势被弱化，公德和公共秩序的重建被强调，法律的权威性和公平性成为本案例最突出的标签。

事实上，通过司法案件推动控烟运动其实是欧美等国家常用的方式。通过起诉大公司，舆论助推从而达到控烟运动推广的效果。

本文研究案例发生地郑州，已经出台了公共场所禁止吸烟的条例，但作为“正式社会控制”的条例，由于执法主体不明，惩罚力度有限，并不能为劝阻吸烟者第一时间提供权利依据，劝阻者的规劝基本停留在个人健康与公共道德的层面。本案的发生，本质上是悲剧，但却将控烟引入公共领域进行讨论，而媒体的推动和造势，节省了立法成本，对于推广控烟条例、推进控烟运动，具有深远的意义和现实层面的可操作性。

参考文献

张维迎：《弈与社会》，北京大学出版社，2013。

孙立平：《博弈：断裂社会的利益冲突与和谐》，社会科学文献出版社，2006。

〔美〕詹姆斯·克里斯著，纳雪沙译，《社会控制》，电子工业出版社，2012。

刘文楠：《近代中国不吸纸烟运动研究》，社会科学文献出版社，2015。

邵培仁、王昀：《社会抗争在互联网情境中的联结性动力——以人民网、南方网、新浪微博三类网站为案例》，《河南大学学报》（社会科学版），2016 年第 56 卷第 3 期。

黄煜、曾繁旭：《从以邻为壑到政策倡导：中国媒体与社会抗争的互激模式》，《新闻学研究》2011 年第 10 期。

胡百精、黄彪文、冯雯婷：《大众媒体控烟传播对策探讨：媒体话语、意见领袖与控烟文化》，《中国健康教育》2012 年第 28 卷第 12 期。

靳雪征、宋军、胡百精、石琦、夏晶、肖璨、李晓北、冯雯婷：《新媒体时代下的烟草控制传播效果评估与策略建议》，《中国健康教育》2013 年第 29 卷第 4 期。

黄彪文：《履约背景下中国控烟的媒体报道图景：2012～2016》，中华传播年会 2017 年年会论文。

冯潇、夏彬：《都市类报纸烟草图景构建与控烟话语表达——以〈茶城晚刊〉为例》，《传播与版权》2016 年第 11 期。

陈虹、郝希群：《恐惧诉求视角下看媒体的控烟报道——以〈人民日报〉控烟报道为例》，《华东师范大学学报》（哲学社会科学版）2013 年第 45 卷第 1 期。

晋群、宋红霞：《媒体控烟报道的问题与突破——对云南控烟报道的观察与分析》，《中国记者》2011 年第 10 期。

袁军、杨乐：《健康传播中的控烟议题研究——以〈人民日报〉控烟报道为例》，《当代传播》2010 年第 2 期。

詹定宇、龚昶元、金海涛：《烟害相关新闻报道之内容分析：以台湾报纸为例》，《中华传播学刊》2016 年第 9 期。

王鹏：《基于情感社会学视角的社会秩序与社会控制》，《天津社会科学》2014 年第 2 期。

白红义：《以媒抗争：2009 年南京老城南保护运动研究》，《国际新闻界》2017 年第 11 期。

窦东徽、刘肖岑：《社会心理学视角下的网络迷因》，《北京师范大学学报》（社会科学版）2013 年第 6 期。

樊林洲：《模因理论的发展和应用综述》，《科学技术哲学研究》2015 年第 32 卷第 2 期。

英纳斯·默格尔、郑思斯、袁嘉祺等：《公共部门的社交媒体策略》，《中国行政管理》2012 年第 7 期。

王启梁：《作为生存之道的非正式社会控制》，《山东大学学报》（哲学社会科学版）2010 年第 5 期。

曾繁旭：《环保 NGO 的议题建构与公共表达——以自然之友建构“保护藏羚羊”议题为个案》，《国际新闻界》2007 年第 10 期。

程曼丽：《大众传播与国家形象塑造》，《国际新闻界》2007 年第 3 期。

曾繁旭：《NGO 媒体策略与空间拓展——以绿色和平建构“金光集团云南毁林”议题为个案》，《开放时代》2006 年第 6 期。

张自力：《突发公共卫生事件报道中的媒体策略》，《中国记者》2005 年第 10 期。

周裕琼、杨云康：《中国社会抗争的媒介策略：基于环保与征地事件的综合比较分析》，《传播与社会学》2017 年第 40 期。

兰斯·班尼特、亚历山卓：《塞格柏格》，《连结性行动的逻辑：数字媒体和个人化的抗争性政治》，史安斌，杨云康译，《传播与社会学刊》2013 年第 26 期。（原文 Bennett, W. L. , & Segerberg, A. （2012）. The Logic of Connective Action: Digital media and the personalization of contentious politics. Information, Communication & Society, 15 （5）, 739 - 768. ）

王彦：《沉默的框架：框架理论六十年的时间脉络与空间想象》，《浙江大学学报》（人文社会科学版）2017 年第 47 卷第 6 期。

刘强：《框架理论：概念、源流与方法探析——兼论我国框架理论研究的阙失》，《中国出版》2015 年第 8 期。

孙彩芹：《框架理论发展 35 年文献综述——兼述内地框架理论发展 11 年的问题和建议》，《国际新闻界》2010 年第 32 卷第 9 期。

张明新：《后 SARS 时代中国大陆艾滋病议题的媒体呈现：框架理论的观点》，《开放时代》2009 年第 2 期。

Kang Namkoong, Seungahn Nah, Rachael A. Record & Stephanie K. Van Stee (2017) Communication, Reasoning, and Planned Behaviors: Unveiling the Effect of Interactive Communication in an Anti-Smoking Social Media Campaign, Health Communication, 32: 1, 41 - 50, DOI: 10. 1080/10410236. 2015. 1099501

Romy A. M. van den Heerik, Charlotte M. J. van Hooijdonk, Christian Burgers & Gerard J. Steen (2016) “Smoking Is Sóóó . . . Sandals and White Socks”: Co-Creation of a Dutch Anti-Smoking Campaign to Change Social Norms, Health Communication, 32: 5, 621 - 62.

Wang F, Zheng P, Yang D, Freeman B, Fu H, et al. (2014) Chinese Tobacco Industry Promotional Activity on the Microblog Weibo. PLOS ONE 9 (6): e99336. doi: 10. 1371/journal. pone. 0099336.

Shaohai Jiang & Christopher E. Beaudoin (2016) Smoking Prevention in China: A Content Analysis of an Anti-Smoking Social Media Campaign, Journal of Health Communication, 21: 7, 755 - 764, DOI: 10. 1080/10810730. 2016. 1157653.

Abstract

This report is the 2018 annual analysis report of the " new media social responsibility" research group of Huazhong university of Science and Technology.

With the theme of " new media social responsibility ", this report analyzes cutting-edge problems and typical phenomena in the development of new media in 2018, and conducts a comprehensive survey on major domestic new media platforms through new media social responsibility indicator system. The overall research focus of this report is audio-visual new media. The rapid development of audio-visual new media is an important trend emerging in the Internet in recent years. There are 8 papers (38%) in this report covering this hot field, which can fully present the development status and social responsibility of audio-visual new media.

The general report firstly makes a dynamic comparative analysis of the social responsibility performance of the whole new media industry in the past four years. Secondly, based on the new trends, new phenomena and new problems that have occurred in the industry and academia in recent years, the new media social responsibility index system has been adjusted and reconstructed. Thirdly, the new media social responsibility situation in 2018 has been improved. The whole investigation is carried out.

Article using new media social responsibility evaluation index system of eight typical new media platform site, the evaluation of social responsibility evaluation objects include: national mainstream news sites, the provincial news website, micro-blog commercial portals, media, media class micro letter and number, the integrated video sites, mobile video broadcast platform and mobile short video applications, the evaluation results presented 2018 domestic typical new media platform, social responsibility fulfillment situation and put forward the evaluation problems exposed in the course of the solution.

The special report section has analyzed typical phenomena, hot issues and key groups in the new media industry in 2018. The research focuses include typical phenomena, such as the communication ecology of audio-visual new media, development status, existing problems and solutions. The rapid development of audio-visual new media in recent years has attracted the attention of researchers. To study audio-visual problems and phenomena in a communication field; At the micro level, the paper analyzes the social responsibility of a specific media platform. As for hot issues, comrade Xi Jinping pointed out in the 19th report, " telling Chinese stories well, showing a real, three-dimensional and comprehensive China, and improving the country's cultural soft power. " How to tell a good Chinese story and how to improve international communication is a hot topic in the symposium. In terms of key groups, this report chose four types of typical communities in new media for analysis, mainly including web celebrity group in mobile social media, knowledge-based opinion leaders group in micro-blog platform, online literature lovers community and new media audience group in the broad sense.

The case study section using content analysis, discourse analysis, methods of framework analysis, based on "Jiangge case", "red, yellow, blue, kindergarten child abuse", "Facebook data leak", "elevator to persuade smoke sudden death case", "public service ads media strategies" and so on, discusses the controversial event of emotional involvement, social media personal data security, tobacco control movement of the media strategy, advertising communication effect of arousal.

By means of content analysis, discourse analysis and frame analysis, the case study analyzes Jiang Ge case, child abuse in red, yellow and blue kindergartens, sudden death of elevator smoking persuasion, and media strategy of public service advertisement, and discusses the communication effect of emotional involvement in controversial events, media strategy of tobacco control campaign, and emotional awakening of advertisement. And so on.

Contents

Ⅰ General Report

Abstract: Under the background of the rise of intelligent internet, new media is experiencing conceptual revolution, form iteration, industrial convergence and market upgrade. In order to accurately grasp the development trend and future prospects of new media, this paper makes a comprehensive, objective and systematic evaluation of the social responsibility of new media, and advances the status quo of the implementation of social responsibility of new media in 2015 –2018. Based on the analysis and comparison, this paper adjusts the framework of the new media social responsibility evaluation index system in order to enhance the applicability and scientificity of its evaluation effectiveness, and then provides countermeasures for the promotion of new media social responsibility in the context of intelligent Internet.

Keywords: Intelligent Internet; New Media Social Responsibility; Index Adjustment

Ⅱ The Evaluation Part

Abstract: The transformation of technology brings a profound change in the media pattern. It also has a great impact on the development of the news website. The national news website, as the leader of the media website, is the first to bear the brunt. It is the urgent task to assess the status of the social responsibility of each website. According to the unified construction of the new media social responsibility index system, this article takes the national news website as the research object to investigate the social responsibility performance of the 8 news websites. The analysis shows that the social responsibility of state-level news websites is generally good. XinHua Net , People's Daily Online and CCTV (China Central Television) are ranked the top three respectively. There are still some common problems to be paid attention to, which are mainly reflected in the high degree of homogeneity of the news content, the limitation of the scope of social supervision, the single form of cultural communication, and the lack of online interaction. In view of the lack of social responsibility in the performance of various websites, the following countermeasures and promotion strategies are put forward: to create personality content and improve the quality of information production, to expand the scope of supervision and strengthen the function of social supervision, to pay attention to cultural education and innovate the form of cultural communication, to optimize the function of the platform and realize the function of coordination.

Keywords: National News Website; Social Responsibility; Quantitative Evaluation

Abstract: In this study, 31 provincial mainstream news portals in China's mainland were taken as the objects of observation. Based on the evaluation index system constructed by the general theory, 6049 samples were sampled and analyzed. The results show that the overall situation of social responsibility in provincial-level mainstream news portals is good, but there are still problems that need to be improved, such as higher scores in information production, but there are deficiencies in depth and overall; topics are "hardened" in social supervision. There are differences between regions; communication awareness in culture and education is weak; coordination is valued, but interaction is not effective. Therefore, the following aspects are worthy of attention: to maintain the advantages of information production, to play a new media integration function; to form a social supervision of the combined effects of both hardware and software; to promote the resonance of culture and news, enhance the education function of the site; play a platform advantage, innovative communication methods and quality.

Keywords: News Website; Social Responsibility; Evaluation Analysis; Communication Management

Abstract: This article focuses on the social responsibility of media microblog, taking media website microblog and newspaper microblog as specific observation objects, selecting 20 high-impact media microblog accounts, and making practical considerations on their social responsibility performance. In 2018, the performance of social responsibility in media microblog was generally good, and the performance of four dimensions of responsibility from good to bad was: information production, social supervision, coordination and cultural education. Among the two kinds of media microblogs, the overall level of responsibility of media website microblogs is higher than that of newspaper microblogs. The results of diachronic analysis show that from 2015 to 2018, the level of social responsibility performance of media microblog has increased year by year. Media microblog should further optimize the content structure and make differentiated positioning, and at the same time use the homepage warning and reward and punishment mechanism to constantly improve the employees' sense of responsibility.

Keywords: Media Microblog; Social Responsibility; Evaluation System

Abstract: On the basis of the first two reports, this research takes 19 media WeChat official accounts as samples, comparative analyses the changes of their social responsibility through two years data. The results show that, compared with the previous year, the social responsibility score of the media WeChat official accounts in 2018, is generally on the rise. Especially, the party media and the web sites based on traditional media have a clear demonstration effect on the information production. And the score of building consensus has increased significantly. It has become a common consensus of the media WeChat official accounts. The social supervision function shows a different adjustment trend. The online communication function of central mainstream media's on WeChat public platform is getting better. This series of changes reflect the effect of the mature development of WeChat public platform and the government network content regulation.

Keywords: Media; WeChat Official Accounts; Social Responsibility; Comparative Analysis

Abstract: As an important part of the network news communication pattern in China, it is of great significance to study the fulfillment of social responsibility of commercial portal website. This study takes Tencent, Sina, Netease, Sohu and Phoenix as the research objects. Based on the empirical data, the performance of social responsibility of commercial websites is comprehensively evaluated through the evaluation index system of social responsibility of commercial websites. The results show that the performance of social responsibility of large commercial websites is generally good, but there are still some problems, such as inadequate original level, weak social supervision links, consensus building need to be improved, and large differences in user experience level. On this basis, this paper discusses the effective ways to enhance the level of social responsibility performance of commercial websites, including improving the dissemination of high-quality content, promoting credibility with a correct guidance, building interactive channels to enhance public opinion guidance, and enhancing social friendliness with user thinking.

Keywords: Commercial Website; Social Responsibility; Quantitative Evaluation

B. 7 Social Responsibility Evaluation of China's Comprehensive Video Websites in 2018 *Shao Xiao, Chang Jie and Zhou Pan* / 108

Abstract: This research selects 5 video websites which are influential and representative in the industry, extracts the videos from the front page as the analysis samples, and measures with the aid of the new media social responsibility evaluation system. The results show that the performance of the information production function of the comprehensive video website has a loss: The authenticity, timeliness, depth and breadth of the information are good, the information control and the tort control are also better while the other aspects are not good. The social supervision function is lacking in all aspects. The cultural and educational functions are biased towards the entertainments neglecting other aspects; Coordination function focus on optimizing the user experience and interactive design is still available. But public service, online and offline communication are inadequate. The reason for this situation is: The functional positioning determines the responsibility performance, the tendency of marketization affects the level of their responsibility performance, and the current policies design limits the realization of their responsibility performance.

Keywords: Video Websites; Social Responsibility; UGC

B. 8 Social Responsibility and Evaluation of Mobile Live Video Streaming Platform *Liu Qiong, Huang Shiwei and Shi Weirui* / 123

Abstract: From the first year of 2016 live webcast to the lively answering of the whole network at the end of 2017, the webcast has always been at the cusp. This study assessed the social responsibility of six representative mobile video broadcasting platforms. As a result, it has been found that, overall, the level of social responsibility performance of mobile video broadcast platforms is slightly lower than the median, and the score gap between the platforms is small. Among them, the "coordination relationship" has the best fulfillment of responsibilities, followed by "information production" responsibility fulfillment, and "cultural education" has the worst performance. The study believes that the government should improve and refine the legal normative system, strengthen the division of responsibilities and authority between management departments and communication and collaboration; the live broadcast platform should stick to the correct direction, strengthen the supervision responsibility and optimize the self-discipline system; the live broadcast user should enhance the professional quality of the anchor and the media literacy of user, combine self-discipline and supervision.

Keywords: Mobile Live Video Streaming Platform; Social Responsibility; Evaluation

Abstract: In the current era of mobile Internet, with the maturity of wireless broadband networks and 4G technologies, the cost of public use of networks has become gradually low. Flow is no longer a barrier to the spread of mobile terminals. The public has broken the limitation of time and space in acquiring and disseminating information, based on the mobile short video of the mobile intelligent terminal, which quickly rises and develops. In this study, five influential and representative mobile short video applications were selected as the research objects, and the new media social responsibility index system was measured. The study finds that in the first-level indicators, the scores of "information production" and "cultural education" indicators are at a medium level, and there is still much room for improvement. However, the scores of "social supervision" and "coordination relationship" are all lower and exposed a series of problems. The purpose of this study is to examine the status of mobile short video applications in fulfilling new media social responsibilities, and to provide suggestions for countermeasures and development on the basis of these problems.

Keywords: The Micro Video; Mobile Internet; New Media Social Responsibility

Ⅲ The Thematic Part

Abstract: There are many social responsibility evaluation indicators for the new media , but the new media social responsibility perception scale for audiences is rare. The purpose of this study is to consider the social responsibility content of new media based on the audience, so as to construct a new media social responsibility perception scale suitable for our audience. Combined with the existing theoretical results, this study develops a measurement scale of new media social responsibility perception from the perspective of audiences, which includes four dimensions of information production, social supervision, cultural education and coordination, including 16 secondary indicators. The results of data analysis show that the scale has good reliability and validity, which can effectively measure the audience's perception of new media social responsibility. In addition, the scale can be used to develop the influence of new media social responsibility perception on audience brand loyalty. The empirical research is practical.

Keywords: New Media; New Media Social Responsibility; Indicator System; Scale

Abstract: With the advent of the mobile Internet era, the number and variety of mobile APPs have continued to expand and APP become an important part of people's lives. However, there are many problems in the management, and protection of users' personal information, causing mobile Apps users to doubt the information security of personal information. At present, mobile APP operators have launched self-discipline-based privacy protection policies to prove the security of mobile Apps to users in order to reduce the concerns of users about personal privacy disclosure. This study uses content analysis to analyze the privacy protection policies of 50 mobile Apps. The study found that: (1) The company gradually has the consciousness of protecting the privacy of users, and most the content of the privacy protection policy is good. (2) Most mobile APPs take effective measures to protect user information security. (3) Some of the privacy protection policies are inconvenient to read and update slowly. (4) Contacting the company is not convenient and the efficiency of the company's response is not good. (5) The privacy protection policy is not well-targeted. Different mobile APPs of a company uses the same policy. (6) Inequality clauses still exist. In this regard, relevant government departments should issue uniform standards and regulations and strengthen supervision. Enterprises should have their sense of social responsibility and be courageous to take on social responsibilities.

Keywords: Mobile APP; Privacy Protection Policy; User Information; Information Security

Abstract: E-sports live broadcast is a form of webcasting. With the rapid development of the domestic e-sports industry, the attention of e-sports live broadcasts has occupied one of the major webcasts. The investigation and study of the generation mechanism and influence of cyber violence in the live broadcast of E-sports can make a deeper analysis of cyber violence in the live network field. Since the occurrence of cyber violence is in the network domain, we will use the field theory as the theoretical basis for the entire thesis research and refine it into a live network field. We will discuss cyber violence itself and use it under the operating mechanism of this environment. The characteristics of field theory explain the nature of cyber violence. On this basis, the use of ethnographic investigation methods, through the three survey models, comprehensive analysis of the main body of the network violence, methods, causes, etc. , using data and observation records as a conclusion support.

Keywords: Cyber Violence; Field Theory; Net-ethnography; Live Casting; Electronic Sports

Abstract: In this study, the social impact of social videos was assessed by using second-hand data analysis, virtual ethnography, and in-depth interviews. It was found that social videos in China have created new social spaces and social relationships, and produced the abundant participatory culture, constructed a new marketing scenario, and shaped a new media landscape. However, due to excessive entertainment and capitalization of the social video industry in our country, negative social consequences have occurred. The path of governance of social video communication ecology includes: constructing an effective real-time monitoring system, urging social platforms to strengthen social responsibility, enhancing users' awareness of self-regulation, and establishing a more effective national governance policy system.

Keywords: Video Social; Communication Ecology; Governance

Abstract: At present, with the rapid development of mobile social media, the popularity of the web celebrity has also been increasing. The web celebrity as a kind of network culture landscape and Internet emerging economy have attracted wide attention. The article takes the top five of the web celebrity of list released by QingBo Date in December 9, 2017 as an example. Based on several elements in the web celebrities' communication activities, this paper summarizes the image strategy, content strategy, media strategy, audience strategy and so on, so as to analyze the communication strategies and problemsof the web celebrity . It is hoped that it can provide some useful references for improving the transmission ability and promoting the health communication of the web celebrity.

Keywords: Mobile Social Media; The Web Celebrity; Communication Strategy; Communication Problems

Abstract: This study takes ten typical knowledge-based opinion leaders as the research objects, and conducts quantitative statistical analysis on the 765 microblog information it publishes to investigate the social responsibility performance of knowledge-based microblog opinion leaders. The research shows that there is room for improvement in the social responsibility performance of knowledge-based microblog opinion leaders. The average score of social responsibility evaluation scores is 2. 52131 points (50. 42% of the scores), which is just 1/2 of the full score. The knowledge-based microblog opinion leaders' scores on "information production" are at the middle-to-upper level, but further optimization is needed for the performance of social responsibility in "cultural education", "social supervision" and "coordination relationship" .

Keywords: Microblog; Public Opinion Leader; Social Responsibility

Abstract: The online discussion community formed by network literature lovers based on certain social norms is called the online literature community. The interaction among members of the network literature community is an important force in the production of Network literature. From VIP list on qidian, 17 k novel nets, vertical and horizontal, community members like novels lack of the realistic foundation. So network literature should pay more attention to reality and more social responsibility. Through analyzing the content of the top posts of the ZhuiXu, comments can be found that online literature community is needed to improve quality, professional critic should be encouraged to join the Network literature communities, guide the benign interaction, and Network literature community can provide more support for Network literature production.

Keywords: Online Literature Community; Content Analysis; Social Responsibility

Abstract: Online audio broadcasting is a new way for people to communicate, which people can use to listen to the live broadcast from other places through the Internet. This article takes the new media social responsibility as the theoretical perspective and examines the social responsibility of two online audio live broadcast platforms of Litchi FM and Himalayan FM through content analysis. The study found that the two live online live broadcast platforms are music and entertainment, and they are too single, and there are media violence problems. From the perspective of the implementation of new media social responsibility, the two platforms are in information production, social supervision, and entertainment. The scores on the four indicators of coordination and coordination are relatively close and low, and the implementation of social media responsibility of new media is not satisfactory. This article proposes a new idea for the study of media social responsibility for online audio live broadcast.

Keywords: Online Audio Live Broadcasting; Social Responsibility; Media Violence; Litchi FM; Himalayan FM

Abstract: As the most important activity in China's political life, the two sessions of China have the characteristics of great attention and large amount of information. While expanding China's foreign economic, cultural and political exchanges, China's "two sessions" have also continuously expanded China's international influence, molded China's image and international communication. In this paper, after the "two sessions" were held, the world's mainstream new and old media paid close attention to the extent, focus, issues, and evaluation attitude of China's "two sessions." Setting up three multilingual keywords Two sessions, NPC, CPPC, Researchers grab text information on a web platform that has more than 2000 page views a day。 It was issued on behalf of the traditional institutional media of foreign countries and the self-media of netizens, Set up from January 1, 2016 to March 20, 2018, using big data technology to assist network mining and content analysis, Using Data Miner big data mining platform, a total of 759 samples were collected. And constructed a three-level index system, By comparing the propaganda efforts, themes, frameworks, and effects of the new and old media outside China's "two sessions", This paper analyzes the international communication power of China's "two sessions" and sums up and promotes the city's international popularity.

Keywords: Two Sessions \ NPC \ CPPC; International Communication Power; Big Data's Auxiliary Content Analysis; Network Mining

B. 19 The Development of Short Video in China: Performance, Cause and Governance

Liu Lifang, Li Qingqing and ShangGuan Zhangke / 332

Abstract: Short video is developed rapidly under the joint action of external environment and internal drive. The accompanying problems are also endless, including the vulgarization, homogenization, false information and information security and infringement of content information. In 2018, the Chinese government intensively introduced a number of rules and regulations to regulate the short video communication chaos and achieved immediate results. This study analyzes the reasons behind the development of short video from the economic, psychological, and management dimensions, and combs the current short video. Governance status, analyze the governance dilemma of short video, and then propose management, policy, industry, transmitter, audience, platform, technology multi-party supervision, multi-governance governance.

Keywords: Short Video; Governance Dilemma; Multiple Governance

Ⅳ The Case Part

B. 20 Research on Emotional Involvement Strategies and Responsibility of We Media Official Accounts

—*Take "Case of Jiang Ge" and "Child Abuse Scandal of RYB Kindergarten" As Examples*

Xu Minghua, Jiang Kefan / 348

Abstract: In order to making profits, we media official accounts try to awaken negative emotions to enhance public's desire to like, comment, and forward. In the dissemination of internet hotspot events, the" emotional involvement" of we media official accounts makes great contributions to public opinion mobilization. This study uses "Case of Jiang Ge" and "Child Abuse Scandal of RYB Kindergarten" as examples and discourse analysis to explore the strategies and problems of the "emotional involvement" of the we media official accounts. The study found that we media official accounts divided collective borders through "binary opposition" status and "similar images" situations. It also created narrative atmosphere through titles, associated stories, and attribution strategies to build sense of collective identity. However, in the current dissemination of hot events, we media official accounts have not been fully fulfilled the task of public opinion mobilization. Therefore, it requires that we media official accounts remembers identities of the media in the face of public events, and professional media conducts overall monitoring of the communication environment to ensure that the incident can be well solved.

Keywords: We Media; WeChat Official Accounts; Emotional Involvement; Social Responsibility

Abstract: Mass media fulfill their social reasonability though public service advertising. This paper conducts a 2 (gain-framed massage/loss-framed massage) * 2 (I/other) * 2 (high risk recognition and low risk recognition) experiment (N = 173) to examine how gain-loss object and level of risk recognition adjust framing effects on emotion. The result shows that the interaction effect is significant. In high risk recognition group, "I lose massage" arouse higher emotion level than "I gain massage", and "you gain message" arouse higher emotion level than "you lose massage". Implications and directions for future research are discussed.

Keywords: Gain-loss Framed Message; Gain-loss Object; Risk Recognition; Emotion, the Third Person Effect

Abstract: The tobacco control campaign is a dilemma in Chinese context. For the sake of international reputation, public health and economic interests, various actors as government, tobacco enterprises, tobacco-control NGO, media and the public have participated in this complicated game. Among them, media is often regarded as a game platform or a role with limited energy. The revolution of information ecology and social network structure brings new opportunity to media. Using strategies such as co-empowerment and connective action, new media and the traditional ones have achieved the transformation from "private" to "public" on tobacco control issues, and the cultural meme related to tobacco control issues has been solidified by repeating and diffusing, which make the tobacco control issues in extensive discussion. This paper takes the case of "Sudden death from been dissuaded smoking in the elevator Case" as an example, explores the logic and tactics of media in promoting the tobacco control campaign, and proposes the coalition of informal social control and formal social control.

Keywords: The Game Theory; Social Control; Tobacco Control Campaign; Media Strategy

皮书起源

“皮书”起源于十七、十八世纪的英国，主要指官方或社会组织正式发表的重要文件或报告，多以“白皮书”命名。在中国，“皮书”这一概念被社会广泛接受，并被成功运作、发展成为一种全新的出版形态，则源于中国社会科学院社会科学文献出版社。

皮书定义

皮书是对中国与世界发展状况和热点问题进行年度监测，以专业的角度、专家的视野和实证研究方法，针对某一领域或区域现状与发展态势展开分析和预测，具备原创性、实证性、专业性、连续性、前沿性、时效性等特点的公开出版物，由一系列权威研究报告组成。

皮书作者

皮书系列的作者以中国社会科学院、著名高校、地方社会科学院的研究人员为主，多为国内一流研究机构的权威专家学者，他们的看法和观点代表了学界对中国与世界的现实和未来最高水平的解读与分析。

皮书荣誉

皮书系列已成为社会科学文献出版社的著名图书品牌和中国社会科学院的知名学术品牌。2016 年，皮书系列正式列入“十三五”国家重点出版规划项目；2013~2018 年，重点皮书列入中国社会科学院承担的国家哲学社会科学创新工程项目；2018 年，59 种院外皮书使用“中国社会科学院创新工程学术出版项目”标识。

S 基本子库
SUB DATABASE

中国社会发展数据库（下设 12 个子库）

全面整合国内外中国社会发展研究成果，汇聚独家统计数据、深度分析报告，涉及社会、人口、政治、教育、法律等 12 个领域，为了解中国社会发展动态、跟踪社会核心热点、分析社会发展趋势提供一站式资源搜索和数据分析与挖掘服务。

中国经济发展数据库（下设 12 个子库）

基于“皮书系列”中涉及中国经济发展的研究资料构建，内容涵盖宏观经济、农业经济、工业经济、产业经济等 12 个重点经济领域，为实时掌控经济运行态势、把握经济发展规律、洞察经济形势、进行经济决策提供参考和依据。

中国行业发展数据库（下设 17 个子库）

以中国国民经济行业分类为依据，覆盖金融业、旅游、医疗卫生、交通运输、能源矿产等 100 多个行业，跟踪分析国民经济相关行业市场运行状况和政策导向，汇集行业发展前沿资讯，为投资、从业及各种经济决策提供理论基础和实践指导。

中国区域发展数据库（下设 6 个子库）

对中国特定区域内的经济、社会、文化等领域现状与发展情况进行深度分析和预测，研究层级至县及县以下行政区，涉及地区、区域经济体、城市、农村等不同维度。为地方经济社会宏观态势研究、发展经验研究、案例分析提供数据服务。

中国文化传媒数据库（下设 18 个子库）

汇聚文化传媒领域专家观点、热点资讯，梳理国内外中国文化发展相关学术研究成果、一手统计数据，涵盖文化产业、新闻传播、电影娱乐、文学艺术、群众文化等 18 个重点研究领域。为文化传媒研究提供相关数据、研究报告和综合分析服务。

世界经济与国际关系数据库（下设 6 个子库）

立足“皮书系列”世界经济、国际关系相关学术资源，整合世界经济、国际政治、世界文化与科技、全球性问题、国际组织与国际法、区域研究 6 大领域研究成果，为世界经济与国际关系研究提供全方位数据分析，为决策和形势研判提供参考。

法律声明